本书为重庆第二师范学院 2021 年"启智"众创空间第四批大学生创业孵化项目立项项目"小学《道德与法治》已套读物（课本剧）研发项目"（编号：ZC202101）结题成果，亦为重庆市 2023 年高等教育教学改革研究项目"文旅融合背景下戏剧教育专业创新创业教育体系的探索与实践"（编号：233463）阶段性成果，还是重庆第二师范学院校级课程思政立项课程"剧本创作"的实践教学成果。

立德树人：

德育戏剧创作与实践指南

阐释德育戏剧的基本概念
剖析德育戏剧的价值体现

丁付禄　陈代伟

陈姝璇　蹇玥　著

辽宁民族出版社

·沈阳·

图书在版编目（CIP）数据

立德树人：德育戏剧创作与实践指南 / 丁付禄等著.
沈阳：辽宁民族出版社，2024. 8. -- ISBN 978-7-5497-
3101-5

Ⅰ. G41；J891

中国国家版本馆 CIP 数据核字第 2024NS5651 号

立德树人：德育戏剧创作与实践指南
LIDE SHUREN : DEYU XIJU CHUANGZUO YU SHIJIAN ZHINAN

出版发行者：辽宁民族出版社有限公司
地　　址：沈阳市和平区十一纬路 25 号　　邮编：110003
印　刷　者：河北文盛印刷有限公司
幅面尺寸：170mm×240mm
印　　张：26.75
字　　数：450 千字
出版时间：2024 年 8 月第 1 版
印刷时间：2025 年 1 月第 1 次印刷
责任编辑：石　旭
封面设计：百悦兰裳
责任校对：王　荷

标准书号：ISBN 978-7-5497-3101-5
定　　价：98.00 元

邮购热线：024-23284335
淘宝网店：http:// lnmz2013.taobao.com
如有印装质量问题，请与出版社联系调换，联系电话：024-23284340

编委会

★ ★ ★

主　编：丁付禄　陈代伟　陈姝璇　蹇　玥

副主编：邓　华　刘国栋　张靖松　陈　瑶

　　　　李浠铭　明宣彤　李佳燏　龙　翔

编　委：刘亦乔　宁慧芷　曾　瑶　高　杨

　　　　凌艺鑫　钟　迪　刘　涛　黎江凡

　　　　官子淳　任嘉欣　张　鑫　张　星

　　　　曾　莉　陈　晨　吴世芳　庞　迈

　　　　向林元　王浩宇　陈可欣　李林桔

　　　　王皓楠　褚　晓　安佳硕　刘　易

>>> 作者介绍

>>> 丁付禄

重庆市委宣传部重大先进典型培训基地特聘专家，重庆第二师范学院6—12岁儿童发展协同创新中心研究人员，戏剧思政项目孵化中心执行主任，山火剧团指导教师，国家三级编剧、导演。编剧、导演《伯苓先生》等剧目获得20余项戏剧大奖。出版个人原创戏剧集《红色儿童剧三部曲》，出版专著《教育戏剧概论》《小学戏剧社团建设与发展指南》，主编剧集《大国小兵：红色儿童戏剧集》。主持省部级以上教学科研项目4项，公开发表学术论文30篇。

>>> 陈代伟

中学高级教师，出版图书《创新之旅》等，主持市级以上教学科研项目5项，公开发表学术论文10余篇。现任重庆市南岸区教师进修学院附属小学教育集团党支部书记、校长，南岸区香溪小学校长。

>>> 陈姝璇

中国戏剧文学学会会员，贵州大学戏剧与影视学硕士，重庆第二师范学院教师教育学院"双师双能型"教师，6—12岁儿童发展协同创新中心研究人员，武汉大学生戏剧节优秀指导教师。主演的儿童剧《青春百分百》获得中国校园戏剧节"优秀剧目奖"，编创排演的《大山里的呼唤》《清晨的歌声》《少年王朴》等剧目多次获得省级以上赛事荣誉。主编作品集《科学表演：科学教育戏剧集》。

>>> 蹇玥

重庆市南岸区香溪小学课程中心主任，南岸区教育系统"优秀教育工作者"。南岸区第七届中小学（义务教育阶段）法治教育课教学设计选拔赛"优秀指导教师"。指导学生作品《你好，少先队》《太平鼓》《川江号子》等获得多项大奖。

>>> 前言

党的二十大报告中提出推进文化自信自强，推进大中小学思想政治教育一体化建设。教育部等十部门印发《全面推进"大思政课"建设的工作方案》，要求改革创新主渠道教学，创新课堂教学方法。

如何创新推动区域大中小学思政一体化建设，习近平总书记在文艺座谈会上的讲话为我们指明方向："文艺给人以价值引导、精神引领、审美启迪，举精神之旗、立精神支柱、建精神家园，都离不开文艺。"

结合国务院办公厅《关于全面加强和改进新时代学校美育工作的意见》强调学校要逐步开设戏剧课程等要求，对各级各类学校的戏剧美育活动开展有明确的指导性实施意见。将戏剧美育与思政教育进行有机结合，探索推动落实立德树人根本任务的戏剧实践，即德育戏剧实践。

所谓"美德"，"美"是形容，"德"是行为，美德即是美的行为。当具有"承载精神，传播思想"功能的戏剧，介入"立德树人，温润心灵"的德育工作时，借助"寓教于乐，沉浸体验"的戏剧形式，碰撞出"外化于行，内化于心"的育人效果。一些学校、地区已开展过大量的德育戏剧实践活动，在助力学生全面发展和校园文化特色建设的同时，也具有了一定的区域影响力。

随着戏剧教育实践的深入，特别是基础教育学段戏剧活动的广泛开展，实践范式趋于多元、实践主体愈益广泛、实践形式灵活多变。在个性化实践中，也需要普遍性规范，特别是作为德育戏剧而言，不仅是为了在基础学段推广戏剧艺术本身，更在于运用戏剧的载体实现育人的目的。可以表述为：立于戏剧，归于德育。

基于此，重庆第二师范学院作为全国首家开办戏剧教育专业的师范院校，该专业也是当前区别于戏剧类、传媒类高校所开设的戏剧教育专业之外的唯一一个师范院校的戏剧教育专业。学校立足自身学科优势，联动附属香溪小学，自2020年起，联合开展德育戏剧实践活动。在校校合作共建过程中，高校戏剧教育专业教师和小学美育、德育教师常态化开展联合教研、集体讨论和打磨德育戏剧作品，实现高校剧团和小学剧团携手共建，在"大中小学思政课一体化重点共同体"建设中持续点亮戏剧思政品牌。本书的编写，是对前期合作的实践回溯与理论梳理，以期能为基础教育学段的德育戏剧活动提供参考与启发。

本书分为上下两编，上编分四章，第一章对德育戏剧的概念进行阐释，第二章对德育戏剧的价值功能加以分析，第三章对德育戏剧的创编技法展开讲述，第四章对德育戏剧的排演规则细致梳理。下编分三章，分别对应低、中、高三个学段孩子的学情特点，例举了德育戏剧作品的优秀案例。

目录

上 编 德育戏剧的理论归纳

第一章 德育戏剧的概念释义 ·················· 3

第一节 德育戏剧的发展综述 ·················· 3

第二节 德育戏剧的核心内涵 ·················· 6

第三节 德育戏剧的元素解读 ·················· 7

第二章 德育戏剧的价值体现 ·················· 11

第一节 融合戏剧美育与道德教育 ·················· 11

第二节 凝结教师主创与学生主体 ·················· 13

第三节 联动课程教学与育人活动 ·················· 15

第三章 德育戏剧的创编技法 ·················· 18

第一节 选素材 ·················· 18

第二节 凝事件 ·················· 26

第三节 定人物 ·················· 28

第四节 织情节 ·················· 34

第五节 填语言 ·················· 35

第六节 成剧本 ·················· 40

第四章 德育戏剧的排演规则 ·················· 44

第一节 初读坐排 ·················· 44

第二节　带稿走排 ………………………………………………… 46

第三节　段落细排 ………………………………………………… 48

第四节　剧目合成 ………………………………………………… 50

第五节　演出规范 ………………………………………………… 53

下　编　德育戏剧的案例典范

第一章　德育戏剧作品辑 1 …………………………………………… 59

第二章　德育戏剧作品辑 2 ………………………………………… 174

第三章　德育戏剧作品辑 3 ………………………………………… 309

后　记 ……………………………………………………………… 416

德昂族社區的理財治家

上篇

第一章　德育戏剧的概念释义

第一节　德育戏剧的发展综述

经过大量的资料调研和材料梳理发现：德育戏剧在义务教育阶段，主要是借助赛事推动、社团依托、课程载体三种方式展开实践。

首先，举办德育主题戏剧作品比赛，是最为常见的一种实践方式。如：2023年5月26日，重庆市沙坪坝区"红岩青春绽放未来"第十二届中小学德育剧展演活动在重庆市沙坪坝区儿童艺术学校小荷剧场举行。来自全区38所学校的600余名学生围绕"红岩青春绽未来"主题，自编、自导、自演了38个原创校园剧，用心用情展示了"红岩少年"在新时代、新征程中砥砺奋斗的青春风貌。并且该项德育剧活动在沙坪坝区已连续举办了12届，形成了颇具特色的戏剧活动。2023年7月5日，四川省教育厅联合多家单位举办的四川省大中小学铸牢中华民族共同体意识校园舞台剧展评活动并在成都举行颁奖典礼。在此之前，全省2000余所学校积极参与，共有1610余件作品参赛，最终272件优秀作品脱颖而出。活动主题"中华民族一家亲·同心共筑中国梦"以及参赛的作品，实际上都可以被纳入德育剧的范畴。

在陕西省，德育剧活动丰富多样。由陕西省科协、省教育厅、团省委、省科学院共同主办的陕西省弘扬科学家精神舞台剧展演活动是一项重要的德育剧活动。该活动旨在通过戏剧的形式，让学生更好地理解道德规范，培养他们的道德情操和品德修养。

在广东省，2023年11月18日，"培根铸魂·立德树人"2023年乐从镇中小学德育品牌建设成果展示活动在乐从文化公园举行，其成果展示包含了德育剧的舞台展示。深圳市福田区教育科学研究院于2022年12月9日在南园小学举办了"福田区'五个100'思政工作坊——德育戏剧"活动，这是为了进一步推动福田区小学道德与法治和教育戏剧的融合。

2021 年 4 月 15 日，由海南省教育厅主办，南海网承办，海南大学、海南师范大学、海口经济学院、琼台师范学院支持的首届全省中小学师生德育情景剧大赛正式拉开帷幕。这次大赛证明了从 2021 年起海南省就已经开始重视将教育戏剧融入德育教育中。

德育剧也还会被镶嵌于综合性的文艺比赛之中，在湖南省，德育工作被视为中小学素质教育的重要组成部分，一系列以德育为主题的活动广泛开展。在这类德育活动中，可以广泛开展德育剧相关专题活动，也可在德育工作中使用戏剧的方法。部分学校如客村小学，将教育戏剧方法论引入传统的德育工作中，把"说教式"的德育转化成能够滋养学生生命的戏剧情境。除了德育主题活动，在部分中小学艺术展演活动中也有戏剧赛道，其中包括重庆中小学生艺术节、成都中小学生艺术展演活动、上海校园戏剧节等。在这一类比赛中，德育剧也可作为参赛作品。

除比赛之外，德育剧也展示于学校文艺活动之中。包括元旦晚会、"六一"儿童节文艺展演等节日性活动，以及校园文化节、学校戏剧节等特色活动，这些节日都是德育剧生存的空间。

德育剧的组织形式主要有进行戏剧排练演出的戏剧社团、兴趣课的戏剧课班级等。在重庆市，小学的戏剧社团活动非常活跃，许多学校都有自己的戏剧社团。例如，重庆市渝中区石油路小学的"小萝卜头剧团"，一直为孩子们开拓戏剧学习的广阔星空。通过编排、制作、演出科幻剧、音乐剧、英语剧等，孩子们可以参与戏剧服装设计、道具与舞美创作、课本剧剧本编写、戏剧音乐选编等活动，从而在戏剧活动中发现美、欣赏美和创造美。此外，该校的德育剧作品《小萝卜头》也曾斩获重要奖项。再如北京市东城区回民实验小学的"金帆话剧团"，以戏剧教育为切入点，大力培养"以美润德、以美启智、以美练能、以美践行"的"四美少年"。除此之外，还有很多优秀的小学戏剧社团，如南坪实验小学的"精灵社团"、南岸香溪小学的"叮咚戏剧社团"、綦江区永久小学的"永久剧团"等。

从戏剧课程的维度来看，在小学课后延时服务中，戏剧课作为丰富学生的学习体验，培养学生兴趣的重要艺术课程，已被许多学校纳入课后延时服务内容，并且在新版《义务教育艺术课程标准》（2022 年版）中对"戏剧"的教学有明确的规定。在重庆市，两江新区金州小学不仅将戏剧教育作为人人必修的综合性艺术课程，还成立了"戏剧课程工作坊"，制定了戏剧课程标准。此外，渝北区实

上　编　德育戏剧的理论归纳

验小学校、南方玫瑰城实验小学等 10 所学校被渝北区教委命名为"渝北区首批美育特色学校"。西安的一些小学已经开始尝试戏剧进课堂。例如，西安市浐灞第一小学和西北大学仲夏梦美育工作室合作，为四年级、五年级的学生开设两节戏剧影视表演社团课，通过专业的教学让孩子们了解戏剧的基本原理和表现形式，并结合命题和即兴表演开展浸入式教学。北京市的戏剧课程发展则走在国内前列，自 2012 年起，海淀区教育科学研究院推动公办中小学开展戏剧教育，到 2016 年，海淀全区已有将近 60% 的学校切实开展了戏剧教育，近 70 所中小学将戏剧纳入了正式的校本课程或成立了戏剧社团。

在浙江省，宁波市奉化区实验小学开展了一项名为"班班演"的德育戏剧活动。这项活动是一周一次，每个班级都有一个主题，如文明用餐、垃圾分类、节约用水等，学生们通过自己编写和演出的德育戏剧来提高自身的道德素养。

广州市海珠区客村小学以教育戏剧为切入口，开创了德育新模式。客村小学在传统的德育工作中引入了教育戏剧方法论，将"具身认知"的学习逻辑引入品德塑造的过程中，把"说教式"的德育转化成能够滋养学生生命的戏剧情境，赋予学生一个社会化的身份（角色），让学生在这个角色的视野里去经历故事，推理辨析并尝试解决问题，以有效加深对抽象规律和规则的认知，进而提升道德修养、规范道德行为。此外，为了充分发挥教育戏剧的德育功能，学校还积极探索教育戏剧与学科教学的融合，创设不同的戏剧情境，帮助学生在入戏、品戏及体验分享中感悟真善美，分辨对与错。在具身体验中内化道德准则，形成道德直觉，促进学生个性与人格的正向发展。

在成都，华林小学课程研发与实施的主要方式是选用教育戏剧。该校"爱"制定的教育哲学，顶层架构了"LOVE"课程群，而教育戏剧校本课程则属于"V"尚美课程群，主要对孩子进行美德的培育。2017 年，浙江省宁波市奉化区实验小学开始了教育戏剧研究与实践，2017 年 1 月，国家级非物质文化遗产"宁波走书"进校园，并被列入校本课程。2018 年，奉化区实验小学改一年一次的学校艺术节为戏剧节，同时构建了涵盖语文课本剧、数学绘本剧、英语短剧、音乐剧、德育小品剧、地方特色剧等六类教育戏剧课程。

常州市觅渡教育集团以统整思想，建设多元立体课程，希望体现课程的体系性、综合性、生长性，从而构建了序列性、融合性、活动性三类必修课程。同时还构建了选修课程，希望通过这两类课程，共同促进学生核心素养的提升。

序列性课程是根据各年级学生的年龄特点、身心发展特点，以及他们在创造

5

性教育戏剧中所体现的能力层级，内容由浅入深、指导循序渐进、能力螺旋上升的有梯度的课程。它是根据低、中、高三个年段，按照不同的要求，有步骤、有序列地推进实施的戏剧课程。课程纳入各年级课表，每周开设一节课，有序列地推进和实施。

融合性课程是根据学科整合的需要，各学科在教学中与创造性教育戏剧有机融合，从而产生了新的课型，形成了有特色的课程。除每周开设一节戏剧课外，将创造性教育戏剧与各学科教学进行融合，渗透到各学科教学中，形成融合性学科教育戏剧课程，增强学生对各学科的学习兴趣，让学生从被动学习转变成主动探究，通过戏剧形式、戏剧元素让各学科课堂更生动、活泼、高效。我们重点研究戏剧与语文、英语等学科的融合。

活动性课程是基于学生的需要。学生的表达力、表现力、想象力、合作力、审美力、创造力，需要有更多的机会、有更广的平台展示、交流和互动，活动类课程应运而生。策划班级、年级、校级戏剧活动，建立一至六年级活动体系，设立"戏剧节""戏剧周"，通过丰富多样的戏剧活动，发展儿童各种能力。

综合来看，德育戏剧在基础教育学段已有一定时间的发展，也具备了一定的发展基础，但也存在优质资源不均衡的问题，地区与地区之间、同一地区学校与学校之间的德育剧发展差距还比较大，需要在构建优质均衡的基本公共教育服务体系建设过程中不断推进解决。

第二节　德育戏剧的核心内涵

德育戏剧是一种通过戏剧的载体来进行道德教育的形式。它通过将道德教育主题融入戏剧实践中，让学生在观看和参与表演的过程中，潜移默化地接受道德教育，从而提高学生的道德素质。

德育戏剧不仅是一种艺术表现形式，更是一种教育方式。它通过戏剧的表现形式，运用生动的情节、人物形象和语言表达，将道德观念融入剧情中，让学生在愉悦的氛围中感受和理解道德价值，从而培养他们的道德意识和道德判断能力。

德育戏剧不仅是一种简单的表演形式，更是一种充满了互动性的教育方式。这种教育方式能够有效地将道德与法治课堂中所要传达的道德精神承载下来，并以课堂媒介进行传播。因为戏剧具有非常强的情境感和角色感，能够让学生在表

上 编 德育戏剧的理论归纳

演中深入地理解和体验到角色所带来的情感和认知变化。这种变化可以让学生更深入地理解这些观念的内涵和应用，从而更好地掌握这些观念。

德育戏剧还可以通过表演来展示各种社会现象和道德问题，从而引发学生的思考和讨论。这种形式可以让学生更加积极地参与到课堂学习中，从而增强他们的学习效果和学习体验。

德育戏剧的互动性是指学生和教师之间在戏剧表演过程中频繁的交流和互动，这种互动性使得学生能够更加主动地参与到学习中。通过这种互动，学生可以更好地理解课程内容，同时也可以提高他们的学习兴趣和动力。此外，这种互动性还有助于培养学生的思考能力和实践能力，因为他们在戏剧表演中需要不断地思考和探索，从而更好地掌握所学内容。

同时，德育戏剧所传达的道德精神也能够对学生的价值观和行为产生积极的影响。这种理解可以帮助学生树立正确的价值观和行为准则，培养他们的道德观念和社会责任感。因此，德育戏剧的互动性不仅有助于提高学生的学习效果，还能够促进学生的全面发展。

综上所述，德育戏剧是一种具有独特核心内涵的教育模式。它能够通过互动性和传播性等优势，有效地承载道德与法治课堂中所要传达的道德精神，并传播所需的道德思想。这种教育模式有助于提高学生的学习兴趣和动力，培养学生的道德观念和社会责任感，从而更好地促进学生的全面发展。

简而言之：德是内容，育是目的，戏剧是形式，教育是内容。注重愉悦，寓教于乐；注重互动，润物无声；注重综合，多元发展。

第三节　德育戏剧的元素解读

德育戏剧，作为戏剧艺术的一个组成部分，同样包含着不可或缺的四个元素：演员、故事、舞台和观众。

一、演员

"演员"在德育剧中是主要指学生，这些学生不仅担任着戏剧的表演者角色，同时也是知识和思想的传承者。在戏剧的表演过程中，学生们通过亲身经历和体验，深入理解道德与法治教材中的每一个单元，从而对道德观念和法治精神有更

7

直观、更深入的认识。

这些学生演员通过戏剧的方式，将课本中的知识转化为生动、形象的表演，让观众们能够更好地记住并理解这些知识。同时，他们在表演中展现出的细腻情感和思想深度，也使得观众能够更深入地感受到戏剧所传达的内涵和意义。在戏剧的排练和表演过程中，学生们还能够培养自己的团队合作能力和沟通技巧。他们需要与导演、编剧、演员和其他工作人员紧密合作，共同完成戏剧的创作和展示。这种团队合作的过程不仅让学生们学习到更多的知识和技能，还能够培养他们的领导力和创新精神。戏剧表演还能够提升学生的自我认知和自我管理能力。在表演中，学生们需要不断地探索自己的内心世界，挖掘自己的情感和潜力。这种自我认知和自我管理的能力，对于学生的个人成长和发展是非常重要的。

教师也可以成为德育剧中的演员。在部分德育剧中，为了保证剧目质量，可能会要求按照实际年龄扮演剧中角色，学生则无法扮演成人角色，那么这时就可以让教师参与其中。师生共演一出戏，教师可以更好地引导学生理解剧本的主题和情感，同时也能加强学生与教师之间的互动与沟通，增进师生间的了解，助力于建立良好的师生关系。

家长也可以成为德育剧中的演员。让家长参与到德育剧演出是加强家校共育的重要举措。家庭教育是学生成长过程中的第一场景，对学生的成长和发展具有重要影响。在现实中，因为部分家长的不恰当行为和学生的叛逆，也导致了众多孩子与父母矛盾的形成。让家长参与到德育剧中，以戏剧这一包容的艺术，加强学生与家长的沟通，让他们更加了解彼此、理解彼此，进而化解矛盾，最终形成良好的家庭关系。这是从德育剧参与主体角度进行的元素解读，以学生为实践主体、以教师和家长为实践陪体，共同构建德育戏剧广泛的参与性。

二、故事

"故事"是道德与法治教材中那些生动有趣的课文故事和丰富的德育案例。它们以简洁明了的语言描述了一个个具有代表性的情境，使得学习者能够更好地理解和应用道德与法治的知识。这些课文构成了德育戏剧的骨架，为演员提供了表演的依据和动力，让演员们能更好地演绎出角色的情感和冲突，从而在表演中深入感受和学习道德与法治的重要价值。

同时，也可以从丰富的现实生活中汲取故事创作的素材，将新时代榜样人物作为德育剧故事重点表现的对象。这些故事情节铺陈得当，通过情节的展开，引导演员们逐步进入角色，体验角色的情感与冲突。这种体验式的学习方式能够让学习者更加深刻地理解道德与法治的重要性和应用价值，从而更好地将其应用于日常生活和学习中。

此外，这些故事还具有很强的启发性和教育性。它们通过展示各种情境和角色，引导学习者进行思考和反思，激发他们的道德感和法治意识。德育剧故事既可以基于教材，也可以源于生活，但无论是哪种故事来源，都要经历选择，不是所有的故事素材都能成为戏剧故事。通过这些有价值的故事的戏剧化实践，学习者不仅能够掌握道德与法治的知识，还能够提升自己的思想境界和道德素质，成为更加优秀的人才。

三、舞台

在德育剧中，"舞台"既是表演的场所，也是学生发现自我、展示自我、提升自我的重要空间，更是教师开展德育的生动大讲台。它是演员们展示才华、演绎人生的场域，也是观众们感受戏剧魅力、领略艺术之美的场所。在四方的舞台上，演员们以舞台为依托，将课文中的故事情节和人物形象生动地展现出来，同时教师也将自身的教育理念和教学目标融入其中。他们以剧情情感为纽带，将观众与戏剧紧密相连，让人们在欣赏的同时，感受到戏剧所传递的深刻意义和正确的价值观，将观剧活动转变为一场生动的德育大课堂。

在舞台上，演员们的表演才华得以充分展示。他们通过语言、动作、表情等手段，将人物的性格、情感、经历等细节生动地呈现出来，让观众们能够深入地了解故事情节和人物形象。同时，舞台上的灯光、音效、布景等元素，也为演员们的表演增色添彩，营造出更加真实的戏剧情境，德育主题故事得以直观展示。

在课堂中，教师则是通过引导学生们参与舞台表演，来实现教育目标和传递教育理念。他们通过讲解、示范、互动等方式，帮助学生们更好地理解课文内容，掌握表演技巧，提高综合素质。同时，教师们也会在表演中使用自己的教育方法达成课程教学目标，在向学生讲授德育知识的同时，还对学生进行思想引导，培养学生的团队协作精神，提高学生的自信心和表达能力等综合素质。

总之，舞台与课堂虽然形式不同，但在德育剧中，它们融为一体。舞台是课堂，课堂也成了舞台，都是各个小演员们和教师们展示才华、传递价值观的重要场所。在舞台上，演员们用表演诠释人生；在课堂中，教师们用教育启迪心灵。两者相互补充、相互促进，共同构成了丰富多彩的艺术教育和文化生活。

舞台和剧场的本质都是空间，德育剧的实践空间，有别于常规课堂，即便仍然是上课的教室，但那个教室在开展德育剧活动时是具有戏剧性的。从另外一个维度来看，德育剧的实践需要空间，德育剧的发展也需要空间。有空间保障，才有实践载体。

四、观众

"观众"是一个容易被忽略的戏剧要素。实际上，没有观众，就没有戏剧，观众决定了戏剧的发生和存在。在德育剧语境中，观众则是那些未参与表演的学生们，以及教师和家长们。学生通过观赏戏剧演出，同样能够感受到道德与法治的精神魅力，从而增强自身的法治意识和道德观念。这些观众沉浸在戏剧所展现的世界中，被剧情所吸引，从而对道德与法治有更深刻的理解和认识。教师则能在德育剧演出中探寻创新的教育教学方法，家长观看学生表演，更深入地了解学生以及反思自身的教育方法。

德育剧实践中的观演关系是可以互置的。演员和观众的角色是可以灵活切换的，自己上台时就是演员，没有上台表演时就是看他人表演的观众。戏剧表演以其独特的艺术形式，将道德与法治的精神内涵表现得淋漓尽致。观众们通过观看表演，能够感受到剧中人物所经历的道德抉择和法治精神的磨砺，从而更好地理解道德与法治的重要性。

此外，戏剧表演还能够引导观众们思考现实生活中的道德与法治问题。当剧中人物面临道德困境和法律冲突时，观众们可以从中汲取灵感，反思自己在类似情况下该如何做出正确的选择。这种思考和反思的过程有助于培养观众们的法治意识和道德观念，提高他们的社会责任感。

综上所述，观众们通过观看戏剧表演，不仅能够感受到道德与法治的精神魅力，还能够增强自身的法治意识和道德观念。这种潜移默化的影响对于培养具有良好道德品质和法治意识的公民具有重要意义。

第二章　德育戏剧的价值体现

第一节　融合戏剧美育与道德教育

戏剧与教育二者之间的关联，古已有之。古希腊的悲剧演出活动，就具有公民教育的作用，中国古代的戏曲也承担着高台教化的职能。在广义的教育概念当中，美育一词更注重审美面向的教育。运用德育戏剧的形式，就是将戏剧美育和道德教育二者进行有机结合。

戏剧美育是一种以戏剧艺术为核心内容和实践手段的审美教育形式。其目的在于通过戏剧艺术的表达和体验，引导人们进行审美思考，从而促进心灵的净化和个性的完善，进而投身于社会实践活动。戏剧美育的过程涉及对艺术的欣赏、理解以及对情感、思维的引导，使个体在艺术体验中得到心灵的启迪和境界的提升。

道德教育则是有目的地对受教育者进行道德影响的一系列活动。这种教育的内容包括提高个体的道德觉悟和认识、陶冶道德情感、锻炼道德意志、树立道德信念、培养道德品质，以及养成良好的道德习惯。通过道德教育，引导人们去思考伦理价值观、社会责任感以及与他人之间的公正和尊重关系。

这两者的结合为个体的全面发展提供了有力的支持。戏剧美育通过艺术的魅力深化了审美体验，而道德教育则通过引导个体在道德层面的成长，使其在社会中更具有责任感和良好的品德。这样的融合教育不仅有助于个体的综合素养提升，也能够推动以德育剧为主体的校园戏剧活动扎实开展。

在以往的教育中，我们通常会把文学和戏剧这两种艺术形式分割开来，分别进行相应的教学与活动。这种方式在一定程度上有助于强化学生对艺术形式的掌握和审美能力的提升，却在一定程度上忽略了戏剧在培养学生道德意识、道德观念中的重要作用。

然而，在现在的教育格局中，道德教育并没有很好地利用戏剧教学来提升学生的思想道德觉悟和认识。这可能源于我们对道德教育的理解过于单一，只注重知识的传授和行为的规范，而忽视了通过艺术形式，特别是戏剧教学，来引导学生深入思考道德问题，培养他们的道德观念和判断力。而教育语境中戏剧美育和道德教育是两种不同的教育方式，它们各自关注不同的方面，但是它们之间又有着密切的联系。通过德育戏剧这种教学方法，可以将两个方式有机地融合在一起，实现二者的有机结合。

戏剧教学不仅可以提高学生的审美能力，更重要的是，它能够引导学生深入理解人性，体验人生的各种情感和情境，从而更深入地理解道德的内涵和价值。通过戏剧教学，学生可以更好地理解道德的复杂性和多元性，更好地理解和接纳不同的道德观念和行为选择，从而提升他们的道德觉悟和认识。

首先，德育戏剧可以有效地提高学生的学习兴趣。德育戏剧以故事的形式呈现，生动有趣，容易引起学生的兴趣。学生在戏剧表演的过程中，能够更深入地了解故事中的道德主题，进而更加深刻地理解和感受到其中的意义。同时，这种教学方法还可以通过角色的扮演和情景模拟，让学生在互动中加深对道德观念的理解和认同。

其次，德育戏剧可以有效地提高学生的道德素质。通过德育戏剧的教学方式，学生可以在表演和讨论中深入思考道德问题，进而形成正确的道德观念和行为准则。同时，德育戏剧还可以通过角色扮演和情景模拟等方式，让学生更加深入地了解道德问题背后的社会背景和人际关系，从而更好地理解和应用道德原则。

最后，德育戏剧还可以有效地促进学生的全面发展。德育戏剧不仅关注学生的道德素质培养，还注重学生的审美能力和艺术素养的提高。通过德育戏剧的教学方式，学生可以在表演、讨论和创作中不断提高自己的艺术水平和审美能力，进而更好地发挥自己的创造力和想象力。

因此，可以说德育戏剧的价值就在于将戏剧美育和道德教育有机地融合在一起，实现了二者的优势互补和共同发展。通过德育戏剧的教学方式，学生可以在更加生动有趣的教学环境中更好地理解和掌握道德观念和行为准则，进而促进自身的全面发展。

再者，在教育领域，道德教育是基础且关键的组成部分。通过道德教育，可以帮助学生形成正确的价值观和道德观念，从而为他们的未来发展奠定坚实的基础。

美德教育与思政教育可形成良性互动和彼此支撑。美德教育的目标在于培养个人的优秀品质和行为习惯。其中包括诚实、守信、公正、善良等基本美德。这些美德不仅对学生的个人成长具有重要意义，而且也是社会和谐、稳定和进步的重要基石。美德教育与思政教育同向同行，意味着它们在教育目标、内容和方法上具有高度的契合性。

美育和德育的融合，不是生拉硬扯，而是在形式与内容维度上原本就高度统一。在德育戏剧实践中，戏剧是形式，德育是内容，形式有外在美，内容有内在美。好的德育戏剧作品，就是内在美与外在美的完美契合，实现两种维度教育的高度同步。

第二节　凝结教师主创与学生主体

在常规的道德与法治课堂上，老师与学生的角色通常被定义为讲授者与被动接受者。在这种教学模式下，学生往往缺乏主动参与和自发思考的机会，他们大多数时候被动地接受老师传输的知识，由于缺乏兴趣，难以真正理解所学的知识。这种常规的教学模式不能很好地满足学生的需求，也不适应新时代教育形势的发展。

在这种常规的课堂教学模式中，老师通常是知识的单向传递者，他们课前准备好课程内容，然后在课堂上以讲授的方式传达给学生。大多数时候，老师以一种权威的视角进行授课，而学生则处于被动接受的状态，他们只能倾听老师的讲解并记下重点内容。这种教学方式缺乏互动性和参与性，使得老师很难有效地开展教学工作，也很难有效地激发学生的学习兴趣和动力，没有坚持以学生为中心的教学设计。由于缺乏学生的反馈和参与，老师很难了解学生对知识的掌握程度和需求。这不仅会影响学生的学习效果，还会浪费大量的时间和精力。除此之外，还会影响学生的创造力和思维能力。由于学生缺乏对课堂内容的兴趣和参与度，他们往往难以理解课堂所蕴含的丰富知识。这种情况下，学生可能会感到非常困惑和无助，不知道如何开始学习，进而失去学习的信心和动力。

因此，我们需要改变和调整这种常规的教学方式，增加互动性和参与性，激发学生的学习兴趣和动力。只有这样，才能真正提高教学质量，帮助学生掌握知识和技能，培养他们的创造力和思维能力。

为了改变这种状况，老师们需要采取更加生动、注重互动的教学方式，激发学生的兴趣和参与度。同时，学生也需要更加主动地参与到学习中来，积极思考、提问、交流，以便更好地掌握知识。为此，一些教育工作者开始探索新的教学模式，其中互动式教学是一种备受推崇的模式。互动式教学注重师生的互动和学生的参与，鼓励学生发挥主动性，通过讨论、交流和实践等方式对知识进行探索和应用。这种模式有助于激发学生的学习兴趣和动力，提高他们的思维能力和创新能力。

在互动式教学中，老师不再是知识的单向传递者，而是成为学生的引导者和合作伙伴。他们引导学生思考问题、解决问题，并为学生提供必要的支持和指导。同时，学生也不再是被动接受者，他们积极参与课堂活动，发挥自己的创造力和想象力，成为知识的探索者和创造者。

通过互动式教学，可以有效地提高学生的学习效果和思维能力。研究表明，互动式教学可以激发学生的学习兴趣和动力，提高他们的学习积极性和主动性。同时，这种模式还可以培养学生的创新思维和解决问题的能力，使他们更好地适应未来的社会发展需求。

运用戏剧的方式，对常规教学进行适当的丰富和创新，会起到一定的积极效果。结合道德与法治课程教学而言，德育剧的使用就能解决一些既有的教学问题。首先在德育戏剧课堂中教师起到主创的作用。由于处于小学阶段的孩子写作水平有限，写不出符合德育戏剧要求的戏剧剧本，在小学阶段更多的是由教师提供剧本。因此，在戏剧教育模式下的小学道德与法治课堂，教师就是主创，把握着戏剧剧本的内容，并且直接决定剧本中所蕴含的道德观念，保证学生能够接受良好的思想道德和心理品质的教育。

在戏剧课堂中教师不仅是教育者，更是引导者和启发者，负责引导学生发掘戏剧剧本中所蕴含的道德品质。在这种模式下，教师需要具备敏锐的洞察力和深入的理解力，以便准确把握剧本内容的深层含义和道德教育价值。他们不仅需要精心设计戏剧的情节和人物形象，还要考虑如何通过戏剧教学的方式，使学生更好地理解和接受道德与法治教育。同时，教师还需要具备灵活的教学策略和丰富的表演技巧，以便在戏剧教学中引导学生发挥创造力和想象力，激发他们对道德问题的思考和探讨。

在这种教育模式下，教师直接决定剧本中所蕴含的道德品质。他们所选择的剧本内容和情节，必须符合道德与法治教育的目标，同时也要能够引起学生的兴趣和共鸣。通过戏剧的情节和人物形象，教师能够引导学生体验和理解道德问题，从而促进他们的道德成长和法治意识的提高。这种教育模式不仅使学生获得知识，更重要的是培养了他们的道德情感和价值观。

上　编　德育戏剧的理论归纳

通过引入德育戏剧，小学道德与法治课堂呈现出更为生动有趣的一面。学生不再是被动的知识接受者，而是成为课堂学习的主体。他们扮演着活跃的角色。在沉浸式的学习环境中，孩子们通过表演深入体验和理解道德与法治的知识，从而更加有效地吸收和理解。

同时，德育戏剧的引入也在培养学生的团队合作和沟通技巧方面发挥了积极作用。通过共同参与戏剧表演，学生们学会了在团队中协作，理解彼此的角色，追求共同目标。这不仅有助于他们在团队合作中的发展，还为他们树立正确的价值观和人生观提供了宝贵的机会。

因此，德育戏剧不仅丰富了小学道德与法治课堂的教学形式，更为学生们提供了一个全新的学习体验。这种互动式的学习方法不仅激发了学生的学习兴趣，也在德育和团队合作方面培养了他们的综合能力，为他们未来的发展奠定了坚实的基础。要强调教师主创、学生主体的师生成长共同体，不断汇聚新的力量，形成新型师生关系。所谓新型师生关系，就是老师和学生共同作为戏剧的参与者，实现在戏剧的假定情境中身份与角色的平等与互置，学生成为被瞩目者，教师成为观看者。

主创工作大多需要在课下完成，主体工作大多安排在课上进行。这样并不额外增加学生的学习负担，教师所开展的也并非常规教学中的重复性工作，而是具有挑战性的创造性工作。在课上课下的有机衔接过程中，强化教师主导、学生主体的实践机制。

第三节　联动课程教学与育人活动

"课程教学"指的是第一课堂教学活动，"育人活动"通常是指在第二、三课堂中所开展的各类育人实践。从时间上而言，这里涉及的是课上与课下的关系，也就是一、二、三课堂的衔接。通过德育戏剧活动，能够将道德与法治等课程的常规教学与课外戏剧活动进行有机结合，在时间上形成持续不断的育人效果。

聚焦课堂上的德育戏剧实践而言，涉及的是方式与目的的统一。在前面的讨论中，我们已经明确指出，通过引入德育戏剧到课堂中，学生们的多项能力得到了显著的提升。这种教育方式的引入，不仅丰富了课堂的教学内容，更在深层次上改变了常规的道德与法治教学模式。

15

立德树人：德育戏剧创作与实践指南

当深入挖掘这一变革的根源时，不难发现，这种本质上的变化主要体现在两个方面：一是教学方式，二是教学目的。首先，我们来看看教学方式的变化。过去常规的教学方式往往是老师在课堂上讲解，学生在下面被动地接受知识。然而，随着科技的发展和教育的不断进步，教学方式已经发生了翻天覆地的变化。现在，我们更加注重学生的主动性和参与性，通过引导学生进行探究、讨论和实践，让他们在过程中学习知识、掌握技能。这种教学方式的变化不仅提高了学生的学习兴趣和积极性，还培养了他们的创新能力和解决问题的能力。

其次，我们来看看教学目的的变化。过去，教学的目的是为了让学生掌握知识，应对考试。然而，随着社会的不断发展和教育的不断进步，教学目的已经发生了很大的变化。现在，我们更加注重学生的全面发展，不仅关注他们的学业成绩，还关注他们的心理健康、社交能力、创新思维等多方面的发展。这种教学目的的变化让学生的综合素质得到了更全面的培养和提升，为他们未来的发展奠定了坚实的基础。

综上所述，这种本质上的改变体现在教学方式和教学目的两个方面，这些变化都是为了更好地适应时代的发展和教育的进步，让学生得到更全面的培养和提升。

在了解完教学目的的变化后，我们再来看看教学方式的不同。常规的道德与法治教学往往是分立的，二者之间缺乏有效的联系和互动。教师们往往分别教授道德和法治两个领域的知识，而学生们则分别学习这两个领域的内容。这种方式虽然可以分别传授知识，但是，对于学生们来说，却难以形成一个完整的道德和法治学习体系，不利于他们全面理解和掌握这两个领域的知识。

当下的道德与法治教育已经不再仅仅关注知识的传授，而是更加注重学生的全面发展。通过改变教学方式，加强道德与法治教育的融合，培养学生的批判性思维和创新能力，我们可以更好地实现道德与法治教育的目的，帮助学生成为具有高尚品德和法治意识的公民。

而德育戏剧的引入，很好地适应了这一需求。通过角色扮演、情景模拟等方式，学生们可以在课堂中深入理解道德和法治的内涵，从而更有效地培养他们的道德判断能力和法治意识。这种方式不仅让学生们能够更直观地理解道德和法治的关系，还可以让他们在实践中学习到如何运用道德和法治的知识来解决问题。

此外，学生们对于在德育戏剧课堂上所学习到的道德判断力和法治意识并不易遗忘。这是因为学生们是在自我探寻的过程中学习到的知识，他们需要自己去思考、去探索、去实践，从而获得对道德和法治观念的理解。这种自我探寻的过程，使得学生们对于所学到的知识有了更深刻的认识和理解，也更容易将所学到的知识应用到实际生活中去。

其次，德育戏剧实践不再仅仅局限于常规的知识传授模式，而更注重培养学生的综合能力。通过积极参与德育戏剧的实践活动，学生们能够更深入地理解道德与法治之间的密切联系。在这种以自主感知为主的学习模式下，学生们能够更加自如地运用自身对道德和法治关系的理解。这种方法让他们不仅能更好地了解相关理论，更能够在实践中运用这些道德与法治的概念，从而取得更好的学习效果。

在德育戏剧的实践活动中，学生们不仅仅获取了书本上的理论知识，更锻炼了综合能力。这包括学习如何有效地与他人合作和沟通，如何分析并解决问题，以及如何运用想象力、创造力和批判性思维等方面的能力。这些能力的培养不仅在当前阶段具有重要意义，更会对学生未来的学习和生活产生深远影响。

通过参与德育戏剧，学生们在表演的过程中积极运用协作技能。他们学会了与团队成员协调配合，共同创造一个令人信服的戏剧场景。这不仅强化了他们的团队意识，还培养了解决实际问题时所需的集体智慧。

通过德育戏剧的实践活动，学生们还能够更好地认识自己、了解自己。在表演过程中，他们需要不断地反思自己的行为、态度和价值观，从而更好地认识自己的优点和不足。这种自我认知的过程，有助于学生们更好地成长和发展。

联结了课程教学和育人活动的德育戏剧实践，是复合型、综合性的实践，有效衔接了一、二、三课堂之间的时间与内容关联，创新了教学育人的手段方法，构建了完整的育人链条，实现了课程学习与活动能力的同步锻炼。

第三章　德育戏剧的创编技法

规律，都是从现象中提炼出的经验性认识，是社会诸现象之间必然、本质、稳定和反复出现的关系。戏剧创作的技法，就是通过总结生成的戏剧规律，能反映出戏剧创作的一般性认识和普遍性经验。聚焦德育戏剧的创作而言，技法和序列可能都是主观的，并带有个性化特点，以下的这些创作技巧亦是在大量创作实践中剥离梳理而得的。

第一节　选素材

一、依据课本内容创造故事

课本内容在这里主要是指《道德与法治》教材中出现的与道德与法治相关的故事或从其知识点中创编的新的、符合相关主题的故事。

在人教版一年级《道德与法治》上册课本中，一共有四个单元。其中，前两个单元都是为了让学生更快地熟悉小学校园生活和学会学习规范，以及感受小学生活的快乐；后两个单元主要是为了让学生注意家中的安全与健康，以及感受新年的快乐。在本册中，我们可以将第三单元"家中的安全与健康"中的内容改编为几个小短剧（五分钟以内），主要是讲述家中出现的安全健康问题，倡导安全健康的生活。在这一册中，第一、二单元，"我是小学生啦！"和"校园生活真快乐"不宜作为剧本创作的素材进行使用，主要是因为其单元本身并无太多可使用的故事，并且学生刚进入小学，对字词认识不够，若要排演，在实际操作上会存在难度。在人教版一年级《道德与法治》下册课本中，每个小节下面都有一个故事，即找小插图，这是非常好的创作素材。在第一单元"我的好习惯"中，每个小节都可以改编出多个简单的小短剧（五分钟以内），紧紧围绕学生如何养成好习惯的主题进行创编，倡导学生养成良好的生活学习习惯。第二单元"我和大自然"主要让学生感受并热爱大自然，同时了解部分自然现象。在改编为剧本时，可以从爱护花草和动物这一方面进行创作。第三单元"我爱我家"主要让学生理解并去感受家人的爱，主动承担家务，体会亲情。这个单元在改编剧本时可以围绕亲情与家务劳动主题创作小短剧。第四单元"我们在一起"主要是让学生学会互相帮助以及初步了解少先队员。这个单元有一个重要的小节，即"我们都是少先队员"，创作时可以主要围绕少先队员这一身份和红领巾这一重要物品展开故事，也可以围绕团结友爱主题开展创编，亦可将两者相结合。

在人教版二年级《道德与法治》上册课本中，每个单元都围绕"我们的××"展开，其中有三个单元都围绕学生的生活和学习场所展开。第一单元"我们的节假日"，主要是让学生养成正确安排假期的习惯，了解国庆节和中华传统节日中秋节，可以围绕"如何安排假期"和"两个节日的来历"进行创作，建议将两者结合起来创编。第二单元"我们的班级"主要让学生对班级有归属感，增强学生的班级集体荣誉感，同时遵守共同制定的班级规则。在将本单元作为素材时，建议围绕班级团结和班级规则进行创作。第三单元"我们的公共场所"主要是让学生养成良好的生活习惯，共同保护我们的生活环境公物，做一名文明的公民。本单元创作剧本方向较为明了，可直接根据教材中人物出现的行为进行创作。第四单元"我们生活的地方"主要是让学生更加深入地了解并发自内心去热爱自己美丽的家乡。本单元需要结合具体地方进行创作，创作者可以借鉴当地流传的故事、名人事迹等，其中再加入部分当地特色元素，也可根据学生描述的与家乡有关的故事进行改编。在人教版二年级《道德与法治》下册课本中，课文下方的插图故事性更加明显，并且每个故事都有其相应的名称，如小马过河、蜗牛与寄居蟹、喵喵学本领，等等。第一单元"让我试试看"主要让学生学会主动去尝试做某件事情，学会面对成长过程当中出现的困难与烦恼，以及要学会乐观并将自己的快乐传递给更多的人。本单元在处理创作素材时可以直接使用书本下方的插图故事，也可尝试用一个故事将本单元各小节内容串联起来。第二单元"我们好好玩"主要让学生体验并分享玩游戏的快乐，重点在于引导学生学会创造不同玩法，同时注意安全。在创作时可以观察学生经常玩耍的游戏并作为素材，倡导学生注意安全。第三单元"绿色小卫士"主要是为了培养学生的环保意识，在创作时建议借用童话创作方式，将部分物品拟人化，使相对模糊的概念具象化，让学生更能理解和产生共鸣，比如可以借用教材里的角色小水滴和小纸张的经历来呼吁人们保护环境。第四单元"我们会努力的"主要是让学生在学习时学会相信自己，找到适合自己学习的方法并持之以恒地坚持。本单元下方也有几个体现教材主题的小故事，剧本创作时可以借鉴，也可以自由编创其他相关的故事。

在人教版三年级《道德与法治》上册课本中，本册各单元让学生通过对生活的感受，获得对家庭、学校、社区的初步认识，树立最基本的社会公德意识。第一单元"快乐学习"主要让学生理解学习的重要性并学会主动去学习，与二年级上册最后单元内容有相似之处，但这一单元更加强调"随时随处可学"与"人人可学"两点，创作时要把握这两点。第二单元"我们的学校"主要是让学生更加深入地了解自己生活学习的场所学校，感受并回忆学校中的人和事，培养对学校的归属感。本单元与一年级上册的一、二单元的熟悉学校环境有所区别，更强调学校的人与事，创作时就可根据学生的经历改编剧本。第三单元"安全护我成长"主要是对学生进行生命教育和安全教育，明确告诉学生生命的宝贵与面对危险的安全措施，可根据安全隐患出现的现象进行创作，也可围绕母爱这一主题展开创作。第四单元"家是最温暖的地方"主要是让学生去感受父母带给我们的爱和在细微处去爱我们的父母。在创作剧本时要重点强调学生应该如何爱我们的父母，倡导学生用实际行动将对父母的爱表现出来。在人教版三年级《道德与法治》下册课本中重点关注了学生自我与周围环境、人群的关系，继续让学生感受自己生活环境的美好。第一单元"我和我的同伴"在低年级时认识自我的基础上，引导学生从认识自己与同学的不一样之处入手，让学生学会尊重、理解他人，可以为围绕学生之间同学关系这一点展开创作，倡导维护良好的同学关系与班级秩序。第二单元"我在这里长大"再次引导学生深入自己所生活的场所，去感受和谐的邻里关系和家乡的美丽，增强学生的家乡归属感和自豪感。本单元可在二年级上册关于家乡的创作的基础上除了关注家乡的著名代表性故事外，重点强调邻里关系的和谐。第三单元"我们的公共生活"涉及对学生的规则和规范教育，以及基本文明素养的培养，是学生在二年级上册"我们的公共场所"基础上的进一步学习，创作时要重点关注规则意识和乐于助人等素养的倡导。第四单元"多样的交通和通信"与学生生活结合相当紧密，主要是为了帮助学生了解现代生活、安全出行。在创作时应该重点关注在这个交通通信极为便捷的时代，学生更应该遵守相应的规则，做一个文明的现代人，比如遵守交通规则、做文明网民等。

在人教版六年级《道德与法治》上册课本中围绕公民与国家关系的生活主题，以法律和宪法精神为主线，坚持党的领导、人民当家作主、依法治国的有机统一，将公民的基本权利和义务、国家基本制度、国家机构等内容贯穿起来。第一单元"我们的守护者"让学生感受到法律的必要性和重要性，初步理解宪法精神。在创作时可以将宪法、刑法、民法等各种法律具象化，使其成为一个个鲜活的角色，并在剧本中填入各个法律条文的知识，如宪法是国家的根本大法、刑法是规定犯罪和刑罚的法律、民法是维护人们日常生活秩序的主要法律等，培养学生尊重法律、敬畏法律、捍卫法律的意识。第二单元"我们是公民"让学生了解公民的基本权利和义务，理解两者之间的关系，培养学生依法行使权利，依法履行义务的意识。创作时应将权利与义务作为重点内容，可以从学生的生活学习的小事中引出权利与义务。第三单元"我们的国家机构"让学生了解我国国家机构的设置，知道人大代表的含义以及选举流程，明白权力应该受到制约和监督。本单元创作难度较大，主要是因为故事创作会受到教材内容的限制，建议将剧本故事情节设计在一个独立的动物世界，也可设计班级学生扮演人大代表参与选举活动为内容的剧本。第四单元"法律保护我们健康成长"让学生明白自己受到法律特殊保护，了解《中华人民共和国义务教育法》《中华人民共和国未成年人保护法》《中华人民共和国预防未成年人犯罪法》，知道合理的维权途径，懂得利用法律武器捍卫自身的权利。本单元创作应重点关注校园霸凌、未成年人辍学事件，剧本内容可从这两个方面进行设计。在人教版六年级《道德与法治》下册课本中包含融合自我、世界领域和国家领域的内容，以尊重、包容、反思三个主题螺旋上升，贯穿始终，体现和谐共生核心价值观，落实国际理解核心素养。第一单元"完善自我，健康成长"使学生懂得每个人都应该得到尊重，学会宽容和反思，不断完善自己，从而让自己做得更好。创作者可以从尊重、包容和反思三个主题来进行剧本创作，每个主题可以是多个角度。第二单元"爱护地球，共同责任"也是一个环境保护单元，让学生认识到地球的健康关系到人类的安危，从而增强保护意识，并且懂得环境保护的方法。剧本可以以学生作为主人公视角进行叙述，突出主人公保护环境的意识和方法，其中再加入《中华人民共和国环境保护法》相关知识。第三单元"多样文明，多彩生活"让学生了解到文明因多样而交流，因交流而互鉴，因互鉴而发展。当今社会，我们要加强与世界不同国家、不同民族、不同文化之间的交流，努力构建人类命运共同体。本单元建议结合"一带一路"倡议进行创作，可以借用古代张骞出使西域、郑和七下西洋的故事，也可以将剧情地点安排在国际学校或学生国际交流活动之中。第四单元"让世界更美好"让学生认识到世界各个国家只有团结起来，形成共识，达成共通，互利互惠协同发展，才能为人类世界创造出更加美好的未来。本单元可以结合科学家的故事进行创作，让学生明白科技对人类世界的改变，也可将四大洋、七大洲拟人化进行创作，围绕主题"人类命运共同体"。

除了从《道德与法治》教材中引申出的故事，还可以从语文课文中寻找故事，如在人教版（或部编版）小学语文四年级下册课文《小英雄雨来（节选）》中，刻画了一个热爱祖国和机智勇敢的少年雨来，创作者可进行适当的改编，便可形成一部极具思政教育价值的课本剧。

二、在中华优秀传统文化中挖掘经典故事

我国是一个历史悠久的文明古国。勤劳、善良的人们在长期的社会实践中积淀了丰富的文化传统。经过几千年的文化熏陶，历史长河的涤荡和科学思想的净化，逐步升华为中华民族的传统美德。所谓中华民族传统美德，是中华民族优秀民族品质，优良民族精神，崇高民族气节，高尚民族情感，良好民族礼仪的总和。它使人陶冶爱国情操，从小树立爱国爱民的志向；它让人孝顺父母，对其充满孝心；它让人仗义疏财，尽力帮助别人；它感化身边的一切，让处世的人明白心灵美才是真正的美，从而弥补愚昧与笨拙、丑陋与缺点。

传统美德包含如下内容：仁、义、礼、智、信、孝、悌、忠、廉、耻、勤、勇、敬、恕、谨、俭、忍、友、慈、和。优秀传统美德的总结并不是无端生成，每个优秀传统美德的背后都有着一个个生动鲜活的经典故事，不断传承并影响着后世的人们。这些家喻户晓的美德故事就是德育剧创作非常重要的素材来源。

孔融让梨是弘扬中华传统美德的经典故事之一，是中国东汉末年文学家孔融的真实故事。该故事发生在孔融四岁的时候，他和哥哥们一起吃梨却总是拿小的吃，有大人问他为什么这么做，他回答说："我年龄小，食量小，按道理应该拿小的。"这则故事告诉人们做人应该懂得谦让的礼仪。孔融让梨的故事比较适合改编成低年级的德育剧，演员主要由一、二年级的学生构成，同时在剧本设计上也可以将演出时长控制在八分钟以内。

凿壁偷光故事讲述了西汉时期，有一个少年叫匡衡，他家里很穷，没有钱供他上学。为了读书，他跑到一户有钱人家求见主人，请求借书看。主人被他的诚意打动，收留了他。匡衡每天白天干活，晚上回家借着邻居家的烛光看书。后来，他发现墙壁有破损的地方，便抠开一个小洞，让光照进来，继续读书。这个故事形容了家境贫寒但勤奋好学的人。凿壁偷光的故事主题在于勤奋好学，改编这个故事让学生进行演出，让学生切实体会到主人公匡衡对于学习的执着与努力，具有非常强烈的现实意义。

上　编　德育戏剧的理论归纳

将相和讲述了蔺相如和廉颇的故事，是谦让美德的一个典型例子。这个故事发生在公元前279年的赵国时期。蔺相如在成功保卫国家后被封为上卿，地位超过了大将军廉颇。对此，廉颇感到很不服气并公开威胁要羞辱蔺相如。面对廉颇的威胁，蔺相如选择了退让，他经常称病不参与朝政，避免与廉颇冲突。有一次，蔺相如外出时碰到廉颇，他立即命令马车停下来，等廉颇过去后再继续前行。这种宽容和忍让的行为最终打动了廉颇，使他意识到了自己的狭隘。于是，廉颇主动背负荆条向蔺相如请罪，而蔺相如也大度地接受了他的道歉。两人最终和解，成就了一个流传千年的美谈。《将相和》其实也是小学语文（部编版）五年级的一篇课文，在创作改编时也可将其作为一个课本剧。

中华优秀传统美德是我们宝贵的文化精神财富，也是我们创作的丰富知识宝库，这些故事从悠长的历史长河中保存下来，需要我们不断地珍惜与传承。以德育剧的方式将故事讲述给更多的孩子，主要针对小学阶段的学生，常规的故事宣讲方式难以使学生对故事中的思想达到印象深刻，为此常规教学外的戏剧排练或许会成为学生的一段宝贵的记忆。对优秀传统美德的德育剧改编也是增强文化自信的重要方式，将故事融入剧本中，融入演出节目中，融入学生的脑海里。

三、在现实生活中找事件

在小学德育开展实践中，无论是本校，或是其他学校，总会出现各式各样的德育事例，这些也可作为德育剧创作的重要素材来源。

近年来，校园霸凌越来越受到学校和社会各界的广泛关注，关于校园霸凌的事例接连不断。校园霸凌带给学生的伤害不仅仅表现在肢体上，它也是一种"长期的、持续的、隐秘的、难以直接察觉的"精神伤害，能够严重侵害未成年人的身心健康。校园欺凌的形式多样，不限于身体上的伤害，也包括言语霸凌、性别歧视、网络霸凌等。无论是对于霸凌者还是被霸凌者，除了身体霸凌，有些学生并不认为言语、网络霸凌等是一种霸凌行为，这种认识的浅薄会更加加重霸凌现象的出现，霸凌相关知识宣传就显得格外重要。"反对校园霸凌"可作为德育剧创作的重要素材之一，在创作之前，创作者可以通过相关渠道去了解所在学校或者周边学校是否出现霸凌事件，若有则可以将其作为重要的创作材料。当然创作并不局限于周边事例，也可借助网络上的典型的事件丰富创作素材。

不仅是校园霸凌事件，小学生心理健康问题逐渐引起了社会的广泛关注。小学生心理健康的现象主要表现在学业压力增大、网络成瘾、家庭教育、同伴关系

23

问题、性教育缺失、心理压力承受能力差等几个方面。

出现学业压力增大问题的原因在于随着教育竞争的加剧，小学生的学习任务越来越繁重，导致他们承受着巨大的学业压力。长时间的学习使他们缺乏休息和娱乐时间，容易导致焦虑、抑郁等心理问题。在德育剧的设计上，可以将内容放在学生的学业焦虑问题上，例如，成绩考试不理想，与他人成绩差距拉大；在艺体兴趣课上表现得不如他人，产生自卑心理；对自己要求过高，自我贬低；家长对学生的成绩要求太高而无法达到。这一系列的原因都可加入剧本的情节设计之中。

出现网络成瘾问题的原因在于随着互联网的普及，越来越多的小学生沉迷于网络游戏、社交媒体等，导致他们的学习和生活受到严重影响，长时间上网会使他们忽略与家人和朋友的交流，影响心理健康，这是互联网时代带来的弊端。城市里的孩子在有效的家庭教育下，特别是在父母的陪伴和监督下，沉迷网络的现象较少。但是农村里的孩子大多数是留守儿童，他们缺少父母的陪伴，并且没有丰富的游玩活动，于是就将课后大量的时间和精力放在网络之中，特别是沉迷于网络游戏，这已经成为一种现象和趋势。剧本创作的内容可以转向学生如何正确对待网络和与老师同学交流上，侧重呼吁学生们不要沉迷于虚拟的网络世界。

出现家庭教育问题的原因在于一些家长过于关注孩子的学习成绩，忽视了孩子的心理需求。过度的期望和压力可能导致孩子产生自卑、焦虑等心理问题。此外，家庭暴力、离异等问题也可能对孩子的心理健康产生负面影响。学生的焦虑有时也受家长情绪的影响，部分家长对学生有着过高的要求，然而学生又无法达到，那么家长就产生焦虑，这种情绪又传递给学生。以该问题生成的德育剧的观众主要面向的群体是家长，因为家长的教育问题学生难以改变，只有家长清晰地认识到家庭教育应该注意的事项以及重要性，才会去试着改变，从而影响到学生。创作剧本时就可将人物框定在父母与孩子身上，情节设计就可确定为父母与孩子的矛盾发展与解决。

小学生面临的同伴关系问题也日益严重，欺凌、排斥、歧视等现象时有发生，这些不良的同伴关系可能导致孩子产生自卑、抑郁等心理问题。创作时就可将内容确定为学生如何正确处理人际关系上。在传统的教育观念中，性教育往往被忽视。然而，随着孩子年龄的增长，他们可能会遇到一些性健康问题。由于缺乏正确的性教育，他们可能无法正确处理这些问题，从而影响心理健康。

现代生活节奏加快，小学生面临的心理压力也在增加。然而，他们的心理承受能力相对较弱，面对压力时容易产生消极情绪，如焦虑、抑郁等。为了解决这些问题，学校、家庭和社会应共同努力，关注小学生的心理健康，提供适当的心理辅导和支持。同时，加强挫折教育和同伴关系的培养，帮助孩子建立健康的心理素质。

此外，还可以在社会主义先进文化中寻找契合点。社会主义先进文化，是以马克思主义为指导，积极继承和弘扬五千多年中华优秀传统文化和五四运动以来形成的革命文化传统，并吸收借鉴世界优秀文化成果，集中体现全国各族人民在新的历史条件下的精神追求，始终代表着当代中国发展前进方向的文化。这种先进文化的核心价值观，最典型地体现在党的十八大提出的社会主义核心价值观：富强、民主、文明、和谐，自由、平等、公正、法治，爱国、敬业、诚信、友善。这些价值观中富强、民主、文明、和谐是国家层面的价值目标；自由、平等、公正、法治是社会层面的价值取向；爱国、敬业、诚信、友善是公民个人层面的价值准则。这十二个词语就构成了十二类剧本主题，为德育剧剧本创作提供了明确的方向。这些主题涵盖了国家、社会和个人的各个层面，为剧本创作提供了丰富的素材和灵感。

社会主义先进文化是一种积极向上、具有引领作用的文化。它不仅代表着中国先进文化的前进方向，还体现了中国人民在精神文化方面的追求和期望。这种文化的核心价值观，既体现了中华民族的传统美德，又融入了现代社会的进步理念，具有鲜明的时代特征和普遍的指导意义。

在德育剧剧本创作中，我们可以从这些主题中汲取灵感和素材。通过将这些价值观融入剧本的人物形象和故事情节中，我们可以创造出具有深刻思想内涵和强烈感染力的作品。同时，这些主题也为我们提供了明确的方向和目标，使得剧本创作更加具有针对性和实效性。

第二节 凝事件

一、确定主题

在开始构思剧本的各个事件之前，重要的是要清晰地确定剧本的核心主题。这个核心主题可以视为整个故事的内核，是作者希望传达给观众的重要信息或观点。它可以是一个引人注目的理念，也可以是一个引人深思的问题。核心主题往往贯穿于整个剧本，通过角色的塑造、情节的展开以及对话的展现来呈现。

明确核心主题对于剧本创作起决定作用，因为它为整个故事定下了基调，为角色提供了动机，为事件提供了意义。一个好的核心主题能够深入人心，激发观众的共鸣，使他们在观看的过程中思考、感受并理解故事背后的深层含义。

在确定核心主题后，创作者可以通过各种方式将其融入剧本的各个元素中。例如，角色之间的对话可以用来揭示和探讨核心主题，情节的发展可以用来强调和深化主题的理解，视觉元素如场景、服装和道具也可以用来支持和解释主题。作为小学的德育剧，可以适用的主题众多，常见的主题有：

1. 爱国主义教育主题。如抗日战争、红军长征、烈士事迹以及新时代背景下的中国故事等。选用该核心主题可以让学生们树立正确的世界观、人生观和价值观，增强学生的民族自豪感和自信心。

2. 社会主义核心价值观教育主题。如诚实守信、助人为乐、团结友爱等。该核心主题不仅可以培养学生具备良好的道德行为规范，还可以引导学生形成健康的思想道德观念和正确的价值取向。

3. 生态文明教育主题。如节约用水、垃圾分类、保护动植物等。让学生理解乱砍滥伐森林、土地流失等环境问题带来的严重后果和浪费水资源、垃圾乱丢等不文明现象给环境带来的破坏，建立正确的环保意识和观念。

4. 卫生健康教育主题。如饮食卫生、锻炼身体、养成良好的生活习惯等。健康的身体是学习和生活的基础，该主题呼吁学生养成良好的生活习惯，健康生活。

5. 情感教育主题。如友谊、亲情、师生关系等。人际关系的建立能为学生提供情感支撑和友谊互助，并且正常的人际关系也能锻炼社交能力，同时在一定程度上也可以培养学生的团队合作能力。

6. 安全教育主题。如交通安全、网络安全、校园欺凌等。安全教育是小学的一项重要工作，不仅在于保障学生的人身安全，更在于培养学生的安全意识和自我保护能力。

二、设定故事背景

故事背景是指剧本中描绘故事情节发生的时间和地点，可以是现实世界中的某个地方，也可以是一个完全虚构的空间。它为故事提供了基本的时空框架，为角色提供了展现个性和情感变化的舞台，同时也是情节发展的驱动力。故事背景对于塑造角色、推动情节发展和传达主题具有关键的作用。

故事背景也是塑造角色的重要因素之一。在不同的情境下，人物的性格、行为和思维也会有所不同。例如，一个在城市中长大的年轻人和一个在乡村长大的年轻人，他们的思想、行为和价值观都会有所不同。

此外，故事背景还是推动情节发展的重要因素。在故事中，背景的变化可以引起人物情感的变化，从而推动情节的发展。例如，当一个角色在经历一段感情挫折后，他可能会选择离开原来的城市，去到一个新的地方重新开始。在这个新的地方，他可能会遇到新的人和事，这些人和事会成为情节发展的驱动力。在确定故事背景时，可以从以下几个方面考虑：

1. 时间，即剧本故事发生的时间。故事发生在哪个时代？是现在还是过去？不同的时间背景会影响角色的穿着、言行举止、情节合理性等多个方面。若发生在古代，那么角色的服装需要符合朝代特征，台词设计要尽量符合古人说话方式和礼仪，并且还要考虑故事是否符合史实。若故事发生在未来，则有多种可能性。

2. 地点，即剧本故事发生的地点。故事发生在哪个地区或国家？是城市还是乡村？是真实存在的地点还是虚构的空间？地点的选择会影响角色的生活方式、文化背景以及舞台布景等方面。

在考虑具体时间和地点时需要注意，剧本不像小说、散文那样可以不受时间和空间的限制，它要求时间、人物、场景高度集中在舞台范围内。小小的舞台上，几个人的表演就可以代表成千上万，简单几步可代表千里之行。同时，不同的时间与空间转化可以通过幕、场的转化进行表现。

立德树人：德育戏剧创作与实践指南

总之，故事背景是剧本创作的基础，确定了故事背景能为后续的剧本创作提供可靠的依据，一个好的背景能够为故事增色添彩，使角色更加立体，故事更加引人入胜。

三、制定故事梗概

部分剧本故事在创作过程中，确实需要先确定剧本角色。尤其是传记类的剧本，角色是历史人物的再现，需要深入研究和理解历史人物的性格、经历和时代背景，以便准确地塑造角色形象。在确定角色时，不仅要选定主要角色，还要为故事中的其他角色设定不同的特点，以增强剧本的丰富性和趣味性。

在设计角色时，每个角色都应该拥有独特的性格特点和行为动机，这将有助于推动情节的发展和变化。因此，在创作剧本时，需要深入挖掘每个角色的内心世界，以便更好地塑造角色形象和推动故事发展。

制定故事梗概是剧本创作的重要环节。故事梗概需要确定主线故事，包括起始事件、冲突、高潮和结局。主线故事是剧本的核心，需要围绕主题展开，通过角色之间的互动和冲突来推动故事发展。同时，也需要考虑加入一些次要故事线，比如某些角色的背景故事或情感线，以丰富故事内容和增加戏剧性。

在安排次要事件时，需要注意将其推到幕后，避免过多的换场和多余的人物出现。这样可以保持故事的紧凑性和连贯性，让观众更容易理解和接受故事的发展。

在确定故事梗概之后，需要将故事梗概分成若干个场景。一般在故事地点或时间发生变化之后才会进行场景切换。每个场景都应该有一个明确的目标和冲突，并且场景之间要有逻辑的联系，让故事更加连贯和流畅。同时，场景的设定也需要考虑到观众的视觉感受和情感体验，以便更好地呈现故事情节和角色形象。

第三节　定人物

在一个剧本中，人物是整个故事的核心，人物之间的对话和行动推动着剧情的开始、发展与结束，设计一个丰富立体的角色非常关键。在创作剧本时，角色的设计需要考虑两种不同的情况，一是剧本创作完成后选择合适的演员，这一种方式编剧在创作时没有太多顾虑，可以大胆设计角色；另一种是提前选定演员，依据演员定制角色，这种方式编剧需要根据演员的性格特点、语言方式以及行为动作等来安排角色。设计角色的方法有以下几种思路：

（一）分析角色类型

根据剧本的主题和情节，分析需要哪些类型的人物角色。可以包括主要角色、配角、群众演员等。主角是故事的核心人物，通常具有积极向上的性格特点和强烈的任务动机。他们在剧本故事中往往面临着各种各样的挑战与危险，但是经过努力，他们最终都实现了目标，并最终取得成功或成长。配角在故事中起到支持主角行动的作用，他们可以为主角提供帮助、建议，也可以与主角产生矛盾与冲突，推动剧情的发展。反面角色是与主角对立的角色，他们一般会试图阻止主角实现目标或者给主角及其团队带来困难与麻烦。群众角色通常被认为是背景人物，例如，贩夫走卒、餐厅内食客和路人等都属于群众角色。这些角色虽然可能没有明确的对话或行动，但他们通过展现生活细节和社会环境，能够为故事提供丰富的背景信息，也能在剧本创作中起着重要的作用，有时甚至起到推动故事发展的作用，平凡但并不普通。

（二）设计角色形象

为每个角色创建一个详细的背景是非常重要的，因为这可以为他们的行为和语言提供有力的支撑。家庭背景、教育经历、身份和性格特点等都是塑造一个角色的关键因素。通过深入了解这些因素，我们可以更好地理解角色的动机、目标和行动。

例如，一个角色可能出身于一个贫困的家庭，这可能影响他们的价值观和行为方式。他们可能更加努力工作，以摆脱贫困，或者更加珍惜与他人的关系，因为他们知道在生活中人际关系的重要性。

教育经历也是塑造一个角色的重要因素。不同的教育背景可能会影响一个人的思维方式、沟通方式和解决问题的能力。

身份和性格特点也是角色背景的重要组成部分。一个角色的身份可能影响他们的自尊心、自信心和社交能力。例如，一个角色可能是一个内向的人，这可能会影响他们的沟通方式和与他人的交流方式。

通过分析主角的目标、性格特点和动机，我们可以更好地理解他们的行为和语言。例如，如果主角的目标是追求权力，那么他们可能会表现出自信、果断和竞争性强的特点。如果主角的动机是追求爱情，那么他们可能会表现出温柔、体贴和浪漫的特点。以下是一些设计角色背景的步骤：

1. 设定角色的基本特征。需要确定角色的基本特征，如性别、年龄、职业、性格等。这些特征将影响角色的背景。如设计一位十岁小学生的角色，那么他就不太可能表现出超出年龄既定能力的台词和行为。

2. 设定角色的家庭背景。家庭背景对一个人的性格养成有很大影响。可以设定角色的家庭成员、家庭环境、父母的教育方式等。

3. 设定角色的教育经历。教育背景也会影响一个人的性格和行为。可以设定角色的学校、专业、学习成绩等。专业学习背景也能反映角色的学习能力和所掌握的知识。受教育的经历，就是角色校园生活的经历，校园生活是继家庭生活之后对人影响深远的又一生活阶段，需要进行合理想象和具体设计。

4. 设定角色的工作经历。工作经历可以反映一个人的能力和价值观。可以设定角色的工作单位、职位、工作成就等。角色的事业发展往往会影响其在某些重大问题上的决策与判断。

5. 设定角色的梦想和目标。梦想和目标是驱动一个人行动的内在动源。可以设定角色的梦想、目标、追求的生活方式以及计划等。角色的目标直接影响着剧本故事的发展，特别是主要角色的目标，能成为剧本的一条明确的线索。

6. 设定角色的弱点。弱点可以使角色更加真实和有深度。可以设定角色的恐惧、困扰、面临的挑战等。角色可能是害怕黑夜、害怕昆虫、害怕火焰……角色的弱点设计，能够在很大程度上增加戏剧张力。

7. 检查和调整。需要检查你设计的角色是否与剧本的主题和情节相符，是否有助于推动故事的发展，是否有足够的冲突和矛盾。如果有需要，可以进行调整。

（三）确定人物关系

人物形象，是在人物关系中逐渐丰满的。在剧本创作中，确定人物关系是一个关键的环节。它不仅可以帮助创作者塑造出角色鲜明的性格特征，还可以揭示他们的内在动机和行动方式。通过精心构建角色之间的关系，可以推动故事情节的发展，并为人物之间的互动提供有力的依据。这些互动可以是充满情感的，也可以是紧张刺激的，从而为观众带来丰富多彩的视觉体验。

人物关系的构建维度可以从不同方面展开，可以从动机与欲求的角度、社会身份维度、感情身份维度等方面进行建构。以情感维度为例，人物之间的情感关系多种多样，包括但不限于亲情、友情、爱情和其他情感等。这些关系在剧本中起着贯穿的作用，可以影响人物的行动和思维，推动故事走向高潮或转折。例如，一个人物可能会因为与另一个人物的亲密关系而做出某些决定，或者两个人物之间的竞争关系可能导致他们做出相反的选择。

人物之间的关系不仅受到他们自身性格的影响，还受到他们与其他人物关系的影响。一个人物的性格和目标可能会因与其他人物的关系而改变，而这些变化又会进一步影响他们之间的关系。例如，一个人物可能会因为爱上了另一个人物而改变自己的行动，或者两个人物之间的敌意关系可能会导致他们共同面对一个敌人。

在剧本创作中，通过深入挖掘人物之间的关系，可以创造出更加丰富、更加引人入胜的故事情节。这些关系可以为人物提供动因，推动他们采取行动，并让观众更好地理解他们的行为和决策。因此，确定人物关系是剧本创作中不可或缺的一环，它可以帮助创作者塑造出更加鲜活的人物形象和更加引人入胜的故事情节。

（四）设计人物目标和动机

在创作故事的过程中，为人物设定一个明确的目标和动机是十分必要的。这不仅有助于塑造人物的性格特点，还能推动故事情节的发展，使故事更加生动有趣。每个人物都应有自己的目标和动机，这些目标可以是故事的主要冲突，也可以是人物之间的次要冲突。这些冲突可能受主次人物的影响，也可能由其他因素引发。

角色动机的设计，就是要找到"为什么"，即"人物为什么要这么做"。要设定人物的目标和动机，首先需要深入分析人物的性格和背景。每个人物都有自己独特的特点和经历，这些特点和经历会影响他们的行为和决策。同时，故事的主题和情节也是设定人物目标和动机的重要参考。故事的主题和情节决定了人物面临的任务和挑战，而这些任务和挑战也就成了人物追求的目标和动机。

人物的目标是产生冲动与矛盾的基础。正是因为人物想要达到某个目标，而这个目标可能与其他人物的目标相对，由此产生矛盾并引发冲突。这些冲突可能表现为激烈的争吵、紧张的决斗或者是内心的挣扎。在这个过程中，人物的性格特点和背景会促使他们采取不同的行动和决策，从而影响故事情节的发展。

（五）考虑人物发展

在剧本创作过程中，人物的发展和变化是重要的构思因素。一个好的人物不仅要有一个清晰的起点，还要有一个可信的终点，这个终点应该是在故事中通过面对挑战、克服困难、实现目标的过程逐渐发展和变化的。真正鲜活立体的人物，不是一成不变的人物，而是成长中的角色。

确保人物在故事中有所成长，是剧本创作的重要一环。人物的成长可以体现在他们的性格、观念、行为等方面的变化。比如一个胆小的人物在故事中逐渐变得勇敢，一个自私的人物在故事中逐渐学会关心他人，一个固执的人物在故事中逐渐学会接受不同的观点。

展示人物的变化和发展可以通过多种方式来实现。对话是展示人物内心变化的重要手段，通过对话可以表达人物的思想、情感和态度。行动也是展示人物变化的重要方式，通过行动可以展示人物的行为、决策和选择。内心独白则是展示人物内心变化最直接的方式，通过内心独白可以直接表达人物的感受、思考和情感。

以一个偏执的人物为例，因为某件事情的发生让其始终坚守的观点发生动摇。这种变化可以通过内心独白来展示，比如人物在经历重大事件后，内心独白中表达出对自身观点的怀疑、动摇和重新认识。

（六）考虑人物台词与行动

为每个人物编写独特的台词与行动，确保他们的台词表达符合其性格特点，同时有助于推动故事情节的发展。在创作过程中，要深入考虑人物的背景、经历和动机等因素，为他们设计出符合人物个性的语言风格和表达方式。例如，一个性格开朗、热情洋溢的人物，其语言表达应该富有感染力和活力；而一个内向沉稳、处事低调的人物，其语言风格则应该偏向于严谨和简练。

在确定人物时，可以适当考虑人物的部分台词，特别是人物口头禅以及该剧的核心台词。这些台词往往能够反映出人物的性格特点和核心观点，对于塑造人物形象和推动故事情节具有重要的作用。例如，一个口头禅为"没问题"的人物，其自信、乐观的性格特点就会得到凸显；而一个经常说出"事情不是这样的"的人物，其严谨、理性的思维方式也会得到展现。

同时，对于一部剧的核心观点与主题，可以通过核心台词来体现。这些台词通常具有深刻的含义和寓意，需要仔细推敲和品味。例如，"生活就像一盒巧克力，你永远不知道下一颗是什么味道"这句台词，就表达了人生无常、珍惜当下的主题。因此，在编写对话和行为时，要充分考虑人物的性格特点和剧情需要，为他们设计出符合人物个性的语言风格和表达方式，以推动故事情节的发展并反映出该剧的核心观点与主题。

在编写台词和行动时，要注意根据人物设定做台词和行动的差异化设计与个性化设定，不要写出一模一样的台词和千篇一律的行动，要以世界的丰富性和生活的多彩性为范本，尽可能地塑造出不一样的人物形象，用具体个性的台词与行动丰满他们。

（七）检查人物一致性

在整个剧本中，确保所有人物的行为和动机保持一致是非常重要的。这意味着每个人物在剧本中的所作所为都应该与其背后的动机相符，而这种动机又应该与人物的性格、背景和目标相一致。避免出现逻辑漏洞或矛盾之处是保证剧本严谨性的关键。一个好的剧本应该像一部精密的机器，每个部分都相互配合，共同推动故事的发展。如果人物行为出现逻辑漏洞或矛盾，就会破坏剧本的严谨性和可信度，使观众感到疑惑或失望。因此，在编写剧本时，要深入挖掘每个人物的内在动机和行为逻辑，确保他们在整个故事中保持一致性，使剧本更加严谨、生动、引人入胜。

同时，人物设定也是辩证统一的，人物的不同性格总是辩证统一在具体的设定之中，真正鲜活立体的人物都应该是矛盾综合体。这样更符合生活真实，在艺术真实的维度也更有看点。特别要避免德育剧人物的脸谱化、概念化倾向，真正把人当作人来写，力求达到生活真实和艺术真实的统一。

（八）修订和完善与征求意见

在确定主要人物后，创作者可以对人物进行多次修订和完善，以确保其形象丰满、个性鲜明，具有吸引力。在思考如何改进人物设计时，可以深入挖掘人物的背景、性格、喜好等方面，以增加人物的复杂性和可信度。同时，当创作者想到更好的设计时，可以随时调整人物设定，使其更加符合故事情节和人物性格。为了获得更广泛的意见和建议，可以向朋友、家人或专业人士征求意见，了解他们对人物设定的看法。这些建议可能会帮助创作者发现潜在的问题并改进人物设计，使人物更加完美和有吸引力。

第四节 织情节

情节是戏剧的骨架，是支撑整部剧的重要支柱。一个好的情节设计，能够让观众感受到剧中人物的情感变化，理解他们的行为动机，从而深入地了解剧中人物的性格特点和命运走向。同时，情节也是戏剧的魅力所在，它能够吸引观众的眼球，让他们在观看过程中不断产生共鸣和思考。

在创作德育剧的过程中，构建情节就像建筑师盖房子一样。为了确保德育剧的质量和效果，创作者必须对情节进行深入的思考和精心的设计，就像建筑师在施工前仔细研究设计图纸一样。他们需要充分考虑观众的接受程度，以确保观众能够理解和接受剧中的信息，同时还要实现教育目的，以传递正确的价值观和道德观念。

此外，创作者还需要考虑情节的连贯性和吸引力，以确保剧中的故事能够引人入胜、扣人心弦。他们需要巧妙地安排情节，以吸引观众的注意力，并在剧中设置悬念和冲突，激发观众的兴趣和好奇心。只有在情节设计上下足功夫，才能更好地发挥德育剧的教育作用，实现良好的育人效果。具体而言，需要在以下方面加以考量：

（一）教育目标

创作者在创作德育剧时，首先需要明确该剧的教育目标，确保剧情能够有效地达到这些目标。他们需要深入思考如何通过情节来展示道德观念、价值观和行为准则，使学生观众能够深刻理解并体会到这些主题的重要性和意义。同时，他们还需要考虑如何引导学生观众对这些主题进行思考和反思，激发他们对道德问题的关注和思考热情。在剧情设计上，创作者需要充分运用创意和想象力，以生动有趣的方式展现道德观念和价值观。例如，可以通过角色之间的互动、情节的转折等手段来引导观众对道德问题进行深入思考，使他们在欣赏剧情的同时，也能够对道德问题有更深刻的认识和理解。此外，创作者还需要在剧本中运用合理的推理和逻辑，以确保剧情的连贯性和精确性。通过这种方式，德育剧不仅能够达到教育目标，同时也能够为观众提供一场精彩的视觉盛宴。

上 编 德育戏剧的理论归纳

（二）学生观众的接受程度

创作者在构思故事情节时，必须具备深厚的洞察力，充分考虑到观众的年龄、文化背景和认知水平。他们需要精准把握各年龄阶段学生的兴趣爱好和接受度，以便设计出恰如其分的情节。对于来自不同学段的观众，创作者也要有敏锐的洞察力，以确保情节能够触动他们的内心深处。同时，创作者还需确保情节具有强烈的吸引力和逻辑连贯性。一个引人入胜的情节不仅能抓住观众的眼球，更能引导他们沉浸在故事的世界中。为了实现这一目标，创作者需巧妙运用各种叙事技巧，如悬念、转折和冲突等，以打造出扣人心弦的故事情节。这些技巧的不断运用能够使故事更加曲折、丰富、有趣，让观众在阅读或观看过程中产生强烈的情感共鸣和参与感。

（三）创作者需要对情节进行精心的设计和打磨

创作者在构思故事情节时，需要深入思考如何通过各种情节来展现人物的多样性格、丰富的情感以及他们成长的过程。同时，他们还需要展示主题的深度和广度。为了达到这个目标，创作者需要进行反复的修改和调整，确保情节的逻辑严密、思路清晰、推理精确。这样的故事情节才能够吸引读者或观众，让他们深入其中，感受到人物的成长和主题的深度。聚焦主线情节，删除枝蔓情节，呈现出事件发展清晰的德育剧情节。

第五节　填语言

台词在德育剧剧本中起着不可替代的作用，它是构成一个剧本的基石。通过台词，我们可以判断一个角色的身份、性格特征等，台词也是观众了解剧情发展的重要依据。之于剧本直观呈现而言，台词是拿到剧本后的视觉主体，是剧本的主要构成，是人物行动的重要组成部分。台词不是简单的生活化对话，而是一种生活化的交流载体。

一、根据角色身份和性格设计语言

千人千面，每个人有着各自独有的性格，剧本里的角色也是一样，每个角色都必须有自身鲜明的性格特点，才能便于在二次创作时呈现更好的角色，也才能让观众记住人物。

（一）设计一个爱国的、勇敢的革命战士人物的台词需要考虑以下几个方面：

1. 爱国情怀。爱国的革命战士通常会表达对国家的热爱和忠诚。他们的台词可能会包含一些表达对国家、文化和历史的尊重和热爱的内容。

2. 勇敢。革命战士通常需要有勇气面对困难和挑战，勇敢面对敌人的炮火和威胁。他们的台词可能会包含一些表达勇敢和决心的内容。

3. 牺牲精神。革命战士通常愿意为了国家和人民的利益而牺牲自己，在个人与国家之间，他们会义无反顾地选择国家。他们的台词可能会包含一些表达牺牲精神和无私奉献的内容。

4. 呼吁号召。革命战士可能会呼吁号召他人也参与到革命的行动中来。他们的台词可能会包含一些呼吁他人也表现出爱国情怀和勇敢精神的内容。

以下是一些可能的台词示例：

"我爱我的祖国，我为能生在这个伟大的国家感到自豪。"

"我们的国家有着丰富的历史和文化，我们应该珍视并传承这些宝贵的遗产。"

"我愿意为了我的国家和人民，不惜一切代价。"

"只有勇敢面对，我们才能战胜一切困难。"

"让我们一起为我们的国家奋斗，为它的未来而战！"

（二）设计一个大度的、宽容的、严厉的教师人物的台词需要考虑以下几个方面：

1. 大度。教师面对各式各样的学生和家长，通常需要有大度的心态，能够接受学生的过错并给予他们改正的机会。他们的台词可能会包含一些表达理解和接纳学生的内容。

2. 宽容。教师通常需要有宽容的心态，能够理解学生的困难和错误。他们的台词可能会包含一些表达对学生的理解和关心的内容。

3. 严厉。除了关爱的一面，教师也需要有严厉的一面，能够对学生的错误行为进行纠正。他们的台词可能会包含一些表达对学生行为的批评和提出要求的内容。

4. 教育。教师的主要职责是教育学生。他们的台词可能会包含一些关于教育和学习的内容。

以下是一些可能的台词示例：

"我知道你可以做得更好，我相信你。"

"我理解你们，但不要撒谎。"

"你的行为是错误的，必须马上改正。"

"学习不仅仅是为了考试，更是为了你的未来。"

"我希望你能够尊重他人，这样你也会得到他人的尊重。"

（三）设计一个成绩差、习惯差、乐于助人的学生角色的台词需要考虑以下几个方面：

1. 成绩差。这个学生可能在学习上面临困难。他们的台词可能会包含一些表达对学习的困扰和挫败感的内容。

2. 习惯差。这个学生可能有一些不良的学习习惯。他们的台词可能会包含一些表达对自己习惯的不满和想要改变的决心的内容。

3. 乐于助人。尽管这个学生在学习上面临困难，但他们可能非常乐于帮助他人。他们的台词可能会包含一些表达对他人的关心和愿意提供帮助的内容。

4. 成长。这个学生可能在经历挫折后，开始意识到自己的问题并努力改变。他们的台词可能会包含一些表达对自己成长和改变的期待的内容。

以下是一些可能的台词示例：

"我讨厌数学，我总是做不对题目。"

"我知道我有很多坏习惯，但我真的想改变。"

"如果你需要帮助，我会尽我所能帮助你的。"

"我知道我还有很多需要改进的地方，但我相信我可以做得更好。"

"我希望我能够帮助你，就像别人曾经帮助过我一样。"

（四）设计一个单纯的、可爱的、善良的垃圾桶角色的台词需要考虑以下几个方面：

1. 单纯。这个垃圾桶可能非常单纯。他的台词会表达对许多事物的陌生，主要是一些表达天真和无邪的内容。

2. 可爱。这个垃圾桶可能有一些可爱的特质。他的台词可能会包含一些表达可爱和有趣的内容，也可能是通过他的单纯来表现他的可爱。

3. 善良。这个垃圾桶可能非常善良，总是将垃圾吃进自己肚子里，保护了环境。他的台词也可能会包含一些表达关心和帮助他人的内容。

4.功能。虽然这个垃圾桶是一个非人类角色,但他仍然需要有一些与他的功能相关的台词,不同垃圾桶有着不同的垃圾分类要求。

以下是一些可能的台词示例:

"我是垃圾桶,我在这里等着大家把我装满哦!"

"你看,我是不是很漂亮?我可是大家的好朋友呢!"

"如果你有什么不需要的东西,可以放在我这里,我会帮你们处理的。"

"我希望大家都能爱护环境,不要把垃圾乱丢哦!"

"我是垃圾桶,我也有我的使命,那就是保护我们的环境。"

(五)设计一个偏执的、关爱孩子的、只看中成绩的家长角色的台词需要考虑以下几个方面:

1.偏执。这个家长可能对某些事情有过度的关注和担忧,比如孩子的成绩。他的台词可能会包含一些表达这种偏执的内容。

2.关爱孩子。尽管这个家长可能有一些偏执的行为,但他非常关心自己的孩子。他的台词可能会包含一些表达对孩子的关心和爱护的内容。

3.成绩论。这个家长可能非常看重孩子的学习成绩,但会忽视孩子其他方面的特长。他的台词可能会包含一些表达对成绩的重视和期待以及对其他艺体特长方面的不屑的内容。

4.教育观念。这个家长可能有一套自己的教育观念。他们的台词可能会包含一些表达这种观念的内容,比如只看中孩子的成绩,成绩高表扬,成绩低批评。

以下是一些可能的台词示例:

"我不在乎你的感受,我只在乎你的成绩。"

"你必须做到最好,我不能接受你的退步。"

"你要记住,你的任务就是学习,其他的事情都不重要。"

"我为你付出了那么多,你必须回报我。"

"如果你不能达到我的期望,我就不认你这个儿子。"

…………

还有许多不同性格,不同身份的角色,他们的台词都必须遵循角色的身份站位和性格特点来进行设计。当然,一个角色面对选择可能也会存在内心矛盾的台词,这时可以为角色单独设计一个内心的独白。

二、根据演员设计语言

这种情况的前提是编剧在剧本创作之前就已经明确了演员，这意味着编剧需要充分了解演员的性格特点，以便在创作过程中能够根据这些特点进行定制化语言设计。通过深入了解演员的性格特点，编剧可以更好地把握角色的情感状态、行为方式以及与他人的互动关系等方面，让"幻我"尽可能地靠近"本我"，缩小角色与自我的性格差距，从而使得角色更加真实、生动，更具吸引力。同时，这也为演员在表演时提供了更好的发挥空间，让演员能够更好地诠释角色，提升表演效果。因此，明确演员人选是剧本创作的重要前提之一。

首先要了解演员的既有典型特点。要对演员的性格、声音、表演状态等有一定的了解，这样才能更好地为他们量身定制台词。可以通过观察演员以往的表演作品、与演员进行沟通、听取周边人的意见等方式来了解他们的特点。若该位演员（学生为主）性格较为内向，那么在设计台词时就不可采用需要大幅度动作辅助的语言，尽量采用贴合演员生活的语言。

其次要注意贴合演员的年龄特点，不可设计超越学生发展阶段的语言。低年级演员的语言要简洁明了，字和词语简单易懂。需要注意的是五、六年级，该年龄段学生在心智上发展较为成熟，在语言设计上不可过于幼稚化，否则容易出现学生演员抗拒参演的心理。

再次要突出演员的个性优势。在设计台词时，要充分发挥和彰显演员的优势，让他们在表演中能够充分展示自己的才华。例如，如果演员的声音独特，可以为他们设计一些有特色的台词，比如一位演员的歌唱天赋优秀，那么就可以为他设计一段演唱台词；如果演员语言条件优秀，并且擅长表现情感，那么可以为他们设计一些情感丰富的台词，例如独白等。

还要考虑演员的口齿和发音。在设计台词时，要注意演员的口齿和发音是否清晰，避免使用过于复杂或者生僻的词汇。同时，要注意台词的节奏和韵律，让演员在表演时能够顺畅地念出台词。演员如果普通话标准程度不够，那么就尽量不设计长句或长段。有些演员发音方言气息严重，那么也可以为他安排用方言表达的台词。

最后要在创作时倾听演员的声音，与演员共同创作。在设计台词的过程中，可以邀请演员参与讨论，听取他们的意见和建议，并且可以让演员直接尝试，如发现台词有问题，那么就可以及时优化和调整。这样既能让演员更加投入到角色中，也有助于提高台词的质量。

一个好的剧本一定是改出来的，不论是剧本创作过程中还是正式排练后，演员台词都可以反复修改和完善。在排练过程中，创作者可以跟随排练，在排练过程中发现台词中存在的问题并解决。跟随排练也是创造编剧与演员沟通的一种方式，编剧通过与演员的交流探寻更适合演员的台词，确保台词能够符合演员的特点和角色的需求。

第六节　成剧本

剧本创作不可能一蹴而就，它是一个长期的、不断修改的过程。一般而言，一个完整的剧本，需要经过至少三次不同程度的修改，分为一稿、二稿、三稿。在创作剧本之前，我们需要确定剧本的要求，比如最终演出的时长。一个十分钟的剧本字数在三千字左右，包含舞台提示等内容。若演出中设计长时间的歌舞，那么时长需要另行计算。

（一）一稿

一稿，也称为初稿，是剧本创作过程中的初步阶段。在这个阶段，作者需要完成剧本的基本框架和故事情节，为后续的创作提供基础。以下是对一稿阶段主要任务的详细描述：

1.确定剧本的主题。主题是指剧本中要表达的核心思想或情感。在一稿阶段，作者需要明确剧本的主题，以便为整个故事奠定基调和方向。

2.设计角色和背景设定。角色是剧本中的演员，他们需要承载故事情节并表达主题。在一稿阶段，作者需要设计角色和背景，为角色行为和语言奠定基础。这包括角色的性格、外貌、背景、动机等方面。

3.根据故事梗概，设计开头、发展和结尾。故事梗概是剧本的大致情节，包括开头、发展和结尾。在一稿阶段，作者需要根据故事梗概，设计开头、发展和结尾方式，可以将多种设计都记录下来，以便后续选择和调整。

4.将故事梗概分成若干个场景。场景是指剧本中的具体场景，包括时间、地点、人物等。在一稿阶段，作者需要将故事梗概分成若干个场景，可以为每个场景编写简短的描述，需要明确每个场景的目的和任务，以及每场戏对剧情的推动作用。

5. 为角色编写初步的台词和动作。台词是角色在剧本中的对话内容，动作是指角色的行为表现。在一稿阶段，作者需要为角色编写初步的台词和动作，以便为后续的表演提供基础。

综上所述，一稿是剧本创作过程中的初步阶段，作者需要完成剧本的基本框架和故事情节。通过确定主题，设计角色和背景设定，根据故事梗概设计开头、发展和结尾，将故事梗概分成若干个场景以及为角色编写初步的台词和动作等任务，为后续的创作提供基础。

（二）二稿

二稿，又被称为修订稿，是作者在初稿基础上进行深度修改与完善的阶段。在这个阶段，作者需要对自己的作品进行细致入微的审视，对初稿存在的问题进行修订，确保剧本主题准确，主要任务包括：

1. 核查剧本的主题和原本设想的剧本要求是否明确且一致。这是修订过程中首要的一步。作者需要仔细阅读剧本，确保主题明确，并与原始设想保持一致。

2. 确保角色的性格特点突出和目标线索清晰，避免人物概念化。在修订过程中，作者需要确保每个角色都具有鲜明的性格特点，他们的目标和动机清晰明确。

3. 调整故事情节，使其更加紧凑、有趣且符合核心主题。在修订过程中，作者需要对故事情节进行检查和调整。这包括删去冗杂与核心剧情无关的情节，适当增加增强反映核心主题的情节。通过这种方式，故事情节会变得更加紧凑、有趣且符合核心主题。

4. 优化场景描述，使其更具视觉冲击力。在修订过程中，作者需要仔细检查每个场景的描述，并考虑使其更具视觉冲击力。这可能涉及对场景细节的描写、气氛的渲染以及视觉效果的强调等方面。

5. 修改台词，使其更加自然、有趣且有助于推动情节发展。在修订过程中，作者需要对台词进行检查和修改。这包括调整语调、语气和用词，使台词更加自然、有趣且有助于推动情节发展。同时，还需要确保台词与角色的性格和情绪状态相符合。

6. 考虑舞台布景和道具的设计，以增强表演效果。在修订过程中，作者需要考虑舞台布景和道具的设计，以增强表演效果。这包括对舞台布景的描述、道具的选择和运用等方面进行细致的考虑和设计。通过这种方式，可以增强剧本的视觉效果和表演吸引力。

综上所述，在二稿或修订稿这个阶段，作者需要进行深入的修改和完善，确保剧本的每个方面都达到最佳效果。这包括主题明确、角色形象鲜明、故事情节紧凑有趣、场景描述生动具体、台词自然有趣以及舞台布景和道具的设计得当等方面。通过这些细致的修订工作，修改后的剧本将更加完美并能够呈现出最佳的表演效果。

（三）三稿

三稿，也被称为最终稿，是经由论证推敲后的剧本创作的最后阶段。在这个阶段，作者需要对二稿进行再次的检查和修改，以确保剧本的完美呈现。主要任务包括以下几个方面：

1. 确保剧本内容无逻辑漏洞。在三稿阶段，作者需要对剧本的内容进行全面的检查，以确保情节的连贯性和逻辑性。任何逻辑上的漏洞都需要被发现并修正，以确保观众能够理解并接受剧本的情节发展。

2. 检查剧本的语言表达是否准确、生动且符合角色性格。剧本的语言表达是塑造角色和传达情感的重要手段。在三稿阶段，作者需要仔细检查剧本中的语言表达，确保它们准确、生动且符合角色的性格和身份。任何不准确或不合适的地方都需要被修正，以确保剧本的品质和观众的接受度。

3. 确保剧本的长度适中，以便学生能够充分理解和表演，适合相对应的学生年龄。剧本的长度是影响学生理解和表演的重要因素。在三稿阶段，作者需要确保剧本的长度适中，以便学生能够充分理解和表演。同时，还需要考虑到学生的年龄和认知能力，以确保剧本的内容和难度适合他们的接受范围。

4. 检查剧本中正式演出所需的相关材料，如道具、舞台布景等。在三稿阶段，作者还需要考虑剧本中正式演出所需的相关材料。例如，道具、舞台布景等都是演出成功的重要因素。作者需要确保这些材料与剧本的内容和风格相符合，并能够为观众带来更好的视觉和听觉体验。同时，还需要考虑到这些材料的可行性和成本效益等因素。

三稿之后，还要经历试读剧本的阶段，在试读的过程中，经由角色的二度呈现，再次检查人物形象、道具贯穿、上下场衔接、戏剧节奏等方面的问题，并及时地进行修订。

在完成剧本的创作之后，最后一步是修改格式与定稿。它关涉到剧本的最终呈现和呈现质量。作者需要再次仔细检查剧本中是否有错别字或语法错误，并确保剧本的格式规范、工整。通过这一步，作者可以确保剧本的质量和可读性，为后续的排演工作做好准备。

上　编　德育戏剧的理论归纳

在修改格式的过程中，作者需要注意剧本的排版、字体、字号、行间距等细节。这些细节不仅关系到剧本的视觉效果，还可能影响到演员的表演和导演的指导。因此，作者需要认真对待格式修改，确保剧本的呈现效果最佳。

最后，当所有修改完成之后，作者可以定稿。定稿意味着剧本已经经过充分的修改和完善，可以作为最终版本提交给相关部门或机构进行检查或使用。在这一步，作者需要认真对待定稿工作，确保剧本的质量和准确性。

第四章　德育戏剧的排演规则

经典是要经历时间磨洗的，优秀也是需要被鉴定的，时间就是沉淀经典和鉴定优秀的重要参照。创作优秀艺术作品是一项需要耐心和精力的过程，不论是一首扣人心弦的歌曲，或是一曲节奏齐整的舞蹈，抑或是一场精彩纷呈的融合了舞蹈、音乐、灯光等多种元素的综合性艺术——戏剧，它们的创作都需要经过长时间的打磨和精心的策划。

一部优秀的戏剧作品的创作会经历多个必要步骤，包括前期调研、剧本创作、舞台排练、舞台设计、剧目合成以及最终演出。这些步骤都需要精心策划和细致入微的工作，才能将一个简单的想法变成一部具有深度和内涵的艺术作品。

虽然这个过程看上去仿佛烦琐困难，但只要我们化整为零，将整个创作过程分为若干个小目标，一步一步完成，那就会一步步接近我们的最终目标——创作出一部优秀的戏剧作品。

本章主要对德育戏剧的排演规则进行深入的分析和解构，通过详细阐述戏剧排练以及演出的各个步骤，使得读者能够清晰明了地了解整个过程。在德育戏剧的排练过程中，需要遵循一定的规则和步骤，以确保排练的顺利进行和演出的成功。首先，需要确定剧本和角色分配，明确每个角色的性格特点和情感变化。其次，需要进行排练前的准备工作，包括对剧本的研读和理解，对角色的分析和塑造，以及对舞台的布置和道具的准备等。在排练过程中，需要注重演员的表演技巧和情感的表达，同时还需要注意舞台调度和灯光音效等元素的配合。最后，在演出过程中，需要保持演员的表演状态和情感的连贯性，同时还需要注意观众的反馈和互动，以确保演出的成功和观众的满意。通过本章的分析和解构，读者可以更加深入地了解德育戏剧的排演规则和流程，为今后的学习和实践提供有价值的参考。

第一节　初读坐排

当第一次拿到剧本时，学生面对剧本会处于一个陌生的状态，所以他们首先会阅读几遍剧本，在这之后他们就了解到剧本的大致剧情，但对如何表演、如何说台词的理解并不明朗，学生并没有一个清晰的表演设计。通过围读剧本，学生初步建立起对剧本的感性认识和对角色的整体认知。在德育戏剧作品中，演员多为小学生，他们的阅读理解能力有限，往往不能清晰地理清剧情结构，不能准确地把握角色的身份与性格，需要教师的指导。对于高年级学生，他们的受教育时间长，知识储备较为丰富，逻辑思维能力发展较为成熟，理解剧本相对容易，教师的指导主要偏向在排演上。但是对于低年级学生，还可能存在台词中字词不认识或不明白台词意思的情况，这就需要教师进行细致的指导。

对于有过排练演出基础的学生而言，虽然剧本的格式与平时阅读文章和书籍不同，但他们已经有过排练经验，他们会主动去了解剧本角色，会尝试用自己的理解进行角色的语言塑造，也可以更快地熟悉剧本以及理清剧本结构。对于从未接触过戏剧或者参与表演经验较少的学生而言，他们只会简单地阅读剧本，初步了解剧本所讲述的故事，这时教师就需要提醒学生在阅读剧本时要学会尝试概括剧本的主要内容和核心主题。

第一次朗读剧本的目的在于让教师进一步明确剧本角色的适合人选和让学生了解大概剧本内容。在开排之前，教师需要提前筛选出主要表演人员名单，自身表演条件较好者优先，然后选择合适时间与地点进行初读剧本。在朗读剧本之前，教师可将剧本发给学生，让每位同学依次尝试，教师在了解学生的声音条件后确定主要角色人选。角色确定后便开始第一次集体朗读剧本，让学生分角色阅读，以便更好地理解角色性格和台词意义。

在阅读剧本的过程中，学生可以自由地对剧本提出修改意见，包括剧本故事情节的合理性，因为小学生对于剧本的阅读理解与分析角度相较于成年人而言有很大的不同。另外的一点，部分学生可能对角色的台词不理解或者是表达习惯困难，这时学生可以在教师指导下对台词进行适当的修改，但不可改变台词原本意思。

在这一阶段，老师还需要带领学生分析剧本角色，分析内容包括每个角色的外貌、性格、动机等，以及分析每个角色的动机和角色关系，让学生理解角色的行为以及帮助学生在表演时把握正确的角色行动方式。

若演员中大部分为初次参与戏剧演出活动，可以让学生观看优秀的演出作品。学生可以通过观看优秀的戏剧表演，学习演员的基本表演技巧和舞台表演规范，激发自身的学习兴趣。

立德树人：德育戏剧创作与实践指南

在初排阶段，主要的目标是让演员们熟悉剧本，深入了解各自的角色和情节，并建立起基本的表演框架。这个阶段需要确保每个人都清楚自己的角色和行动路线，以及与其他角色的关系和互动。演员们需要逐渐把握角色的性格、情感和动机，以便更好地塑造出鲜活的角色形象。

在这个阶段，导演和演员们会一起研究剧本，探讨角色的特点和表演方式。导演会向演员们解释剧本的背景、情节和主题，以及每个角色的性格特点和情感变化。演员们则需要认真听讲，积极思考，以便更好地理解角色和情节。

此外，初排阶段还需要对一些基本的表演技巧进行训练，例如语音语调、表情动作等。演员们需要学会运用自己的声音、面部表情和身体语言来表达角色的情感和思想。这些技巧的训练可以帮助演员们更好地掌握角色的表演方式，提高表演的准确性和生动性。

总之，初排阶段是演员们熟悉剧本、了解角色和情节、建立表演框架的重要阶段。在这个阶段，演员们需要认真听讲、积极思考、刻苦训练，以便更好地塑造出鲜活的角色形象，为后续的排练和演出打下坚实的基础。

第二节　带稿走排

学生演员在该阶段的首要任务是确保对台词的准确理解和流畅表达。他们需要花费大量时间进行台词的熟悉和记忆，以便在表演中能够自然地表现角色特点和情感。此外，学生演员还需要逐步掌握分清角色上下场的时间、顺序以及明确舞台方向。通过不断的排练和观摩，他们将逐渐熟悉并理解剧本中各个角色的性格特点、情感变化以及相互之间的关系。

对于新人演员来说，除了上述的任务外，他们还需要逐渐掌握戏剧演出的基本舞台规范。这些规范包括舞台上的行为举止、与其他演员的配合、与观众的互动以及如何处理突发情况等。新人演员需要虚心学习，接受指导，并不断地在实践中积累经验，从而逐渐提高自己的表演技巧和舞台素养。通过不断地努力和实践，学生演员和新人演员将逐渐成长为熟练的戏剧演员，为观众呈现更加精彩的演出。

（一）分清角色上下场顺序以及方向

在戏剧表演中，分清角色上下场顺序以及方向是非常重要的。这不仅有助于

46

演员更好地理解剧情和角色的情感变化，还能让观众更容易地跟随剧情的发展。

首先，上下场顺序的安排需要考虑到剧情的发展和角色的情感变化。一般来说，上下场的顺序应该符合剧情的逻辑和情感线索，让观众能够清晰地看到角色的成长和变化。

其次，方向也是需要考虑的因素之一。在戏剧表演中，方向的变化可以用来表现角色的内心变化和情感冲突。例如，当角色从舞台的一侧走向另一侧时，可以表现出角色的内心矛盾和挣扎。

因此，分清角色上下场顺序以及方向是戏剧表演中的基础性环节，它能够让演员更好地塑造角色形象，让观众更容易地理解剧情和角色的情感变化。

（二）感受角色的大致舞台调度

在戏剧或表演艺术中，舞台调度是指演员在舞台上的位置、动作和走位。通过感受角色的大致舞台调度，观众可以更好地理解角色的情感状态、情节发展和戏剧冲突。舞台调度也可以帮助导演和演员更好地掌握表演的节奏。

在戏剧中，每个角色都有自己的舞台调度。通过观察角色的走位、动作和位置变化，观众可以感受到角色的情感变化和情节发展。例如，一个角色可能会从舞台的左边走到右边，或者从舞台的前面走到后面，这些动作都可以传达出角色的情感状态和情节发展。

舞台调度也可以帮助导演更好地掌握表演的节奏和氛围。通过观察舞台调度，导演可以判断演员是否能够准确地表达角色的情感状态和情节发展。如果演员的舞台调度与剧本中的情感状态和情节发展不符，导演可以及时进行调整，以确保表演的效果更好。

（三）学生自己领会角色的感情，可以自由设计动作

学生可以自由地发挥自己的创意，深入地领会角色的情感，并能够自主地设计出各种独特的动作来表达这种情感。通过这种方式，学生可以更好地理解角色，提高表演的生动性和真实感。同时，这种自由的设计和领会也能够培养学生的创造力和想象力，提高他们的表演技巧和艺术修养。

在对手戏的排演过程中，教师要引导学生真实地展开交流，接住对手的戏。同学之间也可以相互帮助设计对方的戏该怎么更好地处理。在此过程中，教师可以激发参与德育戏剧实践的同学的想象力和创造力，帮助他们更好地成长。

第三节 段落细排

进入细排阶段，排练开始变得更加深入和细致。演员们需要进一步挖掘各自的角色，深入探索角色的性格、情感和动机，以便更好地塑造角色的形象。他们需要不断完善自己的表演技巧，包括语音语调、动作表情、情感表达等方面，以达到更高的表演水平。同时，他们也开始解决一些更复杂的表演问题，比如处理角色的内心矛盾、表现角色的情感变化等。

在这个阶段，演员们需要注重细节，尽可能地深入理解角色和情节。他们需要认真研究剧本，了解每个情节的发展和角色的变化，以便更好地表达出来。同时，他们也需要认真听取导演和指导老师的指导和建议，不断改进自己的表演技巧和表演方式。

导演和指导老师在这个阶段也会给出更具体的指导和建议。他们会对演员的表演进行细致的点评和指导，帮助演员更好地理解和表现角色。同时，他们也会对整个排练进行更细致的规划和安排，以确保排练的顺利进行。

（一）时间安排

由于德育剧是专门针对小学学生编排的戏剧剧目，因此具有显著的特殊性。在安排排练时间时，需要充分考虑小学生的上课时间，确保他们能够兼顾学业和德育剧的排练。因此，绝大多数的排练时间都被安排在了小学生的课余时间。这样一来，学生们可以在完成日常学业后，利用自己的空闲时间参加德育剧的排练，既保证了学业上一、二课堂的衔接，又能够充分参与到德育剧的表演中。这种安排不仅合理，而且充分体现了对学生学业和兴趣的尊重与关注。

（二）段落选择

对于排练的段落选择，这是一个需要细致考虑和精心安排的过程。在排练初期，我们应该一场一场地按照顺序进行排练。这样做的好处是可以让我们对每一场戏的情节、角色和情感有更深入的理解，同时也能够及时发现和解决一些潜在的问题。

在排练中期，我们需要进行整剧的拉通排练。这个阶段的主要目的是找出不熟练的场次或者没有达到预期效果的场次。通过整体的排练，我们可以更全面地了解整部剧的节奏和剧情走向，从而更好地调整和优化各个场次的表演。

到了排练后期，我们需要对排练中期发现的问题进行反复打磨，直到达到预期的效果。这个阶段需要耐心和细心，因为一些小问题可能会影响到整部剧的效果。同时，我们也需要对一些细节问题进行微小的调整，以确保整部剧的完美呈现。

在排练末期，我们需要进行最后一次拉通排练，查看整部剧的效果。这个阶段的主要目的是检查整部剧的连贯性和整体效果，如果发现有小问题则需要及时指出并进行调整。同时，我们也需要对一些细节问题进行微调，以确保整部剧的完美呈现。

（三）完整通排

在初期拉通排练阶段，由于需要全面了解剧本和角色的整体情况，因此要求所有演员全员到齐。这样可以确保每个演员都能够了解整个剧情和自己的角色定位，为后续的创排做好充分的准备。

到了中期分场次排练阶段，由于剧本已经被分解成不同的场次，每个场次都有自己的故事线和角色，因此只需要要求场次涉及的演员到齐即可。这样可以更加有针对性地进行排练，提高排练效率。

到了后期及末期排练阶段，由于整个剧本已经基本成型，需要全体演员及工作人员全员到齐，进行最后的整体排练和调整。这样可以确保整个剧目的表演和配合达到最佳状态，为最终的演出做好充分的准备。

在整个排练过程中，演员和工作人员的参与和配合都非常重要。只有全员到齐，才能够更好地完成排练任务，达到最佳的演出效果。

最后一个阶段是精排阶段。在这个阶段，排练已经接近尾声，演员们需要将整个表演进行最后的完善和调整。这个阶段的主要目标是使整个表演更加完美、流畅，并达到预期的效果。演员们需要进行精细的调整，包括语音语调、表情动作、节奏感等。演员们需要对自己的表演进行最后的审视和调整，以确保每一个细节都达到最佳状态。同时，导演和指导老师也会在这个阶段对演员们的表演进行最后的评估和调整，以确保整个表演能够达到最佳的效果。这个阶段需要演员们、导演和指导老师们的密切合作，以确保整个表演能够完美呈现。

总之，整个排练过程是一个系统性的、有条不紊的过程。通过初排、细排、精排三个阶段的逐步推进，演员们可以逐渐熟悉剧本、深入挖掘角色、提高表演技巧，最终呈现出完美的表演效果。

第四节　剧目合成

戏剧是综合艺术，剧本是戏剧的灵魂，它需要具有引人入胜的情节和深刻的角色塑造。演员是戏剧的呈现者，他们需要具备出色的演技和情感表达能力。场地是戏剧的舞台，它需要提供恰当的环境和适用的设施。

然而，除了这些基本的元素之外，音乐、布景、道具、服装、PPT、灯光和化妆等也是非常重要的。

音乐可以为戏剧增添情感和氛围，例如悲伤的音乐可以传达出角色的悲痛情感，而欢快的音乐则可以传达出快乐的氛围。例如，在戏剧《哈姆雷特》中，当哈姆雷特在舞台上表达他的悲痛情感时，悲伤的音乐可以增强观众对他的同情和理解。而在戏剧《罗密欧与朱丽叶》中，当罗密欧和朱丽叶在舞台上表达他们的爱情时，欢快的音乐则可以营造出浪漫和快乐的氛围。情绪渲染、空间说明、时间说明、人物内心外化、滑稽效果等都是音乐的功能，需要在剧目的不同段落选用恰当的音乐来铺陈，开场有开场的仪式感，结束有谢幕的仪式感，矛盾激烈处要有紧张感，情绪愉悦时要有欢快感……用恰当的音乐来帮助演员酝酿情绪和表达情感，提升观剧的听觉审美。

布景和道具可以营造出戏剧所需的场景和氛围，例如通过布置一间餐厅的布景，可以营造出用餐的氛围。例如，在戏剧《安娜·卡列尼娜》中，通过布置一间豪华餐厅的布景，可以营造出上流社会用餐的氛围，使观众更好地理解安娜所处的社会背景。布景更多是起到故事情境的空间说明以及为演员提供行动支点的作用，舞台上如果很空，演员的表演就过于自由，特别是对于小学生演员来说，在台上行动就会无所适从。桌椅板凳、假山假石头、花花草草等物料，一般是这类剧目常用的舞台布景，需要尽早介入，帮助演员建立信念感。"空对空"的表演，既对演员有很大挑战，也不利于观演视觉效果的呈现。

服装则可以塑造出角色的形象和个性，例如穿着一件礼服的演员可能被视为优雅高贵的角色，而穿着一件工人服装的演员可能被视为勤劳朴实的角色。例如，在戏剧《简·爱》中，简·爱穿着朴素的工人服装，表现出她的独立和坚强个性。而罗切斯特则穿着华丽的礼服，表现出他的高贵和权威。对于德育剧的服装而言，也可以采用创意制作的方式来完成，采用废旧布料、卡纸、塑料等物品进行改造，既能够"变废为宝"，又能够锻炼大家的动手制作能力。从本质而言，戏服的作用就是让演员明确"我已经不是我了，我是要演的角色"，只要能够起到这个作用，戏服就已经发挥出了基本作用，大可不必像大型院团那样制作设计完全与角色匹配的服装，特别是对于戏剧创排经费比较紧张的学校而言，更宜采用创意制作的方式。

背景投影是近些年来演出活动的"标配"，可以提供视觉上的辅助，通过图片、图表等方式帮助观众更好地理解剧情。例如，在戏剧《白鲸》中，投影画面可以展示出大白鲸的形象和特点，帮助观众更好地理解剧情的发展。在进行剧目合成时，要找到与演出相匹配的投影素材，并讲究影像画面的审美，不可随便放置清晰度不够、美感低的素材。因为，从观众的视觉来看，投影所占据的画幅大小是要大于演员本身的，因此，投影制作也是合成阶段的重要工作之一。

灯光可以为戏剧营造出不同的氛围和效果，例如通过暗淡的灯光营造出阴森恐怖的氛围，而明亮的灯光则可以营造出欢乐明朗的氛围。例如，在戏剧《歌剧魅影》中，通过暗淡的灯光营造出地下剧场的阴森恐怖氛围，使观众感受到神秘和恐怖的氛围。而在戏剧《猫》中，通过明亮的灯光则营造出欢乐明朗的氛围，使观众感受到轻松和愉快的氛围。对于中小学的戏剧演出活动而言，很多时候都是在白天的室外空间进行，则可忽略灯光设计这一项专门创作。如果是在夜晚或室内空间举行活动，则要注意发挥灯光渲染情绪、外化人物心理、创造视觉审美等功能，不可简单地将其理解为照明作用。

在演出开始前，还要进行角色妆造设计。化妆可以增强角色的形象和个性，例如通过化妆使角色看起来更加年轻或更加年老。例如，在戏剧《泰坦尼克号》中，通过化妆使杰克看起来更加年轻和活力四射，而露丝则看起来更加成熟和优雅。

因此，呈现出一出完美的戏剧需要综合考虑各种元素，只有每个元素都达到最佳状态，才能呈现出最完美的戏剧。

在剧目合成阶段，除了正常的演员安排，我们还需要考虑到一些突发的情况，如主要的演员不能参演等。因此，我们在安排演员时，需要特别注意主要演员的安排。为了应对此类突发情况，我们也可以为每个主要演员安排 AB 角。这样，即使某个演员无法参演，也可以使用备用演员来代替，以确保剧目的顺利进行。

当演员及其工作人员全部到齐之后，即可开始最终的舞台排练。在这个阶段，音乐需要实时介入，这将助力于演员之间的配合和加深演员对音乐戏剧舞台提示的熟悉程度。这就要求在进入这一阶段之前，负责音乐的工作人员需要提前与导演沟通，根据剧本内容和导演的创意，选择合适的音乐风格和曲目。音乐的选择应与剧情发展、角色性格和情感变化相协调。如果情况允许，创作团队也可以邀请专业的音乐指导或作曲家为戏剧创作原创音乐。

从顺序上讲，道具、舞台布景以及服装在演员熟悉演出舞台后介入，其中为了保证布景道具的安全和完整，可以在最后完整合成时介入，但需要依据布景设计为演员准备相应的舞台支点，如椅子、桌子等。负责道具和服装的工作人员需要根据剧本内容和导演的要求，在排练过程中就开始准备符合角色特点和场景需求的道具和服装。若条件允许，也可聘用专业的道具师和服装设计师，使道具和服装的设计更注重细节，以增强戏剧的真实感和观赏性。

在剧目合成阶段，灯光在设备没有问题的情况下，可以及时介入，它能为演员提供准确的舞台提示和舞台支点。在此之前，灯光设计师需要与导演沟通，根据剧本内容、舞台布景和演员表演，设计出合适的灯光效果。灯光设计应突出剧情重点，营造氛围，同时要考虑舞台空间和设备限制。

在所有元素准备完整后，可以将音乐、灯光、道具、服装等元素整合，在排练过程中，导演与音乐、灯光、道具等方面的工作人员需要密切合作，确保音乐、灯光、道具、服装等元素与演员表演相互协调，共同营造出完整的戏剧效果。这就要求各部门的合作默契度必须高，一个环节出现问题则可能会影响演出质量，甚至出现舞台事故。所以在最后正式演出之前，需要提升各部门之间的协调能力以及音乐、投影、灯光等要素的准确度，进行反复的训练。

在这一阶段排练时，可以安排部分观众实验性观看，收集观众对音乐、灯光、道具、服装等元素的反馈意见。然后，根据观众的意见，对相关元素进行进一步的调整和完善。

除了演员的安排，其他工作人员也需要按时到场，各司其职。剧目合成阶段需要各个工作人员的密切配合，从导演到灯光、音响、道具等各个环节都需要专业的人员负责。因此，我们需要确保每个工作人员都清楚自己的职责，并在规定的时间内到达现场。

此外，为了确保剧目的顺利进行，在正式演出前，我们还需要对所有的设备和道具进行检查和测试，包括灯光、音响、舞台布景、服装等各个方面。只有确保所有的设备和道具都处于良好的状态，我们才能为观众呈现出一场精彩的演出。

第五节　演出规范

俗话说"不以规矩，不能成方圆"，这句话的意思是如果没有规则和约束，就很难形成统一的标准和完美的形态。这句话在各行各业都适用，当然也包括戏剧演出活动。作为学校的演剧活动而言，更多还是出于育人的目的与需要，德育剧演出尤其应该强调以下规范：

（一）尊重舞台

戏剧舞台是演员表演和展示故事情节的地方，是戏剧艺术作品呈现的主要载体。在戏剧中，作为戏剧艺术的观看者，观众应该尊重舞台，观众尊重舞台既是出于对演出、演员的尊重，也是对相邻观众的尊重。一方面，演员应当得到尊重，他们在表演时，是希望观众能够看得清，能够理解，能够动情，能够获得美的享受。另一方面，观众们前来欣赏舞台作品，他们有权利表达自己对于艺术作品的意见和态度，但是自己的行为不应影响到舞台演员的表演以及其余观众的观演体验。因此，无论演出作品是否优秀，无论其内容是否符合观众的口味，观众都应以尊重的态度对待。这种对舞台的尊重表现在行为上，例如，着装得体，保持安静；带孩子的观众，需要安抚好孩子，防止孩子跑跳打闹，以免影响其他观众。

在戏剧中，作为戏剧艺术的呈现者，演员应该尊重舞台。尊重舞台是演员基本的职业素养之一，并且舞台是演员展示自己才华和技艺的地方，也是他们与观众沟通的桥梁。尊重舞台意味着尊重艺术，尊重自己的职业，以及尊重观众。不仅如此，尊重舞台还有助于演员更好地沉浸在表演中，不受外界干扰。具体而言，演员对舞台的尊重包括保护舞台设施的完好、保持舞台空间的清洁、在舞台上使用文明言语等。

（二）尊重观众

戏剧创作者需要尊重观众。在戏剧中，观众是戏剧作品的接受者，也是作品质量的评价者。戏剧表演的目的就是为观众提供审美、教育和启发。

演员尊重观众，也意味着演员愿意倾听观众的意见，接受他们的批评和建议，以便不断改进自己的表演。演员愿意在舞台进行演出，很大一部分原因就是观众对于戏剧作品的肯定，观众的热情和支持是演员在舞台上发挥最佳水平的动力。在德育剧中，观众主要是小学生，学生对德育剧表演的评价和反馈对演员（学生）的成长和提高具有直观能动的反作用，也是对演员努力表演的劳动与付出的肯定。

演员们在舞台上的表演必须真实、生动、有感染力，能够让观众产生共鸣。因此，他们需要深入理解角色，把握角色的性格、情感和思想，通过自己的表演将这些元素展现出来。同时，演员们还需要遵守一定的表演规范，比如保持自然、真实的状态，不夸张、不造作。

观众的评价与反映也是编剧不断改进剧本的动力。在观众的反馈中，编剧可以发现剧本中的剧情或人物关系问题，并以此改进剧情和台词，增减人物，不断打磨，提升作品质量。

（三）尊重伙伴

戏剧是一门综合艺术，这也表现在创作团队的规模化上。在一个戏剧作品创作演出的过程中，除了有演员、导演、编剧等，还有更多的现场工作人员，如场务、道具、技术等。

在舞台上，演员要尊重其他演员。表演是一个团队协作的过程，每个演员都有自己的角色和任务，尊重其他演员有助于建立良好的团队氛围，提高整体的表演效果。尊重其他演员也是互相学习的过程，每个演员都有自己的特长和优点，尊重其他演员可以让他们更好地学习和借鉴对方的经验和技巧，从而提高自己的演技。在表演过程中，演员需要全神贯注地投入角色中，尊重其他演员有助于他们不受外界干扰，更好地投入表演中。戏剧表演是一种情感的传递，演员之间需要建立信任和默契，才能更好地将情感传递给观众，尊重其他演员有助于建立这种信任和默契。在戏剧表演中，演员需要与其他角色产生互动，共同塑造一个完整的故事，尊重其他演员有助于他们更好地理解和表现自己的角色，使故事更加丰满和立体。尊重其他演员，也就是尊重同学，在戏剧情境内外，都要保持良好的同学关系，在戏内亲密合作，在戏外亲如一家，是创作团队应为之努力的理想场景。

此外，舞台上的演员们还需要与导演、编剧等合作，共同完成戏剧的演出。因此，他们需要具备良好的沟通能力和团队合作精神，能够与其他成员保持良好的沟通和协作。舞台上的演员们需要严格遵守一定的表演规范。这些规范不仅包括按照导演的要求进行表演，还包括在表演中保持一定的角色形象和情感表达。演员们需要将自己的个性融入角色中，而不是随意发挥自己的个性。这是因为戏剧演出的表演是一种集体创作，需要演员们相互配合、协调一致，才能达成完美的艺术效果。如果演员们随意发挥自己的个性，就会破坏整个表演的和谐性和统一性，让观众感到不协调和不美观。

舞台上的规矩和约束还包括一些技术方面的要求，比如灯光、音响、布景等的设计和运用。这些技术方面的要求也是为了保证戏剧演出的完美性和观赏性。为了达到最佳的演出效果，舞台技术人员需要精通各自领域的技术，并能够灵活运用。例如，灯光师需要了解不同颜色和亮度的灯光对观众情绪的影响，以及通过灯光的变化来营造出特定的氛围。音响师则需要精通各种音效技术和声音的平衡，以确保观众能够享受到清晰、动人的音效。布景设计师则需要根据剧本的需求，运用各种材料和技术手段来创造出符合剧情的场景，以帮助演员更好地进入角色，同时也为观众提供更加真实的视觉体验。当演员在舞台上尽情表演时，还有更多的工作人员在场外辅助作品的呈现，有灯光师、音效师，以及演出前的化妆师等。正是因为这些工作人员的付出，戏剧作品才能完美地呈现，所以演员更应该尊重这些工作人员。

（四）尊重自己

演员是戏剧表演的核心。他们的才华、技巧和努力为戏剧作品的成功做出了重要贡献。尊重自己，意味着认识到自己的价值，珍视自己的才能和努力，同时也意味着演员敢于表达自己的想法和观点，勇敢地展现自己的独特魅力，只有这样才能在舞台上将自己最自信的状态展示给观众。演员相信自己的能力，在戏剧表演的过程中，会不断地激励自己，保持对表演的热情和动力，为自己设定目标，努力实现自己的梦想。

戏剧表演是一个不断学习和成长的过程。尊重自己意味着自己对自身的进步和成就给予肯定，同时也勇于正视自己的不足与缺陷，从而在一次次表演中不断完善自己，努力提高自己的演技和综合素质。演员在面临各种挑战和压力时，尊重自己也更利于调整心态，保持良好的心理状态，以应对各种困难和挑战。

（五）尊重戏剧

戏剧是一种艺术形式，它承载着丰富的文化内涵和历史信息。尊重戏剧是表

立德树人：德育戏剧创作与实践指南

演者的素养之一，并且尊重戏剧本身也意味着认识到戏剧的艺术价值，并珍视这一文化宝库。

演员需要对戏剧保持敬畏之心，戏剧表演是一个复杂的过程，涉及剧本、导演、舞美、音乐等多个方面。演员要对整个创作团队保持敬畏之心，与他们共同努力，打造优秀的戏剧作品，为观众带来更好的观剧体验。

舞台上的演员们必须遵守一定的行为规范，他们需要按照剧本的要求进行表演，不能随意更改剧情或者台词。这是因为戏剧演出的目的是通过故事情节和角色表现来传达情感和思想，而剧本是戏剧演出的基础和灵魂。如果演员们随意更改剧情或者台词，就会破坏整个故事的连贯性和逻辑性，让观众感到困惑和不满。

在戏剧表演中，演员们的表演需要符合剧本和导演的要求。剧本是戏剧演出的基础，演员们需要根据剧本中的角色形象和情感表达来塑造自己的表演。而导演则是整个演出的灵魂，他们需要指导演员们的表演，确保整个戏剧创作演出的统一性和和谐性。

德育剧演出活动的本身就是一次生动的德育实践，在诸多演出规范的强化过程中，也是对基础教育学段学生良好行为习惯、积极健康心理的活动式、项目化培养。让我们通过组织德育剧演出活动，形成戏剧作品本身与活动周边组织的良好互动，共同促进学生道德教育和戏剧美育的双向奔赴和同步提升！

下　编
德育戏剧的案例典范

第一章　德育戏剧作品辑 1

开开心心上学去

编剧：王　钦

人物表

王　晓　小学生

王小妹　王晓的妹妹

张大宝　王晓的同学

李　红　王晓的同学

何小叶　王晓的同学

杜　娟　王晓的同学

魏　宇　王晓的同学

吴　帅　王晓的同学

杨美美　王晓的同学

王　爸　王晓、王小妹的爸爸

王　妈　王晓、王小妹的妈妈

李老师　王晓的老师

第一场

时　间　清晨

地　点　王晓家中

［王晓一家正在吃早饭。］

王　爸　哎！"人不学，不知道。"我们的孩子呀，现在是小学生了！

王　妈　王晓、小妹！吃完了就快来收拾收拾你们的书包啦！准备好了就要去上学咯！

王　晓　（迫不及待）来啦！我已经收拾好了，妈妈！（背上小书包）

王　妈　小妹！吃完啦就来背书包咯！

王小妹　嗯。（不愿上前）

王　妈　怎么啦，小妹？今天要成为小学生了哦，怎么不开心呢？

王小妹　（带哭腔）妈妈，我不想成为小学生！我想回幼儿园，呜呜呜。

王　爸　小妹，你告诉爸爸，为什么不想成为小学生呢？

王小妹　（带哭腔）因为……因为我想和幼儿园的小伙伴们一起玩，去小学就再也见不到他们了！我才不要上小学！

王　妈　小妹呀，你是乖宝宝，你看哥哥也要去学校哦，你不是最喜欢和哥哥一起玩了吗？

王　晓　是呀，妹妹你难道不想和我一起上学吗？妈妈说上小学还能交到更多的朋友呢！

王　妈　没错！不仅如此，小学里还有大操场，大家都可以在上面玩呢！

王　晓　耶！我喜欢大操场！可以和同学一起在大操场上自由自在地玩啦！

王　妈　而且你们还有更大的教室！每个同学都会有自己的小桌子呢！

王小妹　爸爸、妈妈，是真的吗？

王　爸　当然，你在幼儿园的朋友都要上小学，说不定你们还会再遇见呢！

王　妈　是的噢，我听说小妹的好朋友何小叶也跟你们在同一所学校噢！

王小妹　真的吗？妈妈！那我要去！我要去！（连忙跑去背书包）

王　爸　收拾好了，我们就出发咯！

三人合　出发！

［《一年级》音乐响起。］

下 编 德育戏剧的案例典范

第二场

时 间 上午十点半

地 点 教室

王 妈 爸爸妈妈就送你们到这里啦！妹妹你在一年级一班，哥哥就在你隔壁
班噢！

王 爸 快去跟新同学和老师打招呼吧，放学了爸爸妈妈就来接你们！

王 妈 在学校要听老师的话噢，要和同学好好相处……

王 晓 知道了妈妈！我先进去了！

［王妈、王爸、妹妹下场，李老师上场。］

李老师 （走到王晓面前，看了看新生册）你是王晓吗？

王 晓 是的老师，我是王晓！

李老师 好孩子！快进教室找个位置坐下吧！

［李老师下场。］

王 晓 好的老师！

［王晓走进教室，找到空位坐下，并放好书包。］

张大宝 （拍了拍王晓）你好！我叫张大宝，我今年六岁半了，以前在欢欢幼儿园
读彩虹班，你呢？

王 晓 你好哇，大宝！我叫王晓，我今年也六岁半啦，以前在乐乐幼儿园！

张大宝 （从书包里面拿出一个小玩具）看！这是我最喜欢的奥特曼！

王 晓 迪迦奥特曼！他也是我最喜欢的奥特曼！每次碰到怪兽他都能打败！（拿
起玩具）迪迦！变身！

张大宝 既然你喜欢，我就送给你啦！我的家里还有好多好多奥特曼！

王 晓 谢谢你大宝，那我们以后就是朋友啦！

［两人一起笑着玩玩具。］

何小叶 （从身后拍了拍王晓）嘿！王晓！

王 晓 （转头看）何小叶！你也在这里！

何小叶 对呀，这可真是太好了！

李 红 （挠了挠头）你们以前就认识吗？

王 晓 是呀！我们以前在一起上幼儿园！咦，你叫什么名字呀？

61

李 红	我叫李红，今年六岁啦，以前也在欢欢幼儿园！
王 晓	好耶，又认识了一个新朋友！
何小叶	告诉你们一个秘密，我跟王晓的妹妹是好朋友哦！咦，王小妹呢？
张大宝	（转向王晓问）你还有一个妹妹呢？
王 晓	是的，小妹在隔壁班，我们等会去找她玩吧！
何小叶	好！
王 晓	她看见你一定会很开心的！
张大宝	我也要去！那我们四个人就成为朋友啦！
李 红	（摇摇头）不对！
张大宝	（众人不解）哪里不对？（大宝挠头）
何小叶	我知道了！是五个人！
王 晓	还有谁？
何小叶	笨蛋！还有王小妹！
李 红	对！
张大宝	原来是这样！哈哈哈！

[李老师抱着书上场。]

李老师	（拍了拍手）大家安静一下，同学们都到齐啦，那接下来老师跟大家做一个自我介绍吧！我姓李，大家可以叫我李老师！
众 人	李老师好！
李老师	同学们好！老师的自我介绍完了，有没有哪一位同学愿意上来给大家做一个自我介绍哇！
魏 宇	（举手）老师，我想来！
李老师	好！这位同学很勇敢，大家为他鼓鼓掌！

[众人鼓掌。]

魏 宇	（站上讲台）大家好，我叫魏宇！今年七岁啦，我平时喜欢看动画片，谢谢大家！
李老师	大家都记住魏宇同学了吗？
众 人	记住啦！
李老师	那么还有没有勇敢的孩子上来呀！
杜 娟	（举手）嗯，老师，我想！
李老师	来！（带动同学一起鼓掌）

杜　娟	大家好！我是杜娟，我平时喜欢唱歌、跳舞还有画画！谢谢大家！（优雅地鞠躬）
李老师	（老师微笑着竖起大拇指）真是一位多才多艺的同学呢！好了，我知道还有很多同学想上来介绍自己，但是时间有限，我们以后还会有很多机会！接下来请大家拿出自己的名字卡，摆放在书桌的右上角，让老师和同学们更快地认识你们，记住你们的名字噢！
	［众人拿出名字卡并摆放。］
李老师	接下来，我们发新书咯！哪位同学愿意帮助老师发一下书哇！（老师做举手姿势）
吴　帅	（举手）老师！我愿意！
杨美美	（举手）老师！我也愿意！
李老师	好的，那就请吴帅同学和美美同学帮老师一起发新书！
	［李老师、杨美美、吴帅为众人发新书。］
杜　娟	哇！这是什么书哇，可真好看！（迫不及待地翻看书本）
李老师	同学们拿到书之后要爱护它们哟！
魏　宇	那我们怎样才能把它们保护好呢？（举起书本）
李老师	大家可以用书皮把书包起来，这样就可以很好地保护它们啦！（拿起魏宇的书本）
张大宝	那我要用奥特曼的书皮！（一脸得意）
众　人	哈哈哈！
李老师	（把书本还给魏宇）好了，同学们，大家把书装到书包里，我们准备放学啦！爱新书，也要爱书包噢，所以今天大家回去后要把自己的书包整理好，明天我们来比比谁的书包最整齐！
众　人	（开始装书）好！
杨美美	杜鹃，你的书包真好看！
杜　鹃	谢谢，这是我奶奶亲手做的书包，你的书包也很好看哪！
吴　帅	（挠头）我的弹弓也能带吗？
李老师	弹弓是不能带的哦，因为它很危险，容易打到其他同学呢。
吴　帅	那我还是把它放在家里吧。
李老师	还有小玩具同学们就放在家里，不用带到学校来！
众　人	好！

立德树人：德育戏剧创作与实践指南

李老师　大家背好书包就到教室门口集合，我们排队放学啦！

　　　　　［同学们在老师的带领下排好队。］

李老师　那小朋友们，我们要高高兴兴地放学，也要开开心心地来上学啦！

　　　　　（李老师带领大家下场）

拉拉手，交朋友

编剧：王　钦

人物表

杨小平　一年级小学生
李　明　杨小平的同学
王小雨　杨小平的同学
何　宇　杨小平的同学
陈　晨　杨小平的同学
杨　浩　杨小平的同学
张老师　杨小平的老师
小兔子　性格内向的新生
小　猫　小兔子的朋友，性格活泼开朗
小　狗　热情的同学
小　猪　热情的同学
小猴子　行为唐突的同学
山羊叔　慈祥的老师

第一场

时　间　上午第一节课课间
地　点　教师办公室

[下课了，张老师正在办公，突然听到敲门声。]

杨小平　老……老师，我可以进来吗？
张老师　可以呀，杨小平同学，你有什么事情需要老师的帮助吗？

杨小平　有……有的!

张老师　别紧张,告诉老师,老师来帮你想想办法吧!

杨小平　(挣扎开口)老师,我在班上总觉得很孤单,自己总是交不到好朋友……

张老师　原来是这样,别担心!其实呀,其他同学都有这样的困惑,不如就先让老师给你讲个故事吧!

杨小平　好哇!我最喜欢听故事了!

张老师　在很远很远的地方有一片森林,森林里面住着许多的小动物……

　　　　[小兔子和小猫拉手上场,其余小动物正在玩丢沙包的游戏。]

小兔子　(十分担心)小猫小猫,我们马上就要去新的学校了,你难道一点儿都不担心吗?

小　猫　(毫不在意地摆摆手)那有什么可担心的?我不仅不担心,还很激动呢!

小兔子　可是……我们都不认识他们,怎么办?

小　猫　(指着不远处丢沙包的小动物)喏!你看到他们正在丢沙包了吗?只要我们加入他们一起玩,就能成为好朋友啦!

小兔子　可是……

小　猫　(搭住小兔子的肩膀)哎呀!别可是了!

小兔子　他们会同意我们加入吗?

小　猫　试试不就知道了!(向着小猪、小狗招手)小猪!小狗!嗨!

　　　　[小猪、小狗停下丢沙包的动作,朝小猫、小兔子走来。]

小　猪　(疑惑走来)你好!请问你有什么事吗?

小　猫　(拉过小兔子)你好,小猪!我们是新来的,请问可以和你们一起玩吗?

小　狗　当然可以啦!我们两个人玩没意思,正愁找不到人一起玩呢!

小兔子　真的吗?

小　猪　当然啦!

小　猫　耶!看到你们玩得这么开心,我已经忍不住啦!快点开始吧!

小　狗　好!看沙包!(将沙包扔向小猫)

　　　　[小动物们开始快乐地做游戏,小猴子上场。]

小猴子　大家玩得真开心,我也想和大家一起玩!可是该怎么做才能加入他们呢?

　　　　[小猴子来回踱步,想要加入进去,可是总是拿不到沙包。]

小猴子　唉!我怎么总是拿不到沙包!不管了,我直接拿过来,这样就能引起大家的注意了!(小猴子从小兔子的手中抢过了沙包)

下　编　德育戏剧的案例典范

小兔子　你干嘛呀！为什么要抢我们的沙包！

　　　　[众人将小猴子围住。]

小　猪　对！大家都玩得好好的，你干嘛突然来打断我们！

小　狗　哼！你这样抢，让大家都不能玩！

小猴子　没有……不是那样的！我只是……

小　猫　哼！我们不跟他一起玩！我们走！

　　　　[小猫带着小狗、小兔子、小猪下场，山羊叔叔上场。]

小猴子　哎！别走，我只是想和你们一起玩！（失落蹲下）

山羊叔　这是怎么啦？你怎么蹲在这里？

小猴子　（疑惑）你是谁？

山羊叔　哈哈，我是山羊叔叔，小动物们遇到困难都会让我来解决！

小猴子　真的吗？山羊叔叔，你可以帮我解决困难吗？

山羊叔　当然，你先说说你遇到了什么困难。

小猴子　我是新来的小猴子，我想和小猪他们成为朋友！

山羊叔　咦，刚才他们不是还在这里玩丢沙包的游戏吗？你可以跟他们一起玩哪，
　　　　这样不就可以成为朋友啦。

小猴子　我也是这样想的，可是我为了吸引他们的注意，就抢了他们的沙包……

山羊叔　所以他们就走了，不理你了是不是？

小猴子　是的，可是我只是想和他们一起玩……

山羊叔　但是你的方法用错了，抢了沙包大家就都玩不了了。

小猴子　山羊叔叔，我现在知道错了，你可以帮帮我吗？

山羊叔　这个嘛其实很简单。你跟他们道个歉，他们就会原谅你的。

小猴子　真的吗？他们会原谅我吗？

山羊叔　我相信他们都会原谅你的，看！他们来了！

　　　　[小猪、小猫、小兔子、小狗带着沙包上场。]

山羊叔　去吧！

小猴子　小兔子，对不起！我刚刚不应该抢你的沙包，其实我只是想引起你们的
　　　　注意，跟你们一起玩而已。

小兔子　其实……也没什么大不了的，我原谅你了！

小　猪　没关系！说起来，我们也有做得不对的地方。

小　猫　对，都怪我们玩得太开心了，忽略了你！对不起！

67

小猴子　没有没有，应该怪我太心急了！

山羊叔　哈哈，误会说清楚就好了，现在大家就是好朋友了吧！

小　狗　没错！我们都是好朋友！

小猴子　那我们可以一起玩丢沙包了吗？

小兔子　当然！看沙包！

　　　　[大家一起跑下场。]

杨小平　真好，最后大家都成为了好朋友！

张老师　是呀，其实交朋友很简单，大家可以通过共同的兴趣爱好成为朋友，也可以一起做游戏成为朋友！

杨小平　我知道啦，老师！谢谢你！

　　　　[上课铃声响起。]

张老师　好的！上课了！快回教室吧，老师待会来让大家做一个游戏！

杨小平　好！

　　　　[杨小平下场，老师整理课本随后下场。]

第二场

时　间　上午第二节课

地　点　教室

张老师　同学们，今天我们要玩一个游戏，名字叫"谁跟我一样"。

李　明　老师，这个游戏要怎么玩哪？

张老师　很简单。大家根据自己的兴趣爱好进行好友大搜索，爱好相同就可以组队啦！大家开始行动吧！

众　人　好！

王小雨　谁喜欢唱歌？我们可以一组哦！

李　明　我我我！我们一队吧！

王小雨　好！

何　宇　谁会踢足球？快来和我一队！

杨小平　我来！

陈　晨　杨浩同学，你喜欢画画吗？

杨　浩　我喜欢！

陈　晨　耶！找到啦！我们可以一起玩啦！

张老师　组队成功之后，大家就成为好朋友啦！以后可以一起学习、一起玩游戏！
　　　　认识大家呀，真好！

众　人　（一起对自己的伙伴）认识你真好！

　　　　［《找朋友》音乐响起。］

我们的校园

编剧：章承志

人物表

小　玉　一年级小班的学生

小　杨　小玉的同学

大　杨　小杨的哥哥

孙　尤　大杨的同学

第一场

时　间　早上六点

地　点　上学路上

［小玉踏上去学校的路。］

［旁白：开学了。］

小　玉　（唱歌）我去上学校，天天不迟到，小鸟说早早早，你为什么背着大书包？

小　玉　昨天第一天上学，进到校园就感觉学校好大好大，路好多，很多东西都没有见过，也有好多地方没有搞清楚，走着走着都差点迷路了。今天我一定要早点到，把到处都逛一逛，绝对不能再迷路了。

［小杨进。］

小　杨　小玉，早上好哇，等等我！

小　玉　你是谁呀？

小　杨　我也是一年级小班的呀，我就坐在你的后两排，我叫小杨。

小　玉　哦哦，小杨，噢（拍脑门），我记起来了，昨天我们还分到同一组打扫卫生呢！

小　杨　对对对，你怎么也这么早去上学呀？

小　玉　（摸摸脑袋）这不是刚刚来新学校吗，我想早点去学校到处逛逛，熟悉一下环境，怕到时候迷了路，上课迟到。

小　杨　那好哇，我们一起吧！我哥哥也在我们学校，上六年级，他今天值日，已经到学校了。他准备今天带我熟悉一下学校，咱们一路吧。

小　玉　真的吗？太好了，那我们快走吧，看能不能帮你哥哥做点事情，然后一起再去逛学校。

小　杨　不急，我哥哥六年级，我们过去也不一定帮得上忙，而且我还没有吃早饭，要在外面买点东西吃。

小　玉　对哦，我也还没有吃早饭呢！（摸摸肚子）

小　杨　你吃包子吗？我和你说，门口张阿姨家的包子可好吃了，我昨天就是在那里吃的。（激动地说）

小　玉　你说的是门口靠小卖铺的那个张阿姨吗？

小　杨　对的对的。

小　玉　我也喜欢吃她家的包子，说得我都饿了，我们快走吧。

小　杨　好，走。

第二场

时　间　早上七点

地　点　学校里

小　杨　哥，我来了，你值日做完了吗？我们帮你。

大　杨　不用了，已经都做好了，这位同学是？

小　杨　嘿嘿，忘记跟你说了，这是我新认识的同学，小玉。他今天也是来熟悉一下学校环境的，哥，你快带我们到处走走。

大　杨　你好哇！小玉，很高兴认识你，我是大杨，等我擦一下黑板，就带你们去。

小　玉　好的，谢谢你。

小　杨　（抢过黑板擦，瞎擦）哎呀，哥别磨叽啦，我帮你擦，你擦得太慢的。

大　杨　（接过黑板擦）唉，就你猴急，你看你擦的黑板干净吗？还弄得到处是灰。

孙 尤　瞧你说的，我们两个刚进来的时候不也一样吗？快擦吧。

孙 尤　你们好，我是孙尤。

小 杨　哦哦，我知道，哥哥经常和我说起你呢。你是那个……那个损……友。（捶手）

大 杨　别乱说，是孙尤，走吧走吧！

孙 尤　喂，你把事情说清楚，什么损友哇！

大 杨　咳咳，我们现在所在的教学楼是学校高年级的教学楼，小玉和小杨你们低年级的教学楼在左边，食堂在右手边，别看它小但是菜是很好吃的。这个你们昨天肯定已经有所感受了。

二人合　嗯嗯。

小 玉　不过，我还是觉得家里的饭最好吃，妈妈做的才是最香的，昨天一个人在食堂吃饭都不习惯，也不知道洗碗在哪里洗。

大 杨　看得出来你有点害羞呢。没事的，以后有不知道的东西都可以问食堂门口的杜老师，杜老师可温柔了。

孙 尤　哎呀，走了，走了，先带你们去学校的操场，操场旁边就是我们的小花园和公共厕所。除了每层楼最左边的公共厕所，还有一个在小花园旁边的公共厕所。

小 玉　你哥哥好温柔哦。（小声对小杨说）

小 杨　他温柔？一天就只知道说我。（抱怨道）

孙 尤　到了，你们看这是操场，这个你们肯定知道，不过你们肯定不知道从左侧的楼梯下去是乒乓球桌，如果你们喜欢打乒乓球可以去那里。

小 玉　好的，谢谢哥哥，我可喜欢打乒乓球的球星了，我长大以后也要像他们一样厉害！

大 杨　你个憨憨，他们还这么小，都没有乒乓球桌高，怎么打乒乓球？（拍一下孙尤的背）

大 杨　好了好了，我们继续往这边走，你们看哈，从右边这两个房子中间穿过去就是小花园了。进去以后，沿着左边走就是公共厕所。

小 杨　我知道了，这个厕所就是让那些运动累了想上厕所的同学用的，这样就不用跑很远去教学楼上厕所了。

大 杨　对，这次难得没有说错。

小 杨　什么嘛，我难道每次都没有说对吗？（捶大杨的手臂）

大　杨	好好好，你说得都对，现在我们去操场的另一边。
小　玉	另一边？另一边不就是食堂吗？
大　杨	对呀，你不是说你昨天没有找到洗碗的地方吗？我们现在就去洗碗那里。
小　玉	谢谢大杨，你人真好。
大　杨	没事的，走吧。

［走走走。］

大　杨	你看我们从食堂门口进去，吃完后，继续往里面走，走到底。

［走走走。］

大　杨	现在我们从左门出去就是洗碗的水槽了。
小　玉	原来在这里，我说我怎么没有找到，这么隐蔽。
大　杨	现在记住在哪里了吗？
小　玉	嗯嗯，记住了。
大　杨	那我们现在带你们去一个特殊的地方。
二人合	哪里呀？
孙　尤	去了就知道了，对吧，大杨。
大　杨	嗯嗯。
孙　尤	（拉着大杨往前快走几步，悄悄说）是哪里呀？
大　杨	就是我们参加少先队的那个地方。
孙　尤	好了，你们跟上我哦。

第三场

孙　尤	（将了将自己脖子上的红领巾，骄傲道）咳咳，知道这是什么吗？
小　玉	红领巾！
小　杨	红领巾！
孙　尤	（自豪地挺起胸膛）就是红领巾，红领巾代表着我们是中国少年先锋队的队员身份。
小　杨	你居然也有红领巾。
孙　尤	（拍拍胸脯）我怎么不能有，少先队员的身份是好学生才有的，而我就是好学生的代表。
大　杨	（轻推开孙尤）好了，你就别吹嘘了，孙尤确实是少先队员，虽然他比较吊儿郎当，但是在同学们需要帮助的时候总是毫不犹豫地帮助同学，你

们要向他学习。那你们知道红领巾是怎么来的吗?（转过身去）

小　玉　我知道，红领巾代表红旗的一角。

大　杨　（转身）对的，戴上红领巾是一件很光荣的事情，相信你们很快就可以戴上红领巾。

小　玉　嗯，我会加油的。（加油的动作）

小　杨　我也一样。

大　杨　快上课了，快回教室吧，找得到教室吗? 要我带你们回去吗?

小　杨　不用，我们自己找得到。对吧，小玉?

小　玉　嗯嗯，谢谢大杨和孙尤。

孙　尤　那我们先走了，你们好好上课认真学习。

小　玉　好的，拜拜孙尤。

孙　尤　拜拜。

众人合　我们的校园真美丽！

下　编　德育戏剧的案例典范

课间十分钟

编剧：张桃玉　倪津周

人物表

何小华　活泼好动，喜欢玩丢沙包

赵小玲　内敛文静，不擅长体育运动

杨文慧　热情，乐于帮助别人

王老师　宠爱学生，责任心强

王小虎　热情开朗，大大咧咧

张云雀　贪玩，喜欢打闹

林东来　活泼，豪爽耿直

李彩兰　热心助人

彭白一　善解人意

苏翠翠　彭白一的同学

张　静　彭白一的同学

许医生　关心学生，温柔有耐心

第一场

时　间　上午第一节课课间

地　点　学校操场

[随着清脆的下课铃声，同学们纷纷冲向了操场。]

王小虎　东来，小玲，课间十分钟，咱们去玩游戏吧！

林东来　好哇，可是玩什么好呢？

王小虎　那就跳长绳吧！你看那边，我们去和他们一起吧。（小虎说完就冲了过去）

75

林东来　来了。

赵小玲　喂，你们等等我！

王小虎　来吧，东来，小玲，跳起来。（小玲愣在原地）

赵小玲　（害怕地）我不会，我就在旁边看着你们玩吧。

林东来　小玲，别担心，很简单的。

王小虎　对呀，小玲，可有意思了，来试试吧！

赵小玲　真的可以吗？

王小虎　来吧！小玲。

林东来　小玲你可以的。

赵小玲　嗯，我试一试。

王小虎　用你眼睛的余光去看绳子。

林东来　听它落地的声音。

赵小玲　好。（小玲顺利地跳起了长绳）

赵小玲　我学会了，跳长绳真有意思。

王小虎　我就说吧，可好玩了。

林东来　简单吧小玲，一学就会。

赵小玲　谢谢你们，小虎，东来。

王小虎　不客气。

林东来　没有啦。

王小虎　好了，我们再去扔沙包吧。

林东来　好。

赵小玲　好，刚才我看见文慧她们在玩呢，我们过去吧。

　　　　　　[三人来到丢沙包的场地。]

赵小玲　文慧、彩兰、小华，我们一起玩丢沙包吧。

杨文慧　好哇，那我们怎么组队呀。

李彩兰　文慧、小华，我们一队，然后小玲他们一队，怎么样？

　　　　　　[众人都答应了。]

何小华　现在，游戏开始。

王小虎　哼哼，小华你可砸不着我，我可灵活了。（一边说一边躲闪）

何小华　是嘛，但是扔沙包的可不止我一个人。（沙包到了文慧手里）

杨文慧　看我的闪电飞包。（小虎被打中了）

王小虎　（垂头丧气地）我出局了，小玲、东来，你们加油。

林东来　放心吧小虎，我替你赢回来。

赵小玲　我会加油的。

林东来　小华，看这里，我的流星沙包。（小华往上一跳接住了沙包）

何小华　（高兴地）嘻嘻，接住喽，我现在有两条命了。

王小虎　进攻啊，东来，你一定能砸到他们。

林东来　小虎，你别急，等我先躲过小华的沙包。

何小华　看招，我的火焰刺杀。（用力打中了东来）

林东来　（沮丧地）啊，小虎，我也出局了。

赵小玲　没事的，还有我。

李彩兰　小玲，我们现在可以有三个人。

赵小玲　我，我不会放弃的。

杨文慧　开始吧，小玲。（故意让小玲的沙包打中）

赵小玲　好，我可以的，我们还可以赢。

王小虎　（激动地）小玲加油，我相信你。

何小华　小玲，我要开始扔了。

　　　　［小玲躲闪不及被打中了。］

赵小玲　只能下次再玩了。

林东来　玩得真开心哪！

王小虎　下次一定会赢的。

杨文慧　其实，扔沙包是有窍门的，多练习一下，会投得更好。

李彩兰　是呀，小华这么厉害，就是因为他之前练习过。

何小华　哼哼，下次我教你们。

第二场

时　间　上午第二节课课间

地　点　教室内

王老师　下课了，同学们，可以看看远处，喝喝水，让脑袋放松一下。记住要注
　　　　意安全。

同学们	知道了。(有的同学在看书，有的同学去上厕所，彭白一和张云雀在教室里打闹了起来)
张云雀	(得意地) 追不上，你抓不着。(转头做鬼脸)
彭白一	你别得意，有本事你别跑。
张云雀	我就跑，我就跑。
王老师	(生气地) 不要在教室里追逐，多危险哪，白一、云雀，你们快停下来。
张云雀	知道了，王老师。
彭白一	不打闹就是了。(王老师走出教室后，彭白一和张云雀又开始了打闹)
同学甲	王老师，不好了，白一哭起来了。
同学乙	王老师，快来看看吧。
王老师	(焦急地走向教室) 出什么事了，难道是……
彭白一	好痛，我的手臂好痛。
张云雀	白一，你先别哭了。
王老师	白一，你这是怎么了？
彭白一	老师，我的手臂撞到了桌角，擦破了皮。
王老师	白一，让我看看你的手臂，(查看手臂上的伤势) 我这就让医务室的医生来帮你处理伤口。
张云雀	(心虚地) 老师，有这么严重吗？
王老师	云雀，告诉老师，你们刚才是不是又打闹了。
张云雀	我们只是觉得好玩，闹着玩。
王老师	(语重心长地) 教室里玩闹一定要注意安全，不能因为贪玩就随意追逐，知道了吗？下次可不能再这样了。
彭白一	云雀她不是故意的。
王老师	不是故意的也不行，有那么多游戏可以玩，不一定就得在教室里追逐玩闹。下次呀，我带你们去踢毽子吧！
张云雀	踢毽子，也不知道好不好玩。
王老师	踢毽子，有内踢，外踢，膝击，直踢，可好玩了，下次老师来教你们。
许医生	是谁受伤了呀？快让我来看看。
王老师	在这儿呢，许医生你快看看他的手臂。
许医生	(帮彭白一处理好了伤口) 还好，伤口不是特别深。这是怎么受伤的？
王老师	孩子们贪玩，在教室里追逐打闹，不小心撞到了桌角，擦破了皮。

许医生 教室里玩闹可一定要注意安全，不能让孩子们受伤啊。

干老师 要记住许医生说的，云雀、白一，知道了吗？

张云雀 （点了点头）知道了，老师，下次肯定不会了。

彭白一 我再也不在教室里打闹了。

王老师 同学们，记住了，开心玩游戏，安全是第一。

［旁白：下课铃，丁零零，眼睛望远方，大脑放放松。开心做游戏，安全记心中。课间十分钟，好玩又放松，游戏真有趣，安全要注意。］

立德树人：德育戏剧创作与实践指南

玩得真开心

编剧：章承志

人物表

老　师　六年级的老师

小　刘　六年级的学生，胆子大，贪玩

小　王　小刘的同学

小　陈　小刘的同学，沉迷于电子游戏

小　刚　小刘的同学，沉迷于电子游戏

小　枫　六年级的学生

序　幕

老　师　同学们，今天的课就上到这里，大家回家之后要记得写完作业再玩哦。

小　王　起立！

　　　　　〔全体起立。〕

众人合　老——师——再——见！

第一场

时　间　下午五点半

地　点　小王回家的路上

小　王　欧耶，终于放学了，今天放得好早，爸妈应该还没有回家哦，那我晚点回去先在外面玩一会。

　　　　　〔背着书包到处逛。〕

小　王　好无聊哦，听小陈说最近河边有好多螃蟹，不知道是不是真的，我也去

80

抓一点玩玩。

[蹦蹦跳跳地向河边走去。]

小 王 哇哦，还是河边凉快，下去洗澡肯定更舒服，可惜我不会游泳。

小 刘 小王，你也在这里呀，怎么在河边不下水呀？

小 王 我就在岸边翻翻螃蟹玩会，你该不会想下去游泳吧？

小 刘 对呀，都来河边了，不下去洗个澡多可惜呀！

小 王 可是这条河很深的，要是出个意外怎么办？

小 刘 呸呸呸，你瞎说啥，我可是咱们村的游泳小王子，怎么可能出意外？胆子小就别来！（小刘迅速脱下衣服向河里走去，突然回头说）

小 刘 小王，帮我看一下岸边的衣服，别待会被河水冲跑了。

小 王 你别去太深哪，有什么不舒服要说，浅一点我还可以帮你，去深了我就来不了了。

小 刘 （突然大叫）啊！我的脚！

小 王 （大惊）你脚怎么了？哎呀，就叫你别下去。

小 刘 （大笑）哈哈哈，骗你的，看你那样，我会有什么事。

（小刘突然看见一群鸭子）

小 刘 （弯腰摸石头砸鸭子）看我天马流星雨！

小 王 你砸鸭子干嘛，它们又没有惹你。

小 刘 你别管嘛，都放学了，还管那么多，我就要砸。

[老师上。]

老 师 小刘，快给我上来！

小 刘 （慌张）老师，我马上来！（慌张）

小 王 （羞愧）老师。

老 师 小刘，快把衣服穿好，小王，你来说说怎么回事，作为班长，看见同班同学下河洗澡也不拦住。

小 王 老师，我……

小 刘 （打断）老师，一人做事一人当，是我自己硬要下水的，班长也劝过我了，但是我没有听，您别说他，说我吧。

老 师 还算有点担当，为什么要下水？

小 刘 你看这不是天气热吗，就想下水凉快一下。

老 师 出了学校，是该玩，但是玩最首要的一点就是安全，你觉得你就这么下水安全吗？如果脚被石头卡住了，怎么办？

小　刘　不会的老师，这条河我都来过无数次了，才不会出现意外呢。而且我水性那么好，自己可以解决。

老　师　你知不知道每年有多少孩子就是像你一样觉得自己的水性好，觉得自己厉害，才出的意外。

老　师　这次我就不告诉你爸爸妈妈，不能再有下一次，要想玩得开心，一定要先保证自己的绝对安全。

小　刘　知道了，老师，不会再有下次了。

老　师　还有小王，以后再遇见这种情况，你劝不回来，就去附近找大人，一定不要就这么看着其他小朋友下水。

小　王　好的老师，我知道了。

老　师　快回去吧，待会家里人该担心了。

两　人　老师再见。

第二场

时　间　下午五点半
地　点　小刚和小陈回家的路上

[小陈和小刚紧跟着小刘和小王出校门。]

小　刚　一眨眼的工夫，小刘和小王跑哪儿去了？

小　陈　他俩跑得比兔子还快，谁知道呢。小刚，今天放学咱们哥俩老地方，打游戏去！

小　刚　不行啊，今天老师布置的作业好多，我怕写不完。再说了，我已经没钱打游戏了。

小　陈　我有办法，今天就先借点给你。（走近小刚的耳边悄悄说话）

小　刚　啊！什么，你偷你妈妈的钱出来！

小　陈　嘘！小声点，不要让别人听到。那不叫偷，只是我妈妈时常会放一些零用钱在桌子上，我拿了几块钱出来，她不会知道的。

小　刚　这能行吗？

小　陈　没问题！

下　编　德育戏剧的案例典范

小　刚　嗯……那好，我们现在就去吧。

　　　　〔两人走进网吧开心玩游戏，结束后出来。〕

小　陈　今天可真过瘾哪。我玩绝地求生又吃鸡了。

小　刚　哼哼，今天我的拳王也打通关了!

小　陈　哇! 还是你厉害，我准备要拜你为师。

小　刚　好! 没问题，我对朋友是最讲义气了。

小　陈　那我就先回去了，明天老地方咱们继续。

小　刚　好! 一言为定!

　　　　〔小陈回去了，小刚走在回家的路上。〕

小　刚　我就是厉害，嘿嘿哈哈……小陈都拜我为师了，嘿嘿哈哈……我打遍天
　　　　下无敌手! （做武打动作）哎……我这么厉害可是又有谁知道呢? 哎，
　　　　有了! 找个人打一下试试看，让他也知道我的厉害。

　　　　〔东看看西看看，那边走过来一位同学。〕

小　刚　你给我站住!

小　枫　这位同学，请问你有什么事吗?

小　刚　我没什么事，就是想把你打一顿!

小　枫　这位同学，打架是不对的，请你讲讲道理!

小　刚　你不敢? 那一定是害怕了。

小　枫　不是的，你这样做不对……

小　刚　少废话，看招!

　　　　〔小刚冲了上去，小枫与小刚打闹着下场。〕

第三场

时　间　第二天

地　点　学校里面

〔小刚（脸上有胶布）来到学校见到小陈（脸上也有胶布）。〕

两　人　（同时看着对方）啊! 你的脸，怎么会这样?

小　陈　唉，别说了。昨天我回到家里，刚一拿钱就被妈妈发现了。知道我拿钱
　　　　去网吧打游戏后，就被爸爸狠狠地揍一顿，成了现在这个样子。哎呀呀，

83

好疼，你呢？你怎么也会这样子？

小　刚　唉，我更惨，昨天我想着自己武功高强，想要找个人试试看。谁知道结果遇上个高手，被人家打成现在这个样子，像个猪头一样难看，呜……

小　陈　唉，你这是走火入魔呀！你已经好几个学期考试不及格了。

小　刚　你不也是一样吗？还成了小偷！

两　人　这样玩得开心不是真正的开心。

结　尾

[四位同学同时上台。]

小　刘　玩的时候大家一定要注重自身的安全。

小　王　要在安全的情况下玩得开心才是真开心。

小　陈　玩的时候不能过度，要遵规守纪。

小　刚　不能沉浸于游戏里，要分清楚现实与虚拟世界，要文明。

四　人　（合唱）

你拍一，我拍一，玩得安全要牢记。

你拍二，我拍二，危险场地不去玩。

你拍三，我拍三，举止文明放心间。

你拍四，我拍四，遵守规则做游戏。

你拍五，我拍五，发生争执不动武。

你拍六，我拍六，安排合理我最棒！

下 编 德育戏剧的案例典范

美丽的冬天

编剧：张桃玉　李子硕

人物表

吴　达　聪明，富有好奇心

河　流　冬天会结冰的小河

青　蛙　冬天会睡觉

吴妈妈　宠爱孩子，责任心强

林　华　吴达的朋友

孙　峰　吴达的朋友

梅花花　吴达的朋友

李小鹿　吴达的朋友

刘　羽　吴达的朋友

李　俊　吴达的朋友

赵　芳　吴达的朋友

第一场

地　点　雪地里

［刘羽和李俊在雪地里打雪仗。］

［旁白：曰春夏，曰秋冬。此四时，运不穷。美丽的冬天悄然来临，河面结了一层厚厚的冰，青蛙则在洞里睡起了大觉，雪花飘满了树枝。这天，吴达和妈妈外出散步，发现他的小伙伴们正在玩雪。］

［吴达、吴妈妈上。］

吴　达　（开心）妈妈，你快看，刘羽他们在雪地里玩呢。

吴妈妈　小达，你想跟刘羽他们一起玩吗？

吴　达　不是的，妈妈，我是在想，雪里会有冬天吗？

85

立德树人：德育戏剧创作与实践指南

吴妈妈　雪里可没有，你觉得冬天在哪里呢？

吴　达　我……（思考状）我不知道。

吴妈妈　那你就去问问吧。

吴　达　（走到刘羽和李俊身旁）小羽、小俊，你们知道冬天在哪里吗？

刘　羽　冬天，会下很多很大的雪。

李　俊　冬天，就可以堆雪人、打雪仗了。

刘　羽　（李俊一起说）可是，冬天在哪里我们不知道。

吴　达　好吧。

吴　达　（走到河流旁边）小河，你知道冬天在哪里吗？

河　流　小达，我不知道。但是到了冬天我就不能动了。

吴　达　（向青蛙走去）小青蛙，你知道冬天在哪里吗？

青　蛙　我不知道，冬天我都会在家里睡觉的。（打瞌睡）

吴　达　（失落地）妈妈，妈妈，冬天到底在哪里呢？

吴妈妈　小达，冬天就在你的衣袖里呀。你看。（指衣袖）

吴　达　（摸一下衣袖）我知道了，妈妈。我的衣服变得更厚了，这就是冬天。冬天它就在我身边。

吴妈妈　是的。河流和青蛙也一样，冬天就在我们身边。

吴　达　谢谢你，妈妈。

吴妈妈　小达真聪明。

吴　达　妈妈，那我们的冬天都是一样的吗？

吴妈妈　小达，你觉得冬天是什么样呢？

吴　达　会下雪，有这么大的雪花（用手比画），雪铺满了树，冬天就到了。

吴妈妈　（诚恳地）冬天可不一定就只是雪哦，回家后问问你的同学们，怎么样？

吴　达　（高兴地）好。

第二场

地　点　吴达家里

[妈妈坐在沙发上看着书，吴达则和自己的同学们打起了电话。]

吴　达　（给李小鹿打去了电话）小鹿，你觉得冬天是什么样的？

李小鹿　冬天，和春天一样，除了有点冷，没有什么不同。

吴　达　（疑惑地）可是冬天有满天飞的雪花，会铺满大树，大家还会穿上棉衣。

李小鹿　我们这里没有雪花，反而还有鲜花呢。

吴　达　冬天也会有鲜花的吗？

李小鹿　（真诚地）对呀，等小达你来玩的时候，我带你去看。

吴　达　（开心状）嗯，谢谢你，小鹿。

吴　达　（给梅花花打去了电话）花花，你觉得冬天是什么样的？

梅花花　冬天，就是夏天，大家还会去海滩追浪花呢。

吴　达　冬天的水不冷吗？而且还会下很大很大的雪呢。

梅花花　很暖和的，我昨天才去过一次。

吴　达　哇，好羡慕你呀。

梅花花　如果可以的话，欢迎小达你来玩。

吴　达　谢谢你，花花，我会的。

吴　达　（坐到妈妈身边）妈妈，我知道了，冬天不光会下雪，会穿棉衣，还有盛
　　　　开的鲜花和温暖的浪花。

吴妈妈　温度不一样，冬天也就不一样。

吴　达　（点头）嗯。

吴妈妈　那你知道大家冬天的时候会做什么吗？

吴　达　会堆雪人、打雪仗。

吴妈妈　还有呢？

吴　达　小鹿会去看鲜花，花花会去追浪花。

吴妈妈　还可以溜冰，可以划船，冬天好玩的可多了。

吴　达　（期待）哇，原来冬天这么好玩，我要去问问小华、小峰他们，他们那里
　　　　好玩的有什么，对了，还有小芳。（准备打电话）

吴妈妈　（宠爱地）好。

吴　达　（给林华打去了电话）小华，你们那里冬天都有什么好玩的呀？

林　华　冬天河流结冰了，我们会在冰面上打陀螺，可好玩了，就是要小心不能
　　　　走滑。

吴　达　（不解地）打陀螺，那是什么呀？

林　华　陀螺是一个圆圆的玩具，我们用绳子抽打它，让它转起来，可好玩了，
　　　　还有水平抽和垂直抽这些不一样的方法呢。

吴　达　感觉很有意思呢。

林　华　等开学了，我们可以在学校里一起玩。

吴　达　（欣喜地）好。

吴　达　（给孙峰打去了电话）小峰，你们那里冬天有什么好玩的呀？

孙　峰　好玩的，我不知道。不过冬天我喜欢用窗上的水雾画画。

吴　达　画画？画的是什么？

孙　峰　大家的笑脸，我最喜欢大家一起笑的时候了。

吴　达　（期待地）是呀，大家在一起玩最开心了，很快我们又能一起在学校
　　　　玩了。

孙　峰　真是等不及了。

吴　达　（给赵芳打去了电话）小芳，你们那里冬天有什么好玩的呀？

赵　芳　（激动地）冬天，我喜欢吃糖葫芦！

吴　达　糖葫芦？那你只喜欢在冬天吃吗？

赵　芳　对呀，冬天的糖葫芦又大又漂亮，红彤彤、亮晶晶的，吃着可甜了，还
　　　　不容易化，能吃好久呢。

吴　达　那明天，我也要让妈妈给我买一串糖葫芦。

赵　芳　记得要选又大又漂亮的，最甜的那种。

吴　达　我会的。

吴　达　（走到妈妈身旁）妈妈，我知道了，冬天可以吃糖葫芦，可以用水雾画
　　　　画，还能打陀螺呢。冬天真是太美好了。

吴妈妈　每一个季节都有它的特点，冬天，是一个独特而美好的季节。

吴　达　（纠结状）嗯，我的冬天就在我的身边，而且有很大很大的雪呢。只是……

吴妈妈　只是什么？

吴　达　冬天有那么多好玩的，我好想去玩。妈妈，明天就去，好吗？

吴妈妈　好，那明天我们就出去玩吧，先去溜冰怎么样？再去划船，堆雪人，打
　　　　雪仗，把好玩的都玩个遍。

吴　达　我还要吃冰糖葫芦。

吴妈妈　好，好，我答应你。

吴　达　要又大又漂亮的，最甜的。

吴妈妈　（高兴地）知道了。

　　　　[旁白：日春夏，日秋冬。此四时，运不穷。冬天有着自己独特的美丽，
　　　　冬的一切是那么严寒，却也是那么温暖。冬天有雪花皑皑，有鲜花朵朵，
　　　　更有孩子们的天真笑容。我们迷恋你呀，冬天！我们赞美你，冬天！]

新年的礼物

编剧：张桃玉　任嘉欣

人物表

林　夕　活泼好动

苏子叶　大大咧咧

金乐天　直率开朗

陈雨秋　性格内向

王小小　喜欢新鲜的事物

李小荣　有点娇气

贾文静　文静内敛

柳老师　关心学生，责任心强

冷星辰　亲情观念很重

地　点　教室内

[一年级一班的同学们在欢度新年过后，来到了学校。今天，是他们开学的第一天，这节课是他们的开学第一课。随着柳老师的一声"上课"，同学们围在一起，热烈地讨论着自己的新年。]

柳老师　同学们，你们新年最大的收获是什么呀？

林　夕　我又变高了，妈妈说我一定会和长颈鹿一样高。（用手比画）

王小小　（高兴地）我会洗衣服了，以后我的衣服再也不用妈妈帮我洗了。

贾文静　柳老师，还有我，我读了可多书了。

柳老师　同学们的收获呀可真不少，还有其他的吗？

林　夕　我的体重也增加了，马上就是小大人了呢。

王小小　我还学会了做家务，打扫房间，爸爸妈妈都夸我能干。

贾文静　我在看书之余，还和爸爸妈妈一起去了博物馆，学习了很多知识。

金乐天	我学会跳绳了，一次能跳五下呢。
柳老师	每一次都是你自己一个人去吗？
金乐天	我妈妈会陪着我去，有妈妈在我身边，我充满了动力。
柳老师	真棒，慢慢来，老师相信你一定能跳得更多。
柳老师	还有吗？同学们。
陈雨秋	（举起手）柳老师，还有我，我也想分享。
柳老师	雨秋，你讲一讲吧。
陈雨秋	新年的时候我生病了，还好有我爸爸，他一直照顾我。
柳老师	怎么了呢？
陈雨秋	睡觉的时候着凉了，不小心感冒了。
柳老师	（担心地）那一定很难受。
陈雨秋	是的，那个时候我还发烧了。
柳老师	你爸爸送你去医院了吗？
陈雨秋	（感动地）爸爸不光送我去了医院，还在我身旁，给我倒水，喂我吃东西。爸爸在身边，就是吃药也不感到苦了。
柳老师	你爸爸对你这么好，雨秋，你一定要做一个孝顺的孩子。
陈雨秋	嗯。
李小荣	柳老师，我可以来讲一讲吗？
柳老师	当然可以，小荣，你讲吧。
李小荣	有一天作业太多了，妈妈削了三支铅笔也不够用。
柳老师	你不会削铅笔吗？
李小荣	（庆幸地）我不会，我的同桌会。那一天就是她帮了我。
柳老师	幸好有你的同桌。
李小荣	那天她不光帮我削了两支铅笔，还教了我怎么削铅笔。
柳老师	那小荣你现在学会了吗？
李小荣	会了。
柳老师	小荣，如果在同学需要帮助的时候，你也要像你的同桌一样及时地伸以援手喔。
李小荣	嗯，我一定会的。
柳老师	同学们，你们讲得真棒，大家在自身的努力和他人的帮助下都有所收获。要记得，被帮助的人也要积极地帮助他人。

柳老师	在学习上遇到不懂的地方，在生活中遇上了难题，都可以向他人，向老师寻求帮助，一起获得成长。
同学们	好。
柳老师	新年里同学们有向自己的爸爸妈妈，爷爷奶奶表达祝福吗？
苏子叶	（激动地）有，我给爷爷奶奶写了贺卡，祝他们身体健康，万事如意！
柳老师	真棒。还有同学写贺卡吗？
贾文静	柳老师，我给自己写了一张贺卡，祝贺自己收获了很多。
柳老师	很好，贺卡是一种表达心愿的方式。它传达了自己的祝福，希望被祝福的人越来越好。
柳老师	老师想知道其他同学是怎么表达祝福的呢？
冷星辰	今年爸爸妈妈没有带我回老家，我给爷爷奶奶打了电话，祝他们身体健康。
柳老师	你的爷爷奶奶肯定很想你。
冷星辰	嗯，我爷爷奶奶可喜欢我了，我也想回家见爷爷奶奶。
柳老师	爷爷奶奶有说什么吗？
冷星辰	他们让我好好学习，明年一定要回家看他们。
柳老师	那你可一定要听爷爷奶奶的话。
冷星辰	一定会的。
柳老师	新年的祝福可是很重要的，不论是贺卡，还是打电话，写信，都是向他人表达期盼的一种方式。那么，大家的新年心愿是什么呢？把它写下来吧。（给大家发了心愿纸）
金乐天	（一边写一边问）小小，你的新年心愿是什么？
王小小	（期盼地）我要和柳老师一样，去放烟花，看漂亮的烟花。
苏子叶	文静，新的一年我想学会打乒乓球，你呢？
贾文静	我要看更多的书，学更多的知识。
苏子叶	你可真爱书哇。
贾文静	那是，书里的东西可有趣了。
陈雨秋	星辰，你有新年愿望吗？
冷星辰	（高兴地）当然有，我要交更多的朋友。你呢，雨秋？
陈雨秋	我想好好学习，提升自己的成绩，但是我……我怕我做不到。
冷星辰	没关系的，柳老师不是说了吗，柳老师和同学们都会帮助你的。

陈雨秋 嗯，谢谢你，星辰。

柳老师 同学们都写好自己的新年愿望了吗？

苏子叶 写好了。

金乐天 柳老师，我写得可多了。

柳老师 好好好，老师帮你们把心愿存起来，明年的时候再打开。看看哪些心愿是你们实现了的。（把大家的心愿纸收了起来）

王小小 老师你就瞧好吧。

柳老师 新年里，小树长出了嫩芽，小鸟长出了更健壮的翅膀。小朋友哇，你们也变得更高，更壮，更聪明了。同学们，你们喜欢新年吗？

同学们 喜欢！

[旁白：新年是一份珍贵的礼物，它代表着新的一年的来临，更代表着我们在这一年里的成长。朋友们，在新的一年里，积极帮助他人，更加努力完成自己的新年心愿吧。]

下　编　德育戏剧的案例典范

不爱干净的皮皮

编剧：官子淳　吴　进

人物表

皮　皮　脏兮兮的小狗
皮　爸　皮皮的爸爸
皮　妈　皮皮的妈妈
小　羊　皮皮的好朋友
小　鸭　皮皮的好朋友
小　鸡　皮皮的好朋友
老山羊　山羊爷爷

时　间　清晨

地　点　客厅

皮　皮　（起床）真是元气满满的一天哪！

皮　爸　早上好哇！皮皮。

皮　皮　早上好哇！爸爸。

皮　爸　（仔细看了看皮皮）哦，我的天哪！皮皮妈，你快来看看！

皮　妈　怎么了？（仔细看了看皮皮）哦，我的天哪！

皮　皮　哦，我的天哪，到底怎么了？

皮　妈　（拿出镜子）皮皮，你看一看吧。

皮　皮　（仔细看镜子）哦，我的天哪，我好像变帅了。

皮　爸　当然……不是。皮皮，你看看自己好脏啊。

皮　妈　对，快，快去洗脸梳头！

皮　皮　不，我才不要！

皮　爸　你知道小邋遢吗？

93

立德树人：德育戏剧创作与实践指南

皮　皮　我当然知道，（唱歌）小邋遢，真呀真邋遢，邋遢大王就是他……

皮　妈　你现在就跟他一样。

皮　皮　那多神气呀，我可是主角。

皮　爸　（凶皮皮）快！快去把自己打扫干净！

皮　皮　不，我就不！

皮　妈　去洗一下脸吧，待会儿你的同学还要来呢。

皮　皮　那正好让他们看看我的新造型。

二人合　唉。

　　　　[门铃声，小羊、小鸭和小鸡上场。]

皮　妈　是他们来了，快去开门。

皮　爸　好的！（开门）

三人合　叔叔阿姨好，我们来找皮皮玩。

皮　爸　皮皮，你的同学来找你玩了。

皮　皮　来了！

皮　皮　（靠近小鸡）小鸡你看，我的新造型是不是很帅气？

　　　　[小鸡捏着鼻子躲到很远的地方。]

皮　皮　（靠近小鸭）小鸭你看，我今天是不是特别帅？

　　　　[小鸭差点吐出来，也躲到很远的地方。]

皮　皮　（靠近小羊）小羊，他们为什么躲着我呀？

小　羊　（捏着鼻子）可能他们是见到你害羞了吧。

皮　皮　那是当然，我可是很帅的呢。

小　羊　皮皮，你今天怎么（仔细闻了皮皮身上的味道）有点不一样啊。

皮　皮　那是当然，我可是六天没洗澡了。（骄傲）

小　鸭　六天！

小　鸡　你是怎么坚持下来的！

皮　皮　可能是因为我有一颗坚定的心吧。

小　羊　那你可真是厉害。

小　鸭　那你头发为什么这么乱呢？

皮　皮　嘿嘿，那是因为我从来不整理头发。

小　鸡　从来不整理？我半天不打理身上的毛就浑身难受。（摆动着身体）

小　鸭　那你的脸为什么是黑的呢？

94

皮　皮　这还不简单，只要不洗脸就可以了。

小　鸡　不洗脸？我半天不洗脸就要变黑，别人都会叫我小黑鸡。

皮　皮　你们别这么害羞嘛，过来和我握个手呗。（和小羊握手）

小　羊　皮皮，你的手怎么这么脏啊？

皮　皮　哦，那是因为我经常不洗手。

小　鸡　经常不洗手？我每次餐前便后都会洗手的。（快要吐出来）

小　鸭　小鸡，你挺住哇，别离开我们！

小　鸡　不行，我受不了了！（往门外跑去）

皮　皮　小鸡，你别走哇！

　　　　[小鸭慢慢地向门口挪动过去。]

皮　皮　小鸭，你也要走吗？

小　鸭　哦哦哦，我……我去看看小鸡有没有事，我先走了哈。（立马逃走）

皮　皮　小鸭……唉。（看向小羊）小羊，他们为什么要离开我呢？

小　羊　他们不是离开你，他们可能是回去拿东西了。

皮　皮　（靠近小羊）真的吗？

小　羊　是真的。

皮　皮　（更靠近小羊）真的是真的吗？

小　羊　（捏住鼻子）当然是真的。

皮　皮　（快和小羊贴在一起了）确定真的是真的吗？

小　羊　（身体向后倾斜）确定是……唉。

皮　皮　怎么了小羊。

小　羊　皮皮，你太脏了，大家都不想和你玩。

皮　皮　为什么大家不和我玩？

小　羊　因为你讨厌！

皮　皮　我怎么讨厌了？

小　羊　因为你不爱干净，你快去洗洗自己吧！（跑着离开）

皮　皮　我讨人厌，我讨人厌。（哭）

　　　　[老山羊上场。]

老山羊　怎么了？我亲爱的皮皮。

皮　皮　我同学说我讨人厌。

老山羊　皮皮怎么可能讨人厌呢，我就最喜欢皮皮。

皮　皮　他们说我身上脏，不和我玩。

老山羊　（仔细看了看皮皮）哦，我的天哪！好像是有点脏呢。

皮　皮　看吧，你也讨厌我！（哭得更大声了）

老山羊　不过不用怕，我们皮皮要是洗完澡后肯定又帅又讨人爱。

皮　皮　你说的是真的？（带着哭腔）

老山羊　是真的。

皮　皮　真的是真的？

老山羊　当然是真的。

皮　皮　确定真的是真的？（惊喜）

老山羊　确定当然是……哎哟，你把我都弄糊涂了。（走到一旁）

皮　皮　耶！那我一定要好好洗澡！

老山羊　那你还在等什么呢？

　　　　［皮妈、皮爸上场，四人一起跳《我爱洗澡》。］

皮　妈　哇！皮皮变得好干净啊！（站在皮皮的左边）

皮　爸　不仅很干净，而且很帅气。（站在皮皮右边，手搭着皮皮的肩膀）

老山羊　不仅很帅气，而且讨人喜。

皮　皮　哈哈哈，那是当然的。（骄傲地摇头晃脑）

　　　　［小羊、小鸭和小鸡上场。］

小　鸡　皮皮，我们错了，我们不应该嫌弃你的。

皮　皮　没事，我也有不对的地方。（低下了头）

小　鸭　皮皮，你怎么突然变得这么帅了？

皮　皮　嘿嘿，那是因为我爱洗澡了呀。（骄傲地抬起头）

三人合　爱洗澡？

老山羊　脏脏小孩不应该，干干净净真自在。

皮　皮　没错，我以后一定要做一个爱整洁，爱干净的小孩。

小　鸡　皮皮变得好有底气。

小　鸡　不仅很有底气，而且很会打理。

老山羊　不仅很会打理，而且坚持梳洗。

小　羊　不仅要坚持梳洗，更要把整洁放心里。

皮　皮　保持整洁不忘记，永远把它放第一！

众人合　保持整洁不忘记，永远把它放第一！

不做"小马虎"

编剧：李佳燏　朱月曦

人物表

小　刚　一年级一班的学生，做事有点粗心大意

小　易　一年级一班的学生，是一个小马虎

小　红　一年级一班的学生，做事认真仔细

小　明　一年级一班的学生，做事马虎

小　兰　一年级一班的学生，总是丢三落四

兰爸爸　小兰的爸爸，总是给小兰送东西

田老师　一年级一班的班主任

时　　间　早上第一节课

地　点　教室

[上课铃声响起，同学们安静地坐在座位上等待着上课。]

[田老师上。]

田老师　同学们，早上好！

众　人　老师好。

田老师　同学们，我们今天来上一堂作业课。

小　易　老师，什么是作业课呀？

田老师　作业课就是老师在课堂上布置一些作业，同学们在课堂上完成，完成后，
　　　　老师当堂课就评讲的课，同学们听明白了吗？

众　人　听明白了。

田老师　不过在开始上课之前，老师要检查一下昨天给你们布置的家庭作业。

众　人　啊！

田老师 啊什么啊，你们不会都没做吧。

众 人 怎么可能没做，我们都做好了。

田老师 那好，那大家都把作业摆在桌子上，老师一个一个来检查。

众 人 好!

[大家把作业都找了出来，摆在了桌子上。]

田老师 （拿起小刚的作业检查）嗯，小刚这次作业做得不错，没有错的……

小 刚 那是，这次作业我做得很认真。

田老师 等等，你有道题没做。

小 刚 怎么可能，明明这次作业我是认真做的。

田老师 （把作业递给小刚）来，你自己好好看看，是不是有道题没做。

小 刚 （拿过作业，仔细看了起来）唉，怎么又漏做一道题呢?

田老师 你呀你，还真是不经夸，下次不能夸你了，还没改掉粗心大意的毛病。

小 刚 老师，我下次做完作业后一定会认真检查的，改掉粗心大意的毛病。

田老师 那好，老师期待你下次的表现。

田老师 （拿起小易的作业检查）小易，怎么回事，这次家庭作业怎么做得这么
差，错了这么多!

小 易 老师，我昨天晚上做作业的时候太心急了，所以才错这么多。

田老师 太心急了? 你昨天晚上干什么去了?

小 易 昨天晚上，我最喜欢的动画片开始了，我想去看动画片，所以就很快把
作业做完了，没有去检查。

田老师 我们做事一定不要心急，心急就会做不好事。小易，你一定要改正你的
这个坏习惯噢。

小 易 老师，我知道了，我一定会改正的。

田老师 嗯，老师相信你会改掉的。

田老师 （拿起小明的作业检查）小明，你给老师说说，为什么你错了那么简单的
几道题呢?

小 明 是我太大意，我看那几道题太简单了，在检查的时候就没有去看它们，
结果就做错了。

田老师 那你现在知道了吧，做事不能大意。题做完后要认认真真地检查每一道
题，避免再出现今天的这种情况。

小 明 老师，我明白了。下次做完题，我一定会认认真真地检查每一道题的。

田老师	记住了哈，下次不准再出现今天这样的问题了噢。
小　明	嗯!
田老师	(走到小兰的座位旁边) 小兰，你的作业呢?
小　兰	(支支吾吾地) 老师，我……
田老师	你又把作业落家里了?
小　兰	好像是的，老师。
田老师	你呀你，还真是一个丢三落四的人，你说说这个星期，你都叫你爸爸送过多少次东西了?
小　兰	好像有两三次了吧。(做思考状)
田老师	两三次还少了嘛，别的同学一学期都不会落什么东西，你一星期都有两三次，这会耽误你爸爸多少时间哪。(转身看其他同学)
小　兰	老师，我知道错了，我一定会改正的。
田老师	你看，你爸爸又来给你送作业了。
	[小兰爸爸上场，田老师向小兰爸爸走去。]
兰爸爸	这个小马虎，真是添麻烦! (把作业本递给田老师)
田老师	小兰爸爸，还真是辛苦你来给小兰送作业了。
兰爸爸	没办法，小兰这孩子总是丢三落四的。(眼睛瞟了瞟小兰)
田老师	小兰爸爸，小兰已经说了要改正的，那么就不要太担心了。
兰爸爸	那就辛苦你了，田老师。
田老师	不辛苦，我会监督小兰的，我也希望小兰能改掉那个坏习惯。
	[小兰爸爸下，田老师回去继续检查作业。]
田老师	(拿起小红的作业检查) 嗯，小红的作业做得非常好，一道题都没错。
小　红	谢谢老师夸奖，我只是做完后仔细地检查几遍。(小红高兴地站起身来)
田老师	小红，不用谦虚，大家都向小红同学学习噢。
众　人	知道了，老师。
田老师	我们班上有很多的同学都是有点马虎的，马虎是一个非常不好的习惯，大家一定要改掉马虎的习惯。
众　人	明白，老师，我们一定会改掉马虎这个坏习惯的。
田老师	小红，你给大家分享一下你是怎么做的，做事才不会马虎的。
小　红	第一，我们在做事情的时候，要安静下来去做，做事不能太心急。
田老师	是的，俗话说得好，心急吃不了热豆腐。

小　红　第二，我们在做事之前要拟订一份计划，在做事情的时候按照计划进行，这样做事就会有条不紊的了。

田老师　（点点头）嗯，这是一个不错的方法。

小　红　第三，对于爱丢三落四的同学，身边的小伙伴要多提醒一下他们拿上自己的东西。

田老师　嗯，小红说得非常不错，给大家分享了这么多有用的知识。（鼓掌并示意小红坐下）

众　人　大家都明白了吗？我们在做事情的时候千万不能马虎噢！

帮不帮

编剧：朱月曦　周　岚　丁雪梅

人物表

微　风　活泼可爱，富有同情心的孩子

强　风　平易近人的姐姐

狂　风　爱憎分明的叔叔

太　阳　宽容大度的老师

白　云　性格文静，心地善良的孩子

乌　云　温暖稳重的哥哥

雨婆婆　和蔼可亲的婆婆

［音乐起，背景屏显示风和日丽的背景，微风踏着欢快的步伐上场。］

微　风　阳光明媚，今天又是元气满满的一天。白云，快点，我们还要和强风一起玩嘞。（向白云招手）

［白云上场。］

白　云　微风，你慢点，我快跟不上了。（气喘吁吁）

微　风　快点，快点。

白　云　可是，我们跑出来真的好吗？太阳老师不是让我们和他一起去帮助人类吗？

微　风　哎呀，我们就来玩一小会，不会有事的。（走近白云拉起白云的手）

白　云　可是……

微　风　（放开白云的手向前走去）别可是了。我们好不容易才能和强风一起玩！难道你不想和强风一起玩？

白　云　我想！

微　风　你难道不想让强风开心？

101

白　云　我想！

微　风　那我们快点去找强风吧。

白　云　好！（向前走）

　　　　［狂风上。］

狂　风　哎，哎，哎。你们这是要去哪呀？

白　云　狂风叔叔！我们，我们……

微　风　我们正要去找太阳老师帮助人类！

狂　风　帮助人类？

微　风　对，对，对！（直点头）

狂　风　人类有什么好帮助的？

白　云、微　风　啊？（对视一眼）

狂　风　他们砍伐树木，破坏生态，害得我们跟着遭殃。原本我们可是一个超大的家族，现在小了不少。而且现在到处都是高楼，你们能玩的地方也受到限制了！（无奈地摊手）

白　云　这是真的吗？我不相信！

微　风　我也不相信。上次和太阳老师一起的时候，我路过了一个人的身旁。他很高兴我的到来，对我露出了很好看的微笑。（可爱地蹲下用手指了指自己的笑脸）我认为这么友好的人类不是坏人！

白　云　还有上次，我们和人类小朋友玩得可开心了！我们一起放风筝，玩风车，还有我最喜欢的纸飞机。（开心地张开双手飞翔）

狂　风　别不信，我说的都是真的。

微　风　我们相信我们看见的！

白　云　对！（和微风对视一眼）

狂　风　算了，你们还太小，经历的少。要是不相信我，你们可以去问太阳老师。我好心告诉你们，结果你们还不相信！哼！（退场）

微　风　白云，你说，狂风叔叔说的是真的吗？

白　云　我也不知道。

　　　　［强风跑上场。］

强　风　微风、白云，你们怎么在这？我找你们好久了！

白　云　强风姐姐！

微　风　我们遇到了狂风叔叔。

强　风　狂风叔叔？天哪，狂风叔叔脾气可不好了，你们没出什么事吧。（左看看，右看看）

白　云　没有，但是狂风叔叔说，人类做了好多坏事，让我们不要去帮助人类。

强　风　狂风叔叔确实不喜欢人类。上次，狂风叔叔还吹倒了许多人类建筑！

微　风　那，强风姐姐，人类真的做了很多坏事吗？我们遇到的人类都那么友好，狂风叔叔一定是在骗我们吧！

强　风　这……其实我也不是特别清楚！（挠头）

微　风　这样啊！（失落）

强　风　但是，我听雨婆婆讲过一个故事。

白　云　什么故事？

强　风　是关于地球的故事。

白　云　地球？

强　风　对！

微　风　强风姐姐，你快讲！

强　风　我们生存的地方叫地球，在很久以前，地球上光秃秃的，什么都没有。过了很久，地球上出现了我们（骄傲地抬起头），接着出现了生命。地球活了好多年，它孕育了许多生命，成为我们共同的母亲。（温暖地双手环抱）

白　云　那地球母亲可真伟大！

强　风　是呀，地球孕育万物，包容万物，是我们伟大的母亲！

微　风　如果，如果人类真的做了那些坏事，伤害了母亲，那我们是不是不应该帮助人类呀！

白　云　那狂风叔叔其实是对的？

强　风　应该不是。

二人合　嗯？

强　风　你们想想看，太阳老师、雨婆婆、乌云哥哥都在帮助人类，那说明人类应该不是坏人。

　　　　［雨婆婆、乌云上场。］

雨婆婆　你们在说什么呀？大老远都听见你们的声音了。（弓着身子走过去）

三人合　雨婆婆！乌云哥哥！

乌　云　不会是在讨论做什么坏事吧！

103

白　云　不是，不是！我们在想人类做没做坏事，要不要帮助他们。

乌　云　人类做坏事？

微　风　对呀，雨婆婆，乌云哥哥，人类真的做了伤害地球的坏事吗？狂风叔叔告诉我们人类做了好多坏事！

雨婆婆　狂风说得确实没错，人类做了很多坏事。他们破坏植物，伤害动物，污染水、土地、空气。

强　风　没想到狂风叔叔说的居然是真的！

微　风　那我们是不是不应该帮助人类呀！他们伤害了地球，伤害了我们的家。

白　云　原来我们错怪狂风叔叔了。

强　风　但是，人类做了这样的坏事，为什么大家还在帮助人类呀？

微　风　对呀，对呀！

乌　云　你们一点都不想帮助人类吗？

白　云　我还是想帮助人类，我想看见孩子欢乐的笑容。

强　风　我和大家一起！

微　风　不，他们伤害了地球母球，伤害了我们的家！我不要。

乌　云　他们需要我们，离不开我们，不然就会生存艰难呢！

雨婆婆　你再也见不到人类幸福的笑容，见不到孩子欢乐地玩耍。他们每天都在悲伤之中，这样你还不愿意帮助人类吗？

微　风　我不想他们在悲伤之中，我愿意帮助人类！

雨婆婆　好孩子！你有着一颗善良的心。（雨婆婆摸摸微风的头）

　　　　［太阳上场。］

太　阳　你们长大了！

众　人　太阳老师！

太　阳　人类做了坏事，你们还愿意帮助人类。看来，你们都有着一颗怜悯之心！其实呀，人类虽然做了坏事，却也受到了惩罚！

众　人　受到了惩罚？

乌　云　对的！他们遭受了干旱、沙尘暴、酸雨等惩罚。你们的狂风叔叔就是有时看不惯人类的行为，发脾气嘞！

强　风　原来狂风叔叔是因为看不惯人类，才发脾气的呀。

　　　　［狂风上场。］

狂　风　不发点脾气，那些人类还以为我们好欺负。

雨婆婆　狂风，不是叫你多收敛一点脾气嘛！人类现在也在尽力弥补犯的错误，知错就改，也是好孩子！

狂　风　雨婆婆，你的话我听了的，我现在不也是很少发脾气嘛！但是，要我帮助人类的话，这不可能！

雨婆婆　这孩子。

微　风　人类在尽力弥补错误？

太　阳　是呀！他们现在植树造林，关爱动物，正确处理垃圾，等等，做了一系列保护地球的措施！

强　风　所以，太阳老师，你们原谅了人类之前的行为，一直帮助人类呀！

太　阳　这是一部分原因，主要是因为地球孕育万物，包容万物。我们要怀着一颗包容的心去对待万物。

众　人　我们知道了！

乌　云　我好像听到人类保护地球的口号了！

〔旁白：绿色出行车少开，新型能源来替代。节水节电来比赛，生活少用塑料袋。树木青草人人栽，空气清新好神采。垃圾分类习惯在，循环利用巧安排。环保节约行动快，天蓝水清好生态。如果地球都不爱，我们如何谈未来。〕

我与叮叮

编剧：周　岚　丁雪梅

人物表

吴君昊　男孩，八岁，一年级小学生，热爱小动物

李昆宇　男孩，八岁，一年级小学生，活泼好动

王子辰　男孩，八岁，一年级小学生，调皮捣蛋

叮　叮　自由自在的小蜻蜓

虎　王　一只可爱的黄色小猫

高佳玲　吴君昊的妈妈，温柔大方

［吴君昊和小伙伴们扑了一只蜻蜓，把它放在瓶子里养着玩。吴君昊拿着瓶子和小伙伴告别。］

王子辰　今天运气真好，居然抓到了一只蜻蜓。

李昆宇　可不是，我都好久没看见过这么好看的蜻蜓了。

吴君昊　咱给这只蜻蜓取个名字怎么样？

李昆宇　也不是不可以。

王子辰　叫光光听怎么样？这可是蜻蜓的别名呢！

吴君昊　不错嘛，居然专门查资料了。

王子辰　那可不，要足够地了解我们的朋友，我们才能友好相处嘛！

李昆宇　你了解就是，但是这个名字不好，像女孩子的名字，我们还是给蜻蜓起个男孩子的名字吧！

王子辰　纱羊、山咪、叮叮、点灯、光光听，这几个都是蜻蜓的别名，你们选吧。

吴君昊　叫叮叮吧！

李昆宇　可以，叮叮听起来像个弟弟的名字，而蜻蜓又小小的，和弟弟一样需要我们的保护。

下　编　德育戏剧的案例典范

吴君昊　好了，你们快回家吧！不然你们的爸爸妈妈又要来找你们了。

李昆宇　那，那我吃了晚饭来和叮叮玩。我会早点来的，不许背着我玩哪！

王子辰　对！你不许背着我们玩！

吴君昊　放心吧！我会把叮叮照顾好的。（看着李昆宇和王子辰下）

吴君昊　叮叮，你在瓶子里憋坏了吧！我这就把你放出来，让你和虎王一起玩。

叮　叮　我不想和什么虎王一起玩，我想回家，我要找妈妈！（扇动翅膀撞击瓶盖）

虎　王　君昊小主人又给我带什么小伙伴回来了？（打着哈欠上场）

吴君昊　虎王，快来看。这是叮叮，你的新伙伴，要好好相处哟！（打开瓶盖，倒出叮叮）

叮　叮　救命，我完蛋了。好大的猫哇！

虎　王　呀！小蜻蜓，别跑，让我看看你的翅膀！我们一起玩哪！

吴君昊　叮叮，虎王，你们快停下来。虎王，不要在沙发上跑。

叮　叮　救命啊！我快飞不动了！

　　　　［高佳玲拎着菜上场。］

高佳玲　昊昊，你回来了吗？虎王，你在跑什么呢？

吴君昊　妈妈我回来了，虎王在追叮叮呢！

叮　叮　呜呜，救命啊！

虎　王　你下来嘛，下来一起玩，我保证不吃你。

高佳玲　叮叮？谁是叮叮？

吴君昊　叮叮是我和李昆宇他们捉的小蜻蜓哟！

高佳玲　小蜻蜓？叮叮是你们给小蜻蜓取的名字吗？

吴君昊　是的妈妈，这是王子辰搜的，小蜻蜓的别名呢！我还知道光光听也是它的别名呢！

高佳玲　你们真棒！但是，昊昊，你知道吗？叮叮是怕虎王的哟！

吴君昊　啊！我不知道，妈妈那现在怎么办哪？

高佳玲　我们先把虎王抱回它自己的房间，然后再把叮叮救下来好不好？

吴君昊　好！我去捉虎王。

高佳玲　注意安全哟！妈妈把东西放了来帮你。（妈妈下场）

吴君昊　知道了，妈妈。（吴君昊，虎王，叮叮三人在台上追逐）

吴君昊　妈妈快来，虎王跑得太快了，我捉不住。

高佳玲　你去把虎王最喜欢的玩具拿出来，把虎王引到房间去吧！

107

立德树人：德育戏剧创作与实践指南

吴君昊　还是妈妈聪明，我就没想到。（吴君昊引着虎王下场）

高佳玲　这孩子，迷迷糊糊的，我先来把叮叮安置好吧！（高佳玲带着叮叮下场）

　　　　[吴君昊和虎王玩耍，李昆宇和王子辰带着树叶上场。]

王子辰　吴君昊，我们给叮叮带吃的来了。

叮　叮　太好了，我可以吃东西了！（激动地扇动翅膀）

吴君昊　叮叮在盒子里，妈妈说盒子的空间大一些，还有小孔，叮叮会舒服很多。

李昆宇　那我们快去喂叮叮吧！（三人打开盒子，将树叶放在叮叮身旁）

叮　叮　什么嘛！我可是肉食动物，才不吃菜叶子呢！

王子辰　叮叮为什么不吃呢？这可是我最喜欢的菠菜叶子呀！

吴君昊　要不，我们查查？

李昆宇　我来我来。（用手机查找资料）找到了！百度说蜻蜓是食肉性昆虫，它们捕食苍蝇、蚊子、叶蝉等多种农林牧业害虫。

王子辰　啊！原来叮叮要吃肉哇！

叮　叮　对，要吃肉，很多很多的肉！

吴君昊　妈妈，妈妈快来！

高佳玲　昊昊怎么了？不是在和你的小伙伴们玩吗？（急忙上场）

吴君昊　妈妈，叮叮要吃蚊子，我们去哪给它捉蚊子呀？

高佳玲　傻孩子，你们有没有想过，叮叮被你们关在这里一点也不快乐呢？

王子辰　怎么会，虎王在你们家里都很快乐！

李昆宇　对呀，虎王一次可以吃好多东西呢！它跑得比我还快呢！

高佳玲　动物和动物是不一样的。虎王从小在家里生活，习惯了和你们一起玩耍，但叮叮不一样。叮叮那双美丽的翅膀是用来在空中飞翔的，它喜欢在蓝天下自由飞舞的感觉，它也更喜欢自己寻找食物带来的成就感。

叮　叮　呜呜，我想要自由，我想要食物。

李昆宇　看，叮叮点头了，看来高阿姨说得对。

王子辰　那，我们现在是不是该把叮叮放了呢？可是我舍不得叮叮怎么办？

吴君昊　我也舍不得，虎王也舍不得。

高佳玲　可是孩子们，真正的喜欢是不能只顾自己的想法的。你们想想叮叮被关在这里，它得有多难过呀！

吴君昊　那，那我们还是把叮叮放了吧！

王子辰　叮叮！对不起。我们不应该为了自己就把你关起来，我们这就把你放了。

108

（打开盒子，将蜻蜓放在窗边）

叮　叮　没关系，知错就改才是好孩子。谢谢你们放我回家。

李昆宇　叮叮，你是我们的朋友，我们会保护你的，希望你以后还能和我们一起玩。

高佳玲　相信叮叮会来找你们玩的。不过孩子们，下次不可以再这样对待可爱的小动物了哟！

三　人　我们知道了，以后要保护小动物，不以爱的名义伤害它们。

高佳玲　真是一群好孩子。去和虎王玩吧！（下场）

虎　王　不要哇！我不要当孩子王了，我要和叮叮玩！（虎王跑着下场，三人追着虎王下场）

〔欢快音乐起。〕

礼物

编剧：丁雪梅　周　岚

人物表

弟　弟　男孩，一年级，可爱
哥　哥　男孩，二年级，活泼好动
爸　爸　爱妻子、孩子的好父亲
妈　妈　贤妻良母，勤劳
奶　奶　和蔼可亲

[欢乐音乐起，背景屏显示家里的背景，哥哥在中间桌子上摆弄娃娃，弟弟在旁看着。]

弟　弟　我来帮你！

哥　哥　不用，你别给我弄坏了。

弟　弟　你不是不会安吗？让我试试！

哥　哥　不行，我给你说了多少次了，这是我送给别人的礼物。（转过身去护住娃娃）

弟　弟　我小心玩，不会弄坏的。

哥　哥　不行就是不行，别的玩具你都可以玩，就是这个娃娃不行！

弟　弟　就玩一小会！（撒娇）

哥　哥　不行！

弟　弟　就一会！（弟弟上前拉扯哥哥护住娃娃的手）

[爸爸上场。]

爸　爸　干什么，干什么嘞？咋还吵起来了？（爸爸赶忙拉开他俩）

弟　弟　我就是想玩一会他的娃娃。

爸　爸　娃娃？什么娃娃？

哥　哥　这是我送给别人的礼物，可不能给它弄坏了。老爸，来得正好，帮我安一下这个妹妹。（把娃娃递给老爸）

爸　爸　行，没问题。

哥　哥　谢谢老爸！那我和弟弟就先去玩了哈。（拉弟弟走）

弟　弟　干嘛！我要在这里看娃娃。

哥　哥　快走吧，别想碰我的娃娃。（推着弟弟下场）

　　　　［爸爸在摆弄娃娃，妈妈上场。］

妈　妈　在干嘛呀？（爸爸把娃娃遮住）这么神神秘秘的，还怕人看见，有什么见不得人吗？

爸　爸　说什么呢！我这是在帮大孩子准备礼物呢。

妈　妈　礼物？

爸　爸　也不知道他要送给谁。

妈　妈　应该是谁过生日吧。

爸　爸　先不说他了，这是我给你的。（从怀里拿出礼物）

妈　妈　这是啥呀？

爸　爸　打开看看。

妈　妈　（小心翼翼地抚摸）这么漂亮的手镯送给我？

爸　爸　是呀！

妈　妈　今天是什么好日子呀？居然还给我礼物。

爸　爸　今天是你的生日呀，你忘了？

妈　妈　我生日？

爸　爸　你忘记啦？

妈　妈　我一天天忙东忙西的，哪记得到自己的生日呀！（拿着手镯仔细看）

爸　爸　你记不住，可是我记得住哇。

妈　妈　你对我可真好！

爸　爸　不对你好，对谁好！

妈　妈　那孩子准备的礼物？（放下手镯）

爸　爸　不知道是送给谁的哟！

妈　妈　这孩子还真是越来越懂事了，还知道给他妈送礼物。（高兴）

爸　爸　这么高兴啊！

妈　妈　那当然了！快给我看看！

爸　爸　看什么？

妈　妈　礼物哇！

爸　爸　孩子送你的时候再看。

妈　妈　我现在就要看，求你了！

爸　爸　那孩子准备的惊喜不就没了！

妈　妈　孩子送给我的时候，我一定假装没看见过，十分惊喜。

爸　爸　这么大人了，还像小孩子一样。满足你，看！（拿出娃娃）

妈　妈　咋是个这么孩子气的娃娃呀！

爸　爸　孩子送的礼物，当然孩子气了。

妈　妈　等孩子送我以后，我要摆在最显眼的地方！这还是孩子第一回送我礼物！

爸　爸　瞧把你高兴的！

妈　妈　说到这个，弟弟上次要零花钱的时候还多要了二十块钱！说要，买瓶香水送人！

爸　爸　别不是在给你准备礼物吧！

妈　妈　瞎说什么大实话！太幸福了，我家孩子怎么这么懂事呀！（开始遐想）

爸　爸　是呀，以前都是我们绞尽脑汁地为他们准备生日，现在变成孩子给我们准备了！

妈　妈　别家小孩就不会记得父母生日，还准备生日礼物！看看我们家孩子，我可真是太幸福了！

爸　爸　是呀，都长大了，懂事了！

　　　　[哥哥上场。]

哥　哥　老爸，我的娃娃弄好了吗？

爸　爸　在这呢，看！（拿出娃娃）

哥　哥　老爸，你可真厉害！

爸　爸　那现在要送谁就赶紧送吧！

妈　妈　对呀，快送吧，送吧！

哥　哥　说得对，我要赶快给我同桌送去！

爸　爸　等等，送给谁？

哥　哥　我同桌，她今天就要转学走了，我要赶紧送去，那我就先走了！（下场）

妈　妈　孩子他爸，咋是送给同桌的呀！（失落）

爸　爸　没关系，没关系。你看，这么孩子气的礼物就是送给孩子的。

妈　妈　反正我也不稀罕，反正还有弟弟呢！

弟　弟　妈！

　　　　[弟弟上场]

爸　妈　来了，来了！

弟　弟　妈，给你！

妈　妈　给我的？

弟　弟　还有这个。

妈　妈　给我的？

弟　弟　地址呀！没地址怎么寄呀！

妈　妈　寄给谁呀？

弟　弟　这不是我网上的朋友过生日嘛，我给他寄过去。我出去玩了！（下场）

爸　爸　没关系，没关系！（妈妈伤心地摇着头）

　　　　[奶奶上场]

奶　奶　小福星，今天你过生日。给你准备的长寿面做好了，快去吃吧！

妈　妈　还是妈妈好！

奶　奶　这是怎么啦？

爸　爸　这不是孩子都在准备礼物吗？我们以为是送给孩子妈的，结果孩子是送给自己朋友的。

奶　奶　这些孩子不知道今天妈妈过生日吗？

爸　爸　这不是我们没说嘛！我先带孩子妈吃面去了哈！（下场）

奶　奶　这，这……害得孩子妈白高兴一场！（叹气）

　　　　[哥哥、弟弟上场。]

二　人　我们回来啦！

奶　奶　等等，孩子们，你们知道今天是什么日子吗？

二　人　什么日子？

奶　奶　今天是你们妈妈的生日呀！

二　人　啊？（对视一眼）

奶　奶　你们哪，快去给妈妈说生日快乐吧！

哥　哥　可是，我们连礼物都没有准备，光说生日快乐，这多尴尬呀！（摇头向后退）

弟　弟　是呀，是呀！

奶　奶　妈妈想要的，肯定是你们的心意，礼物什么的不重要。（抚摸着兄弟俩的额头）

哥　哥　那我和弟弟一起做一份小蛋糕吧。

弟　弟　对！

奶　奶　好，好！那奶奶帮你们！

　　　　[拿出零食，进行摆盘。]

二　人　妈妈快来！

　　　　[爸爸、妈妈上场。]

妈　妈　怎么啦？

二　人　快许愿！

妈　妈　呀！多漂亮的蛋糕哇！

爸　爸　太有个性了！

哥　哥　这是我们用零食做的！

弟　弟　蜡烛是我插上的！

奶　奶　我还帮忙指导了一下！

妈　妈　谢谢孩子们，还有妈！

哥　哥　妈，对不起！

妈　妈　没事的，有什么对不起嘛。

弟　弟　我们忘记给您准备礼物了！（低下了头）

妈　妈　没事，你们都给我礼物了！你们关爱父母长辈，关心朋友，都是懂事的孩子，这就是妈妈收到的最好的礼物啦！（轻轻地抚摸兄弟俩的脸蛋儿）

奶　奶　是呀！你们懂事，就是给妈妈最好的礼物了！快来许愿吧！

　　　　[唱生日歌。]

下　编　德育戏剧的案例典范

让我自己来整理

编剧：朱月曦　官子淳

人物表

小　雨　没有养成整理物品习惯的小学生

小　雪　小雨的同学，很有整理物品的习惯

玩具熊　小雨的玩具，因为被随便乱放，所以脏兮兮的，但性格活泼

橡　皮　小雨的文具，因为个子太小经常被小雨弄丢，性格内向

毛　衣　小雨的衣服，是一位富有智慧的老者

剪　刀　小雨的工具，因为时常被小雨忽略，所以脾气火爆

红领巾　小雨上学必备品，不戴红领巾会被记名字

第一场

时　间　傍晚

地　点　小雨家中

[夜晚来袭，物品们在舞台中央窃窃私语。]

玩具熊　哎哎哎，大家听说了吗？

剪　刀　听说什么，你倒是快说呀，别卖关子了。（急匆匆）

红领巾　剪刀，你太着急了，认真听玩具熊说完嘛。

玩具熊　剪刀，你今天怎么这么暴躁，难道又被小雨乱丢进垃圾桶了？

[剪刀正想讲话，被毛衣打断。]

毛　衣　玩具熊快说吧，到底什么事，我也很好奇。

玩具熊　我在厨房的时候，听见小雨妈妈说她明天不在家，让小雨自己去上学。

剪　刀　就这？我还以为多大个事呢。（一脸不在意地背过身去）

115

立德树人：德育戏剧创作与实践指南

橡　皮　如果小雨妈妈不在家帮小雨收拾东西，那他会不会找不到我们了？

红领巾　那可怎么办？没有我，小雨在学校会被记名字的。（焦急）

橡　皮　没有我，小雨都不能好好做作业了。

剪　刀　哼，没有我小雨不可能做好手工的。（一脸得意地转身）

玩具熊　没有我，小雨也不能和小朋友们玩过家家了。

毛　衣　孩子们，不用太担心，说不定这是一次让小雨改变的机会呢。

齐　声　什么改变？

毛　衣　呵呵，天机不可泄露。

　　　　［物品下场。］

第二场

时　间　第二天

地　点　小雨家中

　　　　［小雨起床收拾东西，但物品散落在各个角落，根本找不到。］

小　雨　毛衣，毛衣，你在哪呀？

毛　衣　（从床底发出微弱的声音）小雨，我在床底下呢。

小　雨　可算找到你了。橡皮，橡皮，你在哪呀？

橡　皮　（从卫生间发出更微弱的声音）小雨，我在卫生间呢。

小　雨　橡皮，你怎么不回答我？还有剪刀，你在哪呢？（焦急跺脚）

剪　刀　哼，你把小爷我丢在垃圾桶了，我才不理你呢。

小　雨　唉，算了，马上上学要迟到了，等妈妈回来再找你们吧。

　　　　［小雨下，物品上场。］

红领巾　小雨都没有想起我，这该怎么办哪？（焦急地来回踱步）

玩具熊　还有我陪着你呢，别难过。

红领巾　小雨上学可以没有你，但不能没有我呀。

橡　皮　还有我呢，没了我小雨该怎么做作业呀！

剪　刀　小雨带着铅笔呢，没了你最多是不能改正作业。

玩具熊　好啦，剪刀，干嘛朝着小橡皮发脾气呢。

红领巾　可能垃圾桶太臭了，让它养成了一个臭脾气吧，哈哈哈！

116

下　编　德育戏剧的案例典范

剪　刀　哼……我懒得跟你们计较……你们瞧，他又垂头丧气地回来了吧。

　　　　［小雨、小雪上场。］

小　雪　小雨，你今天没戴红领巾和文具被老师点名批评了，没事吧？

小　雨　（重振精神的样子）没事，小雪，你别担心，我们来玩过家家吧！

小　雪　好哇，快把你的玩具熊拿出来吧！

小　雨　我这就去拿，等等我。

小　雨　玩具熊，玩具熊，你在哪呀？（手做喇叭状呼喊）

小　雪　小雨，你连自己的东西都不知道放在哪里吗？

小　雨　是的……反正平时都有妈妈帮我收拾……

小　雪　那如果像你妈妈不在的时候，你该怎么办？

小　雨　我……我不知道，我觉得等我长大了再自己整理也行。（继续寻找）

小　雪　小雨，好习惯应该从小养成，我在家就是自己收拾自己的东西。

小　雨　小雪，你真厉害，可以教教我吗？我知道错了。（拉住小雪的手）

小　雪　好的呀，你先告诉我你有哪些东西需要归纳整理。

小　雨　我的橡皮、剪刀、玩具熊，还有毛衣……大概就这些了吧！

小　雪　你忘记你的红领巾了吗？

小　雨　对……对哦！我又忘记了！

小　雪　红领巾可是革命先烈用鲜血染成的，佩戴它就像担起了一份责任，你一定不能忘记了。

小　雨　我知道了小雪，我一定会记住的！

　　　　［物品们上场。］

橡　皮　小雨……小雨还没有忘记我。

剪　刀　看在你改正的分上我就原谅你吧！（傲娇）

玩具熊　小雨快整理好之后陪我玩。

毛　衣　小雨真是个懂事的好孩子。

红领巾　呜呜呜……小雪真是个好孩子。

小　雪　橡皮应该放在文具盒里。（看了看橡皮）

橡　皮　小雨，在上学前的晚上应该提前把文具盒放进书包里哦！

小　雨　我知道啦，橡皮应该放在文具盒里！

小　雪　剪刀应该放在书桌的抽屉里。（指了指剪刀）

剪　刀　使用我的时候可要小心哦！

117

小　雨	我知道啦！剪刀应该放在书桌的抽屉里！
小　雪	玩具熊可以放在玩具柜里。
玩具熊	小雨，我也可以在你的枕头边陪你睡觉哦！
小　雨	我知道啦！玩具熊应该放在玩具柜里。
小　雪	毛衣应该放在衣柜里。（做挂衣服的动作）
毛　衣	呵呵，小雨，如果是穿过的毛衣就应该放进洗衣机哦！
小　雨	我知道啦！毛衣应该放在衣柜里。
小　雪	红领巾应该放在衣帽架上。
红领巾	小雨，上学的时候千万记得要带上我哦！
小　雨	我知道啦！红领巾应该放在衣帽架上，上学时要佩戴好！（整理自己的红领巾）
小　雪	小雨，你都记住了吗？
小　雨	谢谢小雪，我都记住了。
小　雪	这些物品就像我们的小伙伴一样，和我们一起学习，带给我们快乐。你以后要好好对待它们。
小　雨	好的小雪，我们现在一起去玩过家家吧！

[小雨、小雪走到一旁，物品们在中间讨论。]

橡　皮	毛衣爷爷，这就是你说的小雨改变的机会吗？
毛　衣	对的呀，小橡皮，经过这次，小雨以后一定会好好整理的。
剪　刀	你们可别说，我的新家可真赞！（得意地竖起大拇指）
玩具熊	那可不，不知道比垃圾桶强多少倍呢！
齐　声	哈哈哈哈哈哈！
橡　皮	等小雨妈妈回来一定会大吃一惊的！
红领巾	那可不，邋遢大王变成了整理大王！

[小雨、小雪走到舞台中央。]

小　雨	我的"伙伴"真不少。
小　雪	它们都是我的宝。
齐　声	各就各位不乱跑，每到用时才好找。
小　雨	用完它们送回家。
小　雪	有空也给洗个澡！
齐　声	我自己的物品自己来整理！

分享很快乐

编剧：刘　易　李子硕

人物表

小　龙　八岁，男孩，一年级学生，学习成绩好，但喜欢以自我为中心

小　莎　八岁，女孩，小龙的同学，活泼好动，乐于助人

小　钦　八岁，男孩，小龙的同学，看似冷漠，其实是热心肠

小　梦　八岁，女孩，小龙的同学，性格大大咧咧，时常犯些小错误

小　东　八岁，男孩，小龙的同学，性格跳脱，喜欢和大家一起玩耍

老　师　温柔有耐心

第一场

时　间　放学后

地　点　楼道里

［欢快的音乐响起，背景屏幕为宽阔的草地，所有学生都在快乐地玩耍，这时争吵声传出来。］

小　龙　（小龙追赶着小东）你快把我的足球还我，这是我妈妈给我买的新足球，我不愿意给你们玩，快还给我。这是我自己的东西，小东你要是抢我的足球我就打你。

小　东　（一边说话一边玩球）小龙，不就是一个足球嘛，给大家玩玩又怎么样，大家玩你的足球，足球又不会坏。何况和大家一起玩更有趣，不是吗？

小　龙　哼，我就是不想跟大家一起玩，这是我一个人的东西，不给你又怎么样。你们要是想玩，就得等我好久，不想再玩的时候再给你们玩。（准备去拿回足球）

119

立德树人：德育戏剧创作与实践指南

小　东　小龙，你太过分了！足球就是大家一起玩才好玩，你不给我玩，我就不和你玩了。

小　莎　（制止准备上前的小龙）小东、小龙你们不要再吵了，我们都是好朋友，互相玩玩对方的玩具又怎么样，我相信大家是不会介意的。你们快来尝尝我妈妈给大家做的苹果派，好香的哟。

小　钦　对呀，大家都是朋友，你们也来尝尝我妈妈准备的小熊饼干哪。

小　东　（把足球踢给小龙）哼，我才不稀罕玩他那个破足球呢。小莎、小钦，我来尝尝这好吃的小零食，闻着可真香。

小　龙　（小龙踢着足球下场）我才不稀罕和你们一起玩呢，我有足球你们没有，我自己和足球玩。

小　莎　小龙就这样走了呀，我们要不要去找找他哪。大家都是朋友，就是一点点小东西，我们不应该这样的。

小　梦　没关系的，小莎你头上戴的是什么发卡呀，可真好看，给我瞧瞧。

小　莎　（小莎取下头上的发卡）这是我新买的，我给你看看哪。我也觉得可漂亮了。

小　梦　（手里玩着发卡，突然发卡散架了）小莎，你的发卡怎么坏了呀？刚刚不还好好的吗？我不是故意碰坏它的。

小　莎　这可是我最喜欢的发卡，你给我弄坏了。

小　钦　小梦，我觉得你应该给小莎说一声对不起。小莎把她最爱的发卡分享给你，你不小心弄坏了。

小　梦　小莎，对不起，我不是故意的。

小　莎　没关系，虽然发卡坏了，但是分享给你我最喜欢的发卡，我也很快乐。但是我们是不是该去找找小龙，因为我们都是好朋友。

小　东　好吧，我们就去找找小龙吧。虽然我不一定会和他一起玩。

小　钦　（默默地收好了大家的零食）走吧，我们去找小龙。

第二场

地　点　操场上

［小龙独自一个人低着头踢球，兴致不高，踢得有气无力。］

老　师　（老师接住小龙踢歪的球）小龙，你怎么了，为什么不高兴呢？为什么不

120

下　编　德育戏剧的案例典范

叫你的小伙伴一起来踢球呢？一个人该多无聊哇。

小　龙　（抬头看向老师）老师，我不想把足球分享给他们。这个足球我还没有踢几次呢，我怕他们给我弄坏了，可是一个人踢足球好无聊，我感觉我现在一点也不开心。（又低下了头）

老　师　小龙，你知道你为什么不开心吗？因为呀你没有分享，快乐不是一个人就可以获取的。

小　龙　那老师我要怎么获得快乐呢？

老　师　你把足球分享给大家一起玩，你不仅会体验到陪伴的快乐，还会体验到分享的快乐。你给大家带来快乐，你自己也会获得加倍的快乐。

小　龙　我懂了，老师。有了好东西，我们要学会分享，分享了会给大家带来快乐，我自己也会感受双份的快乐。

老　师　小龙真棒，你理解到了真正的意思，分享会带来快乐。既然你明白了，就去找你的小伙伴一起玩吧。（老师把球还给小龙）

小　龙　好的，老师我现在就去找小东他们，找他们一起玩。

　　　　［小龙抱着足球准备去找小东他们，小东他们也带着零食来找小龙了，一群人在草坪中偶遇。］

小　莎　小龙，我们可算是找到你了，找了你好久了。我们还给你留了苹果派和小饼干（取下书包），你要吃吗？可好吃了。

小　钦　（取出苹果派）对呀，再不吃可就不好吃了。

小　龙　对不起，大家。我刚刚不应该那样说的，你们现在还愿和我一起玩足球吗？也谢谢大家，现在来找我，还给我留了苹果派和小饼干。小东，你愿意和我一起玩足球吗？

小　梦　小龙，没关系的。大家都是朋友，相信小东是不会在意的。对吧？小东！

小　莎　对呀，小龙，没关系的。你现在不也和我们分享了你最爱的足球嘛。小东、小钦，我们快过来吃小饼干和苹果派，然后一起去踢足球吧。

小　东　没关系的，小龙。你把你最爱的足球给我玩，我也给你玩我最爱的溜溜球。（小东从裤兜里将溜溜球递给小龙看了）

小　龙　谢谢大家，我们快来尝尝小莎和小钦分享的零食吧！我早就想吃了，吃完我们就去玩足球和溜溜球。

其他人　好耶！

老　师　大家真棒，懂得了分享的意义。有时候自己拥有不如大家一起分享来得

121

快乐。分享可以把一个人的快乐传递给大家，把一个人的办法变成一群
人的办法。这就是分享的快乐。

小　莎　老师，分享可真神奇，我以后一定要学会分享，给大家带来快乐。

老　师　对呀，分享是个神奇的东西。大家也要爱护彼此分享的东西，这样快乐
就会久久地传递下去了。

老　师　大家一起来分享。

小　莎　你一个，我一个。

小　龙　快乐变成很多个！

小　东　你快乐，我快乐。

小　钦　小朋友们都快乐！

小　梦　分享拥有大魔力，

众　人　我们分享我快乐！

大家一起来合作

编剧：朱月曦　周　岚

人物表

小老虎　身强体壮，热爱冒险

小兔子　活泼好动，跑得快

小猴子　灵活敏捷，喜欢捉弄别人

小　狗　性格憨厚，乐于助人

小　鸟　身材瘦弱，羡慕强壮的小动物

绵　羊　温和慈祥的老人

[绵羊站在舞台中间讲话，其他人分别站在两侧，背景屏显示森林。]

绵　羊　孩子们，这次春游想去哪玩呀？

小老虎　我想去山里，听说那里有吃小孩的怪兽，我要去打败他！(武术动作)

小兔子　(嫌弃的动作)哼，算了吧，上次你也是这么说的，结果怪兽没找到，倒害得我们迷了路。

小猴子　就是就是，这次不管怎么说都不能听笨老虎的。

[猴子冲着老虎做鬼脸，老虎作势打猴子，绵羊出来制止。]

绵　羊　大家还有其他的提议吗？(看向其他人)

小　狗　我都行，大家去哪我就去哪。

小　鸟　可以……可以去河对岸吗？

小兔子　可以！听说那里有一片肥美的草地，我正好想去瞧瞧。

小猴子　听说那里有很高很高的大树，我也想去爬一爬(攀爬的动作)，嘿嘿。

小老虎　我也可以，那个地方我还没去玩过呢，正好去看看。

绵　羊　既然大家都想去，那就定下了。不过，小鸟哇，村长有点好奇你为什么想去那里？

立德树人：德育戏剧创作与实践指南

小　鸟　我……我听大人们说河对岸有一棵神奇的树……

众　人　神奇的树？（一同看向了小鸟）

小　鸟　神奇的树上会结一种果子，只要吃了果子我就可以和大家一样强壮了。

绵　羊　哈哈，居然有这么神奇的树，我们一起去看看吧。

　　　　[齐下，背景屏切成小河，再齐上。]

绵　羊　孩子们，这条河这么宽，我们该怎么过河呀？

小老虎　我身体强壮会游泳，大家和我一起游过去吧！你们先看我的。（小老虎开始进河游泳，结果水流太快差点被冲走）

小老虎　哎呀！水流太快了，我游不过去，快拉我上岸。（大家一起把小老虎拉上来）

小兔子　还是看我的吧，我们可以一起跳过去。（小兔子尝试跳过去，结果扑通一下摔进河里）

小兔子　哎呀！这条河太宽了，我跳不过去，快拉我上岸。（大家一起把小兔子拉上来）

小猴子　你们这些小笨蛋，还是看我的吧！

二人合　你能有什么好办法？

小猴子　我可以借助树上的藤蔓荡过去，你们可看好了。（小猴子握住藤蔓荡，藤蔓太短了荡不过去，摔河里了）

小猴子　哎哟喂，快拉我上去，我可不会游泳！（大家一起小猴子拉上来）

绵　羊　看来大家各自的方法都不能让我们过河呀。小老虎，村长可不会游泳啊。

小　狗　小兔子，我也跳不了那么远。

小　鸟　小猴子，我的翅膀也握不了藤蔓，对不起。

绵　羊　小鸟，你并没有做错什么，为什么要道歉呢？

　　　　[小鸟正想说话，被小猴子打断，小狗拍拍小鸟的头安慰她。]

小猴子　就是，要怪也怪笨兔子和笨老虎的主意太不靠谱了。

小老虎　难道你的主意就靠谱了吗？还不是没到河对岸。

小猴子　哼，你们都欺负我，我不理你们了。（跑到小狗身边，小狗拍拍小猴子的肩）

小　狗　我们还是先听听小鸟怎么说吧。

小　鸟　我觉得我没有小老虎那么强壮的身体，没有小兔子那么厉害的弹跳力，也不像小猴子那样擅长爬树。我只有一对瘦弱的翅膀，我都不能帮助到

下　编　德育戏剧的案例典范

大家。

绵　羊　原来我们的小鸟是觉得自己没为团队做出贡献哪，其实小鸟你可比你自己想得要厉害得多，只是你自己没发现而已。

小　鸟　我……我也可以很厉害吗？

绵　羊　对呀，就像我们之中只有你可以独自到河对岸去。我刚刚和小狗一起想到了一个依靠你帮我们渡河的办法，大家想听吗？

齐　声　想！

小猴子　你们快别卖关子了。

小　狗　哈哈，我们的小猴子等不及啦！

绵　羊　首先，小猴子你可以把树上的藤蔓取下来绑在树干上。

小　狗　然后，小鸟可以叼着藤蔓的另一头飞到河对岸去。

绵　羊　之后，小鸟把藤蔓的另一头绑在河对岸的树上就可以了。

小猴子　保证完成任务。

小　鸟　好的，村长。

　　　　［进行以上动作。］

小　鸟　我已经绑好了，大家可以过来啦！

小老虎　让我先去试一试！（顺着藤蔓爬过去）

　　　　［当小老虎爬到河对岸时藤蔓恰好断裂。］

小老虎　哎哟！这藤蔓断了，可把我给摔疼了！

小猴子　笨老虎，你长得太壮了，把我们渡河的藤蔓都扯断了，这可怎么办？

小老虎　对不起大家……我马上想办法解决这个问题。怎么办呢？怎么办呢？（小声说，敲脑袋）

小兔子　小老虎，你的力气这么大，要不你就站在河对岸拉着藤蔓让我们过去吧！

小老虎　可以倒是可以，但我怕我的体力不够坚持到大家一起过来。

小兔子　我和小猴子比较轻，我们先过去，然后就帮你一起拉着藤蔓让村长和小狗过来。

小老虎　嘿嘿，好哇！小兔子你真聪明。

小兔子　那当然啦！

　　　　［做出以上动作。］

小　狗　这次多亏大家齐心协力，我们才能过来呢！

绵　羊　走吧！我们一起去帮小鸟找可以变强壮的果实。

125

齐　声　好!

小　鸟　谢谢大家,不过我现在不需要去找变强壮的果实了。(摇手)

小　狗　为什么呢? 小鸟,你难道不想变强壮了吗?

小　鸟　我之前总想变强壮是想像大家一样,可以帮助到大家,而不是总接受大家的帮助。但经历了这次渡河后,我知道了自己并不是一无是处。

绵　羊　小鸟,你能明白这个道理,村长为你感到高兴。希望大家能明白一个人的力量是很渺小的,但每一个人都有自己擅长的东西,也能在团队中发挥出自己的作用。

小兔子　就是靠小猴子我们才有藤蔓。

小老虎　就是靠小鸟藤蔓才能到河对岸。

小猴子　就是靠小兔子和小老虎我们剩下的人才能到河对岸。

小　鸟　就是靠小狗和村长我们才知道了这个渡河的好办法。

小　狗　今天的春游如果少了我们任何一个人都不能完成。

绵　羊　所以,大家现在知道合作的力量了吗? 大家齐心协力,一起合作才能把事情做得又快又好!

齐　声　(三个人)对! 有分工,巧配合,生活处处有合作。

齐　声　(另外三个人)遇问题,不埋怨,团结合作才快乐!

博物馆历险记

编剧：张雯慧

人物表

聪　聪　八岁，是一个聪明活泼的小男孩，喜欢看《十万个为什么》，
　　　　总能提出许多问题

小　玲　八岁，聪聪的好朋友，了解许多课外知识

乐　乐　八岁，聪聪的好朋友，很调皮

小　慧　八岁，聪聪的好朋友，一个文静的女孩子

小　博　博物馆里的精灵，了解每一件展品的来历和历史

时　间　上午
地　点　博物馆

[聪聪，小玲，乐乐和小慧来到了博物馆，为了完成老师布置的作业，博物馆里很安静，摆放着国旗、国徽等几件展品。]

小　玲　终于躲到没人的地方了，（一屁股坐在地上，放下书包）博物馆实在是太无聊了！

小　慧　王阿姨找不到咱们，会不会担心啊哪？

乐　乐　怕什么！这里就这么大的地方，让她担心一会以后才不敢管咱们哪！

小　玲　就是！这个假期我哪都没去玩呢，就要来博物馆写什么观后感！

聪　聪　哎呀，小慧，你就别担心了。（拉过小慧坐下）咱们先在这里歇一会。

小　玲　（看向身后的展品）这里怎么放着国旗，哎，还有国徽，这个是什么？
　　　　[另外三人同时回头看。]

乐　乐　（坐在另一边，放下书包）别管了，我现在好困，我要先睡一会。

聪　聪　是有点困了……（坐在乐乐旁边，伸了个懒腰，也渐渐入睡）
　　　　[小玲和小慧也背靠背慢慢闭上了眼睛，乐乐发出了酣睡的声音，舞台变

127

立德树人：德育戏剧创作与实践指南

黑后又变亮。]

聪　聪　大家快醒醒！（摇了摇乐乐）小玲、小慧，你们快醒醒！

小　玲　（慢慢睁开眼睛）怎么了聪聪，发生什么事了？

聪　聪　你有没有发现这个博物馆和我们来的时候不一样了？

小　慧　啊？没有什么不一样啊。（环顾四周）

小　玲　不对，我们来的时候里面还有很多人，现在竟然一点声音都没有。王阿姨也没来找我们，而且现在还没到闭馆的时间。

乐　乐　怎么办？我不会要命丧于此了吧！啊啊啊啊，我不要，我还没活够呢。（突然起身，带着哭腔）

小　博　小朋友们，这里当然和你们来的时候不一样了，因为这里是我的世界。

聪　聪　谁？是谁在说话？（警惕地看向周围）

[小博从黑暗中走出。]

小　博　是我，我是这个博物馆里的精灵，我了解每一件文物和展品的来历。这里的展品存在了多久，我就陪伴了它们多久。

聪　聪　可是，我们为什么会来到你的世界，这是怎么回事？

小　博　这是我对你们的惩罚，因为你们没有经过家长的同意就偷偷溜到这里，所以被我带了进来。（高傲）

乐　乐　精灵先生，我们错了。我们以后再也不这样了，放我们出去吧。

小　博　出去可以，不过你们要回答我几个问题，答对了才能离开。要是答错了，你们就留在这里和我一起陪伴这些文物吧！

聪　聪　好，我们答应你，开始吧！

[四人站起身，充满信心的看着小博。]

小　博　第一个问题，是关于你们身后这面国旗的。你们知道，国庆节是几月几号吗？（走到国旗前）

乐　乐　这也太简单了吧，精灵先生，当然是十月一号了。

小　博　先别着急，那你们知道，这面国旗的来历吗？

乐　乐　这……（为难的看了看小博，又看向聪聪）要不还是你来吧，聪聪。（用手指戳了戳聪聪）

聪　聪　我知道，1949 年 10 月 1 日，它在天安门广场上由毛泽东主席升起，这面红旗的设计者是曾联松。

小　博　不错，完全正确。这面红旗的升起象征着我们民族的崛起，我们中国人

128

从此站起来了。而这面承载着历史使命的红旗在天安门广场上飘扬了一年多以后就来到了这里。（目光温柔地看向国旗）

小　玲　大星星代表着共产党，四颗小星星代表着各个阶级。（站在国旗前，用手指着国旗中的每一个细节向大家介绍）

乐　乐　哇，小玲，你好厉害，真不愧是我的朋友，嘿嘿。（向小玲竖大拇指）

小　博　说得真不错，旗开得胜。接下来是第二个问题，小朋友们，你们见过国徽吗？就是国旗旁边的那个。（走到国徽旁边）

　　　　［四人转过身去，围在国徽旁边。］

乐　乐　聪聪，你见过吗？我只见过少先队员的队徽，嘿嘿。（不好意思地看了看聪聪）

聪　聪　我见过，但是……我只在书上看到过。（不好意思地笑了笑）

小　博　那么，第二个问题就是，谁知道国徽上的这图案各自代表了什么？

小　慧　（小声的）这个……我知道。

小　博　那么，我们就有请这位小朋友来回答吧。

小　慧　国徽由国旗、天安门、齿轮和麦穗组成。

小　博　嗯，那它们分别代表了什么呢？

小　慧　（得到肯定后顿时充满信心）齿轮和麦穗象征着工人阶级领导下的工农联盟，天安门则体现了中国人民的革命传统和民族精神，同时也是我们首都北京的象征。

乐　乐　哇，小慧，连这些你都知道，不错不错，不愧是我的朋友！

小　慧　因为我之前在爷爷的一个小盒子里发现了国徽，然后我就在书上找到了这些。

小　博　不错呀，小朋友们，你们很聪明（赞许地看着小朋友们）。接下来是最后一个问题，如果答对了，你们就可以出去了。

乐　乐　精灵先生，放马过来吧！我的朋友们什么都知道。（得意地看向小博）

小　博　那么，最后一个问题，国歌的作者是谁？

乐　乐　（激动地举起了手）这个我知道，我知道！国歌由剧作家田汉作词，聂耳谱曲。它诞生于1935年，名字是《义勇军进行曲》，诗人田汉写成歌词后，辗转传给聂耳谱曲，这首歌同样也是电影《风云儿女》的主题曲。

聪　聪　不错呀，乐乐。你连这些都知道，看来你也不赖呀。（拍了拍乐乐的肩膀）

乐　乐　还有还有，2004年3月14日，中华人民共和国第十届全国人民代表大会第二次会议正式确定了我们的国歌是《义勇军进行曲》。哈哈哈，我厉害吧（得意），这是老师告诉我的。因为有一次我没有认真唱国歌被老师批评了（不好意思的低下了头），老师就给我讲了国歌的来历。我以后一定认真地唱国歌。（眼神坚定）

小 玲　乐乐，你还真是因祸得福哇。

小 博　好了，小朋友们，恭喜你们答对了我的所有问题。现在，你们可以回到自己的世界了。再见了，小朋友们，以后千万不要乱跑哦，拜拜！

　　　　[小博下场，舞台变黑，随后变亮。]

乐 乐　我们回来了吗？太好了，我又可以活下去了，耶！（高兴地跳了起来）

小 慧　对了，我们快去找王阿姨吧，她找不到我们会着急的！

聪 聪　好，我们走吧，我已经知道我的观后感写什么了。

小 玲　我也是！（两人相视一笑）

建设班级你我他

编剧：诸会林

人物表

小　明　聪明活泼，守纪律，班长
晓顽皮　顽皮捣蛋，喜欢打闹
贞礼貌　礼貌待人，善于发现，乐于助人
王老师　仁慈但有威严，教导有方，班主任
学　生　小明的同学

第一场

时　间　课间

地　点　班级教室

[微弱的灯光，舞台中间摆着四张课桌，四把椅子，一块干干净净的黑板。]

[下课的铃声响起，接着是同学们打闹的声音，紧接着一声尖叫和同学们慌乱的声音，急促的脚步声由远及近，小明带着王老师来到教室，灯光缓亮。]

小　明　（焦急地）王老师，您看吧！晓顽皮在课间玩闹时摔倒了，他没事吧？

王老师　别着急，我们先让同学把晓顽皮同学送到医务室吧。

贞礼貌　老师，我扶晓顽皮去医务室吧！我之前送同学去过，我熟悉去医务室的路，我和医务老师可熟啦！

王老师　好的，你去吧，注意安全哦！

[王老师和小明目送贞礼貌扶着晓顽皮慢慢地离场……]

王老师　小明，你身为班长，你认为晓顽皮受伤是因为什么？

立德树人：德育戏剧创作与实践指南

小　明	老师，我觉得晓顽皮受伤是因为在课间打闹时没有注意安全。
王老师	嗯嗯，那么你认为同学们课间在教室里打闹是一件好事吗？
小　明	我认为不是，在教室打闹很可能碰到课桌这些东西，不小心受伤，还可能打扰误伤到其他同学，嗯……课间打闹也很喧闹，让我们班级看起来没有纪律，很不文明。
王老师	很棒！你说得没错。你不仅想到了同学们的个人安危，还考虑到了班集体的学习氛围。那你觉得有没有什么办法可以让我们的班集体更加安全且有规则有纪律呢？
小　明	嗯……老师，我想……我想我们可以制定一个大家都需要遵守的班级规则。这样我们的班级管理就会做得更好，同学们也会更加讲文明、有礼貌、守纪律！
王老师	小明你真是个好班长，那你带领同学们一起参与班级管理和班级规章制度制定，好吗？老师相信你一定可以和同学们一起制定出一份完美的班级规则的。
小　明	好的，老师您放心吧！我和同学们一定会积极认真制定班级规则，并且遵守班级规则的。
王老师	嗯嗯，那小明就去组织同学们制定班规吧，一定要群策群力哦，如果遇到困难可以找老师帮忙哟！制定好的班规要和老师分享一下，最后我们一起在班上宣布实施好吗？
小　明	好的哟，我会尽快和同学们制定好的！

第二场

时　间　课间

地　点　班级教室

[同学们聚集在教室里，小明在讲桌旁……]

小　明	大家都知道晓顽皮课间打闹受伤的事情了吧？
学生们	知道知道，还好晓顽皮没什么大事。
小　明	为了避免大家不小心受伤和建设更好的班集体，我们大家一起来制定班级规则吧！大家一起制定，一起遵守！

132

学生们	好哇好哇，这样我们班就会被老师们夸奖啦！
小　明	大家先说说我们班做得好的地方吧，好的我们就继续保持！然后再说我们做得不好的地方，不好的地方我们就改正！
学生们	好！好！好！
贞礼貌	我发现同学们都很讲礼貌，见到同学们会打招呼，见到老师们会主动问好。
小　明	没错，我们都是讲礼貌的孩子。那我们的第一条班规就是要讲礼貌，见到老师要问好。
晓顽皮	还有还有，我在上课时从不顽皮，可守课堂纪律了。王老师还夸过我们班课堂纪律好呢！
小　明	是的，我也认为大家都很遵守课堂纪律。那第二条班规就是上课要遵守课堂纪律！
贞礼貌	我经常在下课后去擦黑板，让黑板干干净净的！
小　明	贞礼貌你真棒，那我们就规定大家轮流值日，保持黑板和教室的干净。
晓顽皮	我发现贞礼貌下课总会整理自己的课桌，我之前还去捣乱过……哈哈！
小　明	哇！贞礼貌做得真好！晓顽皮你之后可不能再捣乱了，这是不对的！我们规定大家要保持自己的课桌整洁吧！
	［欢快的音乐响起，同学们仍在认真的讨论……音乐慢慢停下。］
小　明	说了这么多做得好的地方了，我们来说说不足之处吧！
晓顽皮	我觉得下课打打闹闹的太不安全了，我可不想再受伤啦！
小　明	没错！我们下课不能打闹。
晓顽皮	之前我下课老是和他们大吼大叫，嗓子都要哑了，有时太吵了都听不到上课铃声了。
小　明	嗯嗯，我也发现了。所以我们下课禁止大声喧哗。
贞礼貌	我还发现有些同学在听写、默写时翻书作弊，这样是不对的。
小　明	这确实不对，老师说过不准作弊但有些同学还是会这样，我们可以制定不准作弊的班规。但我们要怎样让同学们杜绝作弊，遵守这个班级规则呢？
贞礼貌	嗯……我最怕请家长了，如果违反班规，我们可以让老师请家长！
晓顽皮	我最讨厌写检讨了，如果不遵守班规，可以让他写检讨！
小　明	大家的想法真不错，我们可以和王老师商量一下怎么制定惩罚制度。

立德树人：德育戏剧创作与实践指南

晓顽皮 可不能只有惩罚，要是只要惩罚没有奖励，我是会很讨厌班规的，甚至还会故意违法班规，挑战班规的。

贞礼貌 对的，如果没有奖励的话，同学们的积极性可能不高。

小 明 天哪，我只想着制定规则，居然忘了这个！奖励确实很重要，惩罚也不能缺少，那我们还要再详细地制定关于遵守班规的奖惩制度，让大家真正做到遵守规则纪律。

[欢快的音乐响起，同学们叽叽喳喳认真热烈地讨论……音乐慢慢停下，灯光渐渐熄灭。]

第三场

时　间　课上

地　点　班级教室

王老师 大家一起制定的班级规则我已经看到了。大家做得非常好，超出了我的预料。老师很高兴大家发挥自己的主观能动性，来参与班级管理和班级规章制度制定，一起为班级建设贡献力量。

小 明 老师，这是我们应该做的。大家在制定班规时都很有想法，大家都想我们班成为一个优秀的班集体。

贞礼貌 是的，通过制定班规，我知道了班级要有规则，我们都要遵守规则。

晓顽皮 我也知道了人人都应该遵守规则，一个优秀良好的班级环境是要靠大家一起创建的！

王老师 是呀，不仅是班级，在日常生活中，也是有规则的。我们每个人都要具有规则意识，要遵守规则，遵纪守法，共建美好家园。

小 明 好的！（唱歌）小朋友，进学校，讲纪律。

贞礼貌 在班级，守班规，好样的。

晓顽皮 你遵守，我遵守，非常棒！

王老师 生活中，也一样。

贞礼貌 有规则，要遵守！

小 明 有规则，要遵守！

晓顽皮 有规则，要遵守！

134

爱我教室

编剧：夏钰琳

人物表

李老师　二十八岁，二年级五班的班主任

乐　乐　八岁，调皮可爱的男孩

小　佩　八岁，热爱新鲜事物的女孩

阿　文　八岁半，善于思考的小男孩

瑶　瑶　七岁，二年级五班的学生

张　强　八岁，二年级五班的学生

玉　红　八岁，二年级五班学生

林　玲　八岁，二年级五班学生

李　明　八岁，二年级五班班长

二年级五班的孩子们

第一场

地　点　二年级五班教室

[教室外下着瓢泼大雨，二年级五班的孩子们把湿漉漉的雨伞丢在教室门口，教室的地板上全是泥脚印和雨水。]

小　佩　今天的雨好大呀，我的书包打湿了，鞋子也进水了。（原地跳了跳）

阿　文　快进教室，我刚刚看到李老师从办公室出来了。（推着小佩）

小　佩　我们把伞放在教室旁边吧，我可不想把我的课本弄湿。

阿　文　好，（回头望向办公室的方向）走走走。

[小佩、阿文随手把雨伞丢在教室门外。预备铃响起，李老师慢慢走进教室，看到教室满地的雨水和门口乱堆的雨伞摇了摇头。]

李老师 孩子们，今天雨下得很大，大家进教室的时候要小心滑倒！

乐 乐 （冲刺）不好，要迟到了！

李老师 孩子们，门口的雨伞也要放好，乱糟糟的多难看哪。

[李老师话音未落，乐乐急匆匆地跑进教室，湿漉漉的雨伞在教室留下一道水痕。]

乐 乐 （脚滑，故作夸张地手舞足蹈了一下）还好还好，没迟到。

乐 乐 （回头）李……李老师好！

李老师 （轻声叹气）下雨天教室湿滑，孩子们走路时要慢点哪。

乐 乐 （抢答）没错没错！我刚刚差点摔倒了呢。

阿 文 李老师，我们可以专门设计一个放雨伞的地方。

李老师 阿文，你说说看。

阿 文 我们可以用一个箱子专门放雨伞，这样教室就不会全是水了。

李老师 阿文同学给我们提了一个好建议，我们不如趁这个机会来好好地装扮我们的教室。

李老师 孩子们，开动你们聪明的小脑袋，让我们来装扮教室吧！

第二场

地 点 教学楼

乐 乐 装扮教室？可以在我的位置放一台游戏机吗？

小 佩 乐乐又在做白日梦了。（捂嘴笑）

乐 乐 我当然是开玩笑的啦。

阿 文 好了好了，我们去其他班的教室看看他们是怎么设计的吧。

小 佩 好主意，正好看看他们的教室好在哪。

[三人在舞台中央走路，背景播放不同的教室风光。]

乐 乐 这是六年级的教室(吃惊)。他们教室后面有一整个书架的书，还有我最喜欢看的《哈利波特》。

阿 文 这是图书角，同学们把喜欢的书带来放在一起就是一个图书角了。

小 佩 太好了，我有好多喜欢的书可以带到学校看了！

乐 乐 图书角(点头叉腰)我同意！这样就可以读很多有趣的书了！

[来到三年级教室。]

小　佩　三年级的教室好漂亮，你们看！他们的窗子旁边是一排太阳花呢。

阿　文　我们也可以设计一个这样的植物角，不仅让教室变得好看，还能净化空气。

乐　乐　我妈妈最喜欢种花了，明天我就抱一盆向日葵来，保证比他们的花好看一百倍。

小　佩　乐乐送花？是铁树开的花吧。

乐　乐　什么铁树，是向日葵。（疑惑地挠挠头）

阿　文　（笑）铁树开花，百年一遇。乐乐送花确实难得呀！

乐　乐　（恍然大悟）你们俩！

[小佩和阿文笑着跑开，三人来到一年级教室。]

阿　文　好了好了，不闹了，这里是一年级的教室。（喘着粗气）

小　佩　他们后面的大黑板好多画呀，我们也可以办黑板报呢。

乐　乐　前面好大一块星星墙，那是他们的荣誉榜！（兴奋地指）

阿　文　图书角、植物角、黑板报、荣誉榜……我们的教室也可以这么设计！

乐　乐　走！回去告诉同学们。

第三场

地　点　二年级五班教室

[乐乐他们将想法告诉全班同学后，孩子们自行分组布置教室。第二天大家把书籍、盆栽之类的东西带到了教室。]

[课桌、书架、扫把和簸箕、讲桌、盆栽、书本等。]

李老师　大家带了这么多东西呀，想好怎么设计教室了吗？

孩子们　想好了！

李老师　那孩子们就分小组合作，一起把我们的教室打扮得漂漂亮亮的吧！

[孩子们自觉分成好几组，兴冲冲地开始布置教室。李明作为班长游走在教室各处帮忙。]

阿　文　这些是同学们从家里带来的书，我们一起把它整理到教室后面的书架上吧。

137

小佩	（一边整理一边说）书脊朝外面才能方便大家找到自己喜欢的书。
乐乐	（高兴地笑）同一类的书要放在一排，那我要把我喜欢的《哈利波特》放在最好拿的一排。（窃喜）
阿文	这几本书已经分好类了。（继续低头整理）
李明	小佩，乐乐，阿文，你们好哇！
乐乐	班长！你看，我们整理得不错吧？
李明	很棒，我觉得书架旁边还可以挂一排钩子，下面可以放一个大箱子，这样下雨天大家就有放伞的地方了。
乐乐	不愧是班长！
李明	我先去那边帮忙了。（微笑着离开）

[李明来到黑板报的布置角落，张强正踩在凳子上粘贴彩带，一条彩带不小心飘落。]

李明	（顺手接住彩带并递给张强）小心别摔下来了。
张强	谢谢班长。
瑶瑶	班长，你看看我们这里该贴什么？黑板的左边我们准备贴上同学们美术课画的画和平时课上的习字，黑板的右边还没想好呢。
李明	（思考一会）可以贴咱们班上的奖状啊，咱们班不是得过拔河比赛的第一名嘛。
瑶瑶	那我的"乖娃娃奖"也可以贴在黑板上吗？（开心）
李明	当然没问题！

[李明来到植物角的布置角落。]

李明	这盆向日葵真好看！（拨弄）
玉红	班长你来得正好。
李明	怎么了？
林玲	这是乐乐从家里带来的向日葵，还有瑶瑶带的含羞草……这些花花草草多好看哪！我们把它摆在窗台外面，让其他班的同学们也看看这么好看的花。
玉红	摆在外面被雨淋湿了怎么办，班长觉得该怎么放？
李明	（思考）我觉得放在窗台内侧好一些。
林玲	（不服气）为什么呀？
李明	花朵是好看，但是放在外面容易被来往的人碰掉，这样不安全。

林　玲　好吧……

　　　　[李明走到舞台中央环视一圈。]

李　明　现在基本上布置得差不多了，大家还有什么问题吗？

瑶　瑶　（走上前）讲台下的柜子还可以放一个医疗箱。

小　佩　我觉得教室右后角还可以改造成卫生角，之前的扫把一直放在门背后，
　　　　多影响美观哪。

阿　文　两边的墙上可以挂名人名言。

乐　乐　我觉得……

　　　　[同学们又七嘴八舌地讨论了一会，李老师突然走进教室。]

李老师　（环视四周）我们的教室变得这么漂亮了呀！

乐　乐　李老师你看！这是图书角！

李老师　图书角，我们的教室知识氛围真浓厚哇！（欣慰）

张　强　李老师，这里是黑板报！

李老师　（摸摸张强的头）孩子们的才艺都在黑板上了，这边还有荣誉角，咱们班
　　　　真是了不起！

玉　红　老师，你看金灿灿的向日葵！

李老师　植物角，咱们的教室充满生机和美丽！

李老师　大家一起合作，让我们的教室变得这么漂亮，我们以后也要定期装扮它。

孩子们　好！

　　　　[音乐《教室是我家》响起，伴随着众人的舞蹈慢慢落幕。]

校园里的垃圾分类

编剧：肖　兰

人物表

小　新　三年级一班的学生

小　光　小新的同学

小　静　小新的同学

老　师　三年级一班的班主任

红　桶　红色垃圾桶（有害垃圾）

黄　桶　黄色垃圾桶（不可回收垃圾）

绿　桶　绿色垃圾桶（可回收垃圾）

地　点　校园一角

[右边一排三个红、黄、绿垃圾桶。]

[小静在左边拿着英语课本在读，小新从左边拿着装满垃圾的小桶上，准备倒垃圾。小光匆匆忙忙从右边跑上。]

小　光　小新小新，刚才我听到广播说要整治五乱了，你小心点你哪！

小　新　我就是小新，我还要怎么小心哪？

小　光　你上课乱讲话、乱做作业、乱穿马路、乱七八糟，就要挨整治了。

小　新　（吃惊地）啊！

[他俩讲话时，小静停下读书，走近，在听。]

小　静　你们在瞎胡闹什么呀，整治"五乱"是实施城乡清洁工程。

小　新　不是整治我呀！

小　光　那是整治什么呀？

小　静　是要整治摊点乱摆，车辆乱停，垃圾乱扔，广告乱贴，施工乱象啊。

小　光　那与我没有什么关系。

| 小 | 新 | 我没有乱倒垃圾呀。 |

小　新　我没有乱倒垃圾呀。

小　静　谁说没有关系？

小　光　我又不摆摊，不停车。

小　新　我也没有贴广告，施工什么的。

小　静　城乡清洁工程是要求我们爱护环境卫生，遵守公共秩序，养成文明言行。

小　光　那是我们应该做的。

小　新　也有点关系，但是好像关系不大。

　　　　〔他们议论时，老师上。〕

老　师　小静，我正要找你。

三人合　老师好！

老　师　大家好！你们在议论什么呀？

小　静　我们在说整治"五乱"。

小　光　整治"五乱"和我们没有什么关系呀。

小　新　我也没有乱倒垃圾。（指着垃圾小桶）

老　师　你们知道怎么倒垃圾吗？

小　光　这还不会？倒到垃圾桶里呗！

小　新　是呀！连幼儿园的小朋友都会。

老　师　那你们知道垃圾分类吗？

小　新　（惊讶地）啊！垃圾还要分类呀。

小　光　我也不知道。

老　师　那你们去问问垃圾桶吧！小静，我找你有点事，我们先走吧。

　　　　〔老师和小静从左边下。〕

小　新　（踢了一脚旁边的垃圾小桶）垃圾还分类，没听说过。

小　光　我们还是去问问垃圾桶吧！还有红黄绿三种颜色呢。

小　新　我知道！红灯停，绿灯行，黄灯要等待。

小　光　咳！又不是红绿灯，是垃圾桶。

小　新　那是什么意思？

小　光　去问问哪！

小　新　好，我去问！（一本正经地）垃圾桶先生们，你们为什么有三种颜色呀？

垃圾桶　（异口同声地）因为垃圾要分类存放啊！

小　光　还真要分类呀。

小　新	（对小光）我再问问。（对垃圾桶）先生们，怎么分类呀？
红　桶	我收集有害垃圾。
黄　桶	我收集不可回收垃圾。
绿　桶	我收集可回收垃圾。
小　新	还分出那么多的名堂来呀。
小　光	小新，你知道什么是有害垃圾呀？
小　新	我知道，废电池呗！
小　光	是不是呀？我问问去。（向红垃圾桶）你好，什么是有害垃圾呀？
红　桶	刚才说的废电池就是。还有废日光灯管、废油漆、过期药品等。
小　新	（得意地）我说得不错吧！
小　光	那我再问问。（向黄垃圾桶）黄垃圾桶先生，什么是不可回收垃圾呢？
黄　桶	就是那些在自然条件下容易分解的垃圾，比如果皮菜皮剩饭菜，树枝树叶小草根。
小　新	（恍然大悟）啊！
小　光	还有呢？（向绿垃圾桶）请问，哪些是可回收垃圾呀？
绿　桶	可回收垃圾，顾名思义是回收后可以再利用的。比如纸张塑料废金属，玻璃破布旧鞋帽。
小　新	破旧东西还有什么用啊？
小　光	笨！变废为宝哇。
小　新	现在我们知道啦，垃圾也不能乱扔啊。
小　光	是呀，我们懂得怎么倒垃圾了。嗨，小新，你刚才要倒的垃圾呢？
小　新	还在那呢。（指着垃圾小桶）
小　光	快，把它们分分类吧！
小　新	好！（两人把垃圾小桶提来）
小　光	这是草根。
小　新	放进黄垃圾桶。
小　光	这是泡沫塑料。
小　新	放进绿垃圾桶。
小　光	这是电池。
小　新	放进红垃圾桶。
小　光	这是易拉罐。

下　编　德育戏剧的案例典范

小　新　放进绿垃圾桶。

　　　　　［接着把垃圾放完。］

小　光　我们快把垃圾分类的方法告诉同学们。

两人合　认清三色垃圾桶，垃圾分类要清楚，

　　　　　绿色大桶可回收，变废为宝好颜色，

　　　　　红桶垃圾最有害，电池灯管就是它，

　　　　　黄色大桶装其他，草根旧物来安家。

有序排队

编剧：何　林

人物表

鹿姐姐　银行工作人员

熊大哥　银行保安

羊妈妈　勤俭持家，热爱劳动，遵纪守法

羊爸爸　公司职员，公司最近比较忙

羊洋洋　对乐器，特别是唱歌感兴趣

兔妈妈　性格温顺

猴爸爸　热情市民，乐于助人，遵纪守法的公民

鸡大妈　性格泼辣，不怎么讲道理

鸡小弟　知错就改，能够认识到自己的错误

[动物王国开了家新的银行，狮子大王听取了狐狸军师的建议，规定每个动物的钱都得存在森林银行，这样来保护大家的钱的安全。]

第一场

地　点　羊洋洋家

[羊爸爸最近给小羊报了个歌唱辅导班，需要交辅导费，但是家里的现金没有了，其他钱大部分存在森林银行里，需要去森林银行办理下相关业务……]

羊爸爸　（看着手里的报纸）我给洋洋报了个歌唱辅导班，培养音乐方面的兴趣。

羊妈妈　可以呀！让洋洋多培养些兴趣爱好，对未来发展有很大的帮助，我去拿钱。（转身去卧室拿钱）

羊洋洋　爸爸，我可以去歌唱班了吗？我看隔壁小猴也打算去，这样我们就可以一起去唱歌。

羊爸爸　对！去辅导班一定要好好学习怎么唱歌，争取学成后给爸爸妈妈露一手。

羊洋洋　好的爸爸，去到那里我一定好好学。

羊妈妈　家里好像没钱了，等会去森林银行取一下。

　　　　［电话铃响。］

羊爸爸　怎么了？！

同　事　(声音着急)你快点来，公司临时开会，因为狮子大王的那些规定，公司最近的资金周转不开了。现在开会处理一些问题，会议马上开始了，你快点来。

羊爸爸　好的好的，我马上过来。(匆忙打理下，换鞋出门)

羊爸爸　妈妈记得去银行取钱把洋洋的兴趣辅导班费用交了。

羊妈妈　好的，等会我和洋洋去森林银行取下钱，顺便买下晚饭的菜。

羊爸爸　好的，我去工作了。

　　　　［收拾了桌面，羊妈妈打扫了下屋子，拿上森林银行的银行卡带着羊洋洋出发了。］

第二场

地　点　森林银行门外

［今天来银行办理事务的人很多，连银行外面都排起了一个小长龙，由于狮子大王的规定，所以现在很多的动物需要用很多钱，就得跑一趟森林银行。羊妈妈拉着羊洋洋来到了队伍的末尾，他们的前面也是准备给兔宝宝取奶粉钱的兔妈妈，后面是猴爸爸……］

羊妈妈　中午好哇！兔妈妈。

羊洋洋　中午好哇！兔妈妈。

兔妈妈　中午好啊！羊妈妈还有羊洋洋，你们也来银行取钱哪！

猴爸爸　中午好啊！兔妈妈，羊妈妈还有羊洋洋，你们也来取钱哪。

羊妈妈　对呀，准备取钱给洋洋报一个歌唱兴趣班，给洋洋培养下兴趣，正好他也喜欢唱歌。

立德树人：德育戏剧创作与实践指南

猴爸爸 我也打算给我们家小猴报一个。我家里也没有那么多的钱，打算来银行取一些钱。

兔妈妈 洋洋和小猴真厉害，改天我叫上大伙，你们来给大家唱一首。

羊洋洋 好哇，等我们上完课了就给你们表演。(有活力地)

[大家伙一起笑。]

[半个小时过去了，羊妈妈和羊洋洋排到了队伍的中间……]

羊洋洋 妈妈，这天好热呀(擦了擦脸上的汗珠)，你说狮子大王为啥要让我们把所有的钱都存在银行啊。

羊妈妈 狮子大王肯定是听了狐狸军师的主意，但是肯定没有想到我们会有这么多人来取钱。

小　猴 对呀，害得我们这么多人都在这里排队。

羊洋洋 妈妈，我们直接插队到前面去吧，这样肯定能节省不少时间。

羊妈妈 不行，我们突然排队到别人前面去的这种行为对别人来说是不公平的。

猴爸爸 对，我们应该听羊妈妈的话好好排队，这样才能保证良好的秩序。我们再等会，就快到了。

羊洋洋 那好吧。(有点失落)

[旁白：又过了半小时，羊妈妈和羊洋洋终于来到了队伍的最前面。可就在这时，后面走上来两人，是鸡大妈和她的儿子鸡小弟，他们直接来到了羊洋洋他们的前面准备插队取钱……]

鸡大妈 都让开都让开，我急着取钱给我儿子买好吃的，让我先取。(说完就直接走到了兔妈妈他们的前面)

小　猴 鸡大妈，你怎么可以插队呢，后面还有这么多人排着队呢。

羊洋洋 你这样别人排了这么久的队不就白排了吗！

鸡大妈 那我可不管！我要给我儿子买吃的，家里没钱了，我取了就走了。

羊洋洋 鸡大妈，你这样做是不对的。我们排队排了这么久，也还不是急着用钱？但是我们没有选择直接插队去队伍的最前面。

小猴子 对呀对呀，鸡大妈，这样是不对的。我们在公共场合，人多时，要排队等候，这样才能让事情有序地进行下去，不然事情就乱了套。

羊洋洋 鸡小弟，我们昨天上课的时候老师不是教我们方方面面都需要排队嘛，你们这样是不对的。

猴爸爸和羊妈妈 对呀对呀！这样是不对的。

146

鸡小弟	妈妈，羊洋洋和小猴子说得对。我们不应该插队，这样是不对的。我们去队伍的后面吧！
鸡大妈	我不管，天气这么热，我又花不了多久，你看看现在外面多晒呀。
鸡小弟	妈妈，我们不能这样插队！
鸡大妈	你别管，乖，取完我们就去买好吃的。
	[鸡小弟离开队伍跑到队伍后面，不理鸡大妈。]
鸡大妈	这孩子怎么这么不听话，钱不是一下就可以取到了吗？非得去后面。
	[说着就准备把银行卡给鹿姐姐取钱。]
鹿姐姐	你好鸡大妈，作为合格的公民，我们应该维护好社会的秩序，请到队伍后面排好队。
鸡大妈	（生气）你一个小小的银行职员，管那么多干嘛，赶快给我取了。（把银行卡扔在桌子上）
鹿姐姐	（没理会鸡大妈）羊妈妈应该到你了，把你的银行卡给我吧。
鸡大妈	哎哎哎，干什么呢？我在前面呢，赶快给我把钱取了，不然我投诉你。
	[鸡大妈在那继续说着让鹿姐姐赶快取钱，鹿姐姐把脸别过一旁，不看鸡大妈，熊大哥上场。]
熊大哥	是谁在队伍里闹事呀，这里是公共场合，请保持安静！
鸡大妈	我可没闹事呀，是你们的银行职员不给我取钱。
鹿姐姐	不是这样的，熊大哥，是鸡大妈不按秩序排队。
鸡大妈	我为什么要排队呀，我取了就走了，又花不了你们多长时间。赶快给我取了，别耽误我给我儿子买吃的。
鹿姐姐	你这人怎么这样，大家明明都好好排队的。
鸡大妈	我这人就这样，为什么要好好排队？
熊大哥	好了好了，你们别吵了。鸡大妈你作为动物界的居民，应该维护好我们周围的秩序，哪怕一个小小的排队。
其他人	对呀，就应该这样。
熊大哥	而且身为大人我们更应该为我们的孩子做好榜样，稳定的环境才能让我们更好地发展，才能让我们的孩子健康成长。所以，鸡大妈，我们要给孩子做好榜样，好好排队。
羊妈妈	对呀，我们要为孩子着想，得为孩子树立一个好的榜样。
猴大哥	嗯，相信你现在改正，鸡小弟一定会原谅你的。

鸡大妈 （看向队伍后面的鸡小弟）对不起，妈妈不应该插队，给你做了个坏的榜样，我现在就去好好排队。

[广播通知，收到广大居民的问题反馈，森林银行从明日起将多设立几个窗口用于居民们的取钱存钱，减轻大家排队时间长且容易造成混乱的局面。另外居民不用将所有的钱存入银行，只需将大额的钱存入银行保证安全即可……]

第三场

地　点　歌唱团在舞台表演

动物们 小哨子，嘀嘀嘀。

大家排队在一起。

你排一，我排二。

遵守秩序不推挤。

你排三，我排四。

不打不闹不淘气。

一二三四五六七。

齐步向前多神气。

小小最勇敢

编剧：诸会林

人物表

小袋鼠　胆小怯懦，不敢一个人做事，需要人陪

袋鼠妈　慈爱聪慧，稳重机敏

猴医生　医术高明，受人尊敬，灵活多变

马小木　热情勇敢，乐于助人

第一场

地　点　小袋鼠的家里

[温暖的灯光，舞台中间摆着一张桌子，三把椅子，一个门。]

[小袋鼠在袋鼠妈周围转来转去，渐渐走向舞台中央。]

小袋鼠　妈妈，我想去森林里摘小树芽，你陪我一起去好吗？

袋鼠妈　我们家后面的院子里就有新鲜的小树芽，你自己去摘吧。

小袋鼠　不要不要，那我不去了。

袋鼠妈　为什么呀，小小不可以自己去吗？

小袋鼠　我不敢，我害怕！

袋鼠妈　就在我们家后院，很近的，不会有危险的。

小袋鼠　（崩溃）呜呜，不要不要，我害怕，我要和妈妈一起！

袋鼠妈　哎呀，真的没有危险的，小小要勇敢哪！

小袋鼠　我不我不！我害怕！我要你陪我！

[袋鼠妈一边安抚小袋鼠一边叹气，这时门口传来敲门声。]

袋鼠妈　好了好了，小小不哭了，你和妈妈一起去开门好吗？

小袋鼠　好。

149

立德树人：德育戏剧创作与实践指南

猴医生	袋鼠妈，早上好哇！我来给你做检查了。哎哟哟，小小怎么哭鼻子了呀？
袋鼠妈	哎呀！猴医生，你来得正是时候，我正因为这件事苦恼呢。小小胆子太小了，离开我就不敢做事。这不，刚刚他想去摘小树芽，让我陪他，我让他自己去，他就哭了。这可怎么办哪？
猴医生	这样呀，咳咳。小小想玩玩具吗？
袋鼠妈	小小，你去旁边玩玩具吧，猴医生要给妈妈检查了。

[小袋鼠去角落玩玩具，一束灯光照到袋鼠妈和猴医生。]

猴医生	小小这么依赖你，和你在他小时候一直把他揣口袋里有关，他没有自己独立做过什么事情，认为只有你在才安全。他对没有你在的情况具有恐惧心理，你要让他自己做做事情，战胜自我。
袋鼠妈	（焦急）我知道要让他克服恐惧。可是你也看见了，我一让他自己干什么事情，他就开始哭泣，就算我告诉他，向他保证安全，他也不敢。我实在想不出办法让他一个人去做什么事了。
猴医生	这样，我有一个办法！你这样……这样……然后……
袋鼠妈	猴医生，你真是太聪明了！这个办法好！

[黑场，袋鼠妈、猴医生和小袋鼠下场。]

第二场

地　点　森林

[舞台中间有一块石头，周围是树木，小袋鼠和袋鼠妈妈走向舞台。]

袋鼠妈	小小，咱们可要做只勇敢的袋鼠，要敢于尝试，敢于挑战，可不能离了妈妈就哭鼻子。小小哭鼻子可一点也不像一只酷袋鼠。哎呀……
小袋鼠	妈妈，妈妈！你怎么摔倒了呀？你没事吧？
袋鼠妈	嘶，没事，妈妈就是不小心绊到了石头。小小，你扶妈妈起来吧。
小袋鼠	好，小小来扶妈妈起来。
袋鼠妈	啊疼疼疼。小小，妈妈动不了，可能是腿断了，你去帮妈妈找猴医生来吧。啊！好疼。
小袋鼠	我……我……可是……我一个人……我……我害怕……呜呜。
袋鼠妈	小小，不要哭，这里只有你能帮妈妈了。你可是妈妈心目中最勇敢的袋

150

下　编　德育戏剧的案例典范

鼠了。小小去把猴医生叫来，小小就是妈妈的英雄。如果小小一直害怕，不敢去叫猴医生，妈妈的腿治不好了，以后就不能再陪小小一起玩耍了。小小是勇敢的小袋鼠对吗？嘶……

小袋鼠　妈妈，小小勇敢，小小这就去叫猴医生，你不要害怕哟。

袋鼠妈　嗯！妈妈不怕。要是小小在路上害怕了，就大喊"小小最勇敢！妈妈需要我！"

[黑场，袋鼠妈下场，轻快的音乐响起后灯光亮起。]

小袋鼠　小小最勇敢！妈妈需要我！小小最勇敢！妈妈需要我！小小最勇敢！妈妈需要我！

马小木　小小！发生什么事了呀，你这么着急？

小袋鼠　（惊吓）呀！我……我……

马小木　你别着急，慢慢说好吗？我会帮你的。

小袋鼠　我妈妈摔倒了，我要去找猴医生，呜呜，我害怕，妈妈腿断了怎么办哪？呜呜。

马小木　没事小小，我跑得快，我可以载你去找猴医生！我以前载过胖熊猫的，他可比你重多啦！我还和狮大王赛跑过呢！我载你吧！

小袋鼠　（犹豫）我我……

马小木　不要犹豫啦！袋鼠妈还等着猴医生治疗呢！

小袋鼠　好。小小最勇敢！妈妈需要我！

[黑场，马蹄声音乐响起，猴医生上场，音乐结束后灯光亮起。]

猴医生　小木，小小，你们这么急急忙忙要去哪里呀？

马小木　猴医生，我们正找你呢！你快去救救小小的妈妈！

猴医生　小小，发生什么了？

小袋鼠　我妈妈可能摔断腿了，她现在动不了！猴医生你去看看妈妈吧。

猴医生　小小真棒真勇敢，为妈妈来找我。小木也棒，热心帮助小小。小小不用担心，你妈妈没事，是我让你妈妈假装摔倒的，这都是我和你妈妈计划的。

小袋鼠　计划？什么意思？

猴医生　你妈妈告诉我你胆子小，不敢一个人做事情，她不知道怎么办，我便给她想了这个办法。现在看来，小小一点也不胆小，小小可勇敢了！

马小木　对呀，小小，你真的很勇敢。遇到我之前的森林里可是有狼和野狗的！

151

你都不害怕！

猴医生 小小战胜了自我，克服了离开妈妈的恐惧和对危险环境的恐惧，学会了勇敢。小小是只勇敢的袋鼠啦！

小袋鼠 谢谢猴医生，小小最勇敢了，以后面对困难也要战胜自我，克服恐惧，勇敢应对！

［黑场，演员下场。］

第三场

地　点　小袋鼠家里

［灯光亮起，袋鼠妈妈站在舞台中央。］

小袋鼠 妈妈，我回来了！

袋鼠妈 哦，我的小小，你真棒！你真勇敢！猴医生都告诉你了吧？

小袋鼠 嗯嗯，猴医生都告诉我了，小小现在是勇敢的袋鼠了！

袋鼠妈 那小小认为什么是勇敢呢？

小袋鼠 勇敢就是独立！可以自己做事情！

袋鼠妈 嗯嗯，这是一种勇敢。那小小觉得第一次做饭、第一次找食物，是不是勇敢呢？

小袋鼠 我觉得是！生活中有很多第一次，这些第一次都需要挑战的勇气。

袋鼠妈 没错哦，挑战是勇敢，尝试也是勇敢，我们要勇敢向前冲。

小袋鼠 小小最勇敢！勇敢向前冲！

游戏连连看

编剧：田茂容

人物表

传统游戏大全　一本丰富的传统游戏百科全书，喜欢和小朋友聊天

滚铁环　传统的滚圈圈游戏，活泼好动

翻花绳　爱漂亮的翻花绳，喜欢漂亮的颜色

踢毽子　喜欢一跳一跳地走路，可爱

斗　鸡　淘气顽皮，喜欢捉弄其他游戏

第一场

地　点　操场入口处

[天才微微亮着，操场上说话声此起彼伏。各种小游戏们都聚在一起，走在最前面的是传统游戏大全，他摸摸胡子第一个上台……]

游戏大全　（双臂展开，示意安静）好了好了，大家保持安静，今天是我们游戏连连看活动举办的日子。我们的活动是第一次举办，为了举办顺利，大家一定要好好表现！

滚铁环　虽然是这么说，可我们毕竟是游戏，现在哪个小朋友不喜欢游戏！（得意的表情）我们哪，一定会备受欢迎的！

踢毽子　滚铁环，你看你，只有一个铁环，光秃秃的，有什么好玩的（一蹦一跳的），我看哪，大家还是最喜欢能够跳动起来的踢毽子我！嘻嘻！

翻花绳　你们都没我漂亮，看我这拥有漂亮色彩的花绳，又小巧，又精致。（双手握拳，期待的表情）小朋友们一定最最喜欢漂亮的我啦！

斗　鸡　就你，你这颜色这么多，真土！（羞羞脸的表情）还有你们，这都什么破烂玩意，还是我斗鸡最简单质朴，最方便易玩，不像你们那么费事！

略略略！（做鬼脸）

翻花绳 你！你！你！（指着斗鸡，恼怒地说）哼，人家才不跟你这大笨猪计较，懒得理你！（叉手）

滚铁环 就是就是，我们都有配套的工具，就你没有，嘿嘿！（羞羞脸）

斗　鸡 所以你们玩起来才麻烦，不像我这么简单呗！

踢毽子 （往斗鸡方向一跳）你这种游戏，小朋友们还不稀罕玩呢！

斗　鸡 你！（往踢毽子的方向冲，大家拦住）

游戏大全 （展开双臂，示意安静）好啦，好啦。大家都是游戏一家人，都说了要保持安静，不要闹矛盾嘛，（摸摸胡子）这次的活动啊，每个游戏需要和小朋友们介绍自己，请小朋友们上来体验，然后传递给下一个游戏，就从滚铁环先开始，大家明白了吗？

全体游戏 是！明白啦！（欢笑着下，互相推搡嬉笑）

第二场

地　点　操场中心

[阳光明媚的上午，伴着温暖的阳光，听到鸟儿悦耳的鸣叫声，游戏连连看活动马上就要开始啦！大家都迫不及待想认识我们的传统游戏，喧闹的声音充斥着操场。]

游戏大全 （摸摸胡子）亲爱的各位小朋友们，大家上午好哇！今天是我们游戏连连看活动举办的日子。那么，我现在正式宣布活动开始，首先第一位游戏是滚铁环！

滚铁环 （手上拿着铁环上）亲爱的小朋友们，你们好哇，我是滚铁环！嘻嘻嘻，你们认识我吗？

踢毽子 不知道！（淘气的）

滚铁环 （白了踢毽子一眼）看看我手里的铁环，你们就知道我怎么玩了！首先把铁环向前转（拿起铁环晃动两下），再用我手上的车把（拿起车把晃动两下）赶快赶快推着我们的铁环往前走，只要保持铁环不倒，你就学会玩这个游戏啦！（鼓励小朋友们上台，分发铁环和车把，让他们体验滚铁环）

滚铁环 大家都学会了吗？学会了那我们就请下一个连连看活动的小游戏来介绍自

己啦！这个游戏最受女孩子的欢迎，它到底是什么游戏呢？大家猜猜看！（听大家的回答，回复他们的答案）她就是翻花绳！（滚着铁环下场）

翻花绳 （公主一般优雅地上场，提着自己的小花裙子和各位小朋友们问好）大家好哇，大家好，是我，我就是漂亮的翻花绳，看我手上的花绳，多美丽呀，你看，你看漂亮吗？（向大家展示自己五颜六色花绳）

众人合 漂亮！（兴奋）

翻花绳 （向小朋友们跑去）真漂亮。（笑嘻嘻地跑回原位）只要把漂亮的花绳我这样绑在手上，让另外一个小伙伴来翻，翻到她的手上就可以啦！很简单吧！

翻花绳 （发花绳）来，给你一根，来这个，漂亮的颜色给你！你喜欢什么颜色，也给你！大家都有了吗？那我走咯？（正准备提着裙子走下去）

踢毽子 喂喂喂！还有我呢！（焦急）

翻花绳 噢！瞧我这记性！小可爱们，下面的游戏是我们亲爱的踢毽子，他最喜欢一跳一跳的了！好了，小伙伴们，我走了。（提着裙子，跳着舞步下）

踢毽子 嘿！（一跳一跳着踢着毽子上台）小伙伴们，是我！我是踢毽子，看我手上这小巧精致的毽子。（伸出手展示自己的毽子）什么！你也想要？就不给！嘻嘻嘻，骗你的，给你，小朋友，噢！（惊讶的表情）你们会玩这个吗？

踢毽子 噢！对，就是这样，用脚踢毽子，让毽子不要掉下来！你真是太聪明了！嘻嘻！你也要毽子吗？来，给你，噢！真棒！让我们一起踢毽子！（拉动小朋友们一起踢毽子）

斗　鸡 好了好了！快让我来表演！

踢毽子 噢！你急什么！（一跳一跳地）好了，好了，小朋友们，我们先下去吧，让我们的小斗鸡来展示！

斗　鸡 什么！你才小斗鸡！我是，我是大斗鸡！哼哼！小不点们，你们好哇！我是斗鸡！什么，你也知道斗鸡！真的吗！你真有眼光！要弯着一条腿，用手绊着脚，单脚支撑移动，用膝盖或者屈腿去攻击对方，只要对方倒地，你就胜利啦！

斗　鸡 但是，虽然我很喜欢碰撞，但是大家一定一定要小心哦，不要摔伤了！你们谁学会了这个游戏？谁想来试试看！嘿，小不点，你会了！你真聪明！

滚铁环 嘿！（欢笑着滚铁环上）他也学会了我的游戏！

翻花绳　（提着裙子上）当然，还有美丽的我！

踢毽子　（踢着毽子上台）是的，也有我。

游戏大全　（摸着胡子慢慢上台）哈哈哈，这样才对嘛，孩子们，你们学会了什么游戏？噢！哈哈哈，还真不少，孩子们，你们可真厉害！走了，游戏们，我们去收拾现场咯！

众游戏　好嘞！（欢笑着下台）

第三场

时　间　游戏连连看活动结束后

地　点　操场中心

［游戏连连看活动结束，众游戏们都在收拾自己的道具，斗鸡什么道具也没有，郁闷地坐在一旁。］

斗　鸡　唉！（长长地叹气）

游戏大全　唉！我们的斗鸡，你怎么在这里什么也不干哪，还在这里叹着气呢！（摸摸胡子）

斗　鸡　我，我没有道具，不用收拾，他们都有，我没有……（垂头丧气）

游戏大全　哈哈哈哈哈哈，你呀你，你开始还不是很得意吗？现在伤心啦！（摸摸斗鸡的头，拿出一个盒子）斗鸡，你看这是什么？

斗　鸡　这不就是一个盒子吗，有什么特别的？（接过盒子把玩）

游戏大全　这可不是普通的盒子，你打开看看。（摸摸胡子点点头）

斗　鸡　（打开盒子发现里面有一个小铁环，花绳和毽子）这，这是，他们三个！

游戏大全　哈哈哈，他们哪，早知道你会无聊，这是他们一起送你的礼物，你可要好好珍惜哦，这是你们珍贵的友谊，不要去欺负好朋友，知道不！

斗　鸡　（抹眼睛和鼻子）呜呜呜，我真是太感动了，谢谢他们，也谢谢你，游戏大全爷爷！

游戏大全　（摸摸斗鸡的头）哈哈哈哈哈，好孩子，不哭鼻子，我们哦，去找他们啰！

斗　鸡　（点点头）嗯嗯，好！

［两人有说有笑下。］

下　编　德育戏剧的案例典范

小鼹鼠的故事

编剧：李子硕

人物表

小鼹鼠　奇妙森林的居住者，聪明伶俐，但是也调皮爱闹

鼹鼠妈　经验丰富的奇妙森林生存大师，深爱着小鼹鼠

猎　人　诡计多端，狡诈阴险的盗猎者

梅花鹿　小鼹鼠的好朋友，善良可靠

若干奇妙森林里面的动物

第一场

地　点　小鼹鼠的家

[场上布置各式家具但是摆放很杂乱。]

[奇妙森林里居住者许多的小动物，他们生活得无忧无虑，非常开心，但是一个阴险狡诈的猎人的出现，打破了他们美妙的生活……]

鼹鼠妈　（边推沙发边喊）快快快呀，宝贝快来帮妈妈把沙发推到那边去！

小鼹鼠　我来了！

鼹鼠妈　哎呀！可算是又搬好了一次家！

小鼹鼠　妈妈，妈妈！我们为什么又搬家了呀？

鼹鼠妈　这都怪那可恶的猎人！他到处寻找我们的踪迹，想把我们赶尽杀绝！

小鼹鼠　可是他为什么要这么对我们哪？

鼹鼠妈　我怎么知道哇？（边说边流泪）你的爸爸，就被他捉了去！现在都不知道你爸爸的下落！

小鼹鼠　妈妈，我害怕！如果他又找来了怎么办？

鼹鼠妈　宝贝你别怕，有妈妈在，妈妈会好好保护你的！

157

立德树人：德育戏剧创作与实践指南

小鼹鼠　（扑向妈妈的怀里）嗯嗯，有妈妈在，我就不害怕了。

鼹鼠妈　（突然想起）对了，我还得出门一趟，我得去告诉你外婆他们一声，不然这猎人一旦找到了他们的家，你外婆他们就很危险了。宝贝，在我还没有回来的时候你就待在家里面，哪儿都不要去，特别是要小心猎人！你知道了吗？

小鼹鼠　嗯嗯，知道了妈妈，我一定不乱跑！

鼹鼠妈　这我就放心了！

小鼹鼠　那妈妈你现在就快去吧，一定要快点回来呀妈妈！我一个人在家还是会很害怕！

鼹鼠妈　嗯，妈妈知道了，妈妈一定会很快回来的。宝贝，你也一定要记住，别给坏蛋任何伤害到你的机会，要注意防范！妈妈这就去通知你外婆他们。（边说边下场）

小鼹鼠　（战战兢兢）妈妈你可一定要早点回来呀！

第二场

地　点　小鼹鼠家

[一阵急促的敲门声，梅花鹿上场，猎人随后。]

猎　人　别跑了，哈哈哈，终于被我捉到了吧，我看你往哪儿跑！

梅花鹿　啊啊啊！舅妈呀！啊不对，救命啊！快来人救救我呀！

[两人在小鼹鼠家外东追西躲，小鼹鼠通过门缝看到了这场景。]

小鼹鼠　是我的朋友梅花鹿！天哪，猎人就快追上他了！我得帮助他！（打开门并大声呼喊）梅花鹿！快，往我这儿跑！快进我家里来！

梅花鹿　是小鼹鼠！我得救了！哈哈哈，小鼹鼠，我来了！（一进门）快快快，快关门，快快快呀（边说边喘着大气）！哎呀，幸亏有你，不然我就快被这猎人给抓住了！哎，对了，你怎么会在这儿呢？我记得你家不是在隔壁的小河边吗？

小鼹鼠　唉，你是不知道，自从猎人进入奇妙森林里面来，我家就没有一天安生过。这不，我妈妈带着我刚刚搬家到这儿来！

梅花鹿　哦！原来是这样！不过幸亏你们搬到这儿来了，要不然我今天就栽在猎人手里面了。

158

小鼹鼠　被他捉到会怎么样啊？

梅花鹿　我也不知道，不过被他捉走的小动物们再没有回来过了！

　　　　[正当两人说着，猎人狠狠地敲门。]

猎　人　出来！你给我出来，梅花鹿，你逃不掉了！这里就一个出口，你迟早被我捉住！

梅花鹿　这可怎么办哪（十分焦急）小鼹鼠，你有什么办法吗？

小鼹鼠　我我我……我也不知道哇！我也怕他！

梅花鹿　对了，你妈妈呢？

小鼹鼠　（突然想起）哦对对对，我妈妈去通知我外婆防范猎人了，等会儿我妈妈就回来了。她回来了我们就安全了。

梅花鹿　对对对，等你妈妈回来了我们就安全了！

小鼹鼠　可是我不知道妈妈她什么时候回来呀。

梅花鹿　啊？那可怎么办哪？这狡猾的猎人没准一会就能冲进来把我们抓住！（说着边拉着小鼹鼠往门外看，此时猎人正在搬大石头）

小鼹鼠　（惊恐）啊！他不会是要砸烂门，然后冲进来吧！这可怎么办哪？

　　　　[话音刚落，哐当一声，门出了声音但是没有坏。]

猎　人　嗯？什么门哪，这么硬？用这么大的石头都没能砸烂。（小鼹鼠和梅花鹿听到这话长舒了一口气）

猎　人　（小声对观众说）既然不能用蛮力，那我就智取！嘿嘿嘿！（猎人穿上鼹鼠装扮的衣服来到门前敲门）

猎　人　开门哪，我的宝贝，我是你的妈妈。

小鼹鼠　哼，我才不会被你骗呢！我妈妈的声音才没有你那么难听呢！略略略。

梅花鹿　略略略，真傻！

猎　人　（转眼一想）既然扮成鼹鼠妈妈没用，那我试试扮成那梅花鹿的亲戚。

　　　　[于是猎人又换装。]

猎　人　开开门哪！我是梅花鹿的叔叔！

　　　　[梅花鹿和小鼹鼠都互相疑惑地对视。]

梅花鹿　我哪儿来的叔叔哇？你准又是骗我们来了。

猎　人　怎么会呢？你爸爸是我的好朋友，他听说你被猎人追捕就托我来保护你，你不信我给你叫两声你听听是不是鹿叫。（猎人嗷嗷叫两声）

　　　　[梅花鹿和小鼹鼠将信将疑，梅花鹿也不确定，猎人是不是又假装在演戏。]

159

立德树人：德育戏剧创作与实践指南

猎　人　快离开这儿，你这个狡猾的猎人，别被我逮住，不然有你好果子吃！哎
　　　　哟喂！怎么会有这么强壮的梅花鹿哇！哎哟，快跑哇！舅妈呀！啊不对！

猎　人　现在那猎人被我吓跑了，你们相信我了吧！

　　　　[梅花鹿和小鼹鼠一听信了猎人的话高兴地开了门，结果被一把抓住！]

第三场

地　点　奇妙森林

二　人　快放开我们！救命啊！救命啊！来人救救我们哪……

猎　人　哈哈哈，到了我的手里你们就别想逃了，哈哈哈，成为我的盘中餐吧！
　　　　哈哈哈！哎哟，走得有点累了，我躺着休息会，你们两个就别想着逃跑
　　　　了！哈哈哈。

　　　　[鼹鼠妈妈突然出现，跟着她的还有许多动物，包括凶猛的老虎，还有强
　　　　壮的犀牛。他们蹑手蹑脚地走近被绑着的小鼹鼠和梅花鹿并示意他们不
　　　　要出声，他们拿走了猎人的武器，还绑住了猎人的双手。]

猎　人　(突然惊醒)啊？怎么这么多动物？啊？我怎么被绑住了？你们……

鼹鼠妈　你不仅伤害了小鼹鼠的爸爸，我的丈夫，竟然还想拐走我的孩子！你作
　　　　恶多端，今天就是你的报应！我们永远不会屈服于你这样的恶势力！今
　　　　天我们奇妙森林里的所有动物就要判处你永远永远不得再进入奇妙森林，
　　　　这是对你作恶多端的惩罚！猎人，你好好醒悟吧！

鼹鼠妈　(面向观众，抱着小鼹鼠和梅花鹿)孩子们！自己一个人在家的话一定要
　　　　注意防范这样的坏蛋，要培养安全意识，不要随便给陌生人开门，不要
　　　　随便跟陌生人走，一定要跟着爸爸妈妈才是最安全的！小鹿和我的宝贝
　　　　小鼹鼠就是因为这样才会被可恶的猎人欺骗，才会陷入危险的境遇！今
　　　　天会出现这样危险的局面，我也有责任，我是小鼹鼠的家长，我没有好
　　　　好地照看好他，所以才麻烦这么多好心的动物来帮忙赶走猎人。幸好我
　　　　的宝贝小鼹鼠和梅花鹿没事，不然我一定会很伤心很痛苦的。各位家长
　　　　朋友们，我们在教育好自己的孩子要有安全意识的前提下，也要尽心尽
　　　　力地去保护他们，我相信给我们的孩子一个美好安全的生活，是所有父
　　　　母的希望。所以，小朋友大朋友们，在日常生活中，我们要有安全意识，
　　　　才能获得更好的明天！

下　编　德育戏剧的案例典范

"部下"之争

编剧：罗李萱

人物表

可回收垃圾箱　十岁，聪明机智，踏实稳重，四种垃圾箱之中的老大
厨余垃圾箱　九岁，四种垃圾箱的老二
有害垃圾箱　六岁，调皮捣蛋，顽皮可爱，四种垃圾箱的老四
其他垃圾箱　八岁，四种垃圾箱的老三

第一场

地　点　街道边的垃圾箱处

[炎热的夏天，太阳晒得柏油公路滚烫无比，似乎发出了"滋滋"的响声……]

[四个垃圾箱并排在街边，等待着归属于自己的垃圾的投放，他们不约而同地希望自己肚子里的垃圾能够越多越好，这样就成为兄弟四人当中最厉害的那一个，可是对于谁是自己的部下的问题，兄弟四人渐渐起了争议……]

可回收　刚刚有个人往我肚子里丢了好大一袋垃圾，又多又重，我都快装不下了。不过我怎么感觉这些垃圾有的不是我的呀，我必须得把它们清理出来，不然可就得拉肚子了！

有　害　（好奇地）让我们也看看，我们也看看，万一都是我的呢？
[说完，大哥可回收开始翻找起来，却找出了许多陌生的垃圾……]

可回收　这些，这些垃圾，都是什么来头哇？我怎么都不认识，它们都不是我的"部下"嘞！

有　害　是吗，是吗？我看看我看看，说不定都是我的"部下"呢，嘿嘿！

161

立德树人：德育戏剧创作与实践指南

[说完，老四又开始翻找起大哥肚子里的垃圾。]

有　害　嘿嘿，我看过了，这些全是我的"部下"，既然大哥你没办法接受它们，那全部都给我吧，嘻嘻！

可回收　真的吗？四弟，你别骗我，要是这些东西不是你的"部下"，但是一直待在你的肚子里的话，会拉肚子的哦！

有　害　不会的不会的，嘿嘿，它们都是我的"部下"！

厨　余　四弟，那能再让我们瞧瞧吗？让我们看看你的"部下"都有哪些好东西！

有　害　行吧行吧，但是你们可别抢我东西哦！

厨　余　不会的不会的，我们几个哥哥可是很讲信用的！

[说完，几位哥哥们开始翻找起来弟弟肚子里的"好东西"，却找出了属于自己的"部下"。]

厨　余　哎，弟弟你看，你肚子里的这个香蕉皮不是我的"部下"吗，你怎么拿到你肚子里去了？

有　害　才不是呢，香蕉皮也是我的"部下"呀，都是我的都是我的！

其　他　咦，不对呀，你看你肚子里还有贝壳呢，这些没有用也没有危害的东西应该是我的"部下"才对，弟弟你搞错了吧？

有　害　才没有呢，这些都是我的"部下"，你们不许抢我的，我不管！

可回收　唉，我们是怕你拉肚子呀，你快把这些不是你"部下"的垃圾拿出来，不然真的会拉肚子！

有　害　不要不要，我不怕拉肚子，我要这些全部"部下"，我要比你们都厉害！

[说完，四弟有害一个人走到了角落去，拒绝交出自己肚子里的垃圾。]

[哥哥们见四弟不听劝说，感到忧心不已。]

第二场

地　点　街道边的垃圾箱处

有　害　(痛苦地)哎哟，我的肚子好痛，大哥，大哥，我站不住了……

[站在街角的四弟有害捂着肚子嗷嗷直叫，见状，大哥可回收赶紧走过去查看四弟的情况。]

可回收　没事吧，弟弟，还好吗？

162

有　害　呜呜，哥哥，我肚子好痛，还有点想吐！

可回收　二弟，三弟，你们快过来，四弟拉肚子了！

〔两位哥哥厨余和其他都赶紧跑了过来。〕

厨　余　弟弟，你肯定是肚子里装了不属于自己的"部下"才会闹肚子的，都跟你说了不要贪心，贪心没有好结果的呀！

其　他　是呀是呀，你看你现在拉肚子这么严重，都是因为你装了太多不是你"部下"的垃圾了！

有　害　呜呜，那怎么办，我好害怕！

可回收　你快拿出来你肚子里那些不属于你的垃圾呀，它们该是谁的"部下"就去谁的肚子里。

有　害　可是，可是我舍不得，我想成为最厉害的垃圾箱！我不想拿出来。

厨　余　你要是再不拿出来，你的肚子就会炸掉，你不害怕吗？

其　他　是呀是呀，别怕，哥哥们小时候也经常误把这些不是自己"部下"的垃圾丢进肚子里，然后像你一样拉肚子。但是及时把这些垃圾拿出来就好啦，这样我们的肚子就不会炸掉！

有　害　呜呜，好吧！

可回收　快，赶紧把这些垃圾清理出来，放进哥哥们的肚子里！

〔四弟有害开始翻找起来，找出了许多自己都感到陌生的垃圾。〕

有　害　这个塑料瓶是谁的"部下"呀，我都不知道，我只知道这不是我的。

可回收　哎，是我的是我的，四弟，你看看你自己多贪心，连塑料瓶都要和我抢！快，拿给我吧，装进我的肚子里。

〔四弟一下子掏出了好多塑料瓶放进大哥的肚子里，他的疼痛好像缓解了一点。〕

有　害　我感觉我的肚子没那么痛了，我还要继续把不是我"部下"的垃圾找出来！

可回收　那就好，快接着找吧，弟弟，马上就不会痛了。

有　害　这些鸡蛋壳好像也不是我的"部下"，我该给谁呀，是二哥厨余吗？

厨　余　是的，给我吧，这些蛋壳啥的可是我的主力"部下"呢，居然到弟弟的肚子里去了，你肚子那么痛，肯定是这些鸡蛋壳让你尝到了许多苦头吧！

有　害　好像真的是这样，拿出来之后，疼痛减轻了不少呢，嘻嘻！那这些一次性筷子呢，这又是谁的"部下"？

其　他　唉，除了我，还能有谁可以装下这些难以再回收的垃圾！快给我吧，弟弟，把这些全都拿出来，你的肚子应该就不会痛了！

[四弟将这些垃圾清理出来装进了哥哥的肚子里，突然感觉一身轻松。]

有 害 真的耶，我的肚子真的不痛了，太好了！咦，哥哥，那这些废电池是不是也是你们的"部下"呀？

可回收 四弟，我看你是拉肚子拉糊涂了吧，你连自己的"部下"都不认识了吗？

有 害 对哦，嘿嘿，我竟然忘了这些废电池就是我的"部下"。唉，我下次再也不敢乱放垃圾在我的肚子里了！

可回收 你知道就好哇，弟弟，下次可不许这么贪心啦！

有 害 那万一人类扔垃圾扔错垃圾箱了呢？我岂不是又要拉肚子了。

其 他 哎呀，现在他们正在搞垃圾分类的宣传活动呢，别怕别怕，过不了多久肯定就不会有人扔错啦！相信人类不会故意让我们闹肚子的！

厨 余 是呀，就算现在暂时扔错了也没关系，每个人都有知错能改的机会！我们自己注意丢进自己肚子里的垃圾是不是自己的"部下"就好了，这样就可以避免拉肚子了，以后肯定就不会有人扔错了！

众人合 垃圾分类靠大家，幸福生活你我他。

下　编　德育戏剧的案例典范

环境保卫战

编剧：刘冬怡

人物表

玲　玲　二年级一班的学生

莹　莹　二年级一班的学生

欢　欢　二年级一班的学生

红　红　二年级一班的学生

明　明　二年级一班的学生

亮　亮　二年级一班的学生

刘老师　二年级一班的班主任

第一场

地　点　教室外

［亮亮和红红拿着一本书坐在长椅上。］

红　红　（看着书，温和地说）亮亮，你说是先有鸡，还是先有蛋呢？

亮　亮　（在玩一个纸飞机，调皮地说）当然是先有鸡了！

红　红　（看着亮亮，疑惑地问）那鸡是从哪来的呢？

亮　亮　（看着自己手中的纸飞机，调皮地说）鸡当然是从鸡蛋里来的了。

红　红　（感到奇怪的看着亮亮）那还是先有蛋后有鸡呀？

亮　亮　（放下纸飞机，看着红红）那你说是先有人还是先有地球呢？

红　红　当然是先有地球了。

［刘老师拿着教科书从一边向台上走来。］

亮　亮　（有些生气）不对，先有人后有地球。

［红红无奈地看了亮亮一眼，微微转头看见了老师。］

165

立德树人：德育戏剧创作与实践指南

红　红　（站起来）刘老师。

[刘老师走到红红身前。]

刘老师　（和蔼）怎么了，红红？

[亮亮也站了起来。]

红　红　（看着老师）是先有地球还是先有人？亮亮说先有人。

刘老师　当然是先有地球了。

红　红　（看着亮亮，有些得意）亮亮，你错了吧！

刘老师　（看着红红，亮亮）地球是我们的大家园，我们生活在地球上就要爱护它。

高　高　（调皮地看着老师）只要我家里干净了就行了，我才不爱护地球呢。

[莹莹拿着跳绳、玲玲也调皮地拿着毽子走来站在了老师的身边。]

刘老师　（和蔼，语气平和）大家都知道我们共同的家园就是地球，如果我们不爱护地球的话就会引发灾难。

玲　玲　（好奇地问）老师，那会引发哪些灾难呢？

刘老师　比如我们大量地砍伐树木，会造成泥士流失，从而会引发泥石流灾害。还有我们大量地从地下取水，会造成地面沦陷，这些都是我们人类造成的灾害。

[明明和欢欢也向老师围了过来。]

莹　莹　（疑惑，好奇地问）老师那地震是不是我们跳绳引起的呀？

刘老师　（语气温柔）当然不是呀！大家知道为什么会全球变暖吗？

[欢欢举起手。]

欢　欢　（高兴地说）我知道，是因为大气环境污染和海洋生态恶化造成的。

明　明　（兴奋地说）不对，因为太阳生气了。

亮　亮　（调皮高兴得意地说）他们说得都不对，是因为太阳离地球越来越近了，所以地球才会变热。

刘老师　（委婉地语气）不对吧！亮亮。

亮　亮　（抢着答道）那就是太阳要掉下来了。

刘老师　不对，全球变暖的主要原因是，大气环境污染和海洋生态恶化，森林资源锐减和物种绝灭，这些因素都严重威胁着我们人类。

红　红　（平和地问道）老师，那我们是不是应该保护环境啊！

刘老师　（温柔微笑）是呀，所以我们要倡导低碳生活，保护生态环境。

玲　玲　（好奇的语气）老师，什么是低碳生活呀？

明　明　（急忙喊道）就是我们生活水平要降低，少用一些碳。

老　师　（微笑，轻轻地摇摇头）不对，低碳生活呢，指的是一种生活方式，主要以节能环保为主，大家还能记得我们学过的那个"文明节约小准则"吗？

同学们　（都兴奋地举起手，争先恐后地）我记得！

玲　玲　（高兴）我先说。

　　　　［大家都安静了下来。］

　　　　［玲玲向台前走一步。］

玲　玲　重开发，少保护，低碳行，实所需，先倡导，再力行，己先行，广宣教，教子女，更重要。

亮　亮　（向前一步，玲玲后退一步）少开车，多步行，市区行，坐公交，冬添衣，夏扇扇，一次筷，不要用，省木材，又环保。

红　红　（向前一步，亮亮后退一步）煮饭前，先泡米，饭更香，电更省，买菜谱，亲下厨，胜饭店，赛大厨，离家门，关电源。

欢　欢　（向前一步，红红后退一步）近自然，少用电，用电脑，不待机，显示屏，低亮度，不上网，少挂线，用手机，多爱惜。

明　明　（向前一步，欢欢后退一步）打印纸，会收集，初印稿，莫丢弃，试用稿，印反面，既省墨，又省纸，勤节省，人尊敬。

莹　莹　（向前一步，明明后退一步）入奢易，入俭难，成陋习，反害己，旧电池，巧收集，有垃圾，分类放，旧棉衣，莫抛弃。

刘老师　（向前一步，莹莹后退一步）洗干净，勤消毒，随手抛，成污染，危害易，难治理，勤用心，生活美，既时尚，又环保。

全　体　（异口同声）低碳行，需宣传，进机关，进校园，好习惯，从小抓，爱地球，靠大家。

刘老师　（微笑、高兴）同学们真棒，那大家还记得这些话是什么意思吗？

玲　玲　（高兴的抢着回答）讲的是，我们要爱护地球，要勤俭节约。

刘老师　（语气温柔）玲玲，回答得非常对！前不久，在我们国家举行的世博会就体现了低碳生活，大家都知道有哪些低碳生活的方式吗？

红　红　（急忙举起手）少开私家车，多乘公共汽车。

莹　莹　（争先恐后地答道）淘汰白炽灯使用节能灯，购物时尽量使用可以反复利用的购物袋。

欢　欢　（高兴地喊道）用洗完菜的水浇花，还可以冲厕所。

167

立德树人：德育戏剧创作与实践指南

刘老师 大家回答得非常好！其实在我们的日常生活中，比如空调节能和冰箱节能等，这些都是低碳生活的方式。

亮　亮 （语气平和）老师，那我们节约用水是不是也属于低碳生活？

刘老师 （微笑，可亲）是呀，节约用水也属于低碳生活的一种方式！

亮　亮 那我以后就少洗澡。

[同学们都嘲笑亮亮。]

刘老师 （语气温柔）亮亮，我们倡导的低碳生活，是在不浪费的前提下，明白吗？比如空调启动几小时后关闭，马上打开电风扇。晚上用这个方法，可以不用整夜开空调，这样的话要节省50%的电，这就是一种低碳生活的方式。

欢　欢 （看着老师）老师，那我以后不让我爸开车送我了，这算不算是低碳生活呀？

刘老师 对呀，这也是一种低碳生活方式！

莹　莹 （看着老师疑惑）那我们穿衣服算不算哪！老师？

刘老师 衣服也算哪。

明　明 那我们都不穿衣服，是不是就低碳生活了？

刘老师 不对，我们所说的低碳生活是，少买不必要的衣服，因为在服装加工厂加工的时候会产生对我们生活有害的物质。棉质衣服比化纤衣服排碳量少，所以多穿棉质衣服也是低碳生活的一部分。

玲　玲 （调皮好奇）那我们在夏天是不是也要穿棉衣呀，老师？

[老师在来回地走动着。]

刘老师 当然不是呀，我们倡导的只是一种生活方式，并不是说我们大家都穿棉衣服才是低碳生活，大家明白了吗？

同学们 （异口同声）明白了。

莹　莹 （呆呆地看着老师）老师，那环保时装是什么意思呀？

刘老师 环保时装呢，是我们在生活把节省下来的东西，再制成好看又实用的一种衣服。比如我们经常把一些废弃物回收再利用起来，这就是一种环保。

欢　欢 （欢欢高兴地指着自己的衣服）老师，那我身上穿的是不是也属于环保时装啊？

[老师看着欢欢的衣服。]

刘老师 是呀，只要是我们把生活中所节省下来的东西，再进行第二次利用，都属于环保的一种方式。

红　红　（兴奋激昂）哎！老师，我想起来了，不如我们就来一个环保时装秀吧！

同学们　（异口同声地嚷嚷道）好哇！好哇！

第二场

地　点　秀台

［音乐起，服装秀开始，大家穿着由废弃物制成的环保服装走上秀台，时间两到三分钟，服装秀结束时自然形成一排。］

全　体　（异口同声）呵护美好家园从我做起，共同维护生态坏境。

小青蛙去看海

编剧：田茂容

人物表

小青蛙 坚持不懈，乐观积极，遇到困难勇敢前进，戴着绿色的小帽子

荷　花 小青蛙的好朋友，一直鼓励夸赞他

老　鹰 刀子嘴豆腐心的帮手

松　鼠 爬山途中遇到的捣蛋鬼，喜欢欺负爬山的小动物

第一场

地　点　天刚蒙蒙亮

[清风阵阵的池塘里，清晨，荷花开放，蜻蜓飞舞，池塘里小青蛙快乐地呱呱歌唱，歌声响彻水面。]

[在一阵青蛙的呱呱声后，大幕缓缓打开，荷花端坐在莲叶中，小青蛙盘坐在莲叶上……]

荷　花　小青蛙，今天的池塘也充满生机呢！真美！（优美地摇曳身姿）

小青蛙　是呀是呀，小荷花，呱呱，你今天的色彩也格外美丽呢！

荷　花　谢谢你，小青蛙（起身转圈圈），我今天去特地换上了我的新裙子呢！你看你看！

小青蛙　对呀，真漂亮，呱呱，你和这个池塘应该是这世界上最美丽的！呱！

[老鹰的叫声从远处传来，老鹰拍打着翅膀上台。]

老　鹰　小青蛙，你的眼界太狭窄啦。

小青蛙　什么意思，老鹰，难道这个世界上还有比小荷花更漂亮的花朵吗？呱！难道还有比池塘更美丽的荷塘吗？呱！（不屑地转身继续欣赏荷花）

老　鹰　哈哈，小荷花在你心里自然是最漂亮的啦。不过有一个比池塘更宽（双手

张开比"宽")更美的地方。在今天早上我还看见太阳从那里升起，水面上波光粼粼，蓝色的水面浪花卷卷，实在是美丽极了！

小青蛙 那是什么地方？真的比池塘还美丽吗？呱呱！

老 鹰 当然啦，那里是大海。你想去看看吗？

小青蛙 想，呱呱，当然想，真想去看看那比池塘还美丽的大海呢！

老 鹰 哈哈哈，登上那座高山就能够看到大海了。不过我看你这么短的腿是登不上的！（嘲笑地用手比了比小青蛙的腿）

荷 花 你凭什么觉得小青蛙不行，我看他可以的，哼哼！

[小青蛙朝着老鹰指的高山看去，嘴中振振有词。]

小青蛙 啊！那座高山那么高哇！呱！（惊恐）

老 鹰 对，我看哪，你是登不上那座高山的。别做梦啦！

小青蛙 不，我要去看大海，我相信我可以的，无论山多难爬，我一定能够坚持下去，爬到山顶看海的！呱呱！（扬起头）

荷 花 嗯嗯，我也相信你！小青蛙！你一定能够看到大海的！小青蛙，这个小花苞给你，当你遇到困难时就打开这个小花苞，它会给你帮助！

小青蛙 （温柔地看向荷花）好，谢谢你，小荷花，有了你的支持，我相信我一定能够看到海，呱呱！等我回来，小荷花！

荷 花 好，等你的好消息！你一定可以的，再见！小青蛙！（挥手）

老 鹰 哼，那你这个小短腿青蛙就去试试看吧！（扇动翅膀）

小青蛙 哼，呱呱，大海！我来啦！出发，呱呱！（向前走）

第二场

地 点 高山

[太阳升起来，鸟儿欢快地鸣叫，高山上一片繁荣的景象。]

[小青蛙蹦蹦跳跳着上台，呱呱……]

小青蛙 嘿呀，嘿呀，呱呱，怎么感觉上午的时候还有大大的太阳，这会就乌云密布了？呱（挠挠脑袋），不过爬了这么久，我可真饿呀，呱！

[坐在地上愁眉苦脸，突然想起来了小荷花的小花苞，从包里掏出小花苞，身后的灌木丛里突然传出来窸窸窣窣的声音，是小松鼠一下子抢走

了小花苞。]

小松鼠 嘿嘿嘿，又有笨蛋中招啦！

小青蛙 呱呱！你这个小坏松鼠，为什么拿我的东西，快还给我！呱呱！

小松鼠 不给，不给，就不给，你自己要给我看到的(摇摇自己的大尾巴)，现在这个花苞归我啰！

小青蛙 你！你快还给我！呱呱！(跳起来去抢)

小松鼠 不给，不给，就不给，马上要下雨了，你自己慢慢爬吧，略略略！(甩动着大尾巴做了一个鬼脸，一溜烟儿跑下了台)

小青蛙 完了，小荷花给我的小花苞被抢走了！这可怎么办！呱呱！

[突然雷声大作，一阵轰鸣声传来，天空中开始飘起了黄豆般大小的雨珠。]

小青蛙 呱呱，呱，下雨了，这边怎么都是矮树丛，连个遮蔽的地方都没有！

[一阵风袭来，小青蛙的帽子被吹走了。]

小青蛙 呱呱！我的帽子！呱！

[又一阵风袭来，小青蛙抬起手遮挡着风。]

小青蛙 唉，今天怕是走不了路了！这路这么远，我真的能看到海吗？

[一阵风袭来，天空中传来老鹰的鸣叫声，它的爪子里拿着荷叶。]

老 鹰 喂，小短腿青蛙，这就打算放弃了？

小青蛙 谁！谁说的！呱呱！我小青蛙，坚持到底，这点困难算什么！

老 鹰 哼，那就好，随便找的荷叶给你挡挡雨吧！(举着荷叶)

小青蛙 哼，算你有良心，谢谢，呱呱！

老 鹰 哈哈，小短腿子青蛙，哦，对了，出来吧！

[小松鼠害怕地从一旁的灌木丛里颤抖着走过来。]

老 鹰 拿出来吧！

小松鼠 拿出来什么？我可什么都没拿！

老 鹰 嗯？(用凶狠的眼神盯着小松鼠)

小松鼠 哎呀，是是是，我和这个小青蛙开个玩笑嘛，老鹰大哥，还给你还给你。
(把小花苞还给小青蛙)

小青蛙 什么玩笑，明明就是你抢我的，你这个强盗！呱！

小松鼠 那还不是你想着要爬山看海，自不量力，我帮你保管小花苞，减轻负担！

老 鹰 嗯？

小松鼠 啊！不是不是，啊哈哈哈，你一定能够爬上山看到海的。哈哈哈，我错

下 编 德育戏剧的案例典范

了，我先走了，告辞！告辞！（一溜烟儿跑下台，走掉了）

小青蛙 （看着手中的小花苞和荷叶）老鹰大哥，谢谢你！呱呱！

老 鹰 不用谢，看你可怜罢了，小短腿子可不能放弃哦！我在海那里等着你！再见！（挥舞着翅膀下）

小青蛙 嗯嗯好，呱，我一定会坚持的！（努力点点头，肚子突然咕噜咕噜叫起来）

小青蛙 虽说如此，可我真的好饿呀，唉……

[突然想到什么，拿出小花苞打开，里面是一把莲子。]

小青蛙 呱呱！是莲子！这下有吃的了！太好了！呱！

[突然一阵雷鸣声传来，轰隆隆……]

小青蛙 呱呱！放马过来吧，现在我有了朋友们的帮助，我无所畏惧！大海，我来了！这条路我一定会坚持走下去，这才是我小青蛙！

第三场

地 点 山顶

[太阳从海的尽头升起，太阳的光辉折射到海面上，金光灿灿，水波荡漾……]

[小青蛙嘿呀嘿呀，呱呱地疲惫地一跳一跳上台。]

小青蛙 呱呱！这就是海吗？呱呱！实在是太美了！

[一阵老鹰的鸣叫声传来。]

老 鹰 小短腿子青蛙，没想到你还能真爬到山顶看海。

小青蛙 嘿嘿嘿，坚持就是胜利！呱呱！多亏了你和小荷花对我的支持，给了我莫大的鼓励和帮助，让我坚持下来，谢谢你们！呱呱！

老 鹰 哈哈哈，没想到你这个小短腿子青蛙还蛮有毅力。不错嘛！小荷花知道了也一定会很开心的！

小青蛙 嘿嘿嘿，谢谢你们，小朋友们，你们明白了吗？坚持就是胜利，克服苦难的路上，小青蛙和老鹰大哥，还有小荷花，我们会为你加油，要坚持哦！

老 鹰 嗯嗯，哈哈哈，加油！（挥舞着翅膀）

第二章 德育戏剧作品辑 2

小松鼠觅食记

编剧：刘国栋 曾 瑶

人物表

噗　噗　　一只即将成年的小松鼠，第一次独自前往森林觅食

噗噗妈妈　温柔但不溺爱噗噗，鼓励噗噗自己寻找食物

喳　喳　　一只性格活泼的小鸟

跳　跳　　一只灵活的小猴，噗噗的朋友

聪　聪　　一只饿着肚子的狡猾的狐狸，想要吃掉噗噗

第一场

地　点　森林入口处

时　间　冬天

[场景布置在一片森林入口处，小松鼠噗噗和噗噗妈妈正在说话。]

噗噗妈妈　噗噗，家里存储的粮食不够过冬了。今天过后你就是一只成年的松鼠了，所以你必须自己独自去森林里找食物来填饱肚子，不能再依靠爸爸妈妈了。

噗　噗　　可是妈妈，我不敢，你可以陪我去吗？

噗噗妈妈　　不可以噗噗，这是你必须自己完成的事情。

噗　　噗　　妈妈，我真的害怕一个人去森林里，那里面有好多很大很大的动物，他们会吃了我的。（害怕）

噗噗妈妈　　噗噗，森林里还有很多比你还小的动物呢，他们都能勇敢地面对这些困难，独自生存，妈妈相信你也可以。

噗　　噗　　那……那是他们哪，我真的不行。（蜷缩在一团）

噗噗妈妈　　噗噗，我们每一只松鼠都会经历这个时刻的，相信妈妈，森林里并没有那么可怕。（靠近噗噗，抚摸他的头）

噗　　噗　　是，没有那么可怕，但是妈妈，现在外面到处都是雪，根本找不到食物。

噗噗妈妈　　噗噗，你知道你最大的缺点是什么吗？就是一遇到问题就退缩逃避，但是总有事情是无法用逃避来解决的。你必须战胜它，而不是不断地找理由。

噗　　噗　　我也不想这样，妈妈，但是我自己独自去森林里找食物真的太难了。

噗噗妈妈　　我以前也带你进去过森林里呀，你知道应该怎么找食物的。别怕，我就在家里等你回来好吗？相信自己，你可以做到的。

噗　　噗　　好吧！妈妈。

噗噗妈妈　　好，妈妈在家等你。

[噗噗妈妈下场，噗噗坐在地上，小鸟喳喳从森林里飞了出来。]

噗　　噗　　（随手摘下一朵小花，开始数花瓣）进去、不进去、进去、不进去……

喳　　喳　　你在这里干嘛呢，小松鼠？数花瓣？

噗　　噗　　我在思考我要不要进去森林里面。

喳　　喳　　进哪，这有什么好思考的，不是想进就能进吗？

噗　　噗　　但是这是我第一次独自进入森林……我……（低下了头）

喳　　喳　　你害怕？

噗　　噗　　不是，我怎么会害怕呢！（傲娇地抬起头）

喳　　喳　　好好好，你不害怕，是我说错了。你进森林里要干嘛呢？

噗　　噗　　妈妈让我进森林里觅食。

喳　　喳　　现在？

噗　　噗　　对呀，因为我明天就成年了，必须自己独立觅食了。

喳　　喳　　那你进去找哇，我飞在空中看到树枝上还挂着许多果子呢。（扇动翅膀）

噗　　噗　　嗯……我再想想。

立德树人：德育戏剧创作与实践指南

喳	喳	好吧好吧，不过你得快点，说不定那些果子就被其他鸟儿吃掉了。
噗	噗	森林里真的还有食物吗？
喳	喳	当然了，森林里的果子可是又大又甜(擦了擦口水)，比外面的好多了！
噗	噗	我知道了。我休息一下再进去。
喳	喳	好吧好吧，那我先走啦，你抓紧点时间！

[小鸟喳喳离开，小猴子跳跳悄悄地从森林里出来绕到了噗噗身后。]

噗	噗	到底要不要进去呢？小鸟遇到猛兽还能飞，我要是遇到了逃不出来怎么办？要不然我还是回去吧。可是妈妈应该会失望吧？
跳	跳	(拍小猴子的肩膀)嘿！噗噗，你在这儿自言自语的干嘛呢？
噗	噗	吓我一跳，干嘛呀，跳跳，我在准备进森林觅食呢！
跳	跳	拜托，现在可是冬天，(指了指雪地)这到处冰天雪地的，还能有什么吃的呀。
噗	噗	可是小鸟喳喳跟我说森林里还有果子呢。
跳	跳	我又不骗你，我刚从森林里出来，什么果子都没有了。你看我不也是两手空空就出来了嘛。(摊开手)
噗	噗	万一是你没找到呢？
跳	跳	我都在这森林里多久了，哪里有果子我可清楚得很。
噗	噗	喳喳说她飞在天上看见的！
跳	跳	那肯定是在特别高的树枝上，我们根本爬不上去的，你就别想了。
噗	噗	可是……我还是进去看看吧。
跳	跳	你以前不是都是知难而退的嘛？这次还想勇往直前啦？
噗	噗	我就是觉得明天我就成年了，是不是应该战胜一下自己。
跳	跳	那你进森林去找找吧！总得试一试才知道有没有成功的可能啊！
噗	噗	嗯！那我就进去森林里找一找！

下　编　德育戏剧的案例典范

第二场

地　点　森林里
时　间　冬天

［噗噗来到森林里面。］

噗　噗　我要去哪里找吃的呢？以前妈妈好像是闻出来食物的位置的。我也试一下吧！（噗噗开始用鼻子嗅着寻找食物）

［狐狸聪聪晃晃悠悠地出现。］

聪　聪　（捂着肚子）好饿呀好饿呀，怎么森林里什么吃的都找不见了。不过真是天无绝狐之路，居然让我碰见了一只松鼠，让我从它那里骗些吃的，再把它也吃掉！（聪聪来到噗噗身边）小松鼠，你在干嘛呀？

噗　噗　你你你，我我我，救命啊！

聪　聪　哎，你别跑哇，我就是想来跟你交个朋友，毕竟这么大的森林里我们能遇见也是缘分，对吧？

噗　噗　你跟我交朋友？

聪　聪　对呀，不过我已经太久没吃东西了，实在是太饿了，能不能把你找到的吃的分我一些呀？（恳求的动作）

噗　噗　我也还没有找到吃的呢，可能帮不了你，我先走啦！（噗噗谨慎地准备离开聪聪）

聪　聪　哎哟，我的肚子好疼啊，我快要饿死了，哎哟。（捂住肚子躺在地上）

噗　噗　（远远地询问）你没事吧？

聪　聪　我没事，你走吧，让我自己在这个冰冷的地方饿死吧。（翻身背对着噗噗）

噗　噗　那……要不你在这里休息，我找了吃的回来给你？

聪　聪　啊，那真是太麻烦你了。

噗　噗　没事没事。

　　　　［噗噗在森林里转悠，突然在一处雪堆下面发现了一些松果，它赶紧扒出来。］

噗　噗　我找到吃的啦！

聪　聪　那你真是太棒了！快给我吃一些吧。

177

噗　噗	嗯，你拿一些去吧。（拿出松果给狐狸聪聪）
聪　聪	这能吃吗？你该不会骗我的吧？
噗　噗	这当然能吃了，可香了呢！（拿出一个松果就开始吃）你试试。
聪　聪	可是我不喜欢吃这个东西。
噗　噗	这是唯一能找到的吃的了。
聪　聪	这不是还有你吗，我感觉你好像更美味呢。（准备去抓噗噗，却因为太饿而摔倒在地）
噗　噗	你你你，居然骗我，想要吃我！
聪　聪	我……我跟你开玩笑呢，我是想要拿你手里的果子。
噗　噗	哼，我才不相信你！
聪　聪	真的真的，你看我都饿成这个样子了，我怎么可能还捉得到你呢？
噗　噗	（思考了一下）好，那我就给你一些。
聪　聪	（接过松果，一口咬下）哎哟！（捂着牙齿）我的牙，我的牙呀。这个怎么这么硬啊。
噗　噗	这个就是硬的呀，你不喜欢就自己去找吃的吧，我要回去了。
聪　聪	你……我要吃了你！
噗　噗	你牙齿都磕坏了，可吃不了我了！
聪　聪	你这个臭松鼠，我下次一定不会放过你。（晃悠着离开）
噗噗妈妈	噗噗……你在哪儿啊？
噗　噗	妈妈？是妈妈！妈妈我在这里！我找到吃的啦！（欢快地朝妈妈挥手）
噗噗妈妈	噗噗，你没事吧？我看你这么久都没回家，就出来找你了。
噗　噗	妈妈我没事，就是遇到了一只狐狸，不过我已经战胜他啦！
噗噗妈妈	我们噗噗真棒，不仅自己找到了食物，还能保护好自己。
噗　噗	嘿嘿，妈妈，我现在觉得自己出来觅食也没有那么可怕了，而且我自己找到食物的时候真的好开心哪。
噗噗妈妈	（温柔地抚摸噗噗）哈哈，你长大啦，知道遇到困难自己战胜它了。
噗　噗	嗯！比起逃避这些困难，战胜困难更让我有成就感，更让我高兴！
噗噗妈妈	妈妈在家给你准备了成人礼，有好多吃的呢，我们一起回去庆祝一下吧！
噗　噗	好耶！谢谢妈妈！我们一起把这些松果都搬回去！

下　编　德育戏剧的案例典范

校园奇遇记

编剧：黎江凡　曾　瑶　朱钰雯

人物表

组　长　七岁的学生

小　田　七岁，性格开朗活泼，有些许顽皮

小　李　七岁，性格大方，有时比较贪玩但会把控，比较听话

班　长　七岁，懂事听话，很有组织能力

园　丁　三十岁，勤勤恳恳，爱护花草

精　灵　花草精灵，属于植物类，很有灵性

地　点　操场旁的草坪

[课间操时间，所有同学都已经在操场做操，小田姗姗来迟，开始做操。做操结束后。]

组　长　小田！你怎么不戴红领巾？

小　田　我红领巾在课桌里忘带了，这有什么呢？

组　长　(有点生气)作为一名少先队员，你不仅迟到，还不带红领巾，怎么能这样呢？

小　田　我知道了，下次戴就是了。

　　　　[等组长走后。]

小　田　我下次还敢。(傲娇地跺脚)

班　长　小田，你怎么回事，不仅迟到，做操还不认真。

小　田　这有什么，我又没被老师发现。不要这么大惊小怪。走吧，我们去打羽毛球。(做一个发球的动作)

班　长　不行，你必须保证下次不这样了。

小　田　我发誓。

179

［然后班长和小田在操场打了几个回合，球被班长不小心打到了草坪中间，班长正准备绕过草坪去捡球，小田拦住了他。］

小　田　班长，你先过来。

［班长过去后。］

小　田　班长，你看，从这里走进去不就很快了吗？那条路好远，我们就直接走草坪吧。

班　长　（边皱着眉头边摇头）不行。

［还没等班长再说什么，小田一下子就跳了进去，站着踩了两脚，边踩边说。］

小　田　你看，这不就进来了，没什么的，哈哈哈哈。这草踩着还挺舒服的。

［班长想拉小田出来，但没拉动。］

班　长　小田，快出来。（挥手让他回来）

［此时被正准备来浇水的园丁看见，他赶忙上前阻止。］

园　丁　同学，你干嘛？怎么能直接进去呢？

［小田一下子跑到班长后面指着球边，对园丁说着。］

小　田　我要去捡球，你看球就在那里，怎么不能进来呢？

园　丁　这里都是草坪，为什么不走那条路去捡？（指着那条路）你们老师难道没教过不能踩踏草坪的规则吗？

小　田　（小声嘀咕）走草坪明明就近很多呀。

园　丁　你说什么？

班　长　（赶忙把小田拉在身后）对不起对不起，我们老师教过不能踩踏草坪，我们不会再进去了。

园　丁　嗯嗯，行吧，你们从那条路过去捡吧。

班　长　好的，谢谢园丁阿姨。

［说完便拉着小田走向小路那边，园丁走向另外一个方向浇水，此时组长跑了过来。］

组　长　（气喘吁吁）班长，老师找你有事，让你快去办公室。

小　田　班长，你先去吧，我来捡球。

班　长　好的，那就麻烦你了，拜拜。

［小田看他们都走了，一下子就跑进草坪，很快地来到球边。］

小　田　（得意地）这不就很快地捡到了嘛。

［旁白：此时，精灵身着绿色衣服，头戴漂亮的帽子，手拿一根魔法棒突然出现，园丁静止不动，小田惊奇地看着精灵。］

精　灵　我乃花草精灵，刚刚就是你踩了草坪？

小　田　（木讷地点头）嗯。

精　灵　那你可知道那些被你踩的草也是会痛的。

小　田　草怎么会痛呢？它们又没有感觉。

精　灵　（生气）所以你觉得你没有错吗？

小　田　本来就是嘛。（傲娇地扭过头准备离开）

精　灵　那我就让你自己来感受一下被踩的滋味。

［旁白：小田还没来得及回答，精灵就用魔法棒把小田变成了草。小田刚开始的时候还有一点惊恐，但很快他就有一点兴奋。］

小　田　咦，正好我就不用去上课了，还可以在这里晒一下太阳，真不错，哈哈哈。

［精灵没有再理会小田就消失了。］

［旁白：就这样到了中午，很多同学吃完饭后来草坪周围玩耍，偶尔有人悄悄将垃圾扔进草坪。正好有一块香蕉皮扔到了小田的身上，小田的身体被压得快变了形。］

小　田　（无力）这个香蕉皮怎么这么重，我的腰都快断了，绿精灵你快出来呀，把这块香蕉皮弄走。（一点一点地躬下身）

［旁白：精灵并没有出现，直到园丁来浇水的时候把香蕉皮捡走，小田才轻松了许多，对着太阳舒适地伸了懒腰。］

小　田　还是这样最舒服，下午也不用去上课了，嘿嘿，真好。

［旁白：这时，天气突然发生了变化。周围吹起了大风，小田在风中不停地飘荡，吹得他眼睛都睁不开了。］

小　田　（大声）精灵，你快出来呀，我要被吹走了。（身体不断倾斜）

［旁白：精灵还是没有出现。过了一会，大风停止了，天上却慢慢地变暗了，一滴、两滴、三滴……逐渐开始下起了小雨。雨毫不留情地滴在了小田的身上，小田开始哭了起来，非常伤心］

小　田　（带有哭腔）呜呜呜，我要回家，我想妈妈了，呜呜哇哇……

［由于雨越下越大，大家都开始跑动起来，准备回教室，就在小田大哭的时候看到了班长和小李向他跑来。］

小　田　班长，小李，我在这里，快带我回去。

181

[旁白：看到他们越来越靠近自己，小田仿佛看到了希望，可等到他们走到了他的面前，他才意识到自己已经变成了草，他们根本看不到他。那他们走过来是要……小田心里突然有种不好的预感，就在他还在思考的时候，突然感受到很大的疼痛。原来，小李的一只脚刚好踩到了他的手，他感觉自己的手都要断了。然而小李并没有继续走，因为他被班长拉住了。]

班　长　不能踩进去，老师说过了，不能踩踏草坪。

小　李　这雨马上就要下大了，我们要赶快回教室，从这草坪走要快点，去那边那条小路还要绕很久。

班　长　（拉住小李）不行，我们要遵守规则，不能因为求快就踩进去。你看，我们的鞋上还有一些脏东西，如果你回家，肯定也是将鞋子脱了放在外面而不是直接穿进去呀。这也是一样的道理，所以我们去走那条路吧。

[小李将那只脚伸了回来。]

小　李　我懂了，你说得有道理，走吧。

[旁白：小田看着班长和小李走远的背影，顾不上头上的小雨，愣了一会，看着自己被踩得有点塌的手，貌似懂了什么似的低下了头，自顾自地说着。]

小　田　真的是我做错了，小草确实也是会疼的。老师说要遵守的规则，我应该要真正地遵守。

[精灵此时出现，小田看着她。]

小　田　对不起，我确实不应该踩草坪。小草也有生命，每天不仅面临刮风下雨，还要被同学们踩，被当成垃圾场。（低下了头）

精　灵　是的，小草的成长也并不容易。世上的规则都有它存在的意义，希望你以后都能好好遵守规则。

[看到小田真心悔改的样子，便用她的魔法棒将他变回了人形。]

小　田　我以后会好好遵守的，谢谢你让我明白了这些。原来，这些规则都是有依据的，我以后一定会做一个遵守规则的好孩子！谢谢你，小精灵。

[到了下午放学的时候，天气又回到了上午阳光明媚的样子。小田戴着红领巾出场，将手中的本子交给组长。]

小　田　组长，今天的作业我补好了，我以后都会按时交的。

[组长接过作业，点了点头就走了，之后班长和小李拿着一个标识牌走了

过来。]

小　田　咦，班长、小李，你们去干嘛?

班　长　我们去立标志牌呀。

小　田　青青的草，怕你的脚。你们是去那边的草坪立吗?

[班长和小李一起点头。]

班　长　是的。

小　田　那我可以和你们一起去吗?

小　李　当然可以。

[然后他们一起把标识牌立在了草坪上。园丁这时也走了过来。]

园　丁　(面带微笑)你们在立保护草坪标识牌呀，真棒。

[班长和小李腼腆地笑了笑，小田走到园丁的面前，真诚地道歉。]

小　田　园丁阿姨，对不起，我上午直接踩进去做得很不对，以后一定不会再这样了。

园　丁　(摸了摸他的头)孩子，知错能改就是好孩子，我相信你不会再犯这样的错误。那以后就让我们一起来守护它们，好吗?

众　人　(一起点头)嗯嗯，好。

小安的九条命

编剧：陈可欣　曾　瑶

人物表

小　安　大猫帝国唯一的公主，一只拥有九条生命的猫，平时高傲顽皮，不爱惜自己的生命

皇　帝　小安的父亲，深谋远虑，足智多谋

小　可　小安的仆从，一只可爱胆小的猫，十分忠于小安

大　橘　狡猾奸诈的商人，为夺得宝贵的雪莲哄骗小安，为此牺牲一条命

皮　皮　御膳房大厨，是皇帝陛下忠诚的下属

琪　琪　一只善良淳朴的猫

琪琪妈　皇帝陛下派去帮忙演戏的猫，经验老道

第一场

时　间　早上

地　点　皇宫

小　安　我叫小安，是猫之王国的公主，人人都说我们猫有九条命，但其实我告诉你们，并不完全是真的。在我们猫族中，只有我们皇室这一脉才拥有至高无上的九条命，那些个凡猫可没有。看看他们每天为了躲避宿敌追捕那狼狈的模样，真是笑死本公主了。（做作地捂嘴笑）

小　可　小安公主，小安公主，你怎么又跑上城楼去了？那里太高了，摔下来可怎么办，公主你快下来吧！（无奈地拍手）

小　安　你慌什么，我可是有九条命的，爬个城楼而已，要真摔下来我还有八条命呢。（手指比八字）

小 可	公主殿下，是四条，(跳起来伸出四根手指)你忘了，你上次不听王后的劝阻，一个人跑出皇宫的禁地，不小心掉进了猎人的陷阱，浪费了你的第五条生命。还有上上次，你说想去看海，结果到了涨潮的时间您没能跑出来，被海浪冲走了您的第六条生命，还有上上上次……	
小 安	(摆手叫停)停停停，你别念叨了，数得我脑仁都疼了。这不是还有四条命嘛，放心，够用。	
小 可	公主殿下，生命可是很珍贵的，你要好好珍惜呀!	
小 安	好了好了，你再这么啰唆我可就要罚你去做洒扫丫头了，不要再跟着我了。	
小 可	我不说就是了。(委屈地低下头)	
小 安	这样才对嘛，明天就是一年一度的鱼干节了，到时候我可要好好地玩一玩。你可不要告诉我的父皇，上次只是丢掉一条命他就已经罚我禁足一个月了，要是被他知道我擅自出去玩，肯定不让我去。	
小 可	国王陛下都是为您好。	
小 安	这话我不爱听，收住! 真不知道父皇在担心什么，我可是有九条命的，又没那么容易死，没了就没了呗。	
小 可	哎，公主殿下。	
小 安	行了，替我望好风，我走了。(欢快地迈着舞步)	
	[小安来到了悬崖边上，看到一只橘猫在摘悬崖边上的花。]	
小 安	吼!	
大 橘	吓死我了，哪里来的黄毛丫头。	
小 安	什么黄毛丫头，本公主乃是大猫帝国唯一的公主，你一介平民竟敢用这样的语气和本公主说话。(不屑地转过身去)	
大 橘	得了吧，早些日子公主殿下因贪玩成性被国王陛下禁足宫中，无人不知，真正的公主此刻正在宫中呢，你又是哪里跑出来的?	
小 安	我……(转身)	
大 橘	说不出来了吧，大胆小贼，居然敢冒充公主，信不信我立马去禀报皇帝陛下。(双手作揖)	
小 安	去就去，不对，哎，你别走哇，我，我承认还不行吗?	
大 橘	你承认你是小贼啦?	
小 安	什么小贼，我说我是公主就是公主，本公主此次属于微服出访，是……	

立德树人：德育戏剧创作与实践指南

是为了出门给父皇寻找鱼干节礼物的，不让你禀报是怕你坏了本公主的计划。

大　橘　听起来……

小　安　听起来是不是有点道理？

大　橘　是听起来荒唐极了。

小　安　那你说，你要怎么才能相信我？

大　橘　这样吧，传说公主是尊贵之躯，有九条命，要是，要是你能从悬崖上跳下去还安然无恙，我就相信你。

小　安　好，不就是跳下去嘛，我可是有九条命的，跳就跳。

　　　　〔安安说完跳下了悬崖，然后又复活了。〕

小　安　这下你相信了吧？

大　橘　这，难道你真是公主？（谦恭）

小　安　你可是亲眼看见我跳下去的，我不是公主还能是谁？

大　橘　我信，但是公主殿下，如果我没有猜错的话，公主殿下是偷偷溜出来的吧？你说，作为一名忠心耿耿的大猫帝国的臣民，我是不是应该告诉国王陛下这件事呀，不然公主殿下要是在外面遭遇了什么不测，那岂不是我的罪过？

小　安　别别别，你可千万不要告诉父皇，这样吧，本公主许你一个愿望，你要我帮你做什么都行。

大　橘　有公主殿下这句话，真是太好了！公主殿下你看（指着悬崖上的花），悬崖上那朵花正是千年难得一遇的嵩山雪莲，是稀世珍品哪，价值连城，用多少小鱼干都买不到。

小　安　所以呢？你是想让本公主帮你摘？

大　橘　公主殿下你也知道，这悬崖下方可是万丈深渊，像我这样普通的猫，一个不小心摔下去那可是连尸骨都找不着，实在是没有办法呀！可是公主殿下您不一样啊，您可是有九条命的，就算没了一条，也还有好几条呢。（讨好地搓着手）

小　安　那是，我可是有九条命的，你呀，净说大实话，行吧，本公主就勉为其难地答应你了，不过你可别忘了答应我的事情。

大　橘　是，我保证不告诉国王陛下，要是问起来，我就说我从来都没见过您。

小　安　算你识相，你等着，我这就去摘花。

186

下 编 德育戏剧的案例典范

[小安靠近悬崖边摘到花的同时也落到了悬崖下，丢掉了一条命，此时小安只剩下两条命了。]

大　橘　公主殿下，公主殿下，您没事可真是太好了。

小　安　给，你的花。

大　橘　（讨好地作揖）多谢公主殿下，公主殿下真是个好人。公主，若是你想要寻到最美味的鱼干，不妨往南边走，据说万年前有高人在那里埋了一坛子上好的腌渍鱼干，可美味了。（舔了舔嘴唇）

小　安　真的？那太好了，本公主现在就去。

大　橘　公主您慢走！公主真是个缺心眼，命都可以乱丢，不过这可便宜了我，嘿嘿嘿。

第二场

时　间　白天

地　点　森林里

[小安与大橘分开以后，一直往南边走，走了很久很久，终于看到了不远处有人鬼鬼祟祟，疑似在挖土。]

皮　皮　鱼干，鱼干，我美味的鱼干，你到底在哪儿？快点乖乖地出来吧，到我皮皮的胃里吧。

小　安　咳咳咳。

皮　皮　你是谁？

小　安　（指着皮皮）大胆刁民，见到本公主还不行礼？没大没小。

皮　皮　公主殿下，你，你怎么来了？

小　安　奇怪，你怎么不质疑我？

皮　皮　公主殿下，质疑您什么呀？

小　安　上一只见我的猫还怀疑我是假公主来着，你怎么那么相信我？

皮　皮　公主您日理万机，自然是不认识小的，小的是御膳房的大厨，已悄悄见过公主很多次了，当然认得出。

小　安　原来如此，那可太好了！我问你，你可是在找东西？

皮　皮　小人不敢欺瞒公主殿下，小人的确是在找东西。

187

小　安　是不是在找一坛埋藏万年的鱼干？

皮　皮　公主，您是怎么知道的？

小　安　这不重要，你只要好好地回答我的问题就行了，你找到了是不是？我都看到罐子了。

皮　皮　（把罐子护在身后）回公主殿下，是，是的，但这是小人先找到的，还请公主，请公主……

小　安　你躲什么呀，难不成你怕本公主抢了你的鱼干？

皮　皮　小人不敢哪！

小　安　不敢？我看你敢得很。

皮　皮　小人……小人这是正打算与公主分享呢。

小　安　噢，那你倒是快打开呀！

　　　　［皮皮不情不愿地打开鱼干，小安见到鱼干迫不及待地就往嘴里塞。］

小　安　真美味啊！

皮　皮　公主，慢着。（上前拉住小安）

小　安　慢什么呀，咦，怎么有两个你呀，不对，是三个，我的脑袋怎么晕乎乎的。（说完就倒下去了）

皮　皮　公主，公主，你怎么了？（使劲摇着小安），我还没说完呢，这鱼干埋了一万年了，要拿出来晒晒才能吃呀，公主……

　　　　［小安又复活了，这次小安只剩下最后一条命了。］

小　安　（推开皮皮）你怎么不早说！

皮　皮　公主，我，我这不是还没来得及说你就……

小　安　（站起来）这么说还是本公主的错了。

皮　皮　不敢不敢。（卑微）

小　安　幸亏我可是有九条命的，不然你就算是给本公主陪葬都算轻饶了你。

皮　皮　是是是，公主福大命大，好日子还在后头呢。（作揖赔不是）

小　安　算了，看在你也是无心的分上，这次我就不和你计较了，下次说话不要闪舌头。

皮　皮　是是是。

琪琪妈　救命啊！

小　安　什么声音，有人在喊救命，我们快过去看看。

琪琪妈　琪琪，你别动啊。

下　编　德育戏剧的案例典范

琪　琪　妈妈，我怕……

琪琪妈　好孩子别怕，妈妈这就找人来救你，有没有人哪，有没有来救救我们哪？

皮　皮　大娘，怎么了？

琪琪妈　好心人，救救我们母女俩吧！我和我的孩子在森林里玩得好好的，谁知，我的孩子竟不小心踩到了地雷。这前不着村后不着店的，我是真不知道该怎么办了。

皮　皮　怎么会这样，大娘，我也想帮你，可是我……我，这可是地雷呀！我也害怕，我也没有办法呀。

琪琪妈　我知道的，我只求你带走我的女儿，让我替我女儿踩住这颗地雷，你帮我把我女儿抱得远远的。

琪　琪　妈妈……

琪琪妈　孩子别哭。

皮　皮　这这这，这可怎么成，有了，公主殿下，你不是有九条命吗？要不你去替琪琪踩住这颗地雷引爆它，反正公主殿下还有那么多条命，为了救人，没了一条命，也是一件功德无量的大好事呀。

琪琪妈　公主殿下，您是公主殿下，公主殿下求您救救我的孩子吧！（弯下身恳求）

小　安　不行！

皮　皮　为什么？公主殿下。这可是我大猫帝国的子民哪，你莫不是贪生怕死？我……我看不起你。（扶着琪琪妈）

小　安　你竟敢这样说我，你以为本公主不想救吗？可是……可是本公主如今只剩下一条命了，救了这孩子，本公主就再也回不来了！

皮　皮　怎么会？

小　安　信不信由你，反正这忙本公主是帮不了了。（无奈地转过身去）

琪琪妈　我理解的公主殿下，我也不求别的，只求公主殿下与这位少侠务必要帮我照顾好我的孩子，告诉她，妈妈永远爱她！

小　安　你，哎呀，不管了，这话你留着自己和她说吧！你（指着皮皮），本公主以大猫帝国皇室一族的身份命令你，立刻带她们母女走得远远的。本公主死后，记得回去告诉我父皇，本公主这次可是为了救人才没命的，不再是胡闹了，听到了没有？

皮　皮　公主殿下！

189

小　安　别废话，我只问你听到了没有？

皮　皮　是，小人定不辱使命！（虔诚地单膝跪地作揖）

小　安　父皇，以前是我不懂，现在我懂了，如果有来世，我一定好好珍惜生命！

国　王　终于想明白了？

小　安　父皇，你怎么来了，不对，你快走哇，我不想让你看见！

国　王　看见什么，看见你英勇就义的样子？

小　安　父皇！

众　人　参见国王陛下。（作揖）

国　王　起来吧，你们陪我演这出戏辛苦了，退下吧，回去以后重重有赏。

小　安　这，这是怎么一回事呀？

国　王　这都是我一手策划的，为的就是让你知道，生命可是来之不易的，以后不要胡闹了。

小　安　父皇，我错了！

国　王　知错能改就是好孩子，不过父皇可告诉你，你以后就只剩下一条命了，没有第二次了！

小　安　啊！怎么会这这样？能不能一键重启呀，我以后再也不要浪费生命了！

下　编　德育戏剧的案例典范

新年的烟花

编剧：杨　柒　王皓楠　李林桔

人物表

农场主　三十八岁，粗心，大大咧咧
鸭　子　十分傲慢，自以为是，目中无人
绵　羊　立场不坚定，软弱，没主见
看门狗　忠诚，警觉，正直
母　鸡　富有心机，狡黠
小　猪　好吃懒做，胸无大志

第一场

时　间　春节
地　点　农场

[喜气洋洋的下午，栅栏围着的农场，中间有一个食槽，农场周围有一些干草……]
[四处放着喜气洋洋的音乐，动物们跟着音乐跳舞，整个环境洋溢着新年的氛围……]

小　猪　我不干了，我不干了！这年头做猪真难哪，既要猪长肉又不给饭吃。

绵　羊　（点头）嗯！

鸭　子　（拿着《钢铁是怎样炼成的》）精神食粮就能帮我战胜饥饿！

小　猪　哼，你这只鸭子。

鸭　子　唉，你们这些凡猪、俗羊，是不会明白的！

看门狗　再等一下吧！说不定主人现在有什么事情吧，大家再等等吧。

191

绵　羊　（点头）嗯，也是呀。

母　鸡　（不耐烦地）看门狗大哥，你能不能给我们透露下主人今天干什么去了？他什么时候才能准备好食物哇？（一边靠近一边示好）

看门狗　（十分嫌弃的样子）干什么，别动手动脚的。

鸭　子　你这只母鸡，一天就是事情多。

绵　羊　（难受地）哎呀，好饿呀！我都快饿死了，咩咩咩。

动物们　（此起彼伏）哎呀，好饿呀！主人干嘛去了？主人怎么又忘了？我的肚子都在咕噜咕噜叫了。

农场主　（穿着红色大棉袄，抱着一堆烟花进门，将烟花堆在栅栏外）

动物们　（此起彼伏地抱怨）

农场主　（不耐烦地）来了来了，叫什么叫，你们这些饭桶！噢，看看我的小宝贝鸭子，多乖呀！

鸭　子　（拍拍自己的衣服，整理自己的衣服，同时优雅地用刀叉吃饭）

绵　羊　我也要像鸭子一样，优雅一点。

　　　　［小动物们狼吞虎咽，鸭子独自高傲地站在一旁漠视着其他动物……］

　　　　［小动物们吃完饭之后，跳公鸡舞运动，新年倒计时音乐结束，天空中放起了烟花……］

小　猪　（开心地望向天空）哇！这个烟花真美呀！（难过地）好可惜一年只能看一次，不知道明年过年放烟花的时候我还在不在。

绵　羊　（悲伤地）这大概是我第一次也是最后一次看烟花了吧。

母　鸡　（冷嘲热讽）那有什么办法，你们还不是得认命啊，不像我，只要多下几个蛋，明年不就又能看烟花了嘛！

看门狗　（兴奋地转圈）哇！好漂亮，汪汪。

鸭　子　（自以为是地）哎呀！这很简单哪，我可以帮你们放烟花，只要你们认我做老大。

母　鸡　（讽刺地）有些鸭子真是吹牛不打草稿，我才不相信呢，主人放个烟花动作都很慢，我看你这个小短腿，点燃了烟花，还没跑远烟花就燃起来了。

小　猪　（憨憨地）对对对，我老猪也不信。我看新闻上的消防叔叔说："小孩子在没有大人的陪同下，不能随意燃放烟花！因为太危险了！"

绵　羊　的确是呀，这也太危险了吧！我们这些小动物肯定放不了烟花，我还是祈祷我能活到明年过年吧，这还比较靠谱！

看门狗 （警觉）汪汪，你这只不老实的鸭子！（指着鸭子）可给我小心点，一旦你有什么举动，我就会告诉主人！看你这个臭鸭子还能得意多久！

鸭　子 （不耐烦地走向看门狗）就是放个烟花而已！你这个傻狗，什么事情都要跟主人说，（边说边往回走）可真是主人忠诚的小尾巴呢，服了你了！

第二场

时　间　夜晚

地　点　农场

[关灯，安静的夜晚，响起蟋蟀声，小动物们已经休息了⋯⋯]

鸭　子 （悄悄地走到小猪旁边）懒猪，睡什么睡，你们几个不是要看烟花吗？都快点给我起来。

绵　羊 （揉揉眼睛）放烟花？（惊喜）好耶好耶！鸭子我可太崇拜你了！

小　猪 （不耐烦）不要打扰我睡觉，我才不相信你真的要去放烟花呢，我的蛋糕还在梦里等我呢！

母　鸡 （摇了摇自己的身子，不耐烦）你这只死鸭子真是嘴硬啊！我倒要看看你怎么放烟花！哼，可别把我们的农场点燃了！

绵　羊 （走过去拉着鸭子）鸭子，要不还是算了吧！这太危险了！

鸭　子 （不耐烦地甩开绵羊的手，插着腰）在我鸭子的字典里，就没有"不行"这两个字！

母　鸡 了不起了不起！

看门狗 （偷听到几个小动物们的谈话，惊恐地瞪大眼睛，焦急地在舞台中央来回踱步，呼喊）来人哪，来人哪，这只不要命的鸭子要造反了呀，它要烧了这个农场啊！（连忙走向主人的住处，边走边喊）主人你快醒醒，我可不想死在这里！

农场主 （着急地跑到栅栏，插着腰，指着看门狗，愤怒地）叫什么叫！

看门狗 （委屈地往回退）汪汪！

农场主 你这只傻狗，我还以为强盗进来了呢！耽误了我看春晚的小品！

小　猪 哎呀，主人来了！（小动物们立马乖乖地装睡）

农场主 这不都好好的嘛！（农场主巡视了一圈，没有发现任何异样，指着狗骂了

立德树人：德育戏剧创作与实践指南

几句后离开了）

[鸭子看农场主走后，小心翼翼地尝试去放烟花。]

鸭　子 （悄悄地走到烟花旁，点了烟花急忙跑到小猪的背后躲着）

母　鸡 （吓地将盒子扣在头上）

[所有动物都屏住呼吸，过了一会，烟花并没有炸……]

看门狗 （笑得仰头大笑）笑死我了，就这？

母　鸡 （把盒子摘下）呵，我就说你不行吧！（抖了抖自己的身子）引线都还没点
　　　　燃就往回跑！瞧你这个破胆！

鸭　子 （从小猪身后抬起头，听了狗和鸭子的嘲笑有些难为情）

小　猪 真是吓死我了，我的两斤肉都吓没了。（摸摸肚子）

绵　羊 吓死羊不偿命啊！（擦汗）

鸭　子 （低着头）我我我……（猛地抬起头）失败乃成功之母，我这次一定能点燃！

绵　羊 嗯！我相信你！

母　鸡 （不相信地）去吧去吧，我看你这次点不点得燃。

鸭　子 （气愤地走向烟花）

看门狗 （着急地跑过来拉住鸭子）你还要去呀？！

鸭　子 （想甩开看门狗的手）你放开我！

看门狗 （试图将鸭子往回拉）这太危险了，你不要命了吗！

鸭　子 （再次尝试挣脱看门狗）不就是放个烟花吗？哪里危险了！

看门狗 （仍然拉着鸭子）不行！

鸭　子 我要去！

[旁白：鸭子眼看挣脱不了看门狗，灵机一动，拿出了骨头吸引看门狗的
注意力，然后向远处扔去。]

[旁白：看门狗看到骨头两眼发光直流口水，连忙松开鸭子的手，朝骨头
的方向跑去。]

鸭　子 （急忙跑去点烟花）

其他动物 （紧张地看着鸭子，露出惊恐的表情）

[引线点燃，烟花噼里啪啦地响，动物们惊恐地上窜下跳……]

母　鸡 （连忙跑去拿水）

看门狗 （跟在母鸡后面，跑向水池）

绵　羊 （着急地向爆炸的地方跑去）

194

小　猪　（着急地原地跺脚，然后跑向爆炸的地方）

[泼水声，慌乱声，爆炸声停，所有动物定格在原地⋯⋯]

第三场

时　间　夜晚

地　点　农场

[爆炸声停，鸭子伤痕累累地躺在绵羊身上，所有小动物们围着鸭子⋯⋯]

看门狗　（叹气）这鸭子怎么就不听别人劝呢，这下好了吧，把自己烧成烤鸭了，都跟他说了不要做这么危险的事情。

绵　羊　（一直哭泣）鸭子太可怜了吧！我们就不应该随便燃放烟花的，这辈子看一次烟花又能怎么样呢，生命安全大于一切呀，呜呜呜⋯⋯

母　鸡　都是看门狗没有守住，（转过去看向看门狗）你怎么不拦住他呢？！

绵　羊　对对对，你怎么没拦住他呢！

看门狗　你好意思说我？！还不是因为你们的怂恿！

小　猪　你可别乱说，这可不关我的事呀！

农场主　（焦急地从房屋里向鸭子的地方跑去，闻了闻）我的天哪，我就说怎么一股烧焦的味道！不是说了你们这些小动物不能随便点烟花吗！一点安全意识都没有！这个农场到处都是干草，还好没把农场引燃！

鸭　子　（突然翻身，害怕地哭泣）我再也不敢随便燃放烟花了。我明明才点燃烟花，这烟花就炸开了，我的羽毛全没了。呜呜呜，以后还是让大人帮我们放吧！

农场主　原来是你这只鸭子，不听话，随便燃放烟花，把自己的毛都烧了，贪玩就要付出代价！我今儿个就把你煮来吃了！（农场主拎起鸭子向外走去）

看门狗　你们这些傻瓜，贪念烟花的美丽，不珍惜自己的生命，结果⋯⋯唉，真是令人惋惜。

小　猪　还是得谨记我们不能随便放烟花！

母　鸡　一定要在确保安全的情况下燃放烟花！

动物们　不然我们都有可能成为下一个鸭子！

不要上当受骗

编剧：彭唯艺　蒋　欣　王浩宇

人物表

白小兔　聪明机智，半途而废是天性，喜欢逗乌龟龟

乌龟龟　单纯易上当，懒惰，爱耍小聪明，有毅力

狐万狸　奸商

老鼠幺　与狐万狸狼狈为奸

狗护卫　正直、雷厉风行

山　鸡　裁判

第一场

时　间　清晨

地　点　村前空地上

[晴朗的天空下，远处传来阵阵呼喊声"加油加油！"，十年一次的运动会正在进行。]

白小兔　（蹦跳着）妈妈，你快点，比赛要开始了。

兔妈妈　（向白小兔挥手）不要急，白小兔，妈妈说的话你记住没有？一定不要像你爸当年一样……

白小兔　记住了记住了，白小兔不能像爸爸那样骄傲自满，跑到半路就呼呼大睡。妈妈，你就相信我吧，我肯定会拿第一名的。（自信满满地比一的手势）

兔妈妈　真是个好孩子，你一定要克服这个天性，让他们看看我们真正的实力。

白小兔　嗯嗯。

兔妈妈　轮到你还有一会，快来让妈妈看看，（挥手让白小兔过来）哎呀，你这衣

服都没有穿对，快快快，脱下来。

白小兔　嘻嘻，走得太急啦，没有注意到。（开始脱衣服）

兔妈妈　（摸摸头）真是个小孩子。

[空地另一头，乌龟龟和龟妈妈边走边说。]

龟妈妈　龟龟，不要紧张，上场之前深呼吸，然后伸个懒腰，结果不重要，自己跑自己的不要管别人，知道了吗？

乌龟龟　哎呀，知道啦知道啦！我才不紧张呢，我肯定会跑在白小兔前面的。以前爸爸都赢过了他们，我肯定也可以的。

龟妈妈　这也是实话，他们一家出了名的半途而废。

乌龟龟　好了，妈妈，我去比赛了。

[空地中央，山鸡裁判拿着口哨吹了两下。]

山　鸡　咯咯咯，请乌龟龟和白小兔到我这里集合比赛，请乌龟龟和白小兔到我这里集合比赛。

白小兔　（蹦跳着）白小兔选手来报道。

乌龟龟　（慢爬）乌龟龟选手来报道。

白小兔　（挑衅地看向乌龟龟）乌龟龟，你爬得可真慢哪，等会在赛场上要不要我等等你呀！

乌龟龟　哼哼，白小兔你确定能跑得过我？不知道谁家祖传的半途而废。看着跑得快，还不是我们乌龟赢了。

白小兔　（跺脚）你，你给我等着瞧，哼！

山　鸡　咯咯咯，安静，经典龟兔赛跑即将开始，选手请准备，预备，跑！

[旁白：白小兔一马当先跑在了前面，乌龟龟也拼尽全力迈着短腿，但是仍然被白小兔远远地甩在了后面。]

乌龟龟　（边跑边说）白小兔肯定要睡觉了，我只要慢慢跑就可以得第一了。（看见路边的花）哇！这花儿开得真好看，我喜欢这个这个（摘下红色的黄色的紫色的花）。

白小兔　（快到终点时停了下来）哎哟喂，真累呀！气都喘不过来了，让我歇一会。（往后面看了看）乌龟龟呢，哦！原来还在那个后面，他肯定以为我会在路上睡着，然后自己就可以得第一名。我当然要睡一会，真是把我给累着了，但我可不会真的睡觉，等会就知道了。

[白小兔眯着眼睛等着乌龟龟跑上来，乌龟龟托着一大捧花慢悠悠地爬了

立德树人：德育戏剧创作与实践指南

上来。]

乌龟龟　（围着白小兔看了又看）白小兔可真傻，看来第一名一定是我的了。快走快走，不能把他吵醒了。

白小兔　（一下子蹦跳起来）哈哈，傻乌龟，被骗了吧。

乌龟龟　嗨呀呀，吓我一跳，白小兔你没有睡觉，你居然骗我。

白小兔　哼哼，我可是真的睡了一觉了，只不过是假装的啦！哈哈哈，拜拜了，我要拿第一了。

乌龟龟　不行不行，第一名是我的。（手忙脚乱）

　　　　[白小兔轻轻松松跑过终点线，乌龟龟只能加快步伐向前冲。]

山　鸡　咯咯咯，现在我宣布白小兔获得第一名，获得可口的大白菜一颗。

白小兔　耶，我是第一名！

兔妈妈　白小兔，你就是妈妈的骄傲，宝贝你真棒，你想要什么奖励呢？

白小兔　我要吃白菜大餐（举起白菜），妈妈。

兔妈妈　好好好，走，咱们现在就回去做，哈哈哈。

　　　　[兔子一家高兴地回家去了，龟妈妈安慰着乌龟龟。]

龟妈妈　（摸摸头）龟龟，不要难过。

乌龟龟　妈妈，白小兔骗我，他假装睡觉。他根本就是在看我笑话，呜呜。（把头埋进妈妈胸口）

龟妈妈　孩子，妈妈告诉过你，跑步的时候不要看别人，自己跑自己的，不要在意结果，自己坚持奔跑就是最大的赢家。但是你自己想想刚才你是怎么做的。

乌龟龟　妈妈你在怪我吗？明明是白小兔的错，是他骗了我，是他的错！

龟妈妈　好了，到底是谁的错，你自己好好想想吧！妈妈先回去了，你自己在外面先玩会吧。

第二场

时　间　中午

地　点　村子里

[乌龟龟找了一块石头坐了下来，哭得十分伤心。突然听到一阵吆喝声。]

198

下　编　德育戏剧的案例典范

狐万狸 （推着小推车喊道）卖饮料嘞，还有瓜子豆干泡面火腿肠嘞，快来买呀！
小乌龟，看你这么伤心，来一瓶神器饮料吧！这饮料可是专门治不开心
的，只要你喝了它，就会立马开心起来，要不要试一试呀？

乌龟龟 我才不会相信你呢，妈妈说过这都是骗人的。而且我可从来没有见过你，
我不会买你的东西的。你快走吧！（扭过头去）

狐万狸 小乌龟，你可真是听妈妈话的好孩子。前段时间我哥哥家里出了一些事
情，现在就靠卖东西维生了，而且我确实不是你们村里的人。我住在山
的另一边，这几天我都推着我的小车在隔壁村卖东西，今天刚刚来你们
这，你不认识我很正常。

乌龟龟 原来是这样啊。哼，你以为我会相信你吗？你是骗子！（转身就要走）

狐万狸 哎哎哎，小乌龟，不要走哇。

老鼠幺 （快步走过来）嘿，老伙计，今天到我们这儿来卖东西呀。

狐万狸 哟，老鼠幺，你家住在这儿啊？好久不见呢！（和老鼠幺握手）

乌龟龟 老鼠哥哥，你认识他吗？他是一个骗子。

老鼠幺 哈哈，龟龟，这是我的好朋友狐万狸，可不是什么骗子。他现在因为家
里有事，只能出来做点小生意，没想到被你认作是个骗子，哈哈哈。

乌龟龟 啊，对不起对不起，狐狸哥哥对不起。但是你说的饮料真的有这么神
奇吗？

狐万狸 当然是真的。（拿起一瓶饮料）我这饮料可是去镇里面进的新货，现在抢
手得不得了呢，就剩下一瓶了。喝了这个饮料不仅会让人开心，而且喝
完一口就会让自己的腿长长一点，根据隔壁村的反馈，一瓶下来最多可
以长五厘米呢。

老鼠幺 确实是真的，龟龟。这神奇饮料在隔壁村可是抢手得不得了呢，好多参
加运动会的动物都买了的。

乌龟龟 哇，好神奇呀！我也想要我的腿长长一点，这样就可以把白小兔给比下
去了。狐狸哥哥我也想要买一瓶。

狐万狸 小乌龟，你有钱吗？你的爸爸妈妈在哪儿呢？

［狐万狸还想要问乌龟龟，老鼠幺左右看似乎发现了什么，给狐万狸暗示。］

老鼠幺 要不这样，老伙计，你就看在我的面子上送我乌龟弟弟一瓶。

狐万狸 这，好吧，正好是最后一瓶。但是小乌龟你可不能跟别人说这是我送你
的哟，我还要挣钱呢。

199

乌龟龟	嗯嗯，我不会说的。
狐万狸	好了，天色也不早了，我要回去了。
老鼠幺	（急忙跑过去帮忙推车）要不我送送你，好久不见了，还想跟你一起聊聊天呢。
狐万狸	好哇，顺便去我家里坐坐，我也有很多话跟你说呢。
老鼠幺	龟龟，我们就先走了，你也快回家去吧。
乌龟龟	嗯嗯，老鼠哥哥、狐狸哥哥再见。

[老鼠幺和狐万狸正要走，狗护卫带着几个村民走上来把老鼠幺和狐万狸包围起来。]

狗护卫	慢着！
白小兔	狗护卫，就是他们两个。
老鼠幺	怎么了，你们这是干什么呢？（害怕地后退）
乌龟龟	白小兔，你怎么来了？
白小兔	等会你就知道了。
乌龟龟	哼！
狗护卫	隔壁村有人举报说你们卖有毒食品，现在让我们检查一下。（准备去检查小推车）
狐万狸	（上前拦住狗护卫）怎么可能呢，狗兄弟，这话可不能随便乱说呀，这要我以后怎么做生意呀？
狗护卫	是不是乱说的，让我们检查一下就知道了！（指挥村民上前检查）

[村民上前检查一番，并没有发现可疑的食品。]

狐万狸	轻点轻点，都被弄坏了，怎么卖得出去嘛。（赶紧去整理小推车）
老鼠幺	大家也看到了这并没有什么有毒食品，你们就是在冤枉人。
狗护卫	那这个又是什么呢？（拿过乌龟龟手中的饮料）
乌龟龟	（立马回答）哥哥们说这是神奇饮料，可以让我变开心，还可以让我长高。
狐万狸	小乌龟！
老鼠幺	龟龟！
乌龟龟	啊，糟了，对不起对不起，哥哥叫我不要告诉别人。（缩进壳里）
白小兔	乌龟龟，你可真是好骗哪！
乌龟龟	老鼠哥哥才不会骗我呢，哼。（探出头）

狗护卫 真的有这么神奇？（看向老鼠幺和狐万狸）

狐万狸 呃，这，应该吧。（瞟了瞟老鼠幺）

老鼠幺 （慌乱）我不知道，这不是我卖的。我不认识他，我真的不认识他。

乌龟龟 老鼠哥哥，你不是说狐狸哥哥是你的好朋友吗？

老鼠幺 （手忙脚乱）谁跟他是好朋友哇，龟龟你可不能乱说呀。（看向狗护卫）狗护卫你不要听这小孩的话，他刚才听错了，我跟他真的不认识。

狗护卫 不要吵了，现在我以售卖有毒食品的罪名逮捕你们，你们两个都跟我到警察局去。

　　［狗护卫指挥着村民押着老鼠幺和狐万狸下去。］

乌龟龟 这，这是怎么回事呀，我的神奇饮料还没还给我呢。

白小兔 傻龟龟，他们两个就是骗子。你的那瓶神奇饮料根本就没有那么多的功能，不知道添加了什么东西在里面，才会让人喝了感到高兴，而且据我所知有些动物喝了它会上吐下泻，甚至会昏迷不醒啊。

乌龟龟 啊，不会吧，我才不会相信你呢，哼。

白小兔 你不会喝了它吧？

乌龟龟 才没有。我根本就没有相信他的话。我才不傻呢。（傲娇地抬起头）

白小兔 哈哈，是呀，咱们聪明的龟龟才不会上当受骗呢。

白小兔 所以呀，我们要擦亮眼睛心放细，识破骗局不上当！

眼睛

编剧：刘雪平　陈可欣　褚　晓

人物表

瞳　瞳　四年级小女孩，想戴眼镜，傲娇但内心脆弱
右　眼　瞳瞳的右眼，关心瞳瞳健康，与左眼是孪生兄弟，不对付
左　眼　瞳瞳的左眼，关心瞳瞳健康，与右眼是孪生兄弟，不对付
妈　妈　眼科医生，温柔慈祥

地　点　瞳瞳家

瞳　瞳　妈！

妈　妈　哎！

瞳　瞳　妈妈！

妈　妈　哎哎！

瞳　瞳　好妈妈！

妈　妈　好了好了，无事献殷勤，准是又闯祸了吧。

瞳　瞳　商量个事呗！

妈　妈　说吧。

瞳　瞳　配个眼镜呗！

妈　妈　呵呵呵，我就知道，上次去带你去眼镜店查视力，瞧你那看眼镜的眼神。

瞳　瞳　那你同意了？

妈　妈　同意不了！

瞳　瞳　妈，我们班好多人都戴眼镜了，看起来好酷，像民国的大诗人一样，也给我买一个呗。

妈　妈　那是眼睛近视了才戴眼镜。你可知道妈妈每天接触那么多患者，眼球都发生了变形，你要是想当一个漂漂亮亮的小姑娘，可得好好爱护自己的

眼睛。

瞳　瞳　你不也戴着眼镜吗？

妈　妈　所以妈妈不想让你也体会戴眼镜的痛苦哇！

瞳　瞳　我成绩都进步了！

妈　妈　是，都从 58 分提升到 59 分了！

瞳　瞳　我不管！

妈　妈　你呀！就让妈妈少操点心吧！

瞳　瞳　哼！

　　　　[妈妈电话响。]

妈　妈　喂，主任，瞳瞳，妈妈还有事，时间不早了，早点睡。

　　　　[妈妈下。]

瞳　瞳　喂，你还没答应我呢，每次都是这样，哼！

瞳　瞳　要怎样才能近视呢？眼睛出来！

　　　　[左右眼出场。]

左　眼　我是左眼，是瞳瞳的忠实拥护者。

右　眼　我是右眼，是瞳瞳的健康守护者。

左　眼　瞳瞳看什么电影啊，听什么课呀可都得靠我。

右　眼　就你，可别吹牛了，要不是我，瞳瞳能看到这世界的优美风景吗？要不
　　　　是我，瞳瞳能看见这世界的繁华都市吗？要不是我，瞳瞳能看见这世界
　　　　的是非对错吗？要不是我……

左　眼　啥都是你，你咋不说世界都是你的！

右　眼　对哎，拥有一个好眼睛，不就拥有了全世界吗？

左　眼　你可真不害臊。

右　眼　你是在骂我吗？

左　眼　没有，怎么可能，你们说，我是在骂他吗？

右　眼　你不就是嫉妒瞳瞳经常使用我吗？

左　眼　谁嫉妒了。

右　眼　就是嫉妒。

左　眼　根本没有。

右　眼　就是有。

瞳　瞳　别吵了！

右　眼　怎么了瞳瞳，是不是左眼又惹你生气了？

左　眼　说什么呢，明明就是你惹瞳瞳不开心了，是你！

右　眼　是你。

左　眼　是你。

右　眼　是你。

瞳　瞳　都给我闭眼！

左右眼　是。

瞳　瞳　好了，睁开眼睛吧，我说睁开眼睛。

瞳　瞳　哎，问你们个问题，你说我要怎样才能近视呢？

右　眼　近视？

左　眼　近视？完了，瞳瞳不要我们了。（一直哭）

右　眼　哭什么哭，瞳瞳怎么可能不要我们呢？瞳瞳，为啥你想近视呢？

瞳　瞳　因为我想戴眼镜啊。

右　眼　为啥想要戴眼镜呢？

瞳　瞳　因为很帅呀！

右　眼　为啥很……

瞳　瞳　你怎么那么多为啥，为啥，快告诉我快速近视的方法。

右　眼　这，这其实我也不知道，你问问左眼。

瞳　瞳　嗯？

左　眼　（停止哭泣）不知。

瞳　瞳　都不知道？

左右眼　不知道。

　　　　［瞳瞳使劲揉自己的眼睛，左右眼呼吸困难。］

左　眼　别揉了，别揉了，我说还不行嘛？

左　眼　近视的方法就是（正经）少看手机多看报，好好学习没烦恼！

右　眼　知道啦！

瞳　瞳　（生气）你俩存心骗我开心是吧，嗯？

右　眼　不是瞳瞳，哪有谁自愿近视的。况且，你要想近视了，妈妈也不会同意
　　　　的，妈妈还说要你好好保护眼睛呢，让她少担心。

瞳　瞳　你管她干嘛，我的事情我做主，我不管，我就是想要近视，我要戴眼镜。

右　眼　瞳瞳，要听妈妈的话。

左　眼	听妈妈的话，别让她受伤，想快快……
瞳　瞳	别唱了，难听死了，你们我是靠不住了，我还是自己百度吧。

[左右眼走到一边。]

右　眼	左眼。
左　眼	右眼，右眼，你快想想办法吧。
右　眼	我能怎么办，瞳瞳是我们主人。
左　眼	要不我们让妈妈来劝一劝她？
右　眼	唉，妈妈要是能劝动，也轮不到我们在这儿想办法了。
瞳　瞳	眼睛，过来，你们看这个视频，想要近视就得多玩手机少睡觉，小小近视就来到！
右　眼	瞳瞳，这种视频都是骗人的！
瞳　瞳	我觉得挺好的！
左　眼	现在的视频，怎么啥都能过审！
瞳　瞳	多玩手机少睡觉……嘿嘿，没想到关键是在手机，我可得好好地使用它。

[敲门声，左右眼连忙躲起来。]

妈　妈	瞳瞳，时间到了哦，你睡了吗？
瞳　瞳	已经睡了！

[妈妈进房间。]

瞳　瞳	妈，你怎么进来了？
妈　妈	不是说睡了吗，我还不知道你，还在玩手机吧！
瞳　瞳	妈，我马上就睡了。
妈　妈	别玩了，早点睡觉，我们明天还要早起去外婆家呢！
瞳　瞳	马上就睡，妈，你放心，我立刻就睡了。
妈　妈	别玩手机啦，赶紧睡觉。（出门）
瞳　瞳	嗯嗯。(起床观察)
瞳　瞳	终于走了，大手机，好手机，你可是我戴眼镜的好宝贝！
瞳　瞳	别躲了，咋就这么胆小呢！
左　眼	瞳瞳，该睡觉了，我们也该闭眼了。
瞳　瞳	睡什么觉，闭什么眼，都不准，陪我一起玩。
右　眼	可我俩得先休息了。
瞳　瞳	不准就是不准，我是主人，我说了算。

瞳　瞳　你们看这个人，好搞笑哇，还有这个，这个，这个……

右　眼　瞳瞳，妈妈也不会让你再玩的。

瞳　瞳　闭眼，不要提她好嘛，你不觉得现在提她很破坏我玩手机的心情吗？

左　眼　我们也是为了你好！

瞳　瞳　为我好？为我好就听我的话。

左右眼　这个不行。

瞳　瞳　那我不管。

左　眼　右眼，我们总得想个办法呀，我感觉我身体里的水分都快蒸发干了。

右　眼　我也不知道哇，我怎么感觉这天上有星星在转哪！

左　眼　要是瞳瞳继续这样玩手机，我们可就真的要去见上天了！

右　眼　我感觉我已经要去见上天了！

左　眼　怎么办？

右　眼　怎么办！

左　眼　怎么办！

右　眼　怎么办！

左　眼　怎么办！

右　眼　我想到了！

左　眼　怎么办？

右　眼　（对左眼小声说）就这么办！

瞳　瞳　你俩偷偷摸摸干什么呢？啊，好困哪，眼睛都快睁不开了，太好了，一定是方法有用了，继续坚持，我一定要戴眼镜！

　　　　［右眼向左眼使眼神。］

右　眼　哎哟，我肚子好疼啊！

左　眼　哎哟，我脑袋好疼呀！

右　眼　哎哟，我的膝盖呀！

左　眼　哎哟，我的大肚腩哪！

瞳　瞳　唉，怎么了眼睛们，你们这是怎么了？

右　眼　好难受哇，我感觉我浑身都痛。

左　眼　我感觉快不行了。

瞳　瞳　怎么办？怎么办？妈妈，妈妈……

　　　　［妈妈听到喊声冲进房间。］

妈　妈　怎么啦，瞳瞳？

瞳　瞳　我的眼睛好难受。

妈　妈　别慌，让妈妈先看看。（查看瞳瞳眼睛）

瞳　瞳　我是不是要成瞎子了。

妈　妈　唉……

瞳　瞳　我是不是真要瞎了，我错了，我错了，妈妈。

妈　妈　没事，只是用眼疲劳，我给你滴一点药，一会就好了。

　　　　［妈妈去找眼药，瞳瞳准备喝水，却打翻杯子。］

　　　　［哐……一声巨响，杯子碎了。］

瞳　瞳　呜呜呜！

妈　妈　没事呀！

瞳　瞳　（拿出手机，扔到一边）都怪你，你这个烂手机，坏手机。

　　　　［妈妈在医药箱里寻找药品。］

左　眼　右眼，我们是不是做得有点过了？

右　眼　没关系，只有这样瞳瞳才能明白伤害眼睛的痛苦，才能理解妈妈的不易，
　　　　才能学会为妈妈分担。

左　眼　可……

右　眼　放心吧，我有分寸。

妈　妈　来，瞳瞳，把这个眼药水滴上。

瞳　瞳　呜呜呜……（慢慢睁开眼睛）

右　眼　我感觉我活过来了！

左　眼　我也感觉我瞬间年轻了几十岁！

右　眼　瞧你这话说的，瞳瞳也才十岁呢！

左　眼　反正我就是年轻几十岁，要你管！

右　眼　我不管，瞳瞳要管！

左　眼　哼！

右　眼　哼！

瞳　瞳　哈哈哈……

右　眼　你看，瞳瞳笑了，瞳瞳笑了！

瞳　瞳　谢谢你们，我这样折磨你们，你们还逗我开心。

左　眼　我们是你的眼睛，你永远是我们的瞳瞳啊！

右　　眼　是呀！

瞳　　瞳　对不起，妈妈，我又让你担心了。

妈　　妈　现在知道眼睛看不见的痛苦了吧？

瞳　　瞳　妈，你又要照顾家，又要照顾我，还要照顾医院的病人，本就忙得不可开交。我不但不理解，还……还增加你的负担。

妈　　妈　你呀，现在知道妈妈的不容易了吧！妈妈只愿你身体健健康康的就好，这就是在为我分担了。妈妈呀，也就知足了。

瞳　　瞳　嗯……妈，你放心吧，我一定会让自己健健康康的，不让你操心。

左右眼　我们的瞳瞳长大了，真好！

瞳　　瞳　谢谢亲爱的家人们，让我感受到家的温暖。

不一样的你我他

编剧：杨 柒 刘 易 黎江凡

人物表

菲　菲　傲慢美丽、能歌善舞的孔雀

大　象　性格沉稳，笨重憨厚

乌　龟　动作语速缓慢，性格温和

布谷鸟　活泼灵巧，拥有明亮的音色

羊村长　睿智和蔼，深受森林动物的爱戴与尊敬

第一场

时　间　清晨

地　点　森林大会上

羊村长　各位，一年一度的森林庆典又要开始了！

众动物　哇！这可真是太好了！呜呼！

众兔子　好期待菲菲她们的表演，她们可真是太美丽了！

羊村长　咳咳，大家安静一下，今年表演的规则与往年不同。咱们往年都是一个一个动物方阵进行表演，好几年了都没点创新，这森林庆典每年表演的都几乎一样了，所以我征求了大家的意见，将今年的规则做了一些改动。现在请大家上来有序抽签。每一个念到名字的动物上来抽三张签。

菲　菲　搞什么呀，为什么要改活动规则呀。

乌　龟　我……也不知道(语速较慢)

布谷鸟　布谷，布谷。

大　象　咱们还是听村长的吧，我觉得挺好的。

209

菲　菲　你懂什么，哼，我总觉得事情不太妙。

羊村长　菲菲！

菲　菲　来了（上台抽出三张签，眉头紧锁），村长，这是什么意思呀？

羊村长　等会你就知道了，你先下去，我统一说明本次森林庆典的活动规则。

菲　菲　好吧，村长。

羊村长　大家刚刚都拿到了抽签纸吧！现在你们的抽签纸上写着哪些动物伙伴，它们就是你这次的搭档。

菲　菲　啊！什么！村长我不同意，我不要和他们一组，这个安排也太不合理了。

羊村长　其他人有意见吗？（看了一眼菲菲，转头看向了其他动物）

众动物　没有，这样安排挺有趣的。

羊村长　好了，既然大部分动物们都没有意见，那就这样决定了。菲菲，你是和大象、布谷鸟、乌龟一组，你们好好商量准备森林庆典的节目吧。

菲　菲　这可让我怎么准备，以往我都是和我的兄弟姐妹一起跳舞，他们又不会跳舞。（埋怨地看向村长）

羊村长　这就是这次分组的目的，咱们要齐心协力，也要观察身边伙伴的不同，各取所长。如果你只和你的孔雀伙伴一起跳舞，又怎么能有进步呢？

布谷鸟　村长说得有道理。

大　象　我也同意。

乌　龟　但愿我不会拖你们的后腿。

羊村长　哎，不要这样想，大家都要发挥自己的特长，虚心学习。我很期待这次大家的演出。

大　象　那就让我们一起努力吧！

羊村长　散会！

第二场

时　间　清晨

地　点　森林一角

菲　菲　唉，我一点也不想和他们排练，他们有的笨重，有的又很慢，有的身形又小，不像我，能歌善舞，还有漂亮的尾巴。为什么把大家拆开排练，以往每一个方阵都是同一动物，大家都表演得整整齐齐的，有什么不好，真是不明白。

布谷鸟 菲菲，我们来了，你刚刚在嘀咕什么呢？大象和乌龟还在后面，等会就要到了。我们先商量一下表演什么吧。

菲　菲 你觉得我们能表演什么？（傲娇地转过身去）

布谷鸟 合唱吧，大家一起唱歌。

菲　菲 我们大家都不一样，还怎么齐唱啊，我看村长就是故意的。

布谷鸟 之前的每一届森林庆典节目几乎一模一样，确实是有些无聊了，改一改也没什么不好。

菲　菲 行吧，行吧。

大　象 我来了，没有迟到吧。乌龟还在我后面一点。（往后看去）

菲　菲 行了行了，咱们先开始吧。（把大家聚拢过来）

菲　菲 之前大家也都知道，我们孔雀方阵的孔雀舞是最好看的，既然大家都分到我这一个小组，那就要听我的，我们先试一试孔雀舞。来，跟我学。（孔雀示范一些动作）

布谷鸟 哎呀，这个根本做不到哇。

大　象 （气喘吁吁）好累好累，我的身子不像你们那么轻，抱歉，我根本跳不起来。

菲　菲 那怎么办？

乌　龟 我我我终于到了。（气喘吁吁）

菲　菲 看来是不行了，乌龟走这么一趟都花了那么长时间，根本就没法表演。

乌　龟 对不起对不起，都是我的错。（低下了头）

布谷鸟 要不咱们还是合唱好了。

菲　菲 好吧，咱们试试合唱，现在大家和我一起开嗓，哆来咪发嗦拉西。（动物们跟唱）

菲　菲 不行，大象你的音太低了。

布谷鸟 乌龟先生，你要再快点。

乌　龟 我已经尽力了，我会努力跟上大家的。

大　象 （无奈地摆了摆手）这可怎么办？我只能唱到这儿了，再高就唱不上去了。

菲　菲 算了吧，我看我们还是直接放弃吧，有空找村长说说去。今天就这样吧，

211

立德树人：德育戏剧创作与实践指南

大家散了吧。（失望地转身准备离开）

布谷鸟　啊这……

大　象　为什么你说算了就算了，什么都是你做主，我们是一个团队。你不问问我们的意见，就直接把我们轰走，也太没有礼貌了吧。（拦住菲菲）

菲　菲　好，那你来说说看。

大　象　我们不要局限于一种表演，干脆我们表演杂技吧。（做杂技动作）

菲　菲　（直摇头）我不要，我才不要表演杂技，一点也不优雅。

布谷鸟　我不知道该做什么。（看向了乌龟）

乌　龟　我也是。

大　象　乌龟先生，你有什么意见呢？

乌　龟　咱们表演赛跑的故事吧，往年我们都是和兔子搭档表演的故事。

菲　菲　不要哇！

布谷鸟　不要哇！

大　象　这个确实，你们好几年来一直表演的龟兔赛跑的小品，现在是该换一换了。

乌　龟　好吧。

菲　菲　算了，我要回去睡美容觉了。（做打哈欠的动作）

大　象　哎哎哎！我们不要轻易放弃呀，再想想其他节目。（挥手挽留大家）

菲　菲　意见我也听了，既然大家都暂时想不出来，就别浪费时间了好吗？

大　象　你也太容易就放弃了！

菲　菲　不然还在这儿傻傻地站着吗？我可走了。

大　象　你走你走，好像我们没有你就不能表演了一样，你走吧。

菲　菲　你这样说，我可不高兴了。

布谷鸟　别……别吵了。

　　　　[羊村长上场。]

羊村长　怎么了？怎么了？老远就听到你们在吵。你们的节目商量得怎么样了？

菲　菲　村长，你来得正好，我退出，这团队没法合作。

羊村长　这又是怎么了？（关切地看着菲菲）

大　象　她呀，觉得我们拖累了她，就想着要放弃。（埋怨）

菲　菲　才不是呢！（跺脚）

乌　龟　菲菲的意思是我太慢了，我知道我很容易给大家拖后腿。

布谷鸟　我也是，我也帮不上什么忙。

212

下　编　德育戏剧的案例典范

菲　菲	大家都误会了，我不是这个意思，我是觉得大家既然都不同，也没法分工表演，还在这儿讨论什么呢？
羊村长	嗯，我知道了，你们都先冷静冷静。
乌　龟	村长，你看该怎么办？
布谷鸟	布谷布谷。（扇动翅膀）
羊村长	之前在森林大会上，我也说过了这样安排是希望你们各自发挥各自的优点，团结协作，不过团队里产生分歧是很正常的。菲菲你的态度很不对。
菲　菲	我……
羊村长	我们都是一个团队，不能只听一个人的，也不能半途而废，我问你们，是不是每一个小动物都不一样啊？
众　人	是的。
羊村长	我们都知道自己与他人的区别，对吧。那我给大家先说说我的不同，我有两个弯曲的山羊角（摸了摸头上的角），曾经我还拥有奔跑的速度和雪白的皮毛，现在年纪大了，很羡慕拥有青春的你们。
菲　菲	（炫耀地舞动身姿）我有漂亮的身体，敏捷的身姿，还有绚丽夺目的尾巴。可……可我不能像布谷鸟一样飞在天上。
大　象	我有灵活的鼻子，壮硕的身体，中气十足的声音。可是有时我又太笨重了。（抖了抖身体）
乌　龟	我有坚硬的躯壳，我可以在水里待着，也可以在陆地上爬行。但是我爬行的速度实在是太慢了。
布谷鸟	我有婉转的歌喉，灵动的身体，可是我没有坚硬的躯壳。
羊村长	是的，我们大家都是不同的，有各自的优点和缺点。如果我们只接受和自己一样的动物一起生存，这不利于森林大家庭的构建。我们的交友圈也会缩小，所以我们要团结其他小动物，既要正视自己也要挖掘其他动物的优点，各取所长，互相学习。
菲　菲	村长，我知道了。我们应该理性地对待不同。
羊村长	是的，"不同"让生活更精彩，不同的乐器，不同的音色，不同的旋律，交织在一起，能组成优美的旋律。
布谷鸟	村长！村长！我知道了，我曾经看到人类世界比赛！我从来没有见过那么大的鸟巢，还看到了外国人！人类的体育合作与竞争精神真值得我们学习呢。

213

羊村长	布谷鸟你说得很对，看来你经常出去旅游呢。
布谷鸟	是呀，是呀，有时到处飞飞观察周边的环境。嘿嘿！
羊村长	对了，菲菲你的舞蹈跳得十分优美，而布谷鸟的声音又十分有特色，我看不如你们表演一个歌舞剧吧。
众动物	歌舞剧！（看了看彼此）
菲 菲	我觉得这个提议很不错，你们觉得呢?
布谷鸟	可以！
大 象	我的鼻子会喷水，我可以弄一些水来喷水制造现场的气氛。（伸了伸鼻子）
乌 龟	我可以当歌舞剧的演员，最后我们可以一起合唱。
菲 菲	好！我们现在开始吧。
羊村长	这才对嘛！我可以给你们一些意见，今天我就陪大家一起练吧，我很期待你们的表演哦！

第三场

时　间　夜晚

地　点　森林庆典的舞台上

| 羊村长 | 现在呢，就有请我们最后一组，也是我们大家呼声最高的一组上台表演，为这次的庆典演出画上完美的句号吧！大家也可以跟着他们的演出一起摇摆。（欢呼声） |

[由演员共同创编表演和演唱歌曲，歌曲参考《动物森林》或 *we are the world* 中文版。]

丑小鸭变形记

编剧：朱钰雯　曾　瑶　刘　易

人物表

丑小鸭　单纯，机智，坚强，相貌丑陋
鸭妈妈　慈爱，善良
美小鸭　以貌取人，言语尖酸刻薄，相貌美丽
丽小鸭　以貌取人，性格不好，相貌美丽
小白兔　胆小，单纯，善良，懂得赞美
百灵鸟　被妈妈约束，喜欢自由，爱玩
狗爸爸　热心肠，说话耿直，乐于助人
猎　人　心狠手辣，思维缜密，经验丰富

第一场

时　间　夜晚

地　点　丑小鸭的家里

[旁白：在一座茂密的大森林里，住着许多可爱的小动物，鸭子一家就住在森林边上的一幢房子里。房子旁边有清澈的小河，五彩的鲜花，碧绿的草地，很美，很美。可是有一年夏天，鸭子家却发生了一件奇怪的事……]

鸭妈妈　今天，是我最幸福的日子，因为我的宝宝要出生了。狗爸爸，快来看哪！
狗爸爸　鸭妈妈，是你的宝宝要出生了吗？
鸭妈妈　是的，是的，是我的宝宝要出生了。
　　　　　[音效：鸭子叫。]

立德树人：德育戏剧创作与实践指南

美小鸭 （边唱边跳，其他人配合摇晃拍掌，音效叮叮当伴奏）我们争破蛋壳了，我们终于出生了，今天来到世界上，我们心里多欢畅。叮叮当，叮叮当，铃儿响叮当，今天来到世界上，我们心里多欢畅。

美小鸭 妈妈我们出来了，妈妈！妈妈！

鸭妈妈 我的乖乖，你们真漂亮、真健康，妈妈太爱你们了。

狗爸爸 鸭妈妈，你的孩子们真可爱，太令人羡慕了。

鸭妈妈 是呀，是呀，我太高兴了。

鸭妈妈 宝贝，姐姐们已经出来了，你还在等什么呢？

丑小鸭 好舒服哇！妈妈我也出来了，妈妈，妈妈。

美小鸭 （扑向鸭妈妈）妈妈，妈妈，她真丑！

丑小鸭 怎么了，妈妈，你……不喜欢我吗？

丽小鸭 哎哟，这个妹妹长得真丑，恐怕不是妈妈的孩子吧？

狗爸爸 是呀，太丑了。

鸭妈妈 大家都别说了，我想她是我的孩子。孩子们，妈妈带你们去游泳吧。

狗爸爸 哎呀，真没想到，怎么会有这么丑的鸭子，我先走了。

第二场

时　间　清晨

地　点　池塘边和丛林里

[许多小动物都在池塘边玩，美小鸭、丽小鸭也在玩，这时丑小鸭走了过去……]

美小鸭 不许你玩，丑八怪！

丽小鸭 真不幸，妈妈为什么会生下一个这么难看的东西。

丑小鸭 妈妈，我是不是很丑？

鸭妈妈 孩子，不要在意他们的眼光，在我的眼里你有你独一无二的美。

丑小鸭 真的吗？（沮丧，疑惑地走开了）

鸭妈妈 孩子们，我们继续去游泳吧！

美小鸭 走开！

丽小鸭 不要再跟着我们啦！

216

下　编　德育戏剧的案例典范

［丑小鸭可怜地望着妈妈，可妈妈却低下头，一脸的无奈。］

丑小鸭　天哪，我是长得跟他们很不一样，可我一生下来就这样，能怪我吗？不让我吃东西，还要啄我、打我。我又饿又孤独，呜呜呜，我该怎么办呢？

［音效：百灵鸟叫声。］

［这时丑小鸭看到了一只百灵鸟飞过。］

丑小鸭　（张望，看向百灵鸟飞过的方向）哇！白灵鸟，真漂亮，我要怎么样才能像百灵鸟一样啊！嗯，也许到外面的世界去，我才能找到变美的方法。亲爱的妈妈，再见了！

［旁白：丑小鸭四处流浪着。这天，她走到一片草地上，那里有美丽的鲜花，还有许多小动物在玩耍，丑小鸭很高兴，立刻过去和他们打招呼。］

丑小鸭　嗨！你们好！

蝴　蝶　（立牌）哟哟哟，哪里来的丑八怪，长得真是太难看了，瞧，我们多漂亮！别理她，我们走，哼！

丑小鸭　嗨！你们好！

猫爸爸　（立牌）丑东西！别吓着我的孩子！快走开！

兔子们　（立牌）丑八怪！丑八怪！你是一个丑八怪。哈哈哈……

丑小鸭　（加一段凄凉的音乐）为什么大家都不理我？难道我真的那么丑吗？呜呜呜……

［丑小鸭漫无目的地走着，直到晚上刮起了大风，下起了大雨。］

丑小鸭　好冷啊，我一天都没有吃东西了。

丑小鸭　太可怕啦，妈妈，你在哪里？我害怕！

［旁白：丑小鸭又累又饿，伴着凄凉的歌声，她睡着了。在梦里，她见到了亲爱的妈妈。］

鸭妈妈　孩子，我可怜的孩子。

丑小鸭　（睁开眼睛）妈妈，是你吗？我好想你！呜呜呜……

鸭妈妈　我也想你，我的孩子。原谅妈妈的无能，不能保护你，但你要记住，尽管你在别人眼中没有那样美丽的外表，但是妈妈并不在意这些。希望你能在旅行中用心去发现，那份你身上只属于你的美，你会成为我们的骄傲的！

丑小鸭　（望着妈妈）我真的可以吗？

鸭妈妈　你一定可以，保重！我的孩子！

217

立德树人：德育戏剧创作与实践指南

丑小鸭 （回到原位）妈妈，妈妈！妈妈说得对，我一定能找到百灵鸟，问出让我变美的方法的。

百灵鸟 （唱）在那山的那边，海的那边有一只百灵鸟，她活泼又聪明，她调皮又美丽，她自由自在生活在那绿色的大森林，自己的生活快乐又开心。

丑小鸭 是谁在唱歌吗？唱得真好听呀。（寻找发现百灵鸟）呀！你是百灵鸟吗？

百灵鸟 啊，你是谁？怎么长得这么丑哇？

丑小鸭 对不起，吓到你了，我叫丑小鸭。

百灵鸟 哎呀，不管你长得丑还是美，只要你能陪我玩就行。

丑小鸭 百灵鸟，我陪你玩，你能告诉我怎样才能变得像你一样拥有这么美妙的嗓音和漂亮的外表吗？

百灵鸟 当然可以！那我先教你学唱歌吧！嗯……那就我唱一句，你学一句吧！"在那山的那边"。

丑小鸭 在那山的那边。

百灵鸟 不对不对，不是这样唱的，是这样，（清嗓子）"在那山的那边"。

丑小鸭 在那山的那边。

百灵鸟 哎呀！不对不对！你怎么就是唱不对呢！算了，我们试试跳舞吧！跟着我一起来！（音乐）（百灵鸟跳得很美，丑小鸭却跳得手忙脚乱）

丑小鸭 百灵鸟！你慢一点，慢一点！（百灵鸟沉浸在自己的舞蹈世界里，丝毫没有留意到丑小鸭的窘态）

丑小鸭 （颓废地坐到了地上，沮丧地说）百灵鸟，舞蹈太难了，我根本学不会。

百灵鸟 那我也没什么可以教你的了。可能你不擅长唱歌跳舞吧。

丑小鸭 好吧，麻烦你了百灵鸟。

[旁白：丑小鸭继续走着，走到了一片丛林里，她实在是太累了，便坐在地上休息，不一会，她就睡着了。]

第三场

时　间　黄昏

地　点　丛林里

[旁白：鸭妈妈带着美小鸭、丽小鸭来到丛林里寻找丑小鸭，可是美小

下　编　德育戏剧的案例典范

鸭、丽小鸭并不想找到丑小鸭，这时……]

丽小鸭　我们干吗要找丑小鸭这个丑八怪！我们偷偷溜去玩吧！

美小鸭　好哇好哇，我们去和妈妈说吧。

美、丽小鸭　妈妈，我们分开寻找丑小鸭吧！这样就可以快点找到她了。

鸭妈妈　好，那你们就去那边找吧。

[美小鸭、丽小鸭在丛林另一边愉快地玩耍，这时……]

小白兔　救命！救命啊！

美小鸭　嘘，听！什么声音？

丽小鸭　是谁在求救吗？

美小鸭　（眺望一下）那边有一个猎人在追一只兔子！那我们怎么办？

丽小鸭　我们先躲起来吧！（跑到一边躲起来）

[这时逃跑中的小白兔看到了睡在地上的丑小鸭，她急忙奔向丑小鸭。]

小白兔　小鸭子，小鸭子，快醒醒！

丑小鸭　怎么了？

小白兔　那边有猎人。

丑小鸭　嘘，不要出声。

猎　人　刚刚明明还在这里，怎么一转眼就不见了？

小白兔　这样下去我们会被发现的！

丑小鸭　你在这个地方待着，我有办法引开猎人。

丑小鸭　（跑出去对猎人说）猎人，你有本事来抓我呀！

猎　人　（疑惑道）现在的猎物都这么嚣张吗？看我抓到你，把你炖来吃。

[旁白：丑小鸭借助树林里各种树木（立牌）的掩护，躲过了猎人的子弹。但猎人还在后面追着，马上就要追到了。这时，丑小鸭发现前面是一个湖泊（立牌）。]

[丑小鸭潜进去，猎人朝着水里开了几枪，没打到丑小鸭。]

猎　人　唉，这煮熟的鸭子就这么让它飞了，真扫兴！

丑小鸭　（跑出来左看右看，对着小白兔喊道）小白兔，出来吧，没有危险了！

小白兔　小鸭子，你没事吧？

丑小鸭　我没事。

小白兔　多亏了你的帮忙，才能让我躲过这场灾难。真的是太谢谢你了！咦，对了，你叫什么名字呀？

219

丑小鸭　（不好意思地低下头）因为我长得丑，所以他们都叫我丑小鸭。

小白兔　这没什么呀，我胆子特别小，它们都叫我胆小兔呢！

丑小鸭　可是你很漂亮啊，你有一身白白的软软的毛发。可我……

小白兔　你知道吗？你刚刚去引开猎人的时候真的太勇敢了。所以丑小鸭，外貌不是最重要的，在你的身上也有我羡慕的地方，那就是勇气。

丑小鸭　你真的这样认为吗？

小白兔　当然。

丑小鸭　我好像明白了，也许这就是妈妈说的每个人身上都有独一无二的美。我找到我要的美了！

美小鸭　原来她这么勇敢，以前是我们错怪她了！

丽小鸭　是的，我们不应该以貌取人，我们去找妈妈把她带回家吧！（于是，美小鸭和丽小鸭便去把妈妈找来了）

鸭妈妈　孩子，可找到你了！每个人都是独一无二的一朵花，每朵花都有她独一无二的美。我相信你已经找到你这朵花的美了。

美小鸭　对不起，我们以前对你不好，我们错了。

丽小鸭　对，我们知道错了，你能原谅我们吗？

丑小鸭　没关系，大家以后好好相处吧！

　　　　[音效洗澡歌（音乐一起，大家上台一起边唱边跳）丑小鸭美小鸭，都是一家，不要吵架，独一无二没有什么不好，道道歉哪，握握手哇，要尊重差异，不要去嘲笑别人这才更重要。]

丑小鸭　有些时候我们总想成为别人，却忘记了我们都是独一无二的存在，我们都能找到自己独一无二的美。

诚实小镇

编剧：彭唯艺　丁付禄　庞　迈

人物表

乌　龟　年纪较大，讲话很慢

小狐狸　狡猾善妒

小刺猬　诚实动物园中的一员

麋鹿鹿　调皮，聪明但缺乏主见

小斑马　说话直截了当

夜　莺　善良，勇敢

牛大壮　憨厚老实，参加过上一届诚实动物园的选拔

小松鼠　上一届诚实动物园的选拔参与者

大松鼠　上一届诚实动物园的选拔参与者

第一场

时　间　清晨

地　点　诚实小镇广场

小刺猬　来来来，告诉大家一个好消息！

小斑马　好消息？你能有什么好消息？该不会又要吹牛了吧？

众　人　哈哈哈。

小刺猬　去去去，你个小斑马懂什么。（推开小斑马）

小狐狸　大家可别听这个撒谎精的话，去年小刺猬也是说有好消息，说第二天天
　　　　上会有三个太阳，会很热。结果第二天天空昏昏沉沉的，凉爽得不得了。

众　人　哈哈哈。

乌　龟	（慢吞吞）还有，还有，小刺猬之前还说咱们动物小镇的河里会游过凶恶的大鳄鱼，害得我一个月没下水，我的龟壳都快干裂了。（抚摸自己的后背）
小狐狸	结果根本就没有鳄鱼，只有几条小泥鳅，哈哈哈哈。
夜　莺	是呀，小刺猬最喜欢吹牛了。
小刺猬	（制止大家议论）这次，我可没吹牛。你们不想听就算了，这么好的消息，我一个人知道也好，免得这么多人跟我竞争！
小狐狸	竞争？竞争什么？
小刺猬	现在想听了？我还偏不讲了。（转过身去背对大家）
小狐狸	不讲就不讲，我不听就是，肯定又要吹牛。
小刺猬	我没有吹牛！（激动地转身）
小狐狸	那你快说呀！是要急死本狐狸吗？
小刺猬	是诚实动物园过两天就要选新成员了，动物小镇的告示明天就贴了，哼，你们爱信不信！
众　人	真的？
夜　莺	太好了，那我得去试试！
小狐狸	我也去！
众　人	我也要去，我也要去。
小斑马	诚实动物园是什么呀？选新成员为什么你们都想去呀？
夜　莺	我还没进去过，只听说诚实动物园里有好多诚实友善的小动物，而且还有很多奇珍异宝，好吃的、好玩的，应有尽有。
小刺猬	听说诚实动物园里栽种的果树结的果实又大又甜，吃了还能治好身上的顽疾，能延年益寿。
小斑马	这么神奇吗？
小刺猬	当然，还不止这些呢！他们说诚实动物园里面的风光都是我们外面没有的，美得很，不仅好看而且好玩，简直就是个游乐园。总之还有很多，几句话是说不清楚的。
小斑马	听起来可真有意思！要是我能进去玩一玩就好了！你们谁进去过吗？
小刺猬	（骄傲）我当然去过啦！你们哪是今年刚来到我们动物小镇，所以没去过。
夜　莺	哦哦。
乌　龟	（慢吞吞地说）因为诚实动物园哪，每年都会招新成员，只不过名额有

限，每次只招两位小动物。

「乌龟下场。」

小斑马　这么多小动物，只选两个？镇上这么多小动物，那岂不是要淘汰很多。（失落）

麋鹿鹿　你们在聊什么？聊得这么热闹。

夜　莺　我们在聊诚实动物园选新成员的事，麋鹿鹿你参加过吗？

麋鹿鹿　我没有哎。不过，哎，小刺猬你去年不是参加过选拔嘛，正好给大家说说竞选规则，让大家也取取经。

小刺猬　（不好意思地摸了摸头）我……我这不是没被选上嘛！

麋鹿鹿　哎呀，小刺猬，别不好意思，我们这些还没去参加过呢，见都没见过那个场面。闻道有先后，你这也算我们半个小老师了。

小刺猬　嘿嘿，那倒也是！不过每年选动物的内容不一样，这个老师我恐怕是做不了。

麋鹿鹿　每年？小刺猬你这么清楚，该不会年年都去参加……

小刺猬　（赶紧捂住麋鹿鹿的嘴）麋鹿鹿，哎呀，你够了，我那是年年听说，听别的动物说的。我，我可没有年年去。

夜　莺　不过，小刺猬你去过，总比我们见都没见过的好些，那你给我们讲讲去年竞选成功的动物他们的事。我也好猜一猜他们为什么能成功。（期待地看着小刺猬）

小刺猬　这个嘛，这个嘛，我记得去年选上的是果子猫和花花驴。他们为什么能成功，是因为……是因为……

小狐狸　是因为什么？

小刺猬　我也不知道，我要是知道了我也被选上了呀。

夜　莺　那他们做了些什么，说了些什么，所以才被选上的呢？

小刺猬　我记得去年的题目是：在两个小时内选出诚实动物园里你认为最好的果园。如果选好了就待在那个果园里。如果没选好，出果园时要向负责人给出评价，也就是果园的水果好吃或者不好吃。

小斑马　果园？

小刺猬　诚实动物园里一共有五个果园，分别属于猴子爷爷、浣熊婆婆、羊小咩、鼠大哥还有兔小妹。

麋鹿鹿　他们的果园里种了些什么？

小狐狸	种了什么？（迫切地探头问）
小刺猬	他们种的果树各不相同，不过除了兔小妹的草莓，其他的水果都很奇怪！
众 人	奇怪？
夜 莺	哪里奇怪？
小刺猬	猴子爷爷种的西瓜不是圆的是方的；浣熊婆婆种了大苹果不是红的也不是绿的而是黑色的，而且奇形怪状；羊小咩种的葡萄有七种颜色，连长颈鹿都够不着。只有兔小妹种的草莓是草莓原本的样子，每个都红红的。
麋鹿鹿	那你们怎么选的？
小刺猬	起初大家都很好奇猴子爷爷的西瓜，猴子爷爷的果园门口写着"诚实动物园园长认证最好吃的果园"。
小斑马	最好吃？那这不都把答案告诉你了嘛。（机灵地拍手）
小刺猬	但是我吃了里面的西瓜，一点也不甜，像喝白水一样，没什么味！而且皮还特别厚！
小狐狸	啊？没什么特别的？你确定？园长都说好吃呢。
小斑马	是呀是呀！你确定？
小刺猬	我当时也有些怀疑，为什么周围的很多小动物都说好吃，我也怀疑是不是自己的味觉出了问题。但是也有一些小动物尝了一下就走出来园子。我想他们可能也和我一样觉得没那么好吃吧，所以我就离开了猴子爷爷的果园。
麋鹿鹿	那其他动物也出来了吗？
小刺猬	因为你认为哪个果园的水果最好吃你就得留在哪个果园，所以当时差不多有三分之二的小动物留在了猴子爷爷的果园里。猴子爷爷问他们，西瓜好吃吗？他们都异口同声地说好吃……
夜 莺	那果子猫和花花驴呢？他们出来了吗？
众 人	对呀，他们呢？
小刺猬	当时果园里有很多小动物，我没看见他们。不过后面我去了兔小妹的果园，结果我发现兔小妹的果园最里边也写了"诚实动物园园长认证最好吃的果园"。
众 人	啊？该不会每个果园都写了吧？
小刺猬	好像还真是。（不解地摸了摸脑门）
小狐狸	那你最后选了哪个果园？

小刺猬　我选了兔小妹的果园，因为只有她的果园里的水果样子最正常，其他的都长得很奇怪。

麋鹿鹿　那兔小妹的草莓好吃吗？

小刺猬　我觉得味道也很一般，看上去红彤彤的，其实只是表面裹了糖，里面却是酸涩的。（吐了吐舌头）

夜　莺　那你为什么留在那儿？

小刺猬　因为我听见其他的小动物说，浣熊婆婆的黑苹果又丑又黑，一看就知道很难吃，我觉得他们说得对，至少兔小妹的草莓看上去很正常。所以兔小妹问我她种的水果好不好吃的时候，我说好吃，是我吃过最好吃的草莓。

小斑马　啊，那果子猫呢？花花驴呢？他们究竟去了哪个果园？

众　人　是呀，不弄清楚他们去了哪个果园，我们就找不到问题的答案。

小刺猬　哦，我想起来。当时和我一起从猴子爷爷出来，到兔小妹这儿的还有牛大壮，他当时没有留在兔小妹这里。

夜　莺　现在我们可以排除猴子爷爷和兔小妹的果园。正好这两个牛大壮都去过，他可能选择了另外两个没去的，也或者他可能撞见过花花驴他们。

小狐狸　本狐狸觉得你说得对，不如我们去找牛大壮问一问。

麋鹿鹿　我觉得可以！

小斑马　我同意！

小刺猬　那我们走吧！

众　人　嗯！

第二场

时　间　清晨

地　点　牛大壮家

小狐狸　唉，还有多远哪？怎么还没到？可真是……

众　人　可真是累死我了！（气喘吁吁）

小狐狸　你，你们，干嘛学我？

小刺猬　到了到了到了，我看到牛大哥了！牛大哥！

众　人　牛大哥！（朝牛大壮奔去）

牛大壮　哎，你们慢点跑（挥手制止他们），别踩坏了我的草，你们这群小不点这是要干嘛呀？这么大的阵势！

小斑马　我们想找牛大哥问问去年去诚实动物园选拔，你最后选了哪个果园？

小狐狸　是呀，你去了哪个？

牛大壮　你们这么好奇？是也想去选拔吗？

麋鹿鹿　嗯嗯，牛大哥你快告诉我们吧！你去了哪儿？

牛大壮　最后我选了羊咩咩的葡萄园，他种的葡萄特别好看，有七种颜色呢！

小刺猬　那好吃吗？

牛大壮　我尝了一颗，觉得味道还没我们外面集市上的好吃，但是因为时间不够了，我不能去别的果园里了。所以，我还是对羊咩咩说他的葡萄好吃，所以留着在那儿了。

夜　莺　噢，那花花驴和果子猫呢？

牛大壮　我看着他们进了浣熊婆婆的果园，他们应该和我一样最后没有多余的时间再换一个果园。

小狐狸　那正确答案就是苹果园咯？

麋鹿鹿　这样看来是了。

小刺猬　那个黑苹果真的好吃吗？

牛大壮　我当时就在苹果园门口转了一下，当时是这样的，我看见……

第三场

时　间　清晨

地　点　牛大壮家里

[去年诚实动物园选拔时，浣熊婆婆的苹果园里，小松鼠和大松鼠上。]

小松鼠　这里的苹果不好吃吗？

大松鼠　好吃。

小松鼠　那我们为什么要对浣熊婆婆说不好吃呢？

大松鼠　好吃是好吃，但是这里面都没有被园长认证过，能有多好吃？！

小松鼠　你说得好像也有道理。

| 大松鼠 | 而且这里的苹果又黑又丑，能好吃到哪里去，时间不多了，我们还没见过羊咩咩的七彩葡萄呢。 |
| 小松鼠 | 好吧，吃葡萄去喽！ |

[黑场，大松鼠、小松鼠下，背景切回牛大壮家。]

牛大壮	我看时间确实是不多了，而且很多小动物也在从苹果园里出来，所以我也去了羊咩咩的葡萄园。我也不知道那个苹果到底怎么样。
小刺猬	原来是这样，那现在基本可以确实最终的答案就是苹果园了！
小斑马	可这是为什么呢？为什么是那个又丑又黑的苹果呢？
小狐狸	可能，就是因为它本来就好吃吧。
夜　莺	是告诉我们，不能只看外表？
小刺猬	嗯，可能是这样吧。
麋鹿鹿	可是我们知道这个，有什么用呢？每年的题目都不一样啊。
乌　龟	傻孩子们，当然不只是这样，小刺猬你还记得你对兔小妹说了什么吗？
小刺猬	我说她的草莓好吃呀。
乌　龟	真的好吃吗？
小刺猬	额。
乌　龟	牛大壮，你对羊咩咩说了什么？
牛大壮	我说他的葡萄好吃。
乌　龟	真的好吃吗？
牛大壮	（挠挠头不好意思地说）不好吃。
乌　龟	还有你们刚刚讲的两只松鼠，他们明明觉得浣熊婆婆的苹果好吃，却对浣熊婆婆说不好吃。
夜　莺	哦，我知道了，因为他们说谎了！
乌　龟	嗯，其实呀，诚实动物园选拔最看重的就是"诚实"二字！
众　人	哦，原来是这样！
乌　龟	当然是因为诚实啦，诚实动物园选拔最看重的就是小动物们诚实的品质了。
众　人	哦，原来是这样啊。

[旁白：在新一轮诚实动物园选拔中，小刺猬终于成为诚实动物园的一员了，接下来是小刺猬的入园发言。]

| 小刺猬 | 很高兴能够通过选拔成为诚实动物园的一员，希望在接下来的日子能和大家成为好朋友。诚实守信从我做起，我会更加努力的！ |

神奇的苹果树

编剧：蒋　欣　朱钰雯　叶佳豪

人物表

小松鼠　活泼聪慧，是个学霸

松鼠爸　年轻力壮，是河岸村唯一的壮劳力

松鼠妈　温柔，操持家务

老　猴　独居老人，帮忙带邻居孩子

小河马　家住在河边，经常帮助大家打水

河马妈　热心助人，她的丈夫是河岸村的英雄，曾经为了保护苹果树免
　　　　受狂风的打压，被大树枝压折了腿

小麻雀　留守儿童，爸妈经常不在家

第一场

时　间　清晨

地　点　果园

［苹果树下，小动物们开会。］

小松鼠　大家快来看哪，苹果树上好多苹果都要红了，一个、两个、三个……

河　马　一个、三个、三个、五个、十个、两百个……

小松鼠　不对不对，我教你，是一个、两个、三个……

河　马　哦哦，一个、两个、四个……

麻　雀　笨河马数不清，数不清，数不清，哈哈哈。

小松鼠　好了！小麻雀。（挥手制止小松鼠）河马和昨天相比已经进步很多了，河
　　　　马你要继续加油。

麻　雀　加油！加油！

河　马　嗯嗯。

河马妈　那谁，快开始吧，我还忙着呢。（理了理衣服）

松鼠爸　咳咳，安静安静！大伙已经看到了，我们的苹果已经长出来这么多了。
　　　　按照以往的安排，我们需要轮流来照顾它们，防止它们被小虫子吃掉。
　　　　今年哪一家先来呢？

河马妈　我们家可能不行。

松鼠爸　这……

松　鼠　爸爸，爸爸，今年我们可以来点不一样的！

松鼠爸　你来说说看。

松　鼠　哈哈，那就是今年的任务由我们平安护卫队来完成！（骄傲地拍着胸脯）

松鼠妈　（对河马妈妈）平安护卫队？这是什么？

河马妈　不知道，小孩子们瞎闹的。河马你整天就知道玩，不要跟着瞎闹哇。

河　马　妈妈，我没有。（紧张地摇手）

松　鼠　河马阿姨，我们没有瞎闹。

小麻雀　对呀，这可是我们想了好久的事情，用人类的话来说就是（挠了挠头），
　　　　嗯……三思而后行。

河马妈　你们这些小孩。（摇头）

老　猴　小松鼠，平安护卫队是个啥？

松　鼠　哈哈，这是我们小孩子组成的一个保护苹果树的队伍，我们的队伍名就
　　　　叫作"平安护卫队"！（三个小孩齐声）

松鼠爸　小松鼠，不要瞎闹，这不是过家家。

松　鼠　我们没有瞎闹，之前都是你们大人来照顾苹果树，我们小孩在旁边看着，
　　　　现在我们长大了，我们也要去照顾苹果树！（看向河马和小麻雀）

河　马　对对，我们长大了，松鼠叔叔，我的爸爸就是我的榜样，我也想要成为
　　　　像他一样的大英雄！

小麻雀　我爸妈也经常不在家，每次村里需要出力的事情都要略过我们家，现在
　　　　我都长大了，我也要去做些力所能及的事情。

老　猴　（站了起来）都是好孩子呀！有责任，有担当！看来，我这上了年纪的也
　　　　要老当益壮一把！让我也加入你们的那什么平安队吧！

众　人　好哇好哇！

松鼠爸　（赶紧扶着老猴）老猴前辈，你这，这不是跟着这些小孩胡闹嘛。

松鼠妈　是呀，老猴前辈，您也辛苦一辈子了，就歇歇吧。松鼠他爸，我觉得他们的平安护卫队行，咱们就放手让他们试试吧。

松鼠爸　让我想想。

河马妈　不行，我不同意。河马快跟我回家（赶紧拉着河马），整天不知道在干些什么，还要学你爸爸当英雄。去年你爸爸就是因为照顾苹果树才断了一条腿，你又要去，你是要气死我吗？

河　马　（挣脱河马妈）妈妈，我没有想要气你。

松鼠妈　河马妹妹，你别这样说，小河马已经很懂事了。

河马妈　行了，这件事后面再说吧！我家的去年才受伤，总不能今年还要去吧。（没好气地说道）

河马妈　（对着河马严厉道）走，你爸一个人在家还没吃饭呢，我还要回去照顾他，你给我省点心。（下场）

松鼠妈　这，这也太不讲道理了吧，他们家的人不去就不去嘛，对着谁发火呢。

松鼠爸　（安抚松鼠妈）好了，好了，她也是着急嘛，确实去年河马老弟做出了太大的贡献，现在他们家都还没有缓过来。这样吧，咱们这儿确实没有太多的动物，小松鼠还有小麻雀你们两个一队，我和松鼠妈一队，老猴前辈你就给我们打打下手，我们一起来照顾苹果树，好吗？

松　鼠　好哇！好哇！

松鼠妈　好，我同意。

老　猴　我同意。

松鼠爸　好，那现在我们就开始行动吧！苹果护卫队先开始，时间是一个星期。你们需要做的是给苹果树除草、浇水、驱虫，明白了吗？

小麻雀　明白！

松　鼠　明白！保证完成任务！（自信满满地敬礼）

　　　　［松鼠爸回家去。］

老　猴　你们这些小鬼，想法还挺多的嘛。当年我也是和你们一样，很小的时候就想要来照顾苹果树，但是就一直没有机会。

松　鼠　为什么呀？猴爷爷。

小麻雀　难道有很多人都要去照顾苹果树？

老　猴　是呀，当年我们河岸村住着许多的动物，满地跑的小孩，欢闹得不得了。

当然也会有很多人抢着去照顾苹果树。那个时候哇，去照顾苹果树还会
获得最好的苹果，也就是苹果之王。

松　鼠　苹果之王？（迫切地看向老猴）

小麻雀　什么是苹果之王？

老　猴　这苹果之王啊，可不得了。它有水盆那么大（双手展开画圈比大小），长
在阳光最好的地方。而且这苹果树每年只长　颗。

松　鼠　猴爷爷，为什么我从来没有见过水盆那么大的苹果呢？

小麻雀　是呀，难道苹果树要死了吗？

老　猴　呸呸呸，你这小麻雀净说胡话。

小麻雀　嘿嘿嘿。

老　猴　近十年来，这棵苹果树确实再也没有长出这么大的苹果了。这就说来话
长了。（慢悠悠地摸着胡子）

小麻雀　哎呀，猴爷爷你就长话短说嘛。

老　猴　哎呀，不要催我嘛。就因为只有一个苹果之王，又有很多动物想要，刚
开始还好，大家都是邻里邻居的，都有谦让，但是后来就不行了，实力
强大的动物就不想让了，这时候大家就开始比赛竞争，但是一直就是那
几家轮着赢，渐渐地大家开始不满，没想到苹果树结的果子也开始越来
越小了，后面就成了现在这个大小。后来呀，大家都开始搬离这里，渐
渐地就只剩下我们现在这几家还在这儿了。

松　鼠　原来是这样，但是为什么苹果树越来越小了呢？

小麻雀　我想是这样，最开始因为大家关系和睦，所以苹果树长的苹果就大。但
是，慢慢地大家越来越自私自利，互相争夺埋怨，所以苹果就越来越小。
哇，这棵苹果树也太神奇了吧！

松　鼠　是有点道理耶！猴爷爷，真的是这样的吗？（看向老猴）

老　猴　有这种可能，当时大家都在找这个原因，最后只能说是受到的诅咒，这
也是大家纷纷离开的一个原因吧。唉，天命啊。

小麻雀　啊？再过几年苹果树不会真的死掉吧？

松　鼠　那我们岂不是要重新找一个地方生活了吗？

小麻雀　不会吧，我不想离开你们，呜呜呜。

　　　　［大家正在悲伤，河马提着两桶水走了上来。］

河　马　嘿哟。（放下水桶）诶？小松鼠、小麻雀你们怎么哭了呀？哎呀，不要哭

了，不要哭了，我来帮你们了。

松　鼠　河马，呜呜，我不要离开你们。

小麻雀　我也是，呜呜。

河　马　不会的，我们不会分开的。你们看，我带来了什么？

松　鼠　哇，两大桶水，我们正好需要浇水。

小麻雀　太好了，这样就不用我们自己去打水了。

河　马　嘿嘿。

老　猴　小河马，干得不错呀！

河　马　谢谢猴爷爷夸奖，嘿嘿。我就是想到你们两个这么瘦瘦小小的，打水真
　　　　是太费力气，你看我这么壮，我家离河边又近，这不是正好嘛。

松　鼠　但是你妈妈不是不同意你来照顾苹果树的吗？你是怎么出来的呀？

小麻雀　你不会是偷偷溜出来的吧？被你妈妈发现了岂不是又要挨骂了。

老　猴　是呀，小河马你快回去，千万别被你妈妈发现了。

河　马　没有，大家别担心，我妈妈知道我出来。还是她让我去打的水呢！

松　鼠　哈？真的？

河　马　哎呀，其实是我爸爸说，咱们河岸村居住的动物就这么几家了，一直都
　　　　是松鼠叔叔在操心这棵苹果树，虽然说大家现在也不靠着苹果树生活
　　　　了，但是，这也是我们大家的事情。大家还是要齐心协力把这棵苹果树
　　　　照顾好，而且这也是我们祖先留给我们的东西。后来，我妈就同意我来
　　　　帮忙了。

老　猴　你爸爸真是我们河岸村的英雄啊。

松　鼠　是呀，河马叔叔为了苹果树都失去了一条腿，我们一定要更加地负责任
　　　　才行。

小麻雀　那我们现在就开始浇水吧！

河　马　好！我来提！

松　鼠　我来浇水！

老　猴　那我就来监督你们干活吧！

第二场

时　间　下午

地　点　小镇里

[松鼠家里，松鼠夫妻二人正在商量。]

松鼠妈　不知道那两个小子现在干得怎么样了？（看着外面）

松鼠爸　相信他们吧，他们长大了，也该为我们河岸村做些事情了。

松鼠妈　唉，今天河马妈妈那些话真是让人听着不舒服。你说她平时也不这样乱发火呀，还当着孩子的面。真是让人生气。

松鼠爸　哎呀，你是不是糊涂了，这不是去年河马老弟守护苹果树受伤了，现在提起守护苹果树，河马弟妹肯定是心里难过嘛。唉！

松鼠妈　对呀，你说我怎么把这个给忘了，我就说她情绪怎么不对。唉！我就没想到这些。不行，我们还是去看看她吧。跟她聊聊天，心里也好受些。你也去，看有没有什么帮忙的地方。

松鼠爸　遵命遵命。

[河马家里，松鼠夫妻来到屋外看到河马妈妈以泪洗面。]

河马妈　呜呜呜，怎么办？怎么办？我背不动你呀。呜呜呜。（焦急地来回踱步）

松鼠妈　河马老妹怎么了？河马大哥这是怎么了？别着急，有我们呢。

松鼠爸　是呀，怎么了？（看了看晕倒在地上的河马爸爸）

河马妈　刚才我就出去打了一下水，没想到河马他爸就突然昏倒了！我想带他去医院，可是我弄不动他。小河马又不在家，我真的很害怕他爸再出点什么事情啊！

松鼠爸　别担心，我们来帮你把他送去镇上的医院。

松鼠妈　好。

河马妈　谢谢！谢谢！

[镇医院里，经过检查。]

医生甲　没什么事情，病人只是因为内心压力太大，再加上贫血，才晕倒的。先观察一会，要是没事就可以直接回家了。

河马妈　谢谢，谢谢医生。

松鼠妈　好了，放心吧，没事的。（安慰河马妈）

233

河马妈 唉，多亏了你们，要不然我真的是会崩溃的。

松鼠妈 好了，咱们邻里邻居的，说那些干啥。

河马妈 唉，我今天开会的时候没有控制好情绪，对你们发了火，真是对不起呀！我真的不是有意的。最近几天我总是心神不宁的，总担心身边的人出点什么事情。唉，是我自己问题。

松鼠爸 老妹，别这样说，大家都理解，没有怪你，放心吧。平常你和小河马都尽心尽力地帮助我们大家，为我们打水，给小麻雀做饭，帮老猴前辈打扫卫生。这些事情大家都记在心里呢。

松鼠妈 是呀，老妹，不要自己憋在心里，和我们说说总能多一个人多一份力，都说远亲不如近邻的，咱们可是亲人哪！而且呀，你看我们那些小孩子也都长大了，也可以帮我们做事情了，你要放宽心哪！

河马妈 嗯嗯，其实我哪有你们说的那么好哇。平常你们已经够帮助我的了。你们家小松鼠还帮我们小河马补课，松鼠大哥还帮我做家具，你看你还给我解闷儿呢。哈哈哈。

松鼠妈 哈哈哈。

　　[苹果树旁，小麻雀飞得高高的帮着数苹果。]

小麻雀 哎？你们看！这里有个苹果之王！

松　鼠 小麻雀，你不要开玩笑了。

河　马 啥是苹果之王啊？

老　猴 小麻雀你这小鬼。

小麻雀 我说的是真的，不信，你们自己看！（手指着太阳照射的地方）

河　马 哇，这么大！

松　鼠 真的是苹果之王！

老　猴 嗨呀呀，真是神奇的苹果树！

　　[旁白：在收获苹果的那天，大家一致决定将苹果之王分给松鼠一家，但小松鼠提议将苹果之王分给大家一起享用。因为我们大家是相亲相爱的一家人。]

下　编　德育戏剧的案例典范

商业街的垃圾之谜

编剧：陈欣怡　王皓楠　刘雪平

人物表

小　兔　担任三年二班的劳动委员，勤劳能干，乖巧懂事

小　鹿　小南的同班同学兼好友，热心开朗，充满热情

小　猴　担任三年二班的班长，也是小南的同桌，富有责任感

小　虎　小海的发小，喜欢恶作剧但是行事有分寸

鹏　鹏　汤婆婆的孙子，从小与奶奶相依为命，性格有点内向

兔　爸　小兔的爸爸，也是一名警察

第一场

时　间　黄昏

地　点　商业街上

[街上行人较少，一行人在商业街上捡垃圾。]

老　师　同学们，天黑之前我们要把商业街的垃圾都打包好哦，继续努力。

众同学　好。

小　鹿　（指着垃圾袋的漏洞）小虎，你说你能不能好好干活？你看你这垃圾袋弄破了你都没发现，收拾完就会漏，这不等于白捡了嘛。

小　虎　哎呀！真是的，这么热的天，我们却还要出来捡垃圾。

小　猴　你就少说两句吧！一年只有这么一天劳动节。

小　兔　真无聊，还是破案有意思。

卖报人　卖报啦！卖报啦！今日要闻有，红旗商业街近日屡屡发生垃圾乱丢事件，女王已经下令彻查此事，严惩不贷，市民如有重大发现，则大大有赏。

235

卖报卖报。

小　猴　哎，你们听说了吗？

小　虎　听说什么？

小　兔　啊，你是要说那件事，对吧？

小　虎　哪件事？我怎么不知道。（探起头）

小　鹿　我知道，我知道。

小　虎　我不知道哇，你们倒是说呀。

小　兔　好啦！不逗你玩了。我说就是，上个月不是刚颁布了新政策嘛，如果发现有乱扔垃圾的现象，将会面临高额罚款。

小　虎　这事我知道，然后呢？

小　鹿　（把大家聚拢）新政颁布以后，按理来说大家应该都会好好地遵守规则，可没想到，打上个月起，乱扔垃圾的现象反倒越来越多了。而且呀，全都集中在红旗商业街。

小　虎　啊！

小　猴　更奇怪的是，当警察上门开罚单的时候，这些大人们都不约而同地声称自己是被冤枉的。虽然垃圾是在自己店门口的区域被发现的，但完全不清楚这些垃圾都是从哪里来的。

小　虎　会不会是他们在撒谎？

小　鹿　一个人说不是可能是在撒谎，可是所有人都这样说，这就有点蹊跷了。

小　兔　小鹿说得对，作为侦探社的一员，越是反常的事情就越是值得深思，这是作为一位侦探最基本的素质。

小　虎　得了吧，你先把打扫任务完成了再来搞你的推理，劳动委员。

小　兔　打扫卫生真是一件麻烦的事情。（低头看了看垃圾袋）

小　鹿　咦，稀奇呀，你堂堂三年二班的劳动委员居然还会觉得打扫卫生麻烦。

小　虎　这里可是商业街呀，你看看，每个垃圾桶都是满满的。

小　猴　能帮多少是多少，你想想，如果是我们都亲自捡垃圾了，大人们就不好意思随手乱丢垃圾了。

小　鹿　我们还是别聊了，先干活吧，太阳就要下山了，得抓紧点了。

　　　　[这时，小兔发现了正在工作的兔爸。]

小　虎　咦，怎么那边那么热闹哇。

小　鹿　（把小虎推开）什么热闹？你没看出来旁边那个是警察吗？

下　编　德育戏剧的案例典范

小　兔　警察，会不会是我爸爸？要不我们凑近点看看。

小　猴　走。

商户一　警察同志，该交代的我都交代了，那垃圾真的不是我扔的。你看我这上有老，下有小，这罚金这么高，我怎么敢扔啊。（谦卑）

商户二　就是就是，我看哪，准是别家眼红我家的生意好，想坏我名声，故意往我家店门口扔。要是被我知道了是谁，我决不轻饶。（摩拳擦掌）

兔　爸　好啦好啦，我们一定会秉公执法，不会冤枉你们的。今天就先这样，要是案情有最新进展，我会再来找你们的。

小　兔　爸爸。（跳到跟前）

其他人　叔叔好。

兔　爸　你们好哇，你们怎么在这里？

小　兔　我们今天被学校安排在这里做劳动节活动——帮助清理垃圾。

兔　爸　真是好孩子，要是人人都像你们这样爱护我们的街道，爱护我们的公共设施，就好咯。

小　兔　爸爸，你是不是还在为那件事情烦恼呢，要不你和我们说说，我们说不定还能帮上忙呢。（拍了拍胸脯）

兔　爸　你这份心爸爸心领啦！大家知道最近红旗广场屡屡发生垃圾乱扔事件，从上个月开始，已经是第十三起乱扔垃圾的事件了。

小　猴　那刚刚那些叔叔？

兔　爸　是，刚刚那些就是被抓到乱扔垃圾却又说自己是冤枉的商户。

小　虎　叔叔，要我说你就是太温柔了。你得像我一样，吼他们一顿，保准他们乖乖听话。

小　鹿　真不害臊。（捂嘴笑）

小　兔　那爸爸现在打算怎么办哪？

兔　爸　女王已经下令彻查这件事情了，相信很快就会出结果了。这是我的工作，不是你们小朋友该操心的事情，知道吗？时候不早了，我们得回家了。

小　兔　那爸爸你等一等，我跟我的朋友们说几句话。（拉着他们到一边）

兔　爸　去吧。

小　鹿　小兔，你要和我们说什么呀？

小　兔　我想帮助爸爸把这个案子破了，需要你们的帮助，你们肯帮我这个忙吗？

小　鹿　这好说，这个忙我一定帮。

237

立德树人：德育戏剧创作与实践指南

小　猴　我也会帮你的。（推一下小虎）

小　虎　加我一个。

小　兔　那我们就一言为定，明天早上我们老地方见。

第二场

时　间　清晨

地　点　红旗广场

小　虎　我这是造的什么孽，大早上的要放弃我的美梦。（打哈欠）

小　猴　（拽着小虎的胳膊）别抱怨了，你就把它当作是在做善事嘛。保护家园，
　　　　爱护环境，维护公共设施，多好哇。

小　鹿　就不该喊他来。

小　兔　你们来了。

小　猴　这些都是什么呀？

小　兔　我昨晚回去靠我的按摩手法加撒娇秘籍让我爸把事情的来龙去脉都说了
　　　　一遍，黑板上这个就是我列出来的各个证人的重要关键词。

小　虎　那这个问号又是指什么？

小　兔　就是人物关系，很遗憾，爸爸说目前都没发现他们之间有什么关联，唯
　　　　一的共同点就是他们都是红旗商业街的商户。

小　鹿　那会不会他们都曾经和同一个人发生过争吵或者矛盾？我看电视里都是
　　　　这么演的。

小　兔　这个爸爸没说，不过很有可能，我们先记下来。（在黑板上画）

小　虎　还有一种可能。

小　兔　什么？

小　虎　会不会是上天？我看电视上也这么演过。

小　猴　怎么可能。

小　虎　怎么不可能了嘛，他们肯定是做了什么不好的事情，上天要来惩罚他们了。

小　兔　你这一天天的都看的什么电视呀，你怎么不说是外星人呢。

小　虎　对呀，外星人，会不会是外星人干的？（害怕地缩了缩脑袋）

　　　　［三人无语。］

238

小　虎　你们听，这是什么声音。

小　鹿　好像是猫叫。

小　兔　哪来的猫，我怎么没看见。

小　虎　你们看，那里有个人影。一定是外星人，一定是外星人听到我们质疑他，他不服气要出来给我们点颜色，怎么办哪。（躲在大家身后）

小　兔　走，我们过去瞧瞧。

　　　　［四人悄悄靠近，发现是鹏鹏。］

小　兔　原来是鹏鹏。鹏鹏，今天是周末，你怎么会在学校里呀？

鹏　鹏　你……你们好。

小　鹿　鹏鹏，你怎么了？

鹏　鹏　没什么，我还有事，先走了，再见。（急匆匆地逃离）

小　虎　怎么奇奇怪怪的。

小　猴　他不一向都是这样吗？而且我上次在办公室里听老师们说，鹏鹏的奶奶汤婆婆在早上清扫街道的时候因为太困不小心踩到了别人乱扔的香蕉皮，摔了一跤，伤了腰骨，现在都还在医院呢。最近几天，也都是他代替汤婆婆去清扫垃圾，大人们都劝他不用去，他也不听。

小　虎　难怪看起来心情不太好的样子。

小　鹿　他从小就和奶奶相依为命，心里肯定很难过。乱扔垃圾的人真可恶，一点都不爱护我们的家园，爱护我们的公共设施。（生气地跺脚）

小　兔　所以我们更要努力，继续推理案子吧（看向小猴），看你这若有所思的样子，你是不是想到了什么？

小　猴　我在想这两件事情会不会有什么联系呢？

小　兔　你是说？这简单，我有一个法子，要不要试试？

小　鹿　你们在说什么？我怎么听不懂。

小　兔　我们想到一个能找到真相的办法，就是有点冒险，你们愿意和我一起尝试吗？

小　猴　说来听听。

小　兔　凑近一点，我们这样……（四人凑在一起说悄悄话）

立德树人：德育戏剧创作与实践指南

第三场

时　间　晚上

地　点　小虎家

小　虎　你们说，那个人真的会来吗？

小　猴　如果我和小兔猜得没有错的话，应该会来。

小　虎　可是我把垃圾捡回去了，他会不会也看到了，就不会上当了。

小　兔　赌一把吧。

小　鹿　嘘，好像有人来了。

　　　　[鹏鹏悄悄地靠近小虎家，把垃圾都倒在小虎家门口，并且倒完以后，还拍了张照片准备匿名举报给警察局。]

小　虎　小贼，原来是你，别想逃！

小　兔　鹏鹏！

　　　　[鹏鹏还来不及反应，四人就已经上前把他团团围住，他没办法逃跑。]

鹏　鹏　不，你们听我解释，不是我干的。

小　虎　还说不是你，我都亲眼看见了，除了你没有别人，你可别想赖账。

鹏　鹏　你，你有什么资格说我，明明是你乱扔的垃圾，你才是那个该受惩罚的人，我只是替天行道而已。

小　虎　少胡扯，我那是故意的，要不是这样，怎么会发现你的恶行呢？知人知面不知心，本来看你挺老实一人，原来都是假的。

小　鹿　别说了。

鹏　鹏　故意的，原来你们是故意的。为什么？为什么你们要这样做？

小　兔　这句话应该是我们问你。鹏鹏，为什么？你为什么要做这种事？

小　猴　是不是因为汤婆婆？

鹏　鹏　都怪他们，如果不是那些商户为了自己的利益，乱扔垃圾，奶奶不会因为工作太累，睡眠不足，看不清地上的香蕉皮。如果不是他们没有公德心，香蕉皮又怎么会在地上？他们才是罪魁祸首。我生气，奶奶那么辛苦维护的街道，他们一点都不爱惜，所以，我必须惩罚他们。

小　猴　可你这种乱扔垃圾的行为不也是在破坏公共设施吗？和他们又有什么两样呢？

240

鹏　鹏　我……我只是想让他们吃吃苦头，没想过害他们。

小　兔　我理解你的生气，但是你这种行为是不对的。你必须去和警察叔叔说清楚这个事情。

鹏　鹏　警察？不能告诉警察叔叔，你们，你们就当没看见，不要告诉别人好不好，我保证以后不会了。

小　兔　你放心吧，只要你好好认错，道歉了，警察叔叔不会把你怎么样的。

鹏　鹏　可是。

兔　爸　小兔说得对，事出有因，知错能改就是好孩子，不要一错再错。

小　兔　爸爸，你怎么来了。

兔　爸　我在对面街道观察你们很久了，自从你那天晚上问我，我就猜到你要干什么了。

小　兔　嘿嘿，姜还是老的辣。

兔　爸　你个小滑头，回头再跟你算账。（对鹏鹏说）鹏鹏啊，没关系，你现在呢，跟着叔叔先去给那些被冤枉的人们道个歉，他们会原谅你的，不要担心。至于汤婆婆，我们也会派人暂代她的工作并且给她申请补贴，等她休养好了，只要她愿意，她依旧可以回来工作。

鹏　鹏　真的吗？谢谢叔叔，我知道错了，我不应该这样做的。

兔　爸　能想明白就好，小朋友们也要记得，以暴制暴并不能解决问题，有什么困难记得第一时间找警察叔叔哦。最最重要的是无论是谁，都不应该乱扔垃圾，破坏我们的家园。这里的每一块土地都属于公共设施，爱护好公共设施才能创建更好的环境。

众　人　兔爸说得对，我们一定会好好爱护我们的公共设施，保护好我们的家园。

真正的自由

编剧：朱　莉　王浩宇　庞　迈

人物表

方　圆　十岁，不喜欢被约束

规　则　遵守秩序，维持规则，督促方圆在生活中遵守规则

混　乱　规则的死对头，不喜欢规则，喜欢不被约束的感觉

露　露　方圆的同学

又　又　方圆的同学

琦　琦　方圆的同学

第一场

时　间　早上

地　点　教室

［规则、方圆、混乱三人背对观众。］

规　则　（转身，正气凌然）我是规则，这世界上的秩序都掌握在我的手中，俗话说"无规矩，不成方圆"，没有我，这个世界将会杂乱无章。

混　乱　（转身，傲娇）我叫混乱，是规则的死对头，在我的世界里就没有什么规矩可言，你想干什么就干什么。

［规则、混乱同时对方圆说选我吧。］

规　则　（手去拉方圆）主人，你选我吧，我能带给你更好的生活。

混　乱　别听他的，主人。选我选我，我会给你更自由的生活。

［方圆被规则与混乱拉来拉去。］

方　圆　（甩开规则和混乱的手）停！（面朝观众）我叫方圆，我从小就生活在一个

有规则的世界。俗话说，无规矩不成方圆，我也因此有了这个名字，所以，什么混乱，我才不选它。（推混乱下场）

混　乱　我一定会回来的。

方　圆　我每天跟规则在一起（规则一直跟着方圆）。在校园里碰到老师要主动打招呼；过马路的时候，要走斑马线，不能闯红灯；回到家里的时候，要先换掉脏鞋子才可以进门。这就是我的生活，我的生活充满了规则，形形色色的规则……

方　圆　（坐在板凳上，趴在桌子上）当我在写字时……

规　则　必须眼离书本一尺，胸离桌子一拳。

方　圆　当我在吃饭时……

规　则　必须专心用餐，食不语。

方　圆　当我吃完东西时……

规　则　必须把垃圾扔进垃圾桶，不能随便乱扔垃圾。

方　圆　哎呀，我休息一下嘛，等一会行不行啊，我今天太累啦。

规　则　（严肃）不行，这是不对的。

方　圆　（无奈）唉，看吧，这就是我的生活——一直被各种规矩约束着。（慢慢蹲下，规则碎碎念的声音，音效：过马路要遵守红绿灯，见到长辈要问好，作业要按时交，所有人都在遵守规则，社会有法律法规，学校有中小学生守则，家有家规，喂，你在听吗？）我受够了（猛地站起，声音停），你不要再说了，不要跟着我不要再约束我了，我不想再听你说了。

规　则　说话要有礼貌，声音不能这么大。

混　乱　哈哈哈，看吧，我说过我会回来的。是不是很厌倦这样的生活了呀？那跟我走吧，这样你就不用受他的折磨了。

方　圆　好，我早就不想听你唠叨了，我们走。

　　　　［方圆推规则下场，拉着混乱走了。］

第二场

时　间　早上

地　点　教室

[又又哭着走上台，露露和琦琦看见了，走上前询问原因。]

露　露　又又，你怎么了？

又　又　我的新积木不见了！不知道谁给我拿了。

二　人　什么！

琦　琦　（思考）唉，我好像在哪里看见过（做出手势），（拍手）我想起来了！在方圆那里。

露和又　（同时转头看向琦琦）啊？

琦　琦　走吧，我们去问问他。

[方圆背着书包开心地和混乱在一起。]

方　圆　那个积木可真好玩！

混　乱　是吧，想玩什么就玩什么感觉是不是很好哇！

[方圆的积木掉在了地上，他正蹲下去捡，同学们发现了方圆。]

三　人　方圆！你是不是偷拿了又又的积木？

方　圆　（被吓到了，摔倒。表现出无所谓的态度，认为自己的行为理所当然）怎么了，我就拿来玩玩，不至于这么小气吧！（拍拍身上的灰尘，站了起来）

又　又　那你要告诉我一声啊！（把积木抢过来）

琦　琦　就是就是，走，别和他玩。

露　露　（上去）你快去给他们道歉吧。

方　圆　我才不要，我又没做错。

混　乱　对的，你做得非常棒，随心所欲，不是很快乐吗？

[上课铃声。]

老　师　今天我们要进行考试，请同学们把书放在课桌下面。接下来我们分发试卷，开始考试。

[老师分发试卷，同学传试卷。方圆拿着试卷开始答题。写了一会，发现有一道书上的原题，但是他忘记怎么做了。]

方　圆　（抓耳挠腮）这道题好眼熟哇，好像是书上的，可是，可是我记不起来了。

下　编　德育戏剧的案例典范

混　乱　遇到难题不用怕，看看同学的就好了，哪里不会问哪里！

方　圆　（下定决心）有道理。

［方圆开始东张西望，想看别人怎么做的。］

方　圆　（向旁边的又又问）哎，这道题你昨天不是背了的吗？给我看一下。

又　又　不行，老师说了要自己做自己的！

混　乱　你的同学可真坏呢，都不愿意给你看答案呢。不过，没关系，我这还有一本十万个为什么，哪里不会看哪里。

混　乱　这道题你会做了吗？

方　圆　So easy！

［方圆犹豫不决，再三思索下，最终还是屈服于内心最真实的想法，翻开了书本。方圆边看书边抄答案，在考试时间要结束的时候，他抄完了答案。］

方　圆　呼，终于写完了。

老　师　好了，时间到了，同学们把卷子交上来吧！交了就可以下课了。

第三场

时　间　中午

地　点　教室

［方圆的生日会要到了。］

方　圆　（面向同学们）我生日要到啦，到时候你们一起来我家玩哪。

露　露　好哇，好哇，我会去的。

又和琦　我们才不要去。

方　圆　不来就不来，哼！

［上课铃声。］

老　师　好，同学们，今天公布上次考试的成绩。方圆同学这次表现得非常好，进步很大，考了全班第一名。希望大家都向方圆同学学习，以后更努力哟！（掌声响起配音）

露　露　哇，他好厉害呀！

又　又　作弊得来的成绩，有啥好骄傲的。

琦　琦　就是就是，下课了我就去告诉老师。

245

立德树人：德育戏剧创作与实践指南

[下课铃声。]

老　师　好，下课！

[在老师准备走出教室的时候。]

琦　琦　老师老师，方圆同学他作弊了，我们都看见他翻书了。

老　师　（严肃）行，老师知道了。我会弄清楚的。（转向方圆）方圆，你跟我来办公室一下。

[方圆跟着老师走出了教室。]

老　师　方圆，这次考试的成绩是你的真实水平吗？

方　圆　（沉默）

琦　琦　我给你们讲，他上次考试的时候翻书作弊了。

露　露　啊，难怪他考那么好，没想到他是这种人，那我不去他生日会了。

方　圆　（害怕）老师，对不起。我只是想考好一点。

老　师　（严厉）老师是不是说过要诚信考试！

方　圆　是。

老　师　这次你的成绩作废，如果下次再犯同样的错误，老师就要惩罚你了。

方　圆　对不起老师，我再也不作弊了。

老　师　行了，你先回去吧。

[方圆轻微啜泣，低头沮丧地回到了教室，坐到了位置上。]

露　露　方圆，我不去你的生日会了。没想到你这么不诚实，考试还作弊。

又　又　（与琦琦一起，面向露露）走，和我们一起去玩，别和这个不诚实的人一起。

方　圆　（趴在课桌上哭）

混　乱　这是怎么了呀，没道理呀，老师不应该发现的呀！

方　圆　（心里开始有一点责怪混乱）就是因为你让我拿她的积木，让我考试作弊，同学们才开始讨厌我，老师也批评了我。

混　乱　这怎么能怪我呢，是你开始自己选择的我呀，况且你也取得了好成绩，这段时间你不也挺开心的吗？（方圆打断）

方　圆　都怪你！（方圆不开心地回了家）

[黑幕打光，舞台中央有一张空桌子，（悲伤的音乐）方圆放下书包，独自坐到椅子上。]

（方圆回到家发现家里空无一人，也没有小伙伴来给他过生日，他逐渐回忆起这些天和混乱一起发生的事情）

246

方　圆　（不满）我今天早上都迟到了，你怎么不叫我起床啊？

混　乱　因为那时候规则已经不在你身边了呀，你想睡多久就睡多久。

　　　　［方圆对这个回答并不满意。］

方　圆　（生气）那我吃饭被噎到了，你怎么不提醒我呀？

混　乱　有我在，你想干什么就干什么呀。

方　圆　（生气爆发）都是因为你，我的生活才变得一团糟！你给我走开！（方圆把
　　　　混乱推开）

混　乱　我再也不会回来了。

　　　　［这时候规则打算来给方圆过生日，但是又怕主人不欢迎他，所以他在门
　　　　外徘徊不敢进去。］

方　圆　今天是我生日，一个人都没来。以前每年规则都会陪我过生日的，要是
　　　　规则还在的话就好了。

规　则　我好像听到了主人在叫我（怀疑）。（虽然担心不被欢迎，但还是想送给主
　　　　人祝福）今天是他的生日，至少要送个生日祝福吧。（敲门）

方　圆　（伤心疑惑）谁呀？

方　圆　（开门，惊讶）你！

规　则　小主人，生日快乐！虽然你可能不太欢迎我……

方　圆　不是的不是的，我不应该推开你，我一点也不喜欢现在混乱的生活。

规　则　是的，混乱虽然不会约束你，但规则才能给你真正的自由。

方　圆　你不在的时候，我的生活一团糟，现在答应来我生日会的朋友也不愿
　　　　来了。

规　则　知错就改就是好孩子，你现在真诚地和同学们道歉，他们肯定会原谅你的。

方　圆　那我现在就给他们道歉。

方　圆　（拨电话）对不起，我不该偷拿你的积木，你们能原谅我吗？（停留两到三秒）

　　　　［同学们其实已经原谅了方圆，他们捧着蛋糕打算去给方圆庆祝生日。］

又　又　（推开门，捧着生日蛋糕）方圆，生日快乐。

方　圆　（惊讶的表情加感动）啊，你们……

露　露　好了，别说了，快点许愿吧！

琦　琦　对呀，我们还等着吃蛋糕呢！

方　圆　谢谢你们，那我希望规则和我的朋友们一直在我的生活中陪伴我。我原
　　　　来以为，规则就是来束缚我的，让我不能自由地生活，混乱才能让我自

立德树人：德育戏剧创作与实践指南

由地主宰自己的生活。但是，我现在才知道，如果没有规则，我所追求的自由就会变成放纵，有规则的生活才是有意义的。

同学们 （起哄）一起吃蛋糕咯，哈哈哈哈。（大家玩闹散开准备唱歌）

[遵守规则歌曲，准备好了开始游戏。我们一起来比一比，不论输赢不争第一，遵守规则才有意义，生活处处有规则，时时刻刻要记着，大家一起来遵守，遵守规则好品德。]

永乐森林

编剧：曾　瑶　杨　柒　李林桔

人物表

乖乖兔　七岁，女，蹦蹦跳跳，活泼机灵，调皮好动

嘻嘻熊　七岁，女，乖乖兔的好朋友，憨厚可爱，听话老实

坏坏龙　十八岁，男，不守规矩

斑　马　二十五岁，女，掌管红绿灯，维护交通秩序

哈哈猫　六岁，女，傲娇可爱

花花猫　十八岁，男，哈哈猫的哥哥，情绪难控，爱护妹妹

第一场

时　间　清晨

地　点　森林的马路边

[音乐起，开场舞。]

[旁白：（伴随开场舞）在一个遥远的地方，有一片永乐森林，小动物们在这里过着开心快乐、井然有序的生活。可是，突然有一天……]

坏坏龙　（从旁边跳出来）呀哈！我是坏坏龙，这里的小动物们生活都井然有序，真是太无趣了。我可不喜欢这么无趣的生活，我要打破你们的规则！

[音乐戛然而止，小动物们静止不动。]

斑　马　（义正严词地站出来）什么？谁敢破坏永乐森林的规则？我可是森林的守护者——斑马，唉！又是你这个不守规矩的家伙，站住别跑！

[斑马追着坏坏龙跑出了舞台……]

[哈哈猫牵着花花猫，一脸傲娇，躲在哥哥身后左看右看。]

249

立德树人：德育戏剧创作与实践指南

花花猫   （严肃地走出来）我是花花猫，这是我的妹妹哈哈猫。我妹妹可乖了，谁敢欺负她，看我不教训他！

哈哈猫   （傲娇地叉腰）我哥哥可厉害了呢！

乖乖兔   （蹦蹦跳跳的）我是乖乖兔，是森林学校二年级的学生。爸爸妈妈都夸我学东西学得可快了！

嘻嘻熊   （开心）我是嘻嘻熊，是乖乖兔的邻居，我们是好朋友。

[乖乖兔牵起嘻嘻熊的手，他们一起去上学了。]

乖乖兔   嘻嘻熊，我们的家离学校真近哪，只有一公里，根本就不需要爸爸妈妈来送我们上学！

嘻嘻熊   是的呢，每天跟你一起上学，真是太开心了！

乖乖兔   （跳起来）是的！我也非常开心！

嘻嘻熊   乖乖兔，现在是红灯，我们等一等吧。

乖乖兔   爸爸妈妈每次都告诉我们，过斑马线要看红绿灯，可真唠叨哇！

嘻嘻熊   老师也告诉我们要遵守交通规则哦！

乖乖兔   （低下头）好吧。

[绿灯亮起，乖乖兔和嘻嘻熊准备过马路。]

坏坏龙   （大声地，从乖乖兔和嘻嘻熊的中间穿过，推开了嘻嘻熊）哎！让一让，让一让！你们挡着我的路了！

乖乖兔   （生气地跳起来，抓住坏坏龙）哎！你怎么闯红灯呢！

坏坏龙   （挣脱，回过头看乖乖兔，不屑地）我赶时间呢！再说了，现在不是没有车嘛，管什么红绿灯啊？

乖乖兔   （自言自语）我觉得他说得好像有道理，我和嘻嘻熊也赶时间，反正现在也没车，要不就闯一次红灯吧。

[乖乖兔左顾右盼，正想拉着嘻嘻熊跑过斑马线。]

嘻嘻熊   （挣脱了乖乖兔）乖乖兔你干什么！我们不能闯红灯！

乖乖兔   嘻嘻熊，我们都快迟到了，你看坏坏龙！不也过去了嘛。

嘻嘻熊   （噘嘴）可是妈妈说过，过马路，左右看，斑马线，保平安……

乖乖兔   （打断嘻嘻熊）嘻嘻熊你走不走哇，你就是胆小鬼！

嘻嘻熊   （拉住乖乖兔）我不是胆小鬼！乖乖兔我们要遵守交通规则。

乖乖兔   （撒开嘻嘻熊）我先走了！

[乖乖兔跟着坏坏龙闯了红灯，嘻嘻熊还停留在原地等待着绿灯的到来。

250

下　编　德育戏剧的案例典范

这时，正在指挥交通的斑马突然看到乖乖兔闯红灯，想去拉住她，奈何乖乖兔跑得太快，斑马气得在马路边直跺脚。]

斑　马　（气急败坏）哎哎哎！站住，不要闯红灯！危险！

斑　马　（无奈）唉！这群小动物太不听话了。

嘻嘻熊　（走到斑马跟前，安慰斑马）斑马别生气，我去好好教训一下乖乖兔！

斑　马　（夸赞）好吧，嘻嘻熊，你真是个好孩子！

　　　　[绿灯亮了，嘻嘻熊快步追赶乖乖兔。]

第二场

时　间　第二天早上

地　点　森林的马路边

　　　　[第二天，早上依旧车水马龙，斑马又开始工作了。]

斑　马　（打哈欠伸懒腰）新的一天开始啦！今天可不能让他们闯红灯了！

　　　　[此时乖乖兔和嘻嘻熊正匆匆忙忙地跑来，快到斑马线的时候，嘻嘻熊拉住了乖乖兔。]

嘻嘻熊　（一本正经）乖乖兔，今天可不能闯红灯了！这太危险了！

乖乖兔　（嘻嘻哈哈）哎呀嘻嘻熊，你看现在又没人，走过去没事的。

嘻嘻熊　不行不行，你不能过去！要遵守交通规则！

乖乖兔　（不以为然）你看那些车又不敢撞我。

嘻嘻熊　（着急）乖乖兔，你这种行为是不对的！

乖乖兔　（不耐烦）嘻嘻熊你真是个大笨熊！死脑筋！胆小鬼！我不跟你玩了！你自己慢慢来，我就先过去了。

嘻嘻熊　（难过地抹抹眼泪）我不是这样的……

　　　　[花花猫送哈哈猫去上学，走到斑马线时看到嘻嘻熊在哭泣。]

哈哈猫　（好奇）哥哥哥哥，你快看，嘻嘻熊姐姐怎么哭了？

花花猫　（拍拍嘻嘻熊的肩膀）嘻嘻熊，谁欺负你了？和哥哥说说！

嘻嘻熊　（带着哭腔）花花猫，乖乖兔说我大笨熊死脑筋，她说她再也不跟我玩了，呜呜呜。

花花猫　（耐心地）嘻嘻熊，你慢慢跟我说，不着急！

251

立德树人：德育戏剧创作与实践指南

[绿灯亮起，哈哈猫不耐烦了，想要快些离开。]

哈哈猫　（扯了扯花花猫的衣角，烦躁地说）哥哥哥哥！绿灯亮了，我们快走吧，我要迟到了！哼！

[花花猫正在安慰嘻嘻熊，没有听到哈哈猫说的话，此时，哈哈猫不开心了，赌气地甩开花花猫的衣角，准备自己先去学校。]

[这时坏坏龙踩着滑板过来，他东张西望，正准备横穿斑马线。]

[刺耳的刹车声响起，坏坏龙和哈哈猫都被撞倒在地。]

哈哈猫　（被撞到）啊……喵！……

哈哈猫　（坐在地上哭泣）呜呜呜呜呜呜……

花花猫　（赶紧跑过来安慰哈哈猫）妹妹！你没事吧？

坏坏龙　（骂骂咧咧）是哪个不长眼的？竟然挡我的路！

[花花猫愤怒地看向坏坏龙，走上前去找他理论。]

花花猫　（用手指着坏坏龙）你怎么回事？！撞到我妹妹了！

坏坏龙　（不解）叫这么大声干嘛，又没什么大事，你能把我怎么着。

花花猫　（更生气，准备动手）哼！你真行啊，看我不教训教训你！

[哈哈猫与嘻嘻熊看到他们正在打架，连忙去拉住他们。乖乖兔来找斑马寻求帮助。]

斑　马　（着急地跑过来拉开他们）发生什么了？你们不准打架，都过来！

斑　马　（严肃）到底怎么回事？

嘻嘻熊　斑马你不要着急，没出什么大事。

哈哈猫　（怯生生地）斑马，是我差点被坏坏龙开车撞飞了！

花花猫　（懊悔）斑马，对不起，是我没有注意到哈哈猫，这条龙闯红灯真是太可恶了！

[花花猫又差点动手。]

哈哈猫　（焦急）哥哥不要打架。

花花猫　（冷静下来）妹妹都这么说了，我就先饶过你！

坏坏龙　（害怕了一下，又不屑地说）呵！就这？

斑　马　（生气地）哈哈猫，你们先去上学，我去教训他！

[花花猫牵着哈哈猫过马路，边走边安慰哈哈猫。]

花花猫　（耐心地）哥哥都跟你说过了，过马路要左右看，要注意安全！

哈哈猫　知道啦知道啦。

252

下　编　德育戏剧的案例典范

[随后，嘻嘻熊生气地走在前面。]

嘻嘻熊　（双手抱胸，生气地）都跟你说了不要闯红灯，你非不听，哼！

乖乖兔　（看到嘻嘻熊走了，快步追上他）嘻嘻熊你等等我！

坏坏龙　（一脸不屑）我又没撞到人，你能把我怎么样嘛。

斑　马　（生气了）坏坏龙，你破坏了我们的交通规则，你居然还没有认识到自己的错误。

坏坏龙　（思考中）我破坏规则又不是一天两天了，呵呵，又没出事。

斑　马　（严肃地）但是你这样已经危害到了小动物们的生命安全，你这样的行为是很不负责任的！

坏坏龙　（挠挠脑袋想了想）哼，我才不管呢。

斑　马　（无奈，押住坏坏龙）唉！既然你这么不知悔改，就跟我去永乐森林监狱好好反省！

[放学铃声响起，乖乖兔和嘻嘻熊慢悠悠地走出学校。]

乖乖兔　（试探地）嘻嘻熊，我们还能一起玩吗？

嘻嘻熊　（抬起头）乖乖兔，只要你遵守交通规则，我就和你一起玩！

乖乖兔　（眼前一亮）嘻嘻熊，我已经认识到自己的错误了，我以后再也不闯红灯了！

嘻嘻熊　（牵起乖乖兔的手）那我原谅你了，我们快回家吧！

[夕阳西下，小动物们又在斑马线相遇了。]

哈哈猫　（开心）嘻嘻熊姐姐，乖乖兔姐姐，你们好哇！

嘻嘻熊和乖乖兔　（挥挥手）你好哇，哈哈猫！

[绿灯亮起，小动物们准备过马路，斑马微笑着看着他们。]

动物们　（敬礼）斑马警官好！

斑　马　（高兴极了）你们好哇小动物，回家的路上要注意安全哦！

坏坏龙　（央求）斑马，我知道错了，快放我出来吧！

动物们　（听到坏坏龙的话，相视一笑）哈哈哈哈哈哈！

哈哈猫　坏坏龙这下可出不来了！

斑　马　（心情舒畅）永乐森林又秩序井然了！

[在美好的音乐中，小动物们遵守交通规则，让整个森林变得井井有条。]

253

我们和你们在一起

编剧：褚　晓、丁付禄、蹇　玥

人物表

莉　莉　中国学生

雯　雯　中国学生

刘　凯　中国学生

郑　龙　中国学生

浩　宇　中国学生

刘梦丽　中国学生

梦　梦　中国学生

小　伟　中国学生

凯　文　埃塞俄比亚人

杰　瑞　英国人

井边树　日本人

序

[自白]

刘梦丽　我叫刘梦丽，来自香溪小学。

凯　文　我叫凯文，来自山火国际小学。

刘　凯　我叫刘凯，来自香溪小学。

雯　雯　我叫雯雯，来自中国重庆。

井边树　我叫井边树，来自日本横滨。

浩　宇　我叫浩宇，来自中国。

杰　瑞　我叫杰瑞，我很喜欢中国。

郑　龙　我叫郑龙，我热爱我的祖国。

众人合 我们都生活在中国，我们的故事发生在山城重庆。

第一场

地 点 教室

[广播通知：为实现"以内帮外，中外融合"，本校与山火国际小学将进行联谊，共同开展"小组互帮，守护天使"的合作活动，本周五也就是明天将是我们合作方第一次见面，请各位同学做好准备，迎接我们的新伙伴。]

[教室里零零散散地坐着几人，雯雯正在写英语作业，莉莉冲了进来。]

莉 莉 雯雯！你听见了吗？我们要和山火国际小学联谊诶！

雯 雯 听见了，这有什么稀奇的。（头也不抬地赶作业）

梦 梦 可稀奇了！听说国际小学里只收外国人呢！

莉 莉 对对对！我妈说那里面全是在中国生活的外国小朋友，真想知道他们长什么样。

小 伟 就是，反正你整天打瞌睡。

众人合 哈哈哈！

刘梦丽 你们！哼！

莉 莉 好啦，不管她。对啦，我们该怎么迎接国际小学的新伙伴呢？

雯 雯 我觉得我们应该先知道到底有哪些外国人再说吧。

[刘凯和郑龙穿着足球服，边走边讨论上场。]

刘 凯 什么外国人？

郑 龙 大家在说山火国际小学的事吗？

刘 凯 我咋不知道？

莉 莉 一定是你又发呆了，广播那么大声你都听不见。

众人合 就是，就是！

刘 凯 嘿嘿嘿，（挠了挠头）这不是老毛病了吗，快说说咋回事吧！

郑 龙 就是山火国际小学的小伙伴们要来我们这里一起上学吧，那儿的小朋友和我们不一样，他们都不是中国人。

刘梦丽 有啥不一样，大家都是人，只不过国籍不一样。

雯 雯 反正就是和我们不一样，我妈说那里的孩子都是才来的新孩子！

刘　凯　这个我可知道！有"阿里嘎多"！

莉　莉　这么叫不好吧，到时他们来我们这里玩，你也叫人家阿里嘎多？

众人合　哈哈哈。

刘梦丽　但是我觉得他们一定很难适应这边的生活吧。

刘　凯　有什么不适应的，爸妈在哪里我就在哪里。

[浩宇拿着张纸上台，刘梦丽抬起头。]

浩　宇　大家这么开心，在讨论守护天使活动吗？（举出纸）刚刚老师让我去办公室拿了这次来我们学校的国际小学同学名单哦，上面还有一点各个国家的简介。

凯莉合　给我看看！（两人上前抢）

刘　凯　给我看！

莉　莉　我看！

刘　凯　我！

莉　莉　我！（咔嚓把名单扯成两半）

雯　雯　（赶紧上前拿过名单）你们！看看你们干的好事，太过分了。（刘凯、莉莉两人垂头丧气）

凯莉合　对不起！对不起！

浩　宇　（凑上去看）没事没事，还能看到的，正好一人一半，刘凯你跟我一起看这半边吧。

雯　雯　好吧，那莉莉和我看这半边吧。

[台上同学分两队，一边男生一边女生。]

男生队　我们这有英国、日本！

女生队　我们这有埃塞俄比亚！

众人合　哇！

郑　龙　埃塞俄比亚，那是啥，奥特曼的家乡吗？

刘　凯　拜托，奥特曼来自M78星云的光之国好吗！

众人合　哈哈哈。

刘　凯　（自豪地拍了拍胸膛，瞟了郑龙一眼）看到没有！我这叫博学多识！

浩　宇　好了！老师的意思是，我们两到三人一组各负责一位外国朋友当他们的守护天使，要为他们画出他们国家的国旗。然后要知道他们国家的一些文化习俗，还可以为他们写一封信，等等。

刘梦丽	我知道这个活动！就是匿名写信，主要是为了帮助进入新生活的小朋友适应一下！
浩　宇	哇哦！不愧是大小姐，果然这才是博学多识喔！
刘　凯	嘿！我听出来了，你嘲讽我！
众人合	哈哈哈。
浩　宇	哈哈哈，好啦，马上放学了，人家先分好组，下去人家再慢慢准备。
众人合	好！

　　　　　［莉莉、雯雯、梦梦一组，刘凯、小伟一组，浩宇、刘梦丽、郑龙一组。］

浩　宇	大家都选好了搭档啦？那现在每位天使领一下守护的小伙伴吧，举手抢人哟，首先是英国。
刘　凯	我我我！我英语最好了！
莉　莉	你胡说，明明我更好！
雯　雯	就是！有的人心里没点数嘛！
浩　宇	好了！石头剪刀布吧，你们俩，（莉莉赢了）那就莉莉你们负责英国吧。
刘　凯	哼，那我要日本！
浩　宇	一个个来，第二个，日本。
刘　凯	我！（举最高）
浩　宇	好，那就你了。（无奈拍头）最后一个，埃塞俄比亚。
刘梦丽	只剩我们了，郑龙浩宇，我们领吧。
郑　龙	我都可以。
刘　凯	我猜埃塞俄比亚是非洲的呢，刘梦丽你正好晒黑了，我看合适。
刘梦丽	你！（追打一下）
众人合	哈哈哈。

　　　　　［放学铃声响了。］

浩　宇	好，那就这样安排吧！大家可以分工一下，一人画一人搜集相关信息，明天就要迎接他们啦，希望大家都好好准备。老师说我们要用中国的大国风范感染他们，要用热情的态度迎接他们，要……
众人合	（打断）好的班长，知道啦！
刘　凯	啰唆老班长，略略略，快走快走。（推着大家离开）
浩　宇	（摇摇头）哎！

　　　　　［各自讨论着下，浩宇最后下。］

第二场

地 点 文化节现场

[各国小朋友现场走秀表演异域风情，结束后浩宇、郑龙、刘凯等八人讨论着上场。]

浩　宇　他们展示得可真好看哪！

郑　龙　是呀！我第一次知道原来埃塞俄比亚是这样跳舞的，好特别呀！

众人合　嗯！

刘　凯　那有什么！日本的也很不错呀！

刘梦丽　哟，什么时候你变日本人啦？

浩　宇　大家一定要记得自己的任务，我们要和外国小朋友们好好交流，做好朋友。不管发生什么，要记得他们是朋友，要理解和包容！

众人合　知道啦！

　　　　[杰瑞和井边树走上来。]

杰　瑞　我的朋友们，你们好，我是杰瑞，来自英国。

雯　雯　亲爱的杰瑞，你好，这是我们为你准备的礼物。

井边树　（鞠个躬）你们好，我叫井边树。

刘　凯　（鞠躬）哈依！你一定是来自日本吧，这是我为你准备的礼物。

众人合　你们好哇，哈喽！

浩　宇　咦，只有你们两个吗？刚刚表演的不是有三位呢？

刘梦丽　对呀，你们表演得实在是太棒了。

杰　瑞　我亲爱的朋友们，凯文可麻烦了。他还在后面慢慢收拾呢。

刘　凯　原来如此！

　　　　[凯文走过来。]

凯　文　萨拉姆拿球！

刘梦丽　（上前握手）萨拉姆。这是我为你准备的礼物。你们的国徽很漂亮。

凯　文　（推开）不不不，我不是说我叫萨拉姆，我叫凯文。

刘梦丽　（尴尬地笑了笑）哈哈哈，我是说你好，我知道萨拉姆是"你好"的意思。

凯　文　哦。这样啊，谢谢你了。（接过来走向杰瑞）

刘　凯　（悄悄拉走）哎呀！梦丽，他好难接近哪。

刘梦丽　也许他只是不知道我们专门学了一下打招呼？

郑　龙　我感觉他不太喜欢我们，另外两个还挺好的。

凯　文　杰瑞，我们该去找老师报到了，今天是交换生第一天。

杰　瑞　凯文，我们可不是交换生，我们只是来体验中国生活的。

井边树　哈依，其实就是每周五来交流生活经验，这个意思吧。

浩　宇　差不多，就当作来我们学校玩嘛，不要紧张。

刘梦丽　到底谁紧张，你这腿抖得快成筛子了。（打打浩宁的腿）

众人合　哈哈哈。

莉　莉　瞧瞧我们班长，竟然也会这么紧张呢？

雯　雯　就是，就是！

　　　　［井边树几人被感染了也笑了起来。］

杰　瑞　你们的感情真好，让我想起了我从小一起长大的邻居姐妹。

井边树　是呀，我也挺想我家乡那边的伙伴们的。

浩　宇　中国有句古话"既来之，则安之"，既然大家因为各种原因聚在中国，
　　　　聚在我们香溪小学，那我们像亲兄弟姐妹一样，千万别客气。

刘梦丽　对！班长说得对！

凯　文　你们这边女孩子都是可以随便说话的吗？

众人惊　啊？

刘梦丽　你说什么？

井边树　是这样的，凯文他们埃塞俄比亚的女孩子都不怎么在外露脸的。

梦　梦　天哪，真的吗？二十一世纪还有这样的地方？

雯　雯　（捂嘴）说什么呢！

郑　龙　我的天哪，真是难以置信。

凯　文　是我冒犯了吗？我们确实很落后，要不是中国资助，我们现在可能都没
　　　　机会来这边。但是我真的不知道怎么适应，我甚至都不知道怎么和你们
　　　　打招呼，我想我的朋友，我想我自己的家。（捂脸）

刘　凯　（扶他坐下）原来你刚刚是不知道怎么打招呼哇，就是这样（挥挥手）就行
　　　　了呀。

凯　文　（揉揉眼睛）不是，我只是不太适应，我以前都是直接一个大抱的。

　　　　［小伟和梦梦抱着一堆剪纸工具上来。］

小　伟　这是怎么了？大抱是啥？

梦　梦　（放了东西偷偷扯莉莉）咋了呀？

莉　莉　出了点小状况啦，我相信班长可以解决。（推了推浩宇）

浩　宇　（推了推眼镜）埃塞俄比亚打招呼会拥抱，紧紧握手以表尊重，不是挥手，这是我们没考虑到，对不起凯文。

凯　文　没有没有，我能站在这里就很开心啦，不是你们的错。（又揉了揉眼睛）

杰　瑞　哈哈哈，很震惊吧？（拍了拍凯文）凯文虽然看起来壮壮的，但是其实呀是个爱哭鬼喔。

凯　文　杰瑞！

井边树　对呀，你们不要太担心，他其实就是比较敏感。

刘梦丽　我们已经是朋友啦，朋友的事情就是我们的事情！

杰　瑞　都说了吧，他们可仗义啦。（又拍拍凯文）

刘　凯　（拍了拍另一侧）是呀，凯文哥，咱们又不吃人，别乱想了。对了，我叫刘凯，咱俩都有个凯，有缘分吧！

凯　文　老有缘了！

小　伟　咋的东北味都整出来了，不会之前教你中文的老师是东北的吧！

凯　文　你怎么知道！

众人合　哈哈哈！

梦　梦　好啦，我跟小伟拿了半天的工具，还不给咱们新朋友展示展示！我昨天可剪了好几个呢！

雯　雯　你可不厚道哦！

莉　莉　我这技术就不臊皮了吧。

井边树　臊皮？是那个炸的很好吃的吗！

郑　龙　那个是苕皮吧。

众人合　哈哈哈。

井边树　No！不要嘲笑我，我也不懂嘛。

浩　宇　没有，大家是很善意地笑，那我们现在还是按分组守护咱们的小天使们，带他们剪纸喔。

　　　　［按组别带着人分别坐在地上围圈。］

雯　雯　杰瑞，为什么只有你们三个来我们这边玩哪？

杰　瑞　是我们三个主动报名来的。

莉　莉　是哪里不太适应吗？

杰　瑞　我们哪，就是觉得老待在国际小学跟他们玩，还不如接触地地道道的中

下　编　德育戏剧的案例典范

国人呢。

刘　凯　真的吗？我们还想去国际小学玩呢，树君，这里要这样剪。

刘梦丽　树君什么鬼！别给人乱取外号哈！

刘　凯　哪有！我查了的，这可是尊称！

井边树　只要不叫我翠花就好了，我之前看那本小说，叫什么铁牛翠花的。

众人合　哈哈哈。

浩　宇　没想到哇，你们竟然还看言情小说，我还是喜欢看抖音。

梦　梦　哟哟哟，班长大人怎么不更新抖音啦？想看你跳舞了呢。

小　伟　哈哈哈，我还记得上次那个恰恰舞！

杰　瑞　真的吗！我会街舞，改天我也注册个抖音天天拍！

　　　　[凯文突然起身，大家的声音戛然而止。]

郑　龙　凯文，你怎么了？没事吧。

凯　文　我不想剪了，没意思！

刘梦丽　(伸手去拉)怎么了，有什么咱们坐下好好说嘛。

凯　文　你别碰我！(甩开)

刘梦丽　嘶，你小心剪刀，不要乱来，小心伤着自己。

浩　宇　来，凯文，把剪刀给我嘛，我给你跳个舞，别不开心啦。(去拿)

凯　文　(把剪刀摔在地上)杰瑞，井边树，你们两个坏人！简直是金饭在外卖，烂在盒子里！

刘　凯　他不会是想说金玉其外，败絮其中吧。

凯　文　(推刘凯一下)不是说有缘分吗，你怎么不和我玩！又是这样，每次他们俩在，就不会有人和我玩！

莉　莉　哇，这是大型宫斗现场吗？

雯　雯　是呀，没想到竟然还有内幕。

梦　梦　你俩别添乱了，(看向杰瑞)杰瑞，怎么回事？

刘　凯　等等，让我兄弟先说！我今天才和凯文拜的把子好吧，我罩着呢！

杰　瑞　让凯文说吧，我也不知道有什么误会。

凯　文　我和杰瑞最先认识，我们明明之前是最好的朋友，可是井边树来了以后，杰瑞就跟他好了！两个人经常一起玩忽略我！我来这里，才不是想适应生活，我是想交到属于我自己的真正的好朋友，我才不要和别人分享我的朋友！

261

郑　龙　哇，这就是传说中的三个人的友情总有一个多余呀。

浩　宇　凯文，你想不想听听他们怎么想的呢？

杰　瑞　凯文，我没有那个意思，我和井边树和你不都是好朋友吗，井边树也一直在和你好好相处哇。

井边树　我没有抢走你朋友，我也是真的把你当朋友，没想到你这样想。

[刘梦丽悄悄把浩宇拉到一边，刘凯在旁边发现了偷听。]

刘梦丽　浩宇，这下怎么办？要不让他们先冷静一下？

浩　宇　既然都提出来了，让他们好好交流吧。我们要是能劝的就帮着劝一点。

刘　凯　对！

[众人静，看向刘凯。]

刘　凯　呃，我的意思是，对不起！说句对不起就好啦，大家都是朋友嘛。如果害怕被忽略，就要主动争取呀，如果感觉到被忽视了受委屈了，就主动和朋友说就好了，说出来朋友才能包容你、理解你，对吧！

[大家都盯着刘凯，沉思。]

刘　凯　怎么了！别光盯着我呀，我害怕！凯哥，你也说说话呀，我可是在为你发声啊！大胆说出来。

浩　宇　哇，没想到哇，平时没有正形，关键时刻还挺靠得住。

凯　文　是吗？我家里从没有人会在乎我的感受，就像问也不问我就把我带来中国一样，我连和朋友们道别都没有说一声，杰瑞也是，来了新朋友就不要我了。

刘梦丽　说实话，刚刚还是他们告诉我们，你为什么突然难过的。井边树还和我们说了你家乡那边的习俗那些，我觉得他其实真的蛮在乎你的。杰瑞也有第一时间安慰你，还说了你的性格。其实这就是在让我们了解你，不让我们无意中伤害你。

刘　凯　对呀，其实我们刚刚看到你们，都觉得你们玩得很好哇！再说了，我们也已经是你的朋友了呀，以后每周我们都会一起玩的！

其他合　对呀对呀！

凯　文　真的吗？那我可以每天都来吗？每周太远了！太长了！

刘　凯　凯哥，如果你想的话，每天放学了我们一起出去写作业！或者来我家都可以！怎么样！

凯　文　好！一言就不改了！你可是大丈夫！

| 杰 瑞 | 凯文，对不起，我想了想，确实有很多忽略你的地方。 |

杰 瑞　凯文，对不起，我想了想，确实有很多忽略你的地方。

井边树　是的，对不起，凯文，我们以后会更照顾你的感受的。

凯 文　嗯……

两人合　原谅我们吧，我的好朋友。

凯 文　嗯……可是……

刘 凯　哎哟，凯哥，我看出来了你舍不得啦！

凯 文　好……好吧，反正你们要答应我，不可以忽视我啦，吃饭那些等我！玩啥都要叫上我！

众人合　哈哈哈！

两人合　好好好！

杰 瑞　小凯文果然很敏感哪，以后我一定会注意的，别生气啦！

众人合　这叫家和万事兴嘛！

凯 文　家和万事兴？

井边树　就是咱们都是一家人！

刘 凯　相亲相爱！互相理解！

刘梦丽　包容你我！和谐相处！

浩 宇　大家能好好的就好，时间也不早了，那我们现在一起来跳联谊舞吧！

凯 文　可是我的剪纸还没剪完呢！

刘 凯　（拉去跳舞）好啦！跳完带回家，我通过视频教你。

　　　　［音乐起，歌舞。］

我的家庭贡献与责任

编剧：朱钰雯　杨　柒　陈姝璇

人物表

赵一鸣　四年级学生，爸爸妈妈经常很晚回家

灯泡儿　活泼但有些自大，脾气爆

冰　箱　心胸开阔，包容他人，是个笨重的家伙

木桌子　自视甚高，是个老古董，喜欢指挥别人，说话文绉绉的

沙　发　内心柔软，但是身体庞大，有些身材自卑

时　间　傍晚

地　点　赵一鸣家客厅

灯泡儿　赵一鸣怎么还不回来呀？都已经晚上六点了！

冰　箱　哎呀，灯泡儿，你先别急呀。肯定是学校有什么事情嘛。

沙　发　赵一鸣不会又被老师留下来了吧？

木桌子　依我看，他肯定是昨天晚上的作业没写完。

冰　箱　灯泡儿，昨晚你在赵一鸣身边，你说说。

灯泡儿　昨晚他早就趴在作业本上睡着了，但是在这之前我听见他在念叨着，念叨着，对，他说要写一篇作文，名字叫他的家庭贡献和责任。

木桌子、冰箱　家庭贡献和责任？

沙　发　嘘，你们听，赵一鸣好像回来了！

　　　　［赵一鸣垂头丧气地走进来，手里提着书包，灯泡儿亮了起来。］

赵一鸣　唉，好累呀！

灯泡儿　赵一鸣，你怎么现在才回来？你怎么了？

沙　发　赵一鸣快来这边坐坐，休息一下。

264

冰　箱	对呀，你怎么看着这么疲惫？大家都很担心你。
木桌子	依我看，他现在这么热，冰箱你快给他拿些茶水。
赵一鸣	别，算了，我今天可真是倒霉透了，不想再喝苦的了。
木桌子	这，罢了罢了。
冰　箱	这可怜孩子。
灯泡儿	怎么了怎么了？
赵一鸣	(起身做出夸张的迈步动作)下午放学铃一响，我正想跨出全班第一步，结果……
沙　发	结果怎么了？
赵一鸣	(放松地躺在沙发上)结果我就被班主任给叫到办公室去了。
冰　箱	叫你干啥去？
灯泡儿	还能干啥？喝茶呗。
木桌子	依我看，喝茶还是得喝铁观音，口感顺滑，回甘强劲……
赵一鸣	哎呀，木桌子你能不能听我说！
木桌子	(做闭嘴状)额。
赵一鸣	老师说，我写的作文《我的家庭贡献与责任》，不符合要求。
众　人	为啥？
赵一鸣	我在作文里写"我的爸爸妈妈因为工作经常很晚才回家，所以我家里只有我一个人，我们的家就不是一个真正的家，在这个家里我根本就没有可以贡献的地方，而且我还这么小，根本做不了什么事！"呜呜呜…… (蜷缩在沙发上哭)
沙　发	好了好了，不要哭了。
	[冰箱、木桌子、灯泡儿三个跑到一边去讨论。]
冰　箱	赵一鸣也太可怜了。
木桌子	依我看，咱们应该坐下来，喝喝茶讨论讨论，看如何来帮帮赵一鸣。
灯泡儿	算了吧，等你的茶泡好，赵一鸣就该去睡觉了。
冰　箱	灯泡儿说得对。
木桌子	哼。
灯泡儿	我想到一个方法。
冰　箱	你说。(冰箱和木桌子凑到一块仔细听)
灯泡儿	我们可以让赵一鸣在网络上看看其他人写的家庭贡献哪。反正都差不多。

冰　箱　这不是抄袭嘛？

木桌子　依我看，这就是抄袭！

灯泡儿　那你们想个好办法！

冰　箱　我这儿倒是想到一个，我认为家庭贡献与责任就是我们在一个家庭里的角色所承担的责任、做出的贡献。比如赵一鸣的爸爸妈妈，他们是赵一鸣的父母，有责任抚养教育赵一鸣。他们辛勤工作，相亲相爱，为家庭幸福贡献出自己的一份力。

灯泡儿　有点道理，但是赵一鸣的父母都不在家呀，而且这是要写赵一鸣的贡献与责任。

木桌子　有道理。

冰　箱　这……

　　　　［聚光打到沙发和赵一鸣这一边。］

赵一鸣　呜呜。

沙　发　这，赵一鸣你快别哭了，你哭得我都想哭了。

赵一鸣　我都不知道怎么写这个作文！我还被老师单独教育，我就要哭，呜呜呜。

沙　发　那我也哭，啊啊啊。

　　　　［冰箱、灯泡儿、木桌子三个走过来。］

灯泡儿　好了好了，怎么你们都哭了？再哭长城都要给哭垮了。

木桌子　哎？我的曾曾曾曾曾曾祖父讲过，把长城哭倒了的是一名女子。

灯泡儿　我这叫形容他们哭得太夸张了。

冰　箱　赵一鸣，我们想到一个办法，或许可以帮到你。

赵一鸣　什么方法？

冰　箱　我们需要来做一个小游戏。

赵一鸣　游戏？

冰　箱　赵一鸣现在你闭上眼睛。（赵一鸣闭眼，灯泡儿关灯）好了你可以睁开眼了。

赵一鸣　怎么关灯了？好黑呀。

冰　箱　赵一鸣你可以帮我把木桌子上的水瓶拿过来吗？

赵一鸣　我试试吧。（在黑暗中摸索前进，碰倒了一些东西，还不小心撞到沙发）是这个吗？（手中拿到一个水瓶）

冰　箱　灯泡儿开灯吧。

灯泡儿　没问题。

下　编　德育戏剧的案例典范

冰　箱　赵一鸣，在找的过程中你有什么感受？

赵一鸣　我感受到了光的重要性。当我睁开眼时，我感觉周围漆黑一片，我什么都看不见，心里有点害怕，在拿水瓶的过程中还弄倒了许多东西，还撞到了沙发。

木桌子　不错不错，孺子可教也。

冰　箱　是的，我们可以清晰地感受到有光和没有光的差别。光给我们的生活带来了极大的便利。

灯泡儿　就是，别看我小小的一个，我的能量可是很大的。

冰　箱　这只是第一个环节，接下来还有第二个环节。

赵一鸣　来吧，我已经准备好了！

灯泡儿　第二个环节由我来告诉你，赵一鸣你吃晚饭了吗？

赵一鸣　还没呢，我这才刚刚回来。

灯泡儿　好，那你可以去冰箱里去拿你妈妈中午给你准备的便当。

赵一鸣　是这个吗？然后呢？（从冰箱里拿出来，习惯性地走向了桌子）

灯泡儿　停停停，你不能把它放在桌子上。

赵一鸣　啊？不能放在桌子上？那我端着饭盒吃吗？

灯泡儿　是的，你只能站着吃。

赵一鸣　好吧。（开始吃饭，一会儿后）哎呀，好累呀，我想坐一会，我的脚都站麻了。而且我的手也酸了，我不想这样子吃饭。

灯泡儿　好吧，你可以坐到桌子旁边去。

赵一鸣　呼，终于结束了。我这顿饭吃得可真不容易呀。

灯泡儿　通过这个环节，你有什么感受吗？

赵一鸣　嗯，我觉得吃饭的时候有一个桌子和椅子，真的很方便，我刚刚站着吃，刚开始还好，后面就有些疲惫，不仅腿痛，而且手酸。啊！有个桌子可真好。

沙　发　以前赵一鸣还总说木桌子不好看，很土气，现在算是看到了木桌子的好处了。

木桌子　哼，还算你这小子有眼力。金子总会发光的，说的就是我。

沙　发　咦……

冰　箱　看来咱们的游戏有很大的作用！

灯泡儿　（对赵一鸣）好了，到此我们的游戏就结束了。

267

冰　箱　赵一鸣，我们让你玩前面的游戏就是为了让你明白，我们都是家里的一份子，不管是你，还是我们，其实对这个家来说都很重要。你看我们当中有身材大的，也有苗条的，但是不论我们的大小，我们都是这个家里重要的一部分。灯泡儿可以为大家带来光明，外观不受欢迎的木桌子可以帮我们带来方便，提供便利，我们都为这个家做出自己的贡献。

沙　发　是呀，赵一鸣，你看我，我虽然一直对我的身材很自卑，觉得他很占地方，但是我柔软的身体可以给疲惫的你们带来放松，你看我在这个家是不是很重要哇。

赵一鸣　嗯嗯。

灯泡儿　对呀对呀，你看白天的时候可能不需要我，但是当天暗下来，我的重要性就显现出来了。而且没有我，你哪能在晚上还能写作业呢？每天晚上可是我陪着你写作业的。

木桌子　还有我一份儿，虽然我是这个家里最年长的一位，但是我也有我的作用。你吃饭的时候可是最喜欢趴在桌子上吃的。还有你的书包也是好几次都放在桌子上。

沙　发　对，赵一鸣，你说你年纪小没有什么贡献，但是，只要你健健康康、快快乐乐的，就是对这个家庭最大的贡献哪。

冰　箱　是的，你健康快乐，你的爸爸妈妈才能安心地工作。他们这么努力地工作就是想让你开心成长。

　　　　［电话铃响。］

沙　发　哎，电话响了。(赵一鸣接电话)

赵一鸣　喂？你好？

妈　妈　一鸣宝贝，吃饭了吗？妈妈今天做了你最爱吃的鸡排饭，放在了冰箱，你要记得吃哟。

赵一鸣　嗯，我已经吃了，妈妈做得特别好吃。

妈　妈　好，那你今晚就乖乖的，自己做完作业就去睡觉，知道了吗？

赵一鸣　知道了，妈妈。

爸　爸　哎，别忙挂电话！一鸣，上次你说想买的航空模型，爸爸已经给你放到你的书桌上了，快去看看。

赵一鸣　哇，太好了，谢谢爸爸。

爸　爸　好了，不说了，快去写作业吧，拜拜。

赵一鸣　嗯嗯，拜拜。

木桌子　赵一鸣，你爸爸妈妈真的很爱你。

赵一鸣　嗯！我知道了，家庭的贡献与责任原来是这样的，我知道怎么写了。（立马跑到书房去写作文）

灯泡儿　看来咱们的办法有点用。

木桌子　依我看，还是我当时引导得好哇。

灯泡儿　您就少说两句吧。

沙　发　你们是怎么想到这个办法的？

灯泡儿　这还得靠我们的大哥冰箱啊。

冰　箱　好了好了，咱们也快休息吧！灯泡儿，你就陪着赵一鸣写作业吧。

灯泡儿　没问题。

[旁白：赵一鸣在作文中这样写道，爸爸妈妈在外努力工作赚钱养家，我在家里照顾好自己，自己的事情自己做，也是在为爸爸妈妈分担家庭重任。]

健康看电视

编剧：蒋 欣 曾 瑶 陈姝璇

人物表

乐 乐　五岁，女，小学学生，喜欢看动画片，不爱和人交流

星 星　五岁，女，乐乐的同班同学，喜欢看动画片

丽 丽　五岁，女，乐乐的同班同学，爱看电视

小 阳　五岁，男，乐乐同班同学，爱看电视

大 咪　电视精灵

乐乐妈　乐乐妈妈

—————第一场—————

时　间　下午放学后

地　点　教室

[放学铃响，教室中只剩几位同学聚在一起聊天。]

星 星　天哪，昨天的动画片真好看，我今天回去一定要看下一集！

丽 丽　动画片？我回家才不看动画片呢，我看的都是科学节目。我现在变成"百事通"就是因为这个节目，这个节目里面讲的东西可多了！大至宇宙，小到细胞，还有各国的风土人情。

乐 乐　我也喜欢看动画片，动画片可好看了，夸张的动作和有趣的情节，对我可有吸引力了。

小 阳　对对对！我超级喜欢看动画片，但是我妈妈总是不让我看电视，你们呢？

众 人　我也是！

丽 丽　我妈妈说一天只能看一集，看完一集就不再让我看了。

下　编　德育戏剧的案例典范

星　星　我不懂，为什么不让我看电视，我看电视也有好好休息，保护眼睛了，但是还是不允许我多看几集。

小　阳　(看了看手表)我得快点回去了，再不回去，就要错过我的动画片了。

乐　丽　(陆续说)我也是。

星　星　那我们快点回去吧！

[四人背上书包，一起走出教室。]

第二场

时　间　傍晚

地　点　乐乐家

[乐乐走到家门口。]

乐　乐　(用钥匙开门)妈妈我回来了。(关上门)

乐乐妈　乐乐回来了。(把手在围裙上擦了擦)今天在学校怎么样？来，把书包给我。(接过乐乐的书包)

乐　乐　今天我有认真上课，老师讲的我都认真听了，所以我在学校就把作业给写完了。

乐乐妈　乐乐真棒，以后上课都要认真听课哦！快去洗手，咱们该吃饭了，今天有你最爱的糖醋排骨。

乐　乐　妈妈，我……

[没等乐乐说完，乐乐妈妈就下场端上饭菜，乐乐只好洗手后来到餐桌旁，拉开凳子。]

乐　乐　妈妈先坐！

乐乐妈　真懂事，乐乐长大了。

乐　乐　那……妈妈，那我今天可以多看几集动画片吗？

乐乐妈　不可以，乐乐。

乐　乐　为什么呀？

乐乐妈　你要保护眼睛，你看，妈妈就是因为以前经常看电视才戴上了眼镜的。

乐　乐　可是，我只多看一两集，眼镜不会近视的，妈妈。(撒娇)

乐乐妈　(严厉)乐乐。

271

乐　乐　（沮丧）知道了知道了！只看一集。妈妈，我吃饱了，我去看动画片了。

[说完，乐乐就离开餐桌坐在沙发上，打开电视。]

乐　乐　真讨厌，要是我说什么妈妈都同意就好了，这样我就可以想看多久动画片就看多久了。

[但是乐乐太累了，看着电视就睡着了。]

第三场

时　间　晚上

地　点　乐乐家

[乐乐醒了过来，发现家里墙壁变成了深蓝色。]

乐　乐　墙怎么变成深蓝色了？妈妈？（乐乐坐在沙发上四处张望）

[乐乐妈妈上场，表情呆滞。]

乐乐妈　怎么了乐乐？

乐　乐　妈妈，家里的墙怎么变成深蓝色了？

乐乐妈　我们家的墙不是一直都是深蓝色的吗？

乐　乐　是吗？我怎么记得是白色的呀。

乐　乐　哎呀！我的动画片！（乐乐看了一下电视）动画片过了，我怎么睡着了！

乐乐妈　对呀，你怎么睡着了？

乐　乐　我觉得有点累，就睡着了。妈妈，我之前没看，我可以重新看吗？

乐乐妈　可以。

乐　乐　那我可以再看一集吗？

乐乐妈　可以。

乐　乐　太好了。（抱住妈妈）谢谢妈妈！要是我能一直看就好了。

乐乐妈　当然可以，你想看多久就看多久。

乐　乐　真的吗？

乐乐妈　是的。

乐　乐　谢谢妈妈！耶，太好了，明天上学我要去跟同学们炫耀！

[乐乐一直看电视，看得头昏眼花。]

乐　乐　妈妈，我头好晕哪。

乐乐妈　没事宝贝，你可以继续看电视哦。

乐　乐　可是我好难受哇，眼睛涨涨的。

乐乐妈　（严厉）你不是想一直看电视吗？我在满足你的愿望啊！快看电视，不准休息。

　　　　［乐乐妈妈走开后，乐乐哭了起来，突然乐乐想了一个办法。］

乐　乐　妈妈，我可以去找丽丽一起玩吗？

乐乐妈　你应该看电视，乐乐。

乐　乐　可是动画片现在没有来，我只想看动画片。

乐乐妈　好吧，等会我叫你回来吧。

乐　乐　好的妈妈，谢谢妈妈。

　　　　［两人下场，丽丽上场。］

乐　乐　丽丽！

丽　丽　乐乐！你怎么下来了，这个时候你不是在家里看动画片吗？

乐　乐　帮帮我，丽丽！我遇到大麻烦了。

丽　丽　你别急，先说清楚，怎么回事？

乐　乐　是这样的。之前在学校的时候我不是说妈妈管得很严，每天都只让我看一个小时的电视吗？

丽　丽　对呀，我还纳闷儿呢，你怎么放着动画片不看来找我了？

乐　乐　我从沙发上醒来之前确实是这样，但是我醒了之后不是了。

丽　丽　什么意思？

乐　乐　是这样的。我回家后妈妈说我只能看一集，但是我不小心在沙发上睡着了，我一醒过来妈妈就叫我一直看电视，我说我眼睛疼妈妈也不管，就只让我一直看电视。

丽　丽　什么！我记得阿姨一直管得很严的呀，怎么会一直让你看电视呢？

乐　乐　对呀对呀！

丽　丽　嗯……对了！我想起来了，我记得我外婆跟我讲过一个故事，和你的经历很像。

乐　乐　真的吗？快告诉我最后是怎么解决问题的！

丽　丽　故事里是主人公用咒语唤出了电视精灵，电视精灵帮助主人公从困境中解救出来的。

乐　乐　电视精灵？一听就是骗小孩子的！

丽　丽　我没骗你，故事里真的就是这样的！

　　　　〔远处传来声音。〕

乐乐妈　乐乐，快回来看电视啦！

乐　乐　好的妈妈！

乐　乐　没办法了丽丽，我妈妈催我了，快告诉我咒语是什么！

丽　丽　你要把手搭在电视上，然后说"精灵精灵快出来"。

乐　乐　谢谢你，丽丽，我先走了，拜拜。

　　　　〔乐乐回到家中。〕

乐乐妈　回来了乐乐，快去洗手，我去洗点水果。

乐　乐　好的妈妈。

　　　　〔乐乐趁着妈妈洗水果的时候把手搭在电视上。〕

乐　乐　精灵精灵快出来！

　　　　〔突然电视机黑屏了，电视机旁边出现了一只精灵，同时厨房妈妈洗水果
　　　　的声音也停了。〕

大　咪　你好，请问你找我有什么事情吗？乐乐。

乐　乐　你……你怎么知道我的名字？

大　咪　我不仅知道你的名字，我还知道全天下所有喜欢看电视的小朋友的名字哦！

乐　乐　（崇拜）哇！你真厉害！请问你叫大咪吗？

大　咪　是的，我就是电视精灵大咪！

乐　乐　请问你可以帮我一个忙吗？

大　咪　帮忙？你怎么会需要我帮忙呢？你不应该很快乐吗？

乐　乐　我一点都不快乐！我的妈妈变了！我要我原来的妈妈！

大　咪　难道你妈妈让你一直看电视你不快乐吗？

乐　乐　我当然希望可以多看几集动画片，但是……但是我也希望妈妈好好的。
　　　　我不想妈妈变成这样，如果是这样，我宁愿不看电视！

大　咪　嗯……没想到你居然是这样想的，之前我看见你因为不能多看动画片和
　　　　妈妈赌气。

乐　乐　我不是要赌气，我只是……我不是这样想的。

大　咪　好吧，我也想帮你，但是我一天只能使用一次魔法。

乐　乐　那你刚好可以帮我呀！可以吗？

大　咪　这……

乐 乐	求你了，帮我把妈妈变回来吧！（真诚）
大 咪	不是我不想帮你，而是我之前为了帮你实现愿望已经用过魔法了。
乐 乐	什么！原来这一切是你弄的！大咪！
大 咪	对不起嘛，我也不是故意的，我看你每天都这么想，我也只是想实现你的愿望嘛！
乐 乐	哼，现在怎么办！难道今天我要一直看电视了？我不想一直看电视了，我想要妈妈给我念故事书。
大 咪	乐乐你别急，我记得好像有其他方法可以解除魔咒，但是我得想一想。

（大咪做思考状）

大 咪	对了，我想起来了！

［乐乐一下精神起来。］

大 咪	好像是需要你去关掉电视，向妈妈勇敢承认错误，请求妈妈的原谅。
乐 乐	啊！我……我不敢，我妈妈可严厉了，肯定要教训我。
大 咪	可是这是今天解除魔法的唯一办法了，如果你不去的话就只能等到我明天解除魔法了。（无奈地摊开手）
乐 乐	可是如果明天才解除的话我今天就要一直看电视?
大 咪	按照我施法的程度来看，你今天晚上应该是睡不了觉了。
乐 乐	啊！好吧，我去说，一定要让妈妈变回来。

［乐乐关掉电视，大咪和乐乐下场，妈妈上场定格。］

乐 乐	妈妈!
乐乐妈	怎么了？怎么过来了？快去看电视。
乐 乐	妈妈我想给你说一件事情，希望你能原谅我。
乐乐妈	什么事？说吧，妈妈不会怪你的。
乐 乐	妈妈，我不该不听您的话，总是一直想着看动画片，对不起，我错了。

［乐乐妈妈突然清醒。］

乐乐妈	乐乐，我怎么了？
乐 乐	太好了，你变回来了？
乐乐妈	什么？
乐 乐	没什么！妈妈，我以后一定听你的话！
乐乐妈	真乖!（摸头）

小明的垃圾王国历险记

编剧：朱　莉　刘雪平

人物表

小　　明　　十岁，邋遢，没有环保意识

小　　亮　　十岁，小明唯一的好朋友，在梦境中幻化成爱环保的正义小白鼠

玩偶小羊　　在梦境中幻化成真人，是小明最心爱的成长伴侣

老鼠大王　　垃圾王国的邪恶统治者

老鼠跟班　　诌媚的老鼠大王小跟班

有害垃圾　　四大垃圾的头子，性格火爆

可回收垃圾　　四大垃圾之一，性格怯懦

厨余垃圾　　四大垃圾之一，嚣张跋扈

其他垃圾　　四大垃圾之一，斤斤计较

第一场

时　间　黄昏

地　点　小明的卧室里

[垃圾桶已经半满，桶沿奔拉着一块香蕉皮，周围还有一些散落的零食袋和饮料瓶，凳子上还有半包没吃完的辣条，辣油已经渗出来了。枕头都已经泛黄了，还有零星的不明污渍。]

[旁白：小明是一个父母常年不在身边，和爷爷奶奶生活在一起的小孩。他十分缺乏环保意识，邋里邋遢是他一贯的作风，只有妈妈送给他的玩偶小羊和好朋友小亮一直陪在他身边。一天，小明像往常一样在垃圾堆一般的家里看着电视，这时，小亮按响了门铃。]

[小亮敲门，"咚咚咚，咚咚咚"。]

小　明　（不耐烦）谁呀？

小　亮　小明，是我呀，小亮！我来找你玩了。

小　明　（懒洋洋地起身，用油腻腻的手抱着玩偶小羊开门）哦哦，是小亮啊！嘿嘿，快进来坐吧！（一脸憨笑，准备用手拉小亮进门）

小　亮　（看到小明的脏手，急忙躲闪进屋里，一脸惊恐加嫌弃）哎呀！小明，你看看你的手，这么油，脏死了！

小　明　（瞬间脸红，难为情地笑着，将手往衣服上擦了擦，挠了挠头）哎呀，小亮你随便坐，这里还有零食，你吃吗？（把自己没吃完的零食丢到一边，又打开了一包新零食，递给小亮）

小　亮　（摆了摆手，一脸嫌弃地拒绝，环顾四周）小明，你房间怎么这么脏啊？（欲夺过小明手上的玩偶小羊）还有你看看，你的玩偶怎么也这么脏啊？

小　明　（连忙侧身躲避）哎呀，你别碰我的小羊！这是我妈妈送给我的，谁也不能碰！

小　亮　哎呀，你这人怎么这样，我走了！

[旁白：窗外天色渐暗，小明看着小亮离开，情绪有些低落。他关掉电视，抱着心爱的玩偶小羊慢慢睡去……]

第二场

时　间　夜晚

地　点　梦境鼠堡

[旁白：在小明的梦境里，他来到了可怕的垃圾王国。在王国的鼠堡外，垃圾守卫们正在严密地巡逻，老鼠大王正怀着对破坏环境的人类的仇恨，酝酿着用细菌同化人类的邪恶计划。同时，正义的地下环保使者小白鼠正为阻止这个计划努力着……]

[鼠堡中，老鼠大王正调配着细菌试剂，老鼠跟班不停地在四种垃圾的身上搜刮着细菌。老鼠跟班把搜刮走的细菌放在一旁时，正义的小白鼠就悄悄地潜入，把刚刚提取的细菌破坏掉。]

跟　班　（看着空空如也的提取物，有些无奈）大王，我们刚刚提取的细菌又不见了，肯定又被那只可恶的小白鼠偷走了！

277

立德树人：德育戏剧创作与实践指南

鼠大王 （轻蔑地笑着）呵呵，让他偷吧！现在我们的计划已经接近尾声，我倒要看看，凭他一己之力还能掀起什么大浪？哈哈哈哈……

跟　班 （一脸谄媚）嘿嘿嘿嘿，大王英明！

　　　　[鼠堡外。]

小白鼠 （跑到躺着的小明跟前）小明小明，快醒醒啊！你的小羊已经被抓走了！

小　明 （迷迷糊糊地睁开眼，环顾四周，一脸疑惑）咦，你是？我这是在哪儿啊？

小白鼠 小明你可算是醒了，不认得我了？我是小亮啊！

小　明 （一脸不可思议）小亮，你怎么变成这样了！

小白鼠 哎，小明，这里是垃圾王国，我是这里的地下环保使者，老鼠王是这里的统治者，他正在研究要把所有人类都变成老鼠的细菌！我不幸感染了细菌才变成了现在这个样子，我看见你的小羊被他们抓走关在鼠堡里，我们必须去救他！不能让鼠王得逞啊！

小白鼠 （指向鼠堡）小羊就被关在那儿！（小明顺着小白鼠手指的方向看去，发现小羊正被老鼠大王五花大绑，还被封住了嘴，老鼠大王正在往小羊身上注射由四种垃圾混合而成的细菌针剂）

鼠大王 （一边说一边操弄着手上的针剂和药水瓶）嘿嘿，这个细菌可是专门对付人类的，先拿你做实验，这次我加大了剂量，不知道效果是不是更快，嘿嘿嘿……

玩偶羊 （瞳孔睁大，面色惊恐地呻吟）啊啊啊！

鼠跟班 （谄媚地笑）嘿嘿，大王，您说我们这次的细菌实验会成功吗？

鼠大王 （向老鼠跟班投去一个凌厉的眼神）嗯？

鼠跟班 （慌张地点头哈腰）哦！会成功，会成功，我们这次的细菌实验一定会成功的！在大王您的带领下，我们这次一定会一举同化人类！

鼠大王 （把调试好的针剂递给老鼠跟班）去，给他打一针。

　　　　[老鼠跟班上前给小羊注射了针剂，看着小羊慢慢抽搐的身体，老鼠大王和老鼠跟班一起哈哈大笑起来。]

小　明 （看到眼前小羊深受折磨的场景，不禁哽咽地哭了起来）我呸（吐口水）！这些臭不要脸的老鼠，呜呜呜……（说着又撸了一把鼻涕，把鼻涕摔在地上）

有　害 （深吸一口气）嗯，是人类的味道！大家快闻，这是不是人类的口水味道？（兴奋地转向厨余垃圾、可回收垃圾、其他垃圾三位小伙伴）

278

其 他	（深吸一口气后点头）嗯，没错！我也闻到了，还有鼻涕味。
有 害	（随着气味逐渐靠近，终于发现了小明，兴奋地指向小明）在那儿！还有那只可恶的小白鼠！（四个垃圾朝小明和小白鼠冲去）
垃 圾	（十分嚣张，一脸坏笑）哼！总算被我们逮到了，看我们不好好教训教训你！
其 他	（愤怒）对！就是你们可恶的人类，把我们垃圾不当垃圾看，随处乱丢，害我们没有跟人类一样的家，在这里聚集起来苟且偷生。
厨 余	落到了我们手里，可得让你尝尝我们的厉害！
其 他	你们人类平时怎么对我们的，我们就加倍奉还给你们！
可回收	对，还给你们！
小 明	（疑惑）平时……平时我怎么对你们的呀？
其 他	哼，你还好意思说！你还记得你吃完就乱扔的辣条袋子吗？还记得擦完鼻涕就随手乱丢的餐巾纸吗？还记得你那件满是辣油口水的衣服吗？
厨 余	还有！你吃完苹果就随手一扔，香蕉皮也是！有时还把我和辣条袋子、烂电池扔在一起，害得我浑身臭熏熏的！不能变成肥料回归大自然。
有 害	人类，还记得我吗？你打碎的水银温度计，还有给玩具车用完的烂电池，都是我的一部分！本来我可以被妥善处理的，可是你非要随便乱丢，害得我变成现在这个样子，都是因为你！
可回收	（哭诉）平时你喝完饮料就把易拉罐和塑料瓶乱扔一地，也不收拾。都怪你们！我明明是可回收垃圾，你们这些人类还不知道好好回收利用，竟把我和其他垃圾丢在一起，我的价值都没有了！
其 他	（马上瞪着可回收垃圾）哎！可回收垃圾，我们其他垃圾怎么啦？你把话说清楚，怎么就没价值啦？
有 害	（对其他三种垃圾说）打住，打住！你俩别吵了，直接点，我们把他抓回去给大王做实验！
小 明	（听着这些话，虽然有些愧疚，但更多的是害怕）对不起，对不起！求求你们放了我吧，救命啊！救命啊！
厨 余	哼，你叫救命也没用，我看看谁还救得了你！
小白鼠	（举出四个光球）谁说没有！
	［众垃圾忌惮地看了一眼这四个光球，死死盯着小白鼠。］
其 他	又是你这只该死的小白鼠！就这区区几个破光球，能打败我们？哼，痴人说梦！

小白鼠 看招！

[小白鼠抛出一个绿色的光球，瞬间绿光大作，将厨余垃圾吸进了光球。其余三种垃圾见势不妙，撒腿就跑。小白鼠紧接着又扔出蓝色、灰色和红色的光球，一瞬间三色光芒满天。可回收垃圾、其他垃圾、有害垃圾都被卷入了光球之内。至此，四种垃圾都被消灭了。]

小 明 （目瞪口呆）好……好厉害！

小白鼠 小手段，只不过是把他们送去了该去的地方。这四个光球分别对应着四种垃圾箱，将垃圾分了类，他们就再也猖狂不起来了！

小 明 （似懂非懂地点了点头）

小白鼠 （看了一眼小明）先别管这个了，快去救小羊吧！

小 明 小亮，怎么办哪？我们怎么才能进入鼠堡救小羊呢？

小白鼠 哎，有了！你会学猫叫吗？老鼠都很怕猫的，你学猫叫，让他们以为是猫国入侵了，他们肯定会吓得躲到地洞里去。

小 明 （双手放到嘴边）学猫叫？对，好主意，我试试，喵……喵……喵。

鼠跟班 （一只手放在耳边，做仔细倾听状）大王您听，是不是猫国又来抓鼠吃了，我们快躲起来吧！（慌张）

鼠大王 真会坏事，早不来晚不来，烦死鼠了！（说完便跟着老鼠跟班逃走）

[小明和小白鼠听见鼠堡内一阵骚乱，他们等到鼠堡安静时，慢慢地潜入鼠堡。果然，一只老鼠也没有了。这时，小白鼠发现了玩偶小羊。]

小白鼠 （指向小羊的位置）小明，你快看，那是不是小羊？

小 明 （停止四处张望，顺着小白鼠指的方向看去，十分焦急）好像是的，我们去看看。

[小明和小白鼠走近，发现被五花大绑的小羊正在昏迷中。]

小 明 （哭着摇了摇小羊后，急忙给小羊松绑）小羊，快醒醒啊！他们对你干了些什么？你怎么样啊？

玩偶羊 （虚弱地睁开眼）小……小明，你终于来了（微微一笑，摇了摇头），你……你快跑！（手抓住小明）他们要……要抓你做……做细菌实验！

小 明 （呆滞了一瞬间）小羊，小羊你怎么了？你不要吓我呀！小羊，呜呜呜。

玩偶羊 （虚弱地说）小明，我可能……不能再继续陪你长大了，以后你有了新的娃娃，你一定要好好爱护它，不要把它弄得跟我一样脏脏的。（抬起的手垂落）

小 明 （大声哭喊）不要离开我，小羊，小羊……

小白鼠　小明，小羊已经离开了。

小　明　(哭得稀里哗啦)都怪我没用，不然他就不会死了，呜呜呜……

小白鼠　(有些难过，但更多的是担心)小明，小羊死了我也很难过。但是现在的当务之急是毁掉细菌实验基地，阻止鼠王的计划！你也不要再哭了，这会把他们引过来的！

小　明　(自顾自地哭着，嘟囔着)呜呜呜，关我什么事？我最爱的小羊走了，随便他们怎么样！

小白鼠　(生气)什么叫不关你的事！小羊是被老鼠害死的！你还不明白吗？就是因为你这样的人，就是因为人类对环境的破坏，老鼠的力量才会日益壮大，我才会变成现在这个样子，小羊才会沦为牺牲品！

小　明　(委屈地抹眼泪)又不是只有我一个人破坏环境，我丢点垃圾怎么了！

小白鼠　(十分气愤)就是因为有你这种想法的人太多了！每个人都觉得自己丢一点垃圾没什么。现在好了，垃圾越来越多，地球都要成为垃圾王国了！我告诉你，小羊不仅是被老鼠害死的，也是被你害死的，你每天把它搞得脏兮兮的，它不知道已经感染了多少细菌！

[正在他们争吵时，老鼠大王和老鼠跟班正躲在一旁悄悄谋划着对付他们。]

鼠大王　(坏笑)哼，我就说怎么不对劲，还以为是谁呢，原来是人类到垃圾王国来了呀！我们还没找你，你就自己送上门儿了！看我们不好好教训你们。嘿嘿嘿……

鼠跟班　(指小白鼠并小声说)大王，您看，站在这个人类旁边的不是经常跟我们作对的那只白老鼠吗？听说他身体里有一种能够净化这个世界的能量，也不知道是不是真的。

鼠大王　(脸色一沉)如果这是真的，可不是要了我们的命吗？你快点拿武器除掉他们！

[说罢，他们拿起弩箭射向小明和小白鼠，只见这时，小白鼠发现了老鼠们的偷袭，毫不犹豫地一把推开小明独自承受了两箭，小明被推开后惊得不知所措，呆呆地愣在原地。]

小白鼠　(强撑着受了重伤的身体起来)可恶的老鼠，既然如此，我们就同归于尽吧！啊……

[说罢，小白鼠开始释放自己体内的能量(灯管)，鼠堡渐渐开始变得干净，细菌实验基地也被净化了，老鼠大王和他的跟班惊慌失措，也在这

个能量中渐渐消失。但是小白鼠却因为释放了太多能量，变得十分虚弱（灯管渐暗），缓缓倒下。]

小　明　（呆呆地看着眼前的一切，又突然惊醒，爬向小亮）小亮，小亮，你怎么了，你也别吓我呀……

小白鼠　（奄奄一息）小明，其实我的身体中有一个能够净化这个世界的能量，你也看到了，这个能量能够净化世界，也能够杀死老鼠。小明，我想拜托你一件事，我感觉自己已经撑不住了，我把这个能量传授给你，你帮我继续净化垃圾王国，你愿意答应我吗？

小　明　（大哭着说）嗯嗯嗯，小亮我答应你……

小白鼠　（继续奄奄一息）谢谢你，小明……（在小明怀里，小白鼠带着希望的微笑闭上了眼睛）

小　明　（伤心欲绝，大哭）呜呜呜……小亮，我以后一定会讲卫生、爱环保，努力净化这个世界的！你和小羊都牺牲了，就剩我一个人了！呜呜呜……

第三场

时　间　夜晚

地　点　小明的卧室里

[旁白：小明在梦中哭得伤心欲绝，小亮不知道什么时候又来到了他的房间。床边的小亮被眼前哭得抽搐的小明吓到了，他试图摇醒小明。]

小　亮　（使劲摇着小明）小明，小明，快醒醒！你怎么哭啦？是不是做噩梦了？

小　明　（被摇醒，猛地睁开眼睛，一把抱住床边的小亮，哽咽）小亮！我以后再也不乱丢垃圾了！对了，我的玩偶小羊呢？

小　亮　（把玩偶递给小明）你的小羊不是好端端地在这儿嘛！

小　明　太好了，太好了！小羊和小亮都在我的身边！

[旁白：小明环顾四周，觉得自己简直是生活在垃圾堆里，这让他想起了梦中垃圾王国的遭遇。他马上开始积极地打扫卫生，清扫起了自己的房间。小亮虽然十分惊讶，但很快便高兴地参与其中，还帮助小明对房间的垃圾进行了分类。从此以后，小明改掉了自己的坏习惯，变得讲卫生、爱环保。不仅如此，他还成了学校里人人夸赞的环保小卫士。]

校园"迷你"风波

编剧：刘雪平　陈欣怡　曾　瑶

人物表

绵　羊　老师，严格，嗓门大
大灰狼　小灰灰，胆小，害怕响声
小白狗　调皮，不遵守规则
灰灰兔　毒舌
斑点狗　学霸形象，乖学生，古板
花蝴蝶　爱动脑筋出主意，喜欢打小报告

第一场

时　间　开学前一天

地　点　魔法森林

〔小白狗等人在森林里一起赶作业。〕

小白狗　拜托，为什么又要开学了，我一点也不想赶作业啦。

斑点狗　开学多好哇，又可以和大家一起玩了。

小白狗　你根本不懂我的痛。

花蝴蝶　哎哟，你还不明白吗？小白呀那是怕又做错事被老师骂。

灰灰兔　就是，真不知道他一天那个小脑瓜子里想些什么哟。明明班规上写着不可以带零食进教室，他非要带进来，带进来就算了还光明正大地吃，真是的。(摇摇头)

小白狗　拜托啦，我本人还在呢，你有必要这样内涵我吗？再说了，我又不是故意的，实在是吃不完了，又上课了才急着带进来的！

立德树人：德育戏剧创作与实践指南

花蝴蝶 可是有的人还是在上课的时候偷偷塞了一嘴哦。

小白狗 是骨头太香了，它先勾引我的！

斑点狗 好了好了，反正小白狗不是第一天不遵守规则啦！我们都习惯咯，有一次小白跳进标着不准下河洗澡的河里，还有一次小白非要把标着不准打开的盒子打开……

花蝴蝶 对！飞了好几只蛾子出来，吓死我了！

灰灰兔 还有还有！有一次小白不敲门就进了办公室，老师正好在跳广场舞！记忆尤新哪，尤其是被提到讲台上无伴奏跳了一节课！

众人合 哈哈哈。

小白狗 拜托啦！那青春就是用来冒险的，还是给我带来很多收获好吧！哼！（抄起手，举起作业本）这个暑假生活也太厚了，我要撕掉几页，再把它粘住几页，反正老师也不会挨着检查啦！

花蝴蝶 要小聪明也是讨不到好处的，小白。

灰灰兔 算了，别管他啦！我们赶紧写自己的吧！

斑点狗 可别怪我不仁义，我都快写完了，好嘛！

[大家都开始赶作业，只有小白一人撕作业的声音。]

小白狗 哎呀！完蛋了，这本好像不是我的作业！

灰灰兔 什么？哇，不会是我的吧，你完了，小白狗，你完蛋了！（作势抢）

小白狗 哎！你别扒拉我，我看看名字！嘿，不是你的，是小灰灰的，我就说嘛，字写得这么好看，只有他好吧！

灰灰兔 那你完蛋了，你把小灰灰的作业弄坏了，比你弄出噪音吓他还恐怖，他会哭个没完！

小白狗 完蛋，我知道，他的魔音！

花蝴蝶 你还是想办法好好弥补吧，实在不行把你的作业还给他。

斑点狗 （手中笔不停）别怪我没提醒你，到时候他哭到老师那里去，你就完蛋了！

灰灰兔 哈哈哈哈哈哈，出来混总是要还的对吧（拍拍小白的肩膀），祝你好运，兄弟。

小白狗 你们净说风凉话，没见帮我写点！你们要是帮我，我至于粘作业撕作业嘛，那我不撕不粘，不就不会弄坏小灰灰的本子了？

众人合 自己的事情自己做！

灰灰兔 自己不好好做作业，还要怪我们。

284

斑点狗　你还是快点补救吧，别在这里影响我们了。

花蝴蝶　也许你可以直接和他说清楚，然后道歉，他会原谅你的。

小白狗　我可没做错事，我是一片好意！（一手叉着腰一手甩本子）反正他也还没写完，幸好我都从后面撕起，前面他写了的我可没碰，就这样给他，他可发现不了！

众人合　你这个小白，真是一窍不通两眼白。

[众人继续写作业，小白继续忙活，熄灯换场。]

第二场

时　间　开学第一天

地　点　教室

[教室里正在上开学第一课。]

小白狗　（弄出滋滋的声音，戳了戳小灰灰，压低声音喊他）小灰灰……

[小灰灰认真听课不理他，手避开。]

小白狗　小灰灰，你不理我是吧，我要叫咯！

小灰灰　你烦不烦！（打他一下）

小白狗　（嘿嘿一笑）哟，还舍得理我就好。（在小灰灰耳边大叫一声汪）

小灰灰　（吓得缩在桌上）啊！

羊老师　小白！你给我站起来，又在欺负同桌，我说了多少次了，同学之间要友好相处！

小白狗　我没有！我只是想和他说点事！（举字条）我传了字条他不理我！

小灰灰　（悄悄抬头）真的吗？

羊老师　不管怎么说，这是上课时间，你站着听课，如果再打扰小灰灰，就站在后面听！

小白狗　（丧气）好吧！

[老师继续上课，小白歪七扭八地站着。]

小灰灰　（戳了戳小白狗）小白，你把字条给我看看吧，我刚刚没注意！

小白狗　（不由自主地汪了一声，赶紧捂住嘴巴，笑了起来）嘿嘿，我的好灰灰，我就知道你不会不理我，那么狠心！喏，给你！（悄悄传过去）

小灰灰	你把我作业后面撕了？（哭了起来，从小声抽泣，到号啕大哭）
羊老师	小灰灰，你怎么了？是不是小白又吓你了？
花蝴蝶	羊老师！我看见小白狗给小灰灰递字条了！
灰灰兔	我知道！是小白狗自己闯了祸！
羊老师	（走下来安抚小灰灰）小灰灰，你告诉老师，怎么了？
小灰灰	（哭着说）老师！小白不好好写暑假作业，我借给他看看，他却把我的作业后面撕了一半，还粘起来了，我就说我写的时候怎么对不上！（哇的又哭了出来）老师，不是我没认真写，真的……
羊老师	好，老师相信你。斑点狗，你帮老师安慰一下小灰灰好吗？小白狗！站到后面去，下课了我再跟你好好算账！（回讲台继续上课）
斑点狗	小灰灰，没关系的，小白其实不是故意的，他以为是他自己的作业本来着。
小灰灰	可是，他昨天还给我的时候一句也没有提！
灰灰兔	你还不知道吗，小白狗就是只会惹是生非！
花蝴蝶	就是，我昨天可是劝过他的，他一意孤行！
	[小灰灰又开始抽泣，斑点狗赶紧摸着背安慰他。]
斑点狗	（凶了两人一眼）你俩好好听课，别添乱了，不然我告诉老师！好啦，小灰灰，老师刚刚也没有怪你，至少小白刚刚写字条和你道歉了对吗？老师也会惩罚他的，不要伤心了。
小灰灰	我就是不明白，为什么他总是这样，不遵守规则，还伤害我，我再也不要和他做朋友了！
	[铃声响起，下课了。]
小白狗	（跑过来）小灰灰，我不是故意的，我昨天不好意思说，才……
小灰灰	（转过身不理他）你走开。
羊老师	小白，你给我上来！（小白不情愿地慢慢走）快点！磨磨蹭蹭的干嘛？
小白狗	老师！我知道错了，真的，我不该偷工减料。
羊老师	还有呢？
小白狗	不该……不该……（挠挠头）没有了呀！
羊老师	小灰灰都不理你了，你还和我说没有？
小白狗	但是我真的没有欺负他，我只是想跟他道歉的。
羊老师	小白呀，老师知道你是个好孩子，但是规则定下来是有它的道理的。你看，你曾经那么多次不遵守规则，是不是给同学们老师们带来了很多麻

烦，甚至很多小朋友都不太喜欢和你玩。现在，你还把自己最好的朋友弄生气了，如果他再也不和你做朋友了，你要怎么办？

小白狗　不会的，小灰灰是我最好的朋友！

羊老师　可是，再好的朋友也不能一直不在乎他的感受去伤害他呀！

小白狗　我没有！

羊老师　小灰灰讨厌噪音，大声的声音，你知道吗？

小白狗　我……我知道。

羊老师　那你怎么做的呢？

灰灰兔　他总是突然在小灰灰耳边汪汪！

羊老师　你看。

小白狗　我只是想逗逗他……

羊老师　可是玩笑也不能总用别人讨厌害怕的东西哦，遵守规则其实也是一种办法。如果你老老实实做作业，每天一点，是不是就不会写不完呢？那你写得完作业，不抄小灰灰的，就不会借他的作业，也不会存在撕错作业本，对吗？

小白狗　我……可是……

羊老师　老师知道不容易，但是就算你已经做错了，也应该诚实，写不完就告诉老师没写完，撕了就告诉小灰灰撕了，对吗？班规最重要的一条就是要诚实，不偷懒耍滑，对吗？

小白狗　（扣着脑袋）对……

羊老师　那你要不要和小灰灰认认真真道个歉呢？老师给你的惩罚就是你帮小灰也把后面的作业补上，把自己的那一份也写完。老师会给你两本崭新的寒假生活，希望你能够改邪归正，好吗？

小白狗　好。老师，我知道了！

灰灰兔　（推着小白狗走）快去和小灰灰道歉。

花蝴蝶　人家一边说不和你当朋友了一边哭，还不赶紧去安慰！

［小白狗来到小灰灰身边。］

小白狗　灰灰！小灰灰（推了推小灰灰）灰灰灰灰！快原谅我吧，我真的不是故意的，我以后再也不会干你不喜欢的事情了！我一定老老实实遵守班规，这样你也不会伤心的！（越来越大声）

小灰灰　（抬头）吵死啦！小白狗！我讨厌你！

小白狗　不行，你可是我最喜欢的朋友，你的作业我会重新写一份的，我以后也不会大声吓你了(放低声音)，好不好小灰灰!

小灰灰　真的吗?

小白狗　真的!

花蝴蝶　那你也不乱开盒子啦?

斑点狗　也不下河洗澡了?

灰灰兔　不在教室里吃零食?

羊老师　不偷看老师跳广场舞?

小灰灰　(扑哧一声笑了)老师!

小白狗　(拍着胸膛保证)再也不了! 只要大家说了不准做的，我就不做!

小灰灰　好吧，那我勉强原谅你，要是有下一次……

小白狗　绝对没有! 再有下次我跳广场舞给你看!(使劲乱扭)

羊老师　你这个可不正宗啊!

众人笑　哈哈哈。

羊老师　大家都是同学，在日常交往中要互相尊重、关爱彼此!

　　　　[大家一起跳着广场舞。]

维权意识不能少

编剧：陈欣怡 朱 莉 曾 瑶

人物表

张 鹏 四年级五班学生

小 光 四年级五班学生

媛 媛 四年级五班学生

王老师 四年级五班《道德与法治》任课教师

第一场

时 间 下午

地 点 教室

[小光难受地走进教室。]

张 鹏 小光，你今天怎么总是往厕所跑，我都看见你下午去了三四趟了。

小 光 唉，我也不知道，我今天一直在拉肚子，也不知道怎么了！

媛 媛 是不是你今天吃了什么不干净的东西？

小 光 没有哇，我今天吃的和往常一样啊，嗯……除了今天我在学校外面的超市买了一瓶酸奶，就是我桌上这瓶，应该不会有什么问题吧，我以前也喝过这个的。

媛 媛 （拿过小光桌上的酸奶瓶）我看看！

张 鹏 这有什么好看的，不就是个包装瓶嘛，能看出些什么？

媛 媛 这你就不懂了吧，正规的商品的包装瓶上都会有质量检验合格的标识、商标、生产厂址，还有生产日期和有效期。

张 鹏 呃……没想到，你还挺厉害的嘛，知道得这么多。

媛　媛　还好吧，这些都是常识！

小　光　那你看出什么来了吗？

媛　媛　等一下，你先别急，保质期十五天，生产日期……哎，生产日期在哪儿啊？

张　鹏　让我看看（看了一圈后将酸奶瓶倒了过来）快看快看！在这儿！

小　光　我看看。

媛　媛　找了半天原来在底下！

张　鹏　看来光有常识还不够，还需要眼睛！

媛　媛　是是是，多亏了你，一下子就找到了。

小　光　你们看这上面写的生产日期 2021 年 5 月 1 日，今天已经是……十，十几号来着？

张　鹏　哎呀，今天 19 号。

媛　媛　那这瓶酸奶已经过期好几天了呀！

小　光　怪不得，今天下午我一直在往厕所跑，就是因为喝了这个过期的酸奶，救命啊，我是不是要去医院哪！

媛　媛　要是你今天回家之后还很严重的话，最好还是去一趟医院吧！如果不拉肚子了，应该就没什么事了。

小　光　啊，我怎么这么倒霉呀！

张　鹏　不过，那个超市卖的是过期的酸奶哎，这个应该是不合法的吧，只不过……

媛　媛　肯定犯法了呀！这种情况应该可以找超市那边沟通一下，我姐姐以前好像就有过这样的经历，好像店主还给了赔偿金的。我记得我姐姐当时说可以找消费者保护什么什么的，时间太久记不太清了。

小　光　那我要去吗？我，我有点害怕！

媛　媛　我们可以陪你一起去，人多力量大嘛！

张　鹏　啊，可是我，放学之后要去学跆拳道，上周我没去，被我妈妈骂了好久。我……

小　光　那怎么办哪……

媛　媛　嗯，行吧，那就我陪小光去吧。不过，去之前我先回一趟家，我们先查一下相关的资料，不然我们上去理论，连一句正经的话都说不出来，他们肯定不会理我们。而且我家离得也不远。

小　光　好！媛媛你真好，谢谢你！

媛　媛　没关系，我们是同桌嘛！张鹏，那明天你就等我们给你讲我们的英勇事迹吧！哈哈哈。

张　鹏　好哇，那我提前祝你们开旗胜……呃，旋什么归，唉……

媛　媛　是旗开得胜，凯旋而归，哈哈哈。

张　鹏　哈哈哈。（不好意思地笑）

第二场

时　间　第二天早上

地　点　教室

[第二天早上，张鹏已经坐在座位上了，小光、媛媛进入教室走向座位。]

张　鹏　怎么样怎么样，小光、媛媛，你们昨天战况如何？

小　光　媛媛真是太厉害了！多亏了媛媛，店主不仅向我们道了歉，我还得到了一百元的赔偿嘞！

张　鹏　哇！你们可太厉害了！看来我昨天的祝福也是有作用的嘛。果然开旗胜……呃，果然成功了！

二　人　哈哈哈，是是是，多亏了你的祝福！

张　鹏　嘿嘿，你们快给我讲讲具体的过程吧，我今天特意来这么早就是为了听你们昨天的情况的！

小　光　还好昨天媛媛回家查了资料，发现我国的食品安全法规定在超市买到过期产品，超市需要向消费者支付一定的赔偿金。通过这件事我可学到了不少维权知识呢！

媛　媛　小光昨天也挺机灵的。我们找老板理论前小光还去看了他之前买酸奶的货架，发现那上面还有过期的酸奶摆放着，这样我们的证据就非常充足了，我都没有想到。

张　鹏　那你们怎么找店家说的？

小　光　我们一开始并没有直接指出他们货架上的证据，只是说我在他们店里买到了一瓶过期的酸奶，我还把酸奶瓶放到了他们面前。

媛　媛　张鹏，你是没看到，他们一开始可能觉得我们是小孩子，什么都不懂。那个店主还说过期的酸奶喝了没什么关系，他还和一个店员喝了一口酸奶瓶里的酸奶来证明那个酸奶喝了没事。

张　鹏　然后呢然后呢？你们怎么回应的？

媛　媛　然后我回家查的资料就派上用场啦！把那些食品安全法律和消费者协会投诉电话12315一背出来！他们就不敢小瞧我们了！

张　鹏　天哪，感觉昨天我没去现场真是我的一大遗憾哪！这么神奇的时刻！

小　光　那你肯定遗憾哪，哈哈哈哈。

媛　媛　哈哈哈。

张　鹏　你们真勇敢！你们当时不害怕吗？

小　光　（摸了摸胸口）我还是挺害怕的，我怕他们直接把我们轰出去，或者关进小黑屋。我当时心里真的非常紧张。

张　鹏　媛媛，你呢？

媛　媛　我本来也有点害怕，但是我妈妈昨天下午正好在家，我给她讲了我们要去做的事情，我妈妈就说她会在不远处保护我们的！所以，我就不害怕了！

小　光　原来是这样，怪不得我觉得你一丁点都不害怕！

张　鹏　哈哈哈，不过你们已经很勇敢啦！

媛　媛　嘿嘿，那是！

张　鹏　早知道媛媛这么厉害，小光这么机灵，我也应该找你们帮帮忙。不过已经过去这么久了！

小　光　什么忙啊？

媛　媛　对呀，什么忙？

张　鹏　我之前去一个便利店，买了一盒彩色铅笔。我付完钱，他们有个老板看见我的书包很鼓，还说我在里面磨磨蹭蹭了半天，怀疑我偷拿店里的东西，要求搜查我的书包，还翻看了我新买的彩铅。后来我回家才发现有好几只彩铅的笔芯都断掉了，可以直接抽出来。

小　光　啊！他们没有任何证据，就怀疑你吗？这也太过分了吧！

媛　媛　对呀，而且还翻开你买的彩色铅笔，包装都坏了，笔又出了问题，那你去找他换了吗？

张　鹏　找了呀！

二　人　那他们怎么说？

张　鹏　那老板是这样说的，呵！我给你们学学他当时的样子："小孩儿，先不说这个铅笔是不是被你自己摔坏的，就算不是，这个彩铅又不是用不了，而且这种质量问题，我这种小店也保证不了。"你们说这气不气人？

小　光　天哪，他们这不是在要赖嘛！

媛　媛　对呀！那后来呢？

张　鹏　后来，我就拿着我坏掉的彩铅回家了呀。

媛　媛　他们这样肯定是不对的呀……

张　鹏　嗐，要是我早点懂得这些维权知识就好了，那我也可以打消费者协会投诉电话了，123……12什么来着？

　　　　［王老师进入教室碰巧听到。］

王老师、媛媛、小光　12315！

张鹏、媛媛、小光　王老师！

王老师　同学们快要上课了哦！要去厕所的同学抓紧时间哦！

张　鹏　王老师，这节课不是您的课！这节是语文课！

王老师　李老师临时有事，所以我们换了一下课！

三人合　哦哦！好！

王老师　不过，小鹏真棒！都知道维权了哈！你们都知道消费者协会投诉电话是12315！真不错！

三人合　嘿嘿嘿。

王老师　那小鹏，你可要记牢了呀，消费者协会投诉电话是12315！不然下次需要维权的时候又要场外求助了！

小　鹏　哈哈，（不好意思地笑了）好的！

王老师　刚刚啊，我在门口都听到了。小鹏的这件事呀，店家有很多行为都是不对的。

张　鹏　啊？很多吗？

王老师　首先哪，他翻查你的书包就是不对的，经营者不能对消费者进行侮辱、诽谤，也不能搜查消费者的身体及其携带的物品，不得侵犯消费者的人身自由。

张　鹏　哇，原来是这样啊！那还有呢？

小光、媛媛　是呀！还有呢？

王老师　还有就是，在日常生活中购物时，我们要有自我保护意识，要在正规商店购物，购物后保留好发票之类的凭证，这样如果购买的商品有问题就可以凭借发票向商家要求退换货物了。小鹏在买彩铅的时候，就没有向商家索要发票哦，大家都要引以为戒呀！当然更重要的是要了解自己有哪些合法权益。

三人合 嗯嗯！

张　鹏 不过，王老师，我买的那家商店开不了发票哎！那怎么办呢？

王老师 （看了看时间）哎，马上就要上课了！小鹏，你这个问题，（上课铃响起）我在课堂上回答你。正好哇，我们今天要学习购物的学问和一些维权知识。你们可以认真听课哦！

三人合 好！

[王老师走上讲台。]

王老师 好了，同学们！我们开始上课啦！

污水历险记

编剧：朱钰雯　彭唯艺　蒋　欣

人物表

污　污　勇敢，理智，讨厌自己身上的脏东西

脏　脏　单纯，善良，胆小

纯　纯　很单纯，但害怕污水

净　净　喜欢污水，知道自己也是污水变来的，支持污水去净化

大垃圾　骄傲贪玩，说话必须竖手指，加一个"咱们就是说"

小杂质　喜欢说唱，说话都要哟哟

色　素　傲慢，嘚瑟，觉得自己很了不起

水精灵　智多星，知道许多的东西

第一场

时　间　清晨

地　点　大街上

［污污和脏脏在玩耍（歌舞形式）。］

二　人　我们是污水，我们又脏又臭。

　　　　我是大垃圾，谁能有我大。

　　　　我是小杂质，哪里都有我。

　　　　我是色素，黑黑的污水都是因为我。

纯　纯　嘿！你们好！我叫纯纯！你们，是谁？怎么看起来黑黑的……

净　净　我叫净净！

二　人　你们好哇！

脏　脏　（小声对污污说）你看他们身上穿的衣服，好好看哪！

纯　纯　你们，是谁？

污　污　我叫污污！

脏　脏　我叫脏脏！

污　污　你们身上穿的是什么？看起来好好看！

净　净　这是瓶子，是人类为了更好地储存我们，专门为我们设计的！因为我们对人类来说了可重要啦！

纯　纯　可是你们怎么看起来黑黑的……

污　污　因为，我们是污水呀！

纯　纯　（躲开）你们是污水！

脏　脏　是呀，怎么了？

纯　纯　可是净水员说我们纯净水是不能接触污水的，如果接触了我也会变成黑黑的。

净　净　纯纯，我以前也由污水变成纯净水的，你不要害怕！

色　素　呵呵，不就是纯净水吗？有什么可骄傲的！

垃和杂　就是，就是！

纯　纯　只是，只是我没有见过除了纯净水以外的水，所以我有点害怕，但是，我，很想和你们做朋友的！

污和脏　朋友？

纯　纯　是呀，现在越来越多的纯净水被污染，我的朋友也越来越少了……你们，愿意和我们做朋友吗？

净　净　是呀！你们愿意做我们的朋友吗？

污和脏　我们愿意！

净　净　成为我们的朋友，变为纯净水并不简单，要面对很多挑战！

脏　脏　啊，我，有一点害怕！（向后躲）

大垃圾　咱们就是说，每天玩耍不好吗？每天装在瓶子里，你们是不会快乐的！

色　素　不快乐呀不快乐！

小杂质　就是，成为纯净水有什么好！况且你们根本不可能摆脱我们三个。

污　污　不试试怎么知道。

脏　脏　一定有办法的，我们走着瞧！（傲娇地扭过头）

污　污　净净、纯纯，到底是什么挑战哪？（看向净净和纯纯）

净　净	你们要去污水加工厂！那是专门净化污水的地方，就是沿着这条路一直走五百米，再朝东走一百米，就到了。
纯　纯	你们真的想好了要成为纯净水了吗？
污和脏	嗯嗯！等我们也成为纯净水了！我们就可以做朋友了对吗？
纯和净	嗯嗯！朋友！
污　污	谢谢啦，那我们快去吧！
纯和净	等等，我们把这个给你们！
污和脏	这是？
净　净	这是漂白粉！是净水员给我们的护身符！
纯　纯	虽然我们也不知道这个有什么用，但是希望它们可以保护你们！
污　污、脏　脏	谢谢你们！
污　污	那我们出发吧！

　　　　　　［行进音乐。］

第二场

时　间　清晨

地　点　污水加工厂

　　　　　　［第一关　大过滤。］

污　污	脏脏，你看，这里好像就是那个污水加工厂。
脏　脏	对对对，可是我觉得这里好可怕。
污　污	没关系，我会保护你的。
水精灵	没关系，我会保护你的。
脏　脏	你你你，你是谁呀？
水精灵	我就是上得厅堂，下得厨房，能文能武，才貌双全的水精灵！（展示自己的动作）
污和脏	噫……
水精灵	我是你们的引路人，成为瓶子里的水，只要你想，我就可以帮你实现。
大垃圾	咱们就是说你真有这么神奇吗？
小杂质	哟哟，吹牛皮。

色　素　不会是骗人的吧？

水精灵　你们现在是一体的，是不能分开的，但是你们要想成为瓶子里的水就得散了。

脏　脏　我们要分开？

水精灵　对的，话不多说，我们开始吧！

［转圈圈走起来，哐当哐当的音效起来。］

水精灵　你们一共要经过三关，第一关就是帮你们去掉身上的大垃圾。

污　污　你们看你们看，前面有好大一个机器。

脏　脏　是呀！我看到了！

大垃圾　等等，（拖住脏脏的脚）能不能别过去，我们换一个机器吧，从……从色素开始吧，我以后再也不粘着你们了，求求你们不要丢下我！

色　素　我可不粘人，没看见你们身上绑的什么吗？我可不需要！咳咳，来，看好了！哎，我绑着了，哎，我解开了，哎，我绑着了，哎，我松开了！

污　污　走了大垃圾！你不是很看好我们吗？我也很看好你哦。

脏　脏　嘿嘿，我先去看看。

水精灵　快去吧！

［脏脏带着小杂质上前尝试。］

［画外音：（机器人语调）长度五厘米，宽度四厘米，合格，开门。］

脏　脏　（招手呼唤）污污，没事哎，你看我已经过来了，快来快来。

污　污　来了来了。

［画外音：长度五厘米，宽度三厘米，合格，开门。］

［色素通过，污污带着大垃圾通过时。］

［画外音：长度十八厘米，宽度十厘米，不合格，大垃圾和污污被隔开。］

污　污　这是怎么回事？大垃圾好像被卡住了，过不来，水精灵快帮帮我们哪。

脏　脏　为什么小杂质可以和我一起过来，而大垃圾不可以呢？

水精灵　这是专门用来过滤大垃圾的机器装置，因为你身上所携带的大垃圾体积过大，所以他不能通过，这样才能实现你们两个的分离。

污　污　我要和大垃圾分离了吗？

水精灵　污污，你和大垃圾分离之后，你会变得更好的，相信我！

［音效起，污污与大垃圾之间的绳子断开。］

脏　脏　污污你快看！你和大垃圾被分开了！你看起来轻了不少！

下　编　德育戏剧的案例典范

污　污　真的耶，我感觉我的脚步都轻了！这种感觉真好！水精灵你快带我们去下一关吧！

水精灵　那我们继续！

[过渡音乐。]

第三场

时　间　清晨

地　点　沉淀池

水精灵　到了。

脏　脏　前面是沉淀池。

污　污　（慢）下雨了，你们看……

小杂质　哟，哟，为什么这个雨淋到我身上这么痛？

脏　脏　我们也好痛！

污　污　对！

色　素　（慢）这雨不对劲！

小杂质　哟，哟，我的身体越来越沉重。

污　污　水精灵，我们这是怎么了？

水精灵　这雨确实不简单，这雨叫作絮凝剂，会让脏东西凝聚沉淀，最终沉到底下的泥土里。

脏　脏　那我们到底该怎么过去呢？

水精灵　别急别急，大家手拉手，轻轻地往前走就可以啦。

[紧张音乐起，大家手拉手往前走，小杂质走最后，依次通过。]

小杂质　哟哟，我越来越重了。这是怎么回事？

污　污　我懂了，难道这一关是小杂质！

水精灵　是的，你猜对了！这一关就是去除小杂质。水中的杂质颗粒在絮凝剂的作用下首先失去稳定性，然后相互凝聚成尺寸较大的颗粒，再在分离设施中沉淀下去或漂浮上来。这样就可以去除小杂质了。

小杂质　脏脏，我不想和你分开！我们分开了你会很痛苦的，你最怕疼了不是吗？你快拉我一起上去吧！色素！污污！你们帮帮我吧！

299

［脏脏打算去拉小杂质。］

污　污　脏脏！你不要被它迷惑了，就是这些小杂质让我们变得又脏又臭！只有离开他们我们才能成为纯净水去帮助更多的人，实现我们的价值。

脏　脏　（清醒过来）对，我不想和原来一样又脏又臭了，我要决定自己的未来！

脏　脏　污污，你快看！我好像变干净一些了，还轻盈了不少。

污　污　是呀是呀，我们快去下一关吧。

水精灵　这就是最后一关了！

脏　脏　你们快看，前面有好大一个漩涡。

污　污　水精灵，我们怎么过去呢？

水精灵　这漩涡暗藏天机呀！表面上看着是漩涡，实际上下面是活性炭，会吸住我们的！

色　素　啊？活性炭，我不过去！

脏　脏　这一关是去色素吗？

水精灵　是的，活性炭是色素的天敌。活性炭由于疏松多孔，具有很强的吸附性，可吸附水中的异味和颜色，使水变得透明、澄清，离开了色素你们就能成为瓶子里的水了。

色　素　你你你……胡说！

水精灵　是不是胡说，去看看就知道了。

色　素　哎哎哎，你们慢点哪，不要着急嘛！我们看看这里的风景。你看这里的景色这么好，不如就别往前走了……

［所有人拉在一起转圈圈，色素还想要逃，但是活性炭已经开始吸住他，色素越来越虚弱。］

脏　脏　哎，我好像彻底变干净了，污污，我可以出去了！我们过关了！

污　污　唉，为什么我还没有变成纯净水？（向脏脏的方向跑但是跑不动）色素你怎么还在？你为什么要把这个绳子绑上？你快解开！

色　素　我都说了，想摆脱我，不可能！现在你哪儿都去不了！

污　污　你快给我解开！你这个坏蛋！（污污和色素争执了起来，争吵中污污将漂白粉洒在色素身上，色素也消失了）

污　污　还好有净净给我的护身符，我终于也变成真正的纯净水了！不脏了，不臭了！

下　编　德育戏剧的案例典范

第四场

时　间　清晨

地　点　污水加工厂门口

脏　脏　污污，快看快看，你身上真的变干净了！

污　污　是真的，脏脏，你也是你也是！

脏　脏　太好了，污污，太好了，我们终于变成纯净水了，我们也可以造福人类了！
　　　　[两人欢呼着一起转圈圈，净净和纯纯上场。]

净　净　污污，脏脏，你们现在终于和我们一样了。

纯　纯　水是很重要的。地球上虽然有很多水，但能给人们使用的很少很少，所
　　　　以希望小朋友们不要污染和浪费我们，我们会给你们带来很多的用处！

最美的声音

编剧：曾 瑶 杨 柒 朱 莉

人物表

阿 豪　十二岁，古怪偏执，顽劣

妙 妙　十二岁，怕羞，富有同情心，但有时十分固执

刘老师　三十四岁，踏实正直，善于观察学生

小 静　十二岁，责任感强但不果敢

阿 稷　十二岁，十分普通的学生，害怕自己不理解的事物

小 傲　十二岁，同小曼是双胞胎，喜欢戏弄他人

小 曼　十二岁，同小傲是双胞胎，喜欢戏弄他人

第一场

时 间 清晨

地 点 教室

[新的学期开始了，阔别一个学期的同学兴高采烈地跟周围的小伙伴分享着美好的假期。氛围正浓时，班主任老师拉开了教室门，欢乐的氛围顿时像按了暂停键一般安静了下来。与此同时，同学们还发现，老师后面跟着一个女生，瘦瘦小小的，弱不禁风，腼腆地低着头。即使大家都向她投去了好奇的目光，她还是低着头盯着自己的脚尖。]

刘老师　大家保持安静，新的学期开始了，这个学期我们迎来了一位新同学（招手让门外的女生进来），接下来就请我们的新同学给大家做一个自我介绍。

[此时，同学们都开心地鼓起了掌，只见那位女生慢吞吞地走到讲台上，许久都没有说出一句话，只是低着头，沉默良久，终于吞吞吐吐开口说话。]

下　编　德育戏剧的案例典范

妙　妙　（紧张）打……打架好！（大家好）。

　　　　「女生感觉很不好意思地拿出了提前写好姓名的纸。上面写着一行字：
　　　　"请写字和我交流，我是妙妙"。顿时全班一阵喧哗，班长率先带头鼓
　　　　起了掌，引来周围好友的附和，但有个男孩子大笑不止，摇头晃脑地开
　　　　始嘲笑。」

傲和曼　（学妙妙说话）打……打……打架好。哈哈哈。

阿　豪　（大笑不止）这女生的嘴比我家里那台收音机还漏风！

　　　　「大家哄笑。」

小　静　（面带不悦地盯着阿豪）你们别笑啦！她都要哭了，你们就不能尊重一下
　　　　别人吗？！

阿　豪　（不为所动）略略略……

刘老师　（严肃）大家保持安静，阿豪那儿有空位，你坐那儿吧。

　　　　「妙妙头垂到了胸口，将头发把脸遮住了，走到阿豪座位旁边坐下。」

　　　　「下课铃响，教师走出教室，同学们都开始玩了。」

小　傲　终于下课了，我们去上厕所吧。

小　曼　好吧，走。

小　静　等等我，我也要去。

　　　　「三人离开走出教室，妙妙踌躇地拿出本子放在阿豪面前。」

阿　豪　（不耐烦地）干嘛？

　　　　「妙妙翻页速度加快，阿豪更加不耐烦。」

阿　稷　（催促）走了走了，下课时间只有十分钟，再不走去超市就来不及了。

阿　豪　（起身离去）一边去，别耽误我买东西。

　　　　「小静先回到教室，妙妙把纸递给班长看。」

小　静　好哇，那我们就是朋友了，以后有什么不懂就来问我吧。

　　　　「妙妙看到有其他同学回来了就回到了自己的座位。」

小　傲　（窃窃私语）她怎么一来就巴结别人，谁愿意和她当朋友。

小　静　她没有！

小　曼　明明就有，跟她说话太费劲了，要是我的话压根不想理她。

小　静　虽然她说话不利索，但是她也是在很努力地跟我们交流，你们怎么能这
　　　　么说。

傲和曼　（哑嘴）班长你还真是多管闲事呀。

303

立德树人：德育戏剧创作与实践指南

[阿豪去而复返，还给同学们分享辣条，妙妙再次拿出本子指着上面写的话给阿豪看。]

阿　豪　（念）我们可以做朋友吗？

阿　稷　（开玩笑）哟，你看你俩的头都快凑到一起了。

小　傲　（起哄）哇哦。

小　曼　（起哄）哇，你竟然愿意和她做朋友。

阿　豪　（撇嘴）你们别乱说，谁要跟结巴做朋友哇。

[其他人都起哄，阿豪有点恼羞成怒了。]

阿　豪　你们闭嘴！

[这时候刘老师进来了。]

刘老师　都回座位！铃都打了一分钟了，还在吵，就阿豪的声音最大，这节课上阅读课，大家把书拿出来自己学习。

[大家坐座位上伴装学习。老师巡视一下，过一会下课铃响。]

刘老师　同学们放学了，其他同学可以回家了，打扫卫生的同学尽快打扫完回家，路上注意安全。

小　静　你们两个去倒垃圾，你们俩去擦玻璃，我和妙妙擦桌子。

[大家开始行动起来，阿豪和阿稷提起垃圾桶走出教室。]

小　静　妙妙你先擦着，我去把帕子洗了。

[小静拿着擦桌布走出教室，阿豪和阿稷提着垃圾桶去而复返。]

阿　豪　阿稷，你把垃圾桶收拾一下。

阿　稷　行吧。

阿　豪　（对着妙妙）哎，这是什么？你们快看，你们快看。

[阿豪一把将妙妙耳朵上的助听器抢走，妙妙不舒服地捂着耳朵蹲在原地，几人闻声围了过来。]

小　曼　哎，这是什么，给我也看看。

小　傲　哇！彩色的耶！

阿　豪　顺风耳牌助听器，这啥呀这是？

妙　妙　（同时站起向阿豪冲了过来）还……还给我！

[三人有意戏耍妙妙，将助听器扔来扔去，混乱之中耳机掉到了地上，阿豪不小心把耳机踩坏了，大家的身形微微一僵，其他人都默默地退开。]

小　静　怎么了怎么了？

304

下　编　德育戏剧的案例典范

阿　稷　啊，好像坏了！

小　傲　班长，那个我们打扫完了，就先走了。

阿　稷　我妈给我发消息了，我也先走了。

阿　豪　（毫不在乎）就一个破东西嘛，踩坏了有什么了不起的。

　　　　[四人先后下场，妙妙蹲在地上默默地流泪。]

小　静　妙妙，你没事吧？他们把你的助听器弄坏了，要不我们去告老师吧？（妙
　　　　妙摇了摇头）

小　静　那好吧，我们一起回家吧。

　　　　[小静帮着妙妙收拾好了地上的助听器，二人结伴离去。]

第二场

　　　　[体育课前，阿豪和阿稷急匆匆地跑到操场，见老师尚未到场，急忙拿出
　　　　几张卡牌玩了起来。]

阿　豪　快快快，趁着老师还没来。

阿　稷　来来来。

　　　　[其他人陆续上场，阿豪和阿稷见刘老师到场，急忙收起牌和羽毛球拍，
　　　　跑回了队伍里。]

刘老师　现在集合，我们先做一下准备运动。

　　　　[众人听从刘老师的指令开始做运动。]

刘老师　接下来同学自由活动。

阿　豪　我们组打羽毛球，有谁要来吗？

小　傲　我……我……我想和阿豪一组！

小　曼　我也要！

小　静　我和妙妙也要来。

小　傲　我不想和妙妙玩。

小　曼　我也不想跟妙妙玩。

阿　豪　这么多人哪，那我们四个先玩，你们先等一下，阿稷，你分一下。

　　　　[几人分好球拍开始打羽毛球，几个回合之后小曼失手没接到球，小静急
　　　　忙上前。]

小　静　该我了该我了，你刚才没接到。

阿　曼　我才打几个球，我不想下。

305

立德树人：德育戏剧创作与实践指南

　　　　　[阿豪突然面露不适捶着胸口。]

阿　豪　来来来，班长，我今天身体有点不舒服，你来我这里打。

小　傲　阿豪怎么了？原来每次都要打一节课的呀。

小　曼　别管他，我们玩。

　　　　　[四人又玩了起来，一旁的阿豪急匆匆地灌了几口水，突然倒在了地上。]

妙　妙　班班班……班长。

　　　　　[同学们都围了过来。阿豪突然开始抽搐，同学们都惊慌地后退，小静想
　　　　　拉着妙妙后退，不料妙妙见到情况紧急甩开小静的手冲上去开始采取急
　　　　　救措施。]

　　　　　[老师察觉动静走了过来。]

刘老师　怎么了？

小　静　老师，刚才阿豪全身都在抖。

刘老师　其他人先回教室，我带阿豪去医务室。

　　　　　[同学们回到教室后就谈论刚才那件事。]

小　傲　他刚刚口吐白沫，好吓人！

小　曼　对呀，太吓人了！

妙　妙　你……你们，别乱说。

　　　　　[刘老师带着阿豪回到教室。]

刘老师　安静，阿豪你先回座位，刚才阿豪只是出了点小意外，现在已经没事了。
　　　　　幸亏妙妙第一时间做了急救，这一点要向她学习，接下来的时间你们就
　　　　　上阅读课。

　　　　　[阿豪坐在座位上低着头，周围的人开始小声议论。]

小　傲　这病不会传染吧？

小　曼　还传染哪，那可怎么办？

　　　　　[大家一阵紧张，都悄悄地把板凳往外挪了挪。]

　　　　　[放学了，小静下。]

阿　豪　阿稷，走走走，踢球去。

阿　稷　（尴尬地）我今天家里有事，我妈要我煮饭呢。

阿　豪　（疑惑）啊？那行吧。

小　傲　哎，阿豪，你不会又突然抽风吧？

小　曼　（学阿豪翻白眼）

306

阿　豪　你们什么意思？

小　曼　没什么意思呀。

小　傲　学学你嘛，你昨天不就是这样嘛。

阿　豪　你你……你们！

小　傲　结结巴巴的，就跟妙妙一样。

　　　　〔小傲、小曼下，教室里就只剩妙妙和阿豪两人。〕

妙　妙　（本子上写着）你没事吧？

阿　豪　没事，昨天谢谢你了。对不起，昨天还不小心把你助听器踩坏了，你还
　　　　没有告诉老师，谢谢呀。

　　　　〔妙妙摇头，表示不用谢。〕

阿　豪　那我们一起回家吧！

妙　妙　（边说边点头）好。

第三场

地　点　体育课上

　　　　〔老师叫同学们自己分组玩游戏，平时阿豪都是组织游戏的那个人，可这
　　　　次大家都离他远远的。〕

刘老师　大家自己分组玩游戏吧，六个人一组。

阿　豪　来来来，分组分组。

小　傲　我不想跟阿豪玩。

小　曼　是呀是呀，他上次发病的样子我还记得，太吓人了。

　　　　〔阿稷混在人群里，不敢直视阿豪的目光。班长也有些犹豫，耳濡目染之
　　　　下她似乎觉得阿豪不怎么正常，拉着妙妙退开。阿豪左顾右盼，却见到
　　　　自己以往的好友都没有回应。〕

阿　豪　阿稷，连你也……

　　　　〔阿豪一个人默默走开。〕

小　曼　那我们来玩老鹰捉小鸡吧。

　　　　〔除了阿豪以外，大家都围了起来，开始猜拳。但是妙妙却没有什么动作。〕

小　静　妙妙，你怎么不猜拳哪？

妙　妙　我……我们还是跟，阿豪……豪一起玩吧。

小　傲　哎呀，你不想玩就跟阿豪玩去。

[其他人继续猜拳，妙妙走到阿豪身边。]

阿　豪　你怎么过来了？

妙　妙　我们一起玩吧。

阿　豪　好哇！

[阿豪跟妙妙一组，其他同学另外一组，这时老师过来了。]

刘老师　你们怎么不叫上阿豪和妙妙一起玩哪？

[班长上前说明前因后果。]

刘老师　你们是一个集体，这样做是不对的，知道吗？

[大家迷惑地抬起头，等待着下文。]

刘老师　每个人成长的过程中或多或少都有所不同，身体的缺陷永远不是旁人嘲笑他人的动机。如果他人的缺点能够引来你们的嘲笑，那么你们所欠缺的就是包容他人缺点的涵养和友爱互助的优良品格。相比于身体，思想的不健全才是真正可耻的。

[大家听了刘老师的话都沉默了，低着头不知道在思考什么，班长看了一会，终于第一个站了出来。]

小　静　我有错误，我身为班长没能引导同学团结互助，后来甚至也不愿意和阿豪接触，阿豪你能原谅我吗？

阿　稷　我也是，这么多年的友情竟然败在了旁人的只言片语上，我应该向你道歉。

傲和曼　我们也有错。

妙　妙　有缺陷的声音，在别人需要帮助的时候勇敢地站出来就是最美的声音。

小　静　也许你爱弹钢琴，他爱弹吉他，但是都一样能谱出世上最动听的曲子。

阿　稷　世界上总有一些人会承受更多的苦难，但是这些苦难终究会在岁月的流逝中化作成功的阶梯，带领他们登上更高的山峰。

阿　豪　也许你瘦一点，也许他胖一点，但你们憨态可掬的样子也能给大家带来欢乐。

小　傲　也许你为内向感到自卑，但心无旁骛才能扬帆起航。

小　曼　也许你比较黑，他比较白，但你自信的样子真的很美。

刘老师　我们每个人都是独一无二的，都是一粒等待被发现的金子。

第三章　德育戏剧作品辑 3

主动拒绝烟酒与毒品

编剧：官子淳

人物表

阿　辉　有着过去的老爷爷

阿　光　阿辉的孙子

阿　军　阿光的弟弟

阿　祖　社会小混混

阿　焰　社会小混混

阿　鸡　社会小混混

阿　龙　警察

时　间　上午

地　点　景区

[景区里，阿辉偷偷摸摸躲到一个角落点燃一支烟，享受地抽着烟。]

阿　光　爷爷，你果然躲在这里。

阿　军　说了多少遍了，你不能抽烟！

阿　辉　你们不懂，抽了烟，就没了烦恼。

阿　光　那是那些卖烟的骗您的。

阿　辉　饭后一支烟，赛过活神仙。

阿　军　那是饭后一支烟，危害大无边。

阿　辉　唉，跟你们这些小孩说不清楚，要是回到十七岁的那个深秋，我也是个有志气的青年呢。

[阿军和阿光相视一眼。]

二人合　他又要开始了。

阿　辉　想当初，我还是有一头长发的。那时候，你们爷爷我可是英姿飒爽，迷倒万人……（咳嗽起来）

阿　军　爷爷，我们都知道了，你都说了几百遍了。

阿　光　爷爷，你现在还是不要抽烟，对身体不好。

阿　辉　爷爷我也知道对身体不好哇，可惜已经晚了。

阿　光　你只要从现在开始戒烟就不晚。

阿　辉　晚了晚了，抽烟容易，戒烟难。

阿　军　那你知道抽烟这么大的危害，为什么一开始还要接触它呢？

阿　辉　那还要回到十七岁的那个深秋。

[阿光和阿军又相视一眼。]

二人合　唉，他又要开始了。

阿　辉　当时我在学习和生活中遇到了很大的困难……

阿　光　是什么困难呢？

阿　辉　当时家里人都没文化，我遇到不会的题也不知道问谁。

阿　军　那生活上的呢？

阿　辉　家里条件艰苦，所有人都在劝我不要读书了，我自己也很纠结。

阿　光　所以你就去买烟抽？

阿　辉　当然不是！当时我的一个朋友见我烦恼就把烟给我抽。

阿　军　所以你就接受了？

阿　辉　我当时可讨厌烟了！（抽一口烟）

阿　光　所以你还是接受了。

阿　辉　别提我当时有多纠结了！可是吧，这烟还真是神奇，我抽一口，头也不痛了，胸也不闷了。

阿　军　你要是再多抽一点的话，心脏也不跳了呢！

阿　辉　年纪小小不好好说话！（白了阿军一眼）

阿　光　那爷爷你是怎么迷上烟的呢？

阿　辉　本来一开始还没什么，可是越到后面就越难受，抽的烟就越多。

阿　军　那后来呢？

阿　辉　后来就和烟酒为伴。

阿　光　你还喝酒？

阿　辉　对呀，所以现在人老了，浑身上下都是疾病。

阿　军　那你为什么不戒了呢？

阿　辉　难哪，对于我这个老烟枪老酒鬼，这比登天还难。

阿　光　我们可以监督爷爷。

阿　辉　（看着阿光、阿军）你们？哈哈哈哈。

阿　光　你笑什么？

阿　辉　你们只要不沾染上这些我就感谢万分了，哈哈哈哈。

阿　光　你不相信我们！

阿　辉　好啦好啦！我去那边把这支烟抽完，我们就继续看风景，你们在此不要
　　　　乱动。（又猛吸了一口烟）
　　　　[阿辉下场。]

阿　军　阿光，你说抽烟喝酒真的有这么舒服吗？

阿　光　你什么意思？

阿　军　我才不信呢，一定是爷爷骗人的。

阿　光　阿军，你可千万不要抽烟喝酒哇。
　　　　[阿祖、阿焰和阿鸡上场"凹"造型。]

阿　祖　阿鸡，给我点一支！

阿　鸡　好嘞老大！（准备掏出一只烟给阿祖点上）

阿　军　这里是景区，不能抽烟！

阿　祖　哎哟，哪里来的小孩儿？阿焰，去！

阿　焰　好嘞老大！（走向阿军）小孩儿，知道这是谁吗！

阿　军　不知道。

阿　焰　嘿！你居然不认识我们老大，他人送外号……外号（转过头）老大，你外
　　　　号叫什么来着？

阿　祖　社会小白蛇。

立德树人：德育戏剧创作与实践指南

阿　焰　对！社会小白蛇。

阿　光　还社会小白蛇，哈哈哈。好没有底气的外号。

阿　军　切！

阿　祖　（走进阿军）看来这位小兄弟也是有潜力混道儿上的呀，阿鸡，给他点上！

阿　鸡　好嘞老大！（准备拿出烟给阿军点上）

　　　　［阿军准备接过来。］

阿　光　阿军！你忘了爷爷给我们说的什么？

阿　军　对，我才不要这个呢，又难闻又不健康。

阿　焰　老大，他不要！

阿　祖　（生气）可恶！你居然拒绝我，你们是在挑战我吗？

阿　光　没……没有，我觉得我们可以坐下来慢慢……

阿　祖　我接受你的挑战！

阿　光　谁说要挑战你了呀。

阿　祖　阿鸡，阿焰。

二人合　在！

阿　祖　我们走，我要让这两个小子吃不了兜着走！

阿　军　我胃口大！

　　　　［阿祖、阿焰和阿鸡下场。］

阿　光　你看吧！阿军，你又惹祸了。

阿　军　别怕，他们三个看起来不太聪明的样子。

阿　光　万一他们去叫人，要打我们呢。

阿　军　那我就报警！

阿　光　对对对，报警，赶紧报警！（跑到一旁打电话）

　　　　［阿鸡装成老爷爷上场。］

阿　鸡　哎哟！（摔倒）

阿　军　谁在叫？

阿　鸡　哎哟喂，一大把年纪了，走路都会摔倒。

阿　军　原来是个老爷爷。

阿　鸡　也不知道会不会有一个帅气勇敢的孩子愿意来搀扶我一下呢。

阿　军　帅气勇敢，这不就是在说我嘛，哈哈哈哈。老爷爷，我来帮你！（把阿鸡
　　　　扶起来）

312

阿　鸡　谢谢小伙子，你看我也没什么可以谢谢你的。

阿　军　没事没事，见义勇为是传统美德，更何况你还夸我帅了呢。

阿　鸡　你看哪，我口袋里面就只有一根烟，你要是不嫌弃的话，就把这个烟拿去吧。

阿　军　谢谢老爷爷了，可是我不抽烟。

阿　鸡　你要是不拿着，你就是嫌弃我老头子！

阿　军　那好吧，我拿过来不抽就行了呗。

阿　鸡　哎呀小伙子，你说巧不巧，我口袋刚好还有一个打火机，来我给你点上。

阿　军　老爷爷，我真的不抽烟！

阿　鸡　哎呀，不要客气嘛，来来来，点上。

　　　　[阿光看见了，把阿鸡带的假发给拿下来。]

阿　光　老爷爷，你这头发怎么不稳哪。

阿　军　是你，你是刚刚那个那个……那个谁来着？

阿　光　阿鸡。

阿　军　对对对，就是那个小鸡。

阿　光　怎么？想骗我弟弟抽烟，还装成老爷爷？

阿　鸡　哎呀，我这不是在帮你嘛。

阿　军　帮我？

阿　鸡　我看你们愁眉苦脸的，想着让你们放松一下。

阿　光　不用！我们知道怎么放松，请你走吧。

阿　鸡　真的不再想想？

阿　军　你给我走！

阿　鸡　好嘞！（边跑边说）老大，计划失败了！

　　　　[阿鸡下场。]

阿　军　刚刚真的是好险，差点就被骗了。

阿　光　还不是你的毅力不够强。

阿　军　那……那一定是因为我饿了。

阿　光　也对，我们好久都没有吃饭了。

　　　　[阿祖和阿焰装成商人推着小车上场。]

阿　祖　卖吃的咯！卖吃的咯！

阿　军　那边在卖吃的，我们去买点吧。

阿　光　有哪个商贩会这么叫卖呀。

阿　军　那又怎么了？快去买点嘛。

阿　光　可我们连他们卖什么都不知道哇。

阿　祖　小兄弟，此言差矣。

阿　焰　只有你想不到。

阿　祖　没有我们卖不到。

阿　焰　我们这个店，什么都卖。

阿　祖　只要你有需求，我们就尽力满足。

阿　焰　那小兄弟你想要什么呢？

阿　军　我有点渴了，给我来个果汁吧。

阿　焰　好嘞！（背着阿军阿光拿出酒倒了一杯）你的果汁。

阿　军　（闻了一下）这果汁怎么闻着不对呀？

阿　焰　这是我们老大……

阿　光　嗯？

阿　焰　不，我们老板专门研发的果汁。

阿　祖　这可比其他的好喝多了，别人要我还不给他们呢。

阿　军　真的吗？

阿　焰　骗你干嘛。

阿　军　那我喝了。（阿军喝下酒，咳嗽了起来）

阿　光　怎么了阿军？没什么事吧？

阿　军　感觉嗓子有点烧起来了。

阿　光　那我们不喝了，（对阿祖、阿焰说）我们不喝了。

阿　祖　那可不行。

阿　焰　这果汁十分的珍贵，你可不能浪费呀。

阿　军　别怕阿光，不就一杯果汁嘛，我喝！（阿军喝完了酒倒在了地上）

阿　光　你没事吧阿军！

阿　军　感觉脑袋晕晕的。

阿　焰　那是当然，这可是我们老大专门调制的高度酒。

阿　祖　没想到这小兄弟还是很厉害的嘛，小小年纪就敢喝高度酒了。

阿　光　你们这群坏蛋，快把阿军弄醒！

阿　祖　想弄醒他，好哇，把提神保健品给他吃了就醒过来了。

［阿光接过保健品，刚想放进阿军嘴里。阿龙上场。］

阿　龙　刚刚是谁报的警啊？

阿　焰　老大，是警察！

阿　祖　别怕，我们又没做什么。

阿　光　是我，警察叔叔。

阿　龙　怎么了？

阿　光　我弟弟晕倒了，我正在把他弄醒。

阿　龙　你手上的是什么？

阿　光　他们说是什么提神保健品。

阿　龙　他们，他们是谁？

　　　　［阿光看向阿祖、阿焰。］

二人合　（傻笑）嘿嘿，警官好。

阿　龙　（拿过阿光手里的保健品）你们知道这个是什么吗？

阿　祖　这不就是保健品嘛。

阿　焰　对对对。

阿　光　这根本就不是什么保健品！

阿　龙　看来不需要我解释了，你们乖乖跟我走吧。

　　　　［阿鸡上场。］

阿　鸡　老大，得手了没有，我给的东西还好吧！哈哈哈！

阿　龙　很好用，你也跟我走吧。

　　　　［阿祖、阿鸡和阿焰下场。阿辉上场。］

阿　辉　哎哟，我就一会没在，这里发生了什么呀？

阿　龙　你是这两个孩子的爷爷吧。

阿　辉　对，我是。

阿　龙　你这两个孙子很勇敢，帮助我找到了一个贩毒团伙。

阿　光　嘿嘿，我也是歪打正着。

阿　辉　可阿军这孩子还昏迷着呢。

阿　龙　没事，他应该是醉了，回去多喝点热水就可以醒过来。

阿　辉　好嘞，谢谢警官。

阿　龙　我还要回去审问他们几个，我先走了。

阿　光　警察叔叔再见！

315

[阿龙下场。]

阿　辉　看吧，我说了烟酒等很危险的。

阿　光　嗯，我知道了。

阿　辉　所以，小孩子别接触哦。

阿　光　我知道啦爷爷，你也要好好戒烟戒酒，也是为了自己的身体。

阿　辉　那是当然！哈哈哈哈！

班委选举

编剧：李佳燏

人物表

刘老师 五年级一班的班主任
小　易 耐心、负责的学生
小　洪 组织能力强，喜欢体育运动
小　娟 爱唱歌，喜欢跳舞
小　军 充满正义感的孩子

时　间　早上

地　点　五年级一班教室

[新的学期开始，同学们开始了新学期的学习。]
[上课铃声响起。]

刘老师 同学好！

众　人 老师好！

刘老师 新的一学期开始，同学们准备好迎接新的挑战了吗？

众　人 准备好了！

刘老师 那在开始新学期的教学之前，我们有一件重要的事情要做，大家猜猜是什么呢？

小　军 （站起身）老师，难道你要检查暑假作业吗？

小　洪 啊！

刘老师 小洪，你啊什么呀？难道你没有做暑假作业吗？

小　洪 （缩了缩脖子）做了，做了，我怎么可能没做作业呢！

立德树人：德育戏剧创作与实践指南

小　易	你上学期都经常不做作业，假期作业肯定是没写，所以怕老师检查。
小　洪	小易，你别瞎说，我做了的，不信，下课了拿给你看。
刘老师	好了，好了，今天不检查假期作业，再猜猜。
小　易	难道老师要带我们去春游？
小　军	春游！好哇，好哇，去哪里春游？
小　洪	这都秋天了，还春游，你不是还没有睡醒吧！
小　易	那就秋游，反正是出去玩。
刘老师	你们哪，就是贪玩，这都五年级了，还想着玩呢。
小　洪	那老师，是什么重要的事情啊？
刘老师	这一学期开始我们每一年都要进行一次班委选举。
小　娟	班委选举？刘老师，以前我们班的班委不都是由老师选出来的嘛？
刘老师	是的，以前我们班的班委是由老师选出来的，但从这学期开始我们班就开始由同学们自己选出来。
众　人	好耶！
小　军	那老师，哪些人可以去竞选班长呢？
小　洪	老师，老师，我可以去竞选吗？
小　易	还有我！
小　娟	我我我，老师不要忘记我了。
刘老师	大家不要着急，每一名同学都有资格去参加竞选，只要同学们觉得自己有能力去胜任某一班委，就可以积极参加竞选。
小　洪	那我觉得我适合当班长，相信我的能力大家都知道吧，不是一般强。
小　军	切，我觉得你不行，我的能力肯定比你强。
小　易	咦……你们俩也不害臊，就知道到处吹牛。
小　娟	就是，就是，小易说得对。
刘老师	好了，好了，大家都安静。等会老师会给你们留讨论的时间的，现在先听老师说完。
众　人	好。
刘老师	无论是选举他人当班委，还是自己竞选班委，我们都要对不同岗位的要求有充分的认识。
刘老师	对于班长来说，主要负责班级沟通协调工作；体育委员组织班级开展体育运动；学习委员组织班级开展学习活动。其他班委的职责，等会老师

318

下　编　德育戏剧的案例典范

会给同学们发一张表，到时候同学们看表就知道了。

小　娟　那老师，我们怎样选举班委呢？

刘老师　关于选举的方式有两种，一种是由同学们直接投票选举产生；第二种是由我先指定候选人，再由同学们投票选举产生。同学们更希望是哪一种方式呢？

小　军　老师，我认为直接投票选举产生更好一些。

小　娟　老师，我也赞同直接投票选举。

小　易　老师，我认为由老师指定候选人，再由同学们投票选举好一些。因为老师你清楚我们每一个人的能力，知道我们能胜任哪些任务。

小　洪　老师，我觉得两种方法都行，因为，我觉得以我的能力不管什么工作我都能胜任。

众　人　咦……

小　洪　（跳起来扫视大家一圈）咦什么咦，本来就是嘛。

刘老师　老师想好了，这次我们采用直接投票选举产生班委。老师想让你们自己去寻找自己擅长的东西，同时也能发现身边同学的长处，大家都听明白了吗？

众　人　听明白了。

刘老师　那好，老师给你们一点讨论时间，等会老师再来。注意控制音量，讨论声音不要太大，影响到其他班级上课。

　　　　［刘老师下。］

小　洪　我想竞选班长，大家都没啥意见吧？

小　娟　（摇头）不行，不行，你太冲动了，上次你还因为一些小事跟别人闹得不可开交呢。

小　洪　那次是个意外，还不是他们太过分了，我才跟他们吵起来的。

小　娟　那还不是你太冲动了。

小　易　对，冲动的人不适合当班长。

小　洪　那小军，你会支持我的吧？别忘了我们是铁哥们儿，只要我当了班长，我一定会护着你的。

小　军　作为哥们儿，我是应该支持你的，但是我也觉得你不是很适合班长的工作。

小　洪　你太不够意思了，我要跟你绝交。（扭过头去）

小　军　你别生气嘛，我觉得你适合当体育委员，因为你组织能力强，也爱运动，

319

完全能够胜任体育委员的工作。

小　洪　对呀，我怎么忘记了我自己擅长的东西了呢，那我就去竞选体育委员。
　　　　（秀秀肌肉）

小　娟　你就是太想当班长了，所以才忘记了自己擅长的东西的。

小　洪　嘿嘿嘿，我一开始不是觉得班长权力更大一些嘛，当班长多威风啊。

小　军　那谁来当班长呢？

小　娟　我觉得小易能行。

小　易　啊，我觉得我不行。（摆摆手）

小　军　刚才不是还说自己行的嘛，怎么现在又觉得自己不行了呢？

小　易　我呀，是看到你们刚才争得那么厉害，我也不能示弱，所以才说的。

小　娟　小易，你不要否定自己，我觉得你是能行的。还记得上次我们班两名同
　　　　学发生矛盾，小易耐心地帮他们排解了矛盾。

小　洪　（点头）对对对，我记得上学期老师交给小易一个任务，小易也是很负责
　　　　地把老师交代的任务完成了。

小　军　对嘛，大家都相信你能够完成好，你就别推脱了。

小　易　大家都这么信任我吗？

众　人　对呀，小易，你也要相信你自己能做好班长的。

小　易　（站起身来鞠躬）谢谢大家的信任，我会尽我最大的努力做好班长的。我
　　　　们大家一起学习，一起进步。

小　洪　那小娟和小军，你们要去竞选什么班委呢？

小　娟　我想去竞选文艺委员。我想了很久，我觉得我现在最擅长的就是唱歌，
　　　　我还喜欢跳舞。我当上文艺委员后，我可以教大家唱歌。

小　易　唱歌，这个好，你能不能现在给我们唱一首哇？

小　军　就是，就是，我还没有听过你唱歌呢。

小　洪　唱一个，唱一个。

小　娟　那好吧，我小声一点，唱一个《大鱼》吧。

小　娟　（唱）海浪无声将夜幕深深淹没，漫过天空尽头的角落。大鱼在梦境的缝
　　　　隙里游过，凝望你沉睡的轮廓。看海天一色，听风起雨落，执子手吹散
　　　　苍茫茫烟波，大鱼的翅膀已经太辽阔，我松开时间的绳索。怕你飞远去，
　　　　怕你离我而去，更怕你永远停留在这里。每一滴泪水都向你流淌去，倒
　　　　流进天空的海底。

下　编　德育戏剧的案例典范

众　人　好听，好听。（大家一起鼓掌）

小　易　（对小娟竖大拇指）真的很好听，你去竞选文艺委员一定会成功的。

小　军　我们都会支持你的。

小　洪　对的。

小　娟　谢谢大家的支持。

小　易　那小军你呢？你想好去竞选哪个班委了吗？

小　军　我还没有想好呢。

小　洪　你不用想了，我帮你想好了。

小　娟　快说说看。

小　洪　我觉得小军适合当纪律委员。

小　军　嗯？我适合当纪律委员嘛。

小　洪　你肯定适合。还记得上次我们在回去的公交车上，我们发现一名小偷在偷东西，你一声大吼，制止了小偷。后来在大人的帮助下将小偷送到了警察局，你说这么有正义感的人，不适合当纪律委员吗？

小　易　对，纪律委员就需要有正义感的人来当，这样才能管住班级。

小　娟　我也觉得小军适合当纪律委员。他做事公道，有事也会和大家商量，我觉得他很适合。

小　军　大家觉得我合适，那我就试试吧。我会尽我最大的努力去当好纪律委员的。

小　易　（起身鞠躬）希望以后我们大家能够好好合作，一起把班级建设得更好。

众　人　好，我们一起努力，将班级建设得更好。

［刘老师上。］

刘老师　我看大家讨论得很火热呀，大家都讨论出什么结果了吗？

众　人　老师，我们讨论好了。

刘老师　那好，那大家说说你们推选出的班委是哪些呀？

众　人　我们推选小易来担任班长。

刘老师　小易做事认真负责，也有耐心，爱帮助同学，很适合当班长。

小　易　谢谢老师的信任，我一定会当好班长的，为班级建设贡献出自己的一份力量。

众　人　推选小军担任纪律委员。

刘老师　嗯，你们选得很好。小军是一个很有正义感的孩子，上次帮助警察抓住小偷的也是小军吧！老师相信你能当好纪律委员。

321

立德树人：德育戏剧创作与实践指南

小 军	谢谢老师的肯定。
小 洪	你看吧，我就说你行吧，你刚才还谦虚。
众 人	哈哈哈。
众 人	我们推选小娟为文艺委员。
刘老师	我听说小娟同学唱歌很好听，舞跳得也很好，但是老师好像还没听过你唱歌，很期待听到你的歌声噢。
小 娟	老师我不会辜负你的期待的，下次六一晚会我会给大家带来一首好听的歌的。
众 人	我们推选小洪为体育委员。
刘老师	嗯，看小洪同学小麦色的皮肤就知道小洪同学爱运动，希望小洪同学能带领大家多参加体育活动，在学习之余也能锻炼出强健的体魄。
小 洪	保证完成任务。
刘老师	当然了，班级建设不仅需要班委尽职尽责，也需要班级其他同学发挥主人翁精神。我们每个人都要热情参与班级事务，贡献智慧，发挥特长。这样，班级工作才能开展得有声有色。大家记住了吗？
众 人	老师，我们记住了，我们一定会团结一心，为班级建设贡献出属于我们自己的一份力量！

谁是凶手

编剧：郑闵月

人物表

小　印	印刷字体
阿　隶	隶书
阿　金	金文
大　篆	篆书，小篆的双胞胎哥哥
小　篆	篆书，大篆的双胞胎弟弟
阿　楷	楷书
阿　行	行书
阿　草	草书
骨爷爷	甲骨文

[音乐《华之乱》起，所有人物登场进行表演，需要每一位演员都进行一次亮相，群舞和独舞相间进行。]

骨爷爷　（率先停下，坐到舞台正中间，向其他人招手）孩子们快来，我有事情要宣布。

大小篆　（一齐跑回来在骨爷爷两边坐下，同声道）来了来了，我们最快！比阿金还快！

阿　金　你们兄弟俩就知道横冲直撞！（大小篆扮鬼脸）其他人快一点，别叫骨爷爷等久了。（边走边说，最后站到骨爷爷的旁边）

阿　隶　我已经到了。（跪地，正襟危坐）

阿　楷　（理好衣襟）来了。

阿　行　阿隶、阿楷你俩也太无趣了，每次都这样跪着不累吗？

阿　隶　阿行，不是每个人都同你一般"潇洒"（重读）的。

阿　行　得了吧，别以为我听不出来，比我还吊儿郎当的人还没来呢。

阿　草　我听到有人说我坏话咯。（漫步而来，直接盘腿而坐）

阿　金　好了，人都来齐了，听听骨爷爷说什么吧。

骨爷爷　咳咳，你们这些孩子呀只要凑到一起就这样。今天呢，我要给大家介绍一位新朋友，小印到我身边来。（朝小印招手）

小　印　各位前辈大家好，我是小印！

骨爷爷　他是我们的新伙伴小印，大家也互相介绍一下，认识……（话音未落突然倒地）

（所有人蜂拥而上围住）

阿　金　骨爷爷！骨爷爷！你怎么了？

阿　楷　（伸手探鼻息）骨爷爷，怎……怎么会没有呼吸了？

阿　草　什么？怎么回事？刚刚还好好的在说话。

阿　行　等等，你们快看骨爷爷的嘴唇是不是发紫了？

小　篆　发紫？有人下毒！

大　篆　慎言！怎么会被下毒？谁会给骨爷爷下毒？

阿　隶　下毒？是不是你？（手指小印）你今天才来，就出了事！别以为我不知道，我听说过你，你是电脑上生出来的，像机器人一样，是个没有心的家伙！（所有人望向小印）

小　印　（慌张摆手）不是我！我怎么会对骨爷爷下手，今天我才跟大家见面，我怎么会对骨爷爷这样做？

阿　金　阿隶！冷静，小印没理由这样做！

大　篆　对，先别慌，骨爷爷不一定是被人下毒了，阿隶你别冲动。

小　篆　哥，那你说骨爷爷是怎么突然就没有呼吸了？

阿　行　理由？小印，你的全名是印刷字体对吧？你和我们都不一样，你在机器工具里诞生。所以你来这里的目的是什么？

小　印　是骨爷爷让我来的！他说会给我介绍很多新朋友，我怎么会害他？

阿　楷　（在骨爷爷身上摸索出一张纸，高声呼叫）你们看，这里有张纸！

阿　楷　孩子们，我的时日不多了，我早已料到有这一天，可是总是在忐忑地等待这一天的到来。我也不知道我何时会离开你们，先写好这一封信，免得你们被我吓着了。他还是带我走了，他和我一样历经风霜，我们一起见证了太多，我同他一起记录了这片土地上几千年的起伏兴衰，我们一

下　编　德育戏剧的案例典范

同承载祖国统一，走向世界，被欣赏被夸赞，他真心待我，却也没能把我留下。

阿　草　骨爷爷在说什么？我怎么不明白？

阿　隶　把骨爷爷带走？为什么？一定是这个人害了骨爷爷！

小　印　等等，信里面说了把骨爷爷带走的人同他在一起几千年了！我才出生不到百年，不是我！

大　篆　那凶手到底是谁？骨爷爷活了上千年，从殷商时代就存在了，他因刻于龟甲、兽骨之上而得名甲骨文。他是年岁最长的，所以我们才叫他骨爷爷。

小　印　除了骨爷爷还有谁的年岁最长啊？骨爷爷不是说那个人陪伴了他上千年吗？

阿　金　(上前一步)是我。我出生在商周时期，人们刻铸在青铜器上的文字。主要是用以记事的。

小　印　那你为什么叫阿金？

小　篆　你不是在电脑上生出来的吗？这都不知道？在中国，上古称青铜为吉金，所以又叫金文，阿金便是这样得名的。

小　印　我又不是电脑。(嘟囔道)那你呢？你叫什么，你和他怎么长得差不多？(手指大小篆两兄弟)

阿　隶　你这是在干什么？盘问我们？你凭什么？

小　印　(理直气壮道)我在找凶手哇！你们知道我年轻啊！肯定不是我！而且我们都是今天才认识，我来调查的话不会偏袒你们任何一个，再者说我是新产物哇，又不是老古董，我聪明，嘿嘿。(说到最后声音逐渐变小，不敢太过嚣张)

阿　楷　你来主持找凶手，你说得对，我们与你都无交情，你也不会徇私。

阿　金　其他人认为呢？

阿　行　可以，我没异议。

阿　草　你们说了算就好。

阿　隶　他一个外人！

大　篆　(拦住即将开口的小篆)我出生于公元前9世纪，周宣王时期的史官史籀，对古文进行过一次整理，其结果是产生了"籀书"，也就是我，我弟弟小篆是……

小　篆　哼(甩开大篆的手)，我的大名是秦篆，秦朝你知道吧？秦始皇用我来统

325

一文字，仓颉造字是用我，全国流通是用我，我比我哥厉害多了，只是我是大篆简化而来的。他虽然是我哥，可是论成就还不一定谁是谁哥哥呢！

小　印　唉？生于秦朝？统一？和信里面说的很相似呀。

小　篆　（一把夺过信）怎么会是我？统一？我们这里还有阿隶、阿楷用作统一过！还有历史悠久。这里除了你哪一个不是活了上千年的。

阿　隶　我还以为你有多了不起！（讽刺道）我，你认识吗？我是隶书，这里的都叫我阿隶。我在汉朝被帝王列为官文，大汉建立后随着文书越来越繁多，书记官虽用小篆，有时候为了求快，下笔不免草率些。久而久之，便有了我。

阿　楷　我是楷书，阿楷，是隶书经过两百多年的发展演变而来。我还有别的名字"正书、真书"，在唐朝我便是正统，通行到现在，是学生们都知道的楷书。

小　印　好吧，看来用于官文，都可以说用以统一（思考片刻），被欣赏，被夸赞，你们不都是吗？这还怎么排查？

阿　隶　等等！要说欣赏，我们这里不是有一个所谓的"天下第一书"吗？

阿　行　（拿起扇子走到台前）哟，这时候想起我了！怎么不见你平时承认我这个名头？天下第一书，说的是我行书吗？说的是王羲之喝醉了的时候写的那幅序！

小　印　啊啊啊！这我知道！"书圣"王羲之写的《兰亭集序》，行书书法的巅峰之作！鬼斧神工啊！

阿　行　对了！介绍一下我自己呀。我是行书，叫我阿行就好，起于晋代，至今通行，是介于楷书与草书之间的，运笔自由的一种书体。当然，你也可以叫我风流潇洒行哦。

　　　　［全体做呕吐状。］

阿　草　（扯了扯穿着不整的衣服）咳，免得你问了，我也介绍了，我是草书，阿草。汉字发展到我这里就已经接近完美了。不过一般人不认识我，尤其是我说话快了一些，人们就叫我狂草。我呢，只能作为供人们欣赏的艺术品，记载和传播信息我不管，我自己开心就好，哈哈。

小　印　怎么都不大像啊，哎？我们看漏了一点！谁走向世界？

阿　行　啊？谁没出过国呀？我们这些书法字体到哪儿都是宝贝，物以稀为贵！现在又不是谁都能提毛笔写字！

阿　草　啊？现在人还提笔写字？提笔写字能有……(悄悄给阿行指小印)

阿　金　是不是以前对外交流的时候？我记得是有两个出了海外的，是谁来着？

大　篆　阿隶和阿楷。

小　篆　他们俩？

阿　金　(一旁提醒)丝绸之路和万国来朝。

小　篆　对对对！汉朝的丝绸之路，日本、朝鲜都来学过汉字；还有大唐的万国
　　　　来朝，这些都是走向了世界！

阿　隶　丝绸之路当时我就和朝鲜、日本交流比较深，去了几个西方国家！

阿　楷　我虽是唐朝的官文，我以壮美正统著称，可有人也会嫌我太过古板。所
　　　　以我们那个时候，阿行阿草都流传很广，像李白都是用阿行来作诗。

阿　行　得，又扯我俩头上了！(牵起阿草)行，我们就来掰扯掰扯！(除了小印、
　　　　阿金以外，小印和阿金想阻止，结果被排在外。一群人围作一团，做吵闹
　　　　状。突然，阿金身子站不稳，摇摇欲坠，小印跑过来连忙把他扶住)

小　印　阿金？(对着众人大喊)你们别吵了！阿金他要晕过去了！

大　篆　阿金！你怎么了？

小　篆　(声音颤抖)怎么回事，为什么会这样？

阿　楷　(上前察看，把脉)晕过去了，脉搏很弱。

阿　隶　(暴怒)谁要害我们，先是骨爷爷，再是阿金，是谁！

阿　行　可是我们一直都在一起，会不会……

阿　草　会不会不是我们任何一个？

阿　隶　那是谁？

小　印　你们听！有声音！

　　　　[音乐嘀嘀声响起逐渐变大，随后紧跟着电流声……新闻播报声响起：下
　　　　面插播一条新闻：由于甲骨文和金文等字体资料的缺失，现将其作为考
　　　　古研究的一个领域，规定现行通用字体为楷书。]

　　　　[熄灯。]

指南针造反记

编剧：黎江凡

人物表

指南针　狂妄自大，爱慕虚荣
火　药　脾气暴躁，口直心快
印刷术　善解人意
造纸术　谨慎从事

第一场

时　间　首次会议
地　点　会议室

[旁白：时隔多年，四大发明再次齐聚一堂。]

指南针　（站起）咳咳咳，肃静！肃静！既然大家伙都到齐了，那咱们就开始我们
　　　　的会议吧。自从我们四个获得"中国古代四大发明"这一称号后，我是
　　　　吃也吃不好，睡也睡不好。为什么？为什么？你们猜猜为什么？
印刷术　莫不是获得这一殊荣太高兴了，兴奋得不能自己？
指南针　不是不是。
造纸术　那你是觉得自己配不上这一称号吗，以你的性格，也不可能这么谦虚吧。
指南针　呵，我就直说了吧，我呀……
火　药　哼，别以为我不知道你小子打的什么心思，不就是觉得你自己和我们一
　　　　起获得这个称号太丢脸了吗？怎么着，难道你小子想自立门户不成？
指南针　（弓腰跑到火药旁）哎哟哟，这这这，这搞得我多不好意思呀，火药哇，
　　　　你就是口直心快。（突然直起腰）既然这火药兄弟都明说了，那我也不隐

瞒了。我！指南针！应该是中国古代最伟大的发明！而不是和你们一起并称"中国古代四大发明"。在座的各位可有什么意见？

火　药　我能有什么意见哪，你就算是世界最伟大的发明我都没有意见。

指南针　哼哼，我就喜欢听你这话。

印刷术　哈哈哈，指南针哪，我不知道你是真傻还是假傻，你难道就看不出他这话里有话吗？

造纸术　印刷术，我看你就不明白了，它都能说出自己是中国古代最伟大的发明这种话了，还能是假傻吗？

印刷术　对对对，造纸术说得对。

指南针　你……你们是什么意思！

二人合　我们有什么意思嘛，我们的意思就是你不行！

指南针　我怎么就不行？

火　药　(拍桌而起) 我看你小子真的不知道天高地厚！

指南针　嘿，火药，你吼这么大声干嘛吗？我不就是要一个"中国古代最伟大的发明"的称号吗，至于发这么大的火吗？

印刷术　(赶忙起身安抚火药) 火药兄弟消消气，不就是一个名嘛，咱给他就是。

火　药　我们大家都是一样的，就他非要特殊一点是吗？

指南针　什么叫大家都一样，论资历，我两千多年的资历可不是空口无凭的，我以前还有个优雅的名字——司南。怎么样，是不是和你们那土气的名字不一样啊？所以说呀，我享受一个殊荣也是应该的嘛。

三人合　我呸，我们可不承认哈。

指南针　(气急败坏) 好、好，你们慢慢考虑吧，我明天还会再来的！

[指南针下。]

印刷术　火药大哥，这指南针……

火　药　他就是爱慕虚荣到了极点，还沉浸在自己过去的辉煌中无法自拔！在场的各位谁没有辉煌过？谁没有在人类文明历史长卷中留下浓墨重彩的一笔？我们这些科技的确给了中华民族甚至世界莫大的帮助，可是为什么近代的中华民族落后于世界了，这其中就没有我们的原因吗？我们沉醉于过去的辉煌中，止步不前。可这时世界却在飞快地发展，我们落后了，这个民族也落后了……我不厌恶指南针，我只是厌恶它沉浸在过去的辉煌中无法自拔的样子。

立德树人：德育戏剧创作与实践指南

印刷术 大哥说得是，过去的辉煌可以怀念，但不能迷恋，更应该做的是直面未来。

造纸术 这样看来我们得好好教育一下指南针了。

火　药 他不是想要这个称号吗，我们就跟他抢，好灭一灭它的气焰。

二人合 这个主意好哇，我们就这样办。

火　药 好，那我们也走了吧，下去好好准备一下，明天给他一个"惊喜"。

二人合 好！

第二场

时　间　二次会议
地　点　会议室

［火药、印刷术、造纸术三人陆续上。］

火　药 二位兄弟准备得怎么样了呀？

造纸术 我准备了很久，今天哪，一定能好好灭一灭他的嚣张气焰。

印刷术 大哥尽管放心，今天保证药到病除。

造纸术 哎哎哎，他来了。

［指南针上。］

指南针 哟，三位都到了呀！一天不见，甚是想念哪。

印刷术 得了得了，别在这跟我们套近乎。

指南针 嘿，你这人什么态度哇。（坐下）哎哟哟，差点忘了正事，不知各位昨天考虑得怎么样了？

造纸术 这"中国古代最伟大的发明"可不是谁都能当的呀，我昨天左思右想，觉得呀，只有我造纸术才能配得上这么伟大的称号。

指南针 你造纸术来凑什么热闹，要知道在这"四大发明"的称号出来之前，可只有"三大发明"，你这个后来者就别来凑热闹了。

造纸术 你越是不想我来，我就越要来和你抢这个称号。

印刷术 停！打住！我印刷术才应该拥有这个称号！

火　药 （站起身）这个称号应该是我的。

造纸术 既然大家都想争这个称号，我提议大家都介绍介绍自己，看看是不是配得上这个称号。

下　编　德育戏剧的案例典范

指南针　（起身）嘿，你们真是太过分，不过跟你们比还不是轻轻松松的事？

印刷术　你可别太嚣张，到时候比输了哭鼻子可就闹大笑话了。

造纸术　就是就是，我还没看过你哭鼻子的样子呢。

指南针　你们……（坐下）

火　药　都别啰唆了，直接开始吧。

指南针　那就我先来吧。我指南针从春秋战国就存在了，这两千多年的资历可不是谁都能比的。

印刷术　你一天天的只会说这一句话吗？要知道，我印刷术在战国时期就有了雏形，不过是唐代的雕版印刷术和宋代的活字印刷术出名罢了。你指南针不也是宋代才开始应用得比较广泛吗？

造纸术　我是西汉时期诞生的，比你们两个也差不了几百年。魏晋南北朝的时候我就已经成为主要书写材料了。论资历我觉得我应该排第一吧。

火　药　论资历我应该是最小的一个。我是宋元时期才广泛应用的，可这称号不是凭一个资历就能拿的，还得看贡献。

造纸术　对，光看资历有什么用啊，李约瑟先生称我们为"四大发明"不就是因为我们对这个世界的贡献嘛。

印刷术　对，贡献。我们就比比看谁的贡献大！

指南针　那我就不客气了，人类是万万离不开我的。郑和需要我，哥伦布需要我，麦哲伦也需要我，不然这哪来的郑和下西洋、哥伦布发现新大陆、麦哲伦环球航行。我为远洋航行提供技术保障，于是地理大发现的时代来临了。

造纸术　我对人类的贡献更是大。在我没出现之前，人类的书写材料不是帛就是羊皮纸。这些东西太昂贵了，制作起来有麻烦。但我一出现哪，情况就不一样了。我生产的纸可谓是物美价廉，人类获取知识的成本也大大降低，这不才有了欧洲的文艺复兴嘛。

印刷术　你造纸术能发挥作用还不得靠我，没有我，书籍还得一本一本地抄写，又麻烦，书又珍贵，有几个人看得起呀。我降低了书籍的成本，更多的人看得起书了，人类文明也进步了。中华文化甚至是世界的文化传承与传播我是起了大作用的。

火　药　我的诞生虽然是个意外，但我的价值是毋庸置疑的。我让人类改造自然的能力大大地增强，蒸汽时代还得感谢我的开天辟地呢。我也推进了人类文明的进程，我让人类社会有了反抗腐朽的封建主义的勇气。

331

造纸术	看来大家都挺厉害的呀。
印刷术	那不然，辉煌一刻谁都有。
火　药	别拿一刻当永久！说的就是你，指南针。
指南针	哼，你，火药，你让战争伤亡更加惨重。印刷术，你也传播了多少荒谬邪恶的知识，让多少人误入歧途，还有你，造纸术……
火　药	你还在这胡搅蛮缠！还不醒悟吗？我们为什么在这跟你争这个，你真的以为我们想跟你争吗？
印刷术	我们不在乎这称号，只是不想你沉迷在过去的辉煌里面无法自拔，变得不思进取。
造纸术	是呀，不思进取，止步不前的话只会被淘汰，再多的名又有什么用啊。
指南针	这……我……
印刷术	指南针，你知道吗？当初列强用火药打开发明他的这个民族的大门时，他是有多么痛心疾首。你好好思考一下吧。
造纸术	我们诞生了多久，也有千百年了吧，可我们为这个创造我们的民族带来了多少便利？恐怕并没有带给其他民族的多。我这个科技从诞生开始就经历过两三次大的改进，也只是为这个民族传承知识。但传入欧洲后得到了一次大改进，他们用我来解放思想，意图变强。
印刷术	我传入了西方，后来出现了金属活字印刷术取代了我，甚至现在这个民族所用的印刷技术也是从西方传来的，我早已经落伍了。
指南针	我……我想，我错了。对不起各位。我不该如此狂妄的，还去贪图什么殊荣。我之前被自己过去的辉煌迷住了眼，让自己丧失了创新的灵魂。
火　药	有言道，"若迷途而知反，尚可以免"，你能醒悟过来就是好的。我们现在一定要记住创新，因为这是我们的灵魂，灵魂是万万不可以丢掉的。这个创造我们的智慧民族也需要我们的灵魂来提供不竭的动力！
造纸术	我们不仅要在过去发挥作用，也要在现在、将来发挥作用，这才是我们这些老骨头存在的意义嘛。
印刷术	耀我中华，我们不能止步不前，要创新发展！
众人合	创新促发展，科技铸辉煌！

下　编　德育戏剧的案例典范

苏轼的家风

编剧：陈欣怡　李　治

人物表

苏　轼　十岁，幼年时期的苏轼

苏　洵　三十八岁，苏轼的父亲

苏　辙　八岁，苏轼的弟弟

伙　计　茶铺的伙计

张员外　苏轼父亲的好友，城里的富商

老　伯　生活困难的庄稼人老伯

第一场

时　间　清晨

地　点　苏家书房

苏　轼　我是苏轼，人们都叫我东坡居士，我很能写诗写词，我和我父亲苏洵、弟弟苏辙都是大名鼎鼎的唐宋八大家。我呀，写了很多很多的诗词，譬如（稍作思量）"竹杖芒鞋轻胜马，谁怕？一蓑烟雨任平生"，写的那是对生活的豁达开朗。又有"不识庐山真面目，只缘身在此山中"，写的是为人处世的深刻哲理。还有……

苏　洵　轼儿，你这小子，跑到哪儿去了，还不快回来和你弟弟一块读书！（定格）

苏　轼　这就是我的父亲——苏洵，二十七岁了才开始发奋读书。但是完全不影响他成为唐宋八大家。（面向苏洵）爹爹，这就来。（苏轼回到书桌坐下）

苏　辙　（向苏轼挥手）大哥，快来，爹爹马上要讲学了。

333

苏　轼　来了来了。

苏　洵　轼儿、辙儿，昨天学的论语都会背了吗？

轼　辙　会背了，会背了！

苏　洵　那我就来考考你们。辙儿，你先把昨天学的东西都背一遍。

苏　辙　是，爹爹。（站起来摇头晃脑背书）子曰："学而时习之，不亦说乎？有朋自远方来，不亦乐乎？人不知而不愠，不亦君子乎？"子曰："吾十有五而志于学，三十而立，四十而不惑，五十而知天命，六十而耳顺，七十而从心所欲，不逾矩。"子曰："学而不思则罔，思而不学则殆。"

苏　洵　嗯嗯，背得不错，坐下吧。轼儿，你来说说这"学而不思则罔，思而不学则殆"讲的是什么意思呀。

苏　轼　这"学而不思则罔"嘛，说的是只知道学习却不思考就会感到迷茫而没有收获，而这"思而不学则殆"意思是只知道思考而不去学习就会精神疲倦而无所得。

苏　洵　哈哈好，解释得好，看来你们俩昨天的功课都做得很好。

苏　辙　爹爹，我有个问题。

苏　洵　什么问题呀？

苏　辙　孔子说他十五岁而立志于学习，而我听爷爷给我讲，您到了二十七岁才发奋读书，这是为什么呀？

苏　轼　是呀是呀，爹爹二十七岁才开始读书，不会太晚了吗？

苏　洵　（摸了摸胡子）哈哈哈，你们俩小子，可真会问问题。爹爹我年少的时候哇，志向不在读书，反而酷爱游历四方。那时候你们的爷爷也是任由我到处游历。当时很多人都感到疑惑，你们爷爷却说："吾儿当忧其不学耶？"

苏　辙　吾儿当忧其不学耶？这句话是什么意思呀，爹爹？（挠头）

苏　洵　这句话的意思呀就是说，我的儿子还需要让人担心不学习吗？

苏　轼　哈哈，爷爷可真是一个开明的人哪。

苏　洵　是呀，你们爷爷即使对于我，也怀有一颗平等的心，让我在广阔的天地中茁壮成长，不去强迫我埋头读书。轼儿、辙儿，爹爹希望你们都能像爷爷一样，平等待人，以礼相待，不攀附上者，不怜悯下者。

苏　轼　平等待人，以礼相待？

苏　辙　不攀附上者，不怜悯下者？（两人对视一眼然后看向爹爹）

苏　洵　好了，问题都给你们解答完了，现在该继续学习《论语》了。

| 苏 轼 | 爹爹，你小的时候都可以游历四方，怎么到了我俩兄弟这儿，就得天天关在家里读书哇。我看孔圣人说错了，不应该是学而不思则罔，而应该是学而不行则罔，光学习而不到外面去走走看看才会迷茫而没有收获呢！ |

苏 辙　是呀，爹爹，我们都在家学了十天了。

苏 洵　你们两个小子呀，就知道玩。不过也确实该带你们出去走走了。正好今天天气不错，我就带你俩到郊外去踏春吧。

苏 轼　哦哦，太好了，去踏春喽！

第二场

时　间　正午
地　点　郊外茶铺

[苏轼、苏洵、苏辙上。]

苏 轼　爹爹，快看，河边的柳树都长出了新的叶子，长长的，绿绿的，真好看。

苏 洵　轼儿、辙儿，看到这些柳树，你们还记得我曾教给你们的一首唐诗吗？

苏 辙　嗯，我想想，碧玉妆成一树高，万条垂下……绿丝绦。

苏 轼　(赶忙接下) 不知细叶谁裁出，二月春风似剪刀。

苏 洵　哈哈哈，好，看来你们都还记得呀，贺知章写的这首《咏柳》，把春风比作剪刀，真是妙不可言哪！

苏 轼　哎呀，爹爹，别吟诗了，看前面有个茶摊，我们过去坐会吧。

苏 洵　好好好，就听你们的，去歇会。

[三人走到茶摊，张员外坐在另一桌，桌上有半个没吃完的烧饼和一壶茶水，正起身准备离开。]

苏 洵　走吧。

[三人走进茶摊，伙计立马迎了上来。]

伙 计　客官几位？

苏 洵　我们三位。

伙 计　好的，您里边儿请。

[伙计擦拭好桌椅，三人坐下，一人坐一方。]

伙 计　客官想要吃什么？

立德树人：德育戏剧创作与实践指南

苏　洵　来一壶茶水，三个烧饼。

伙　计　好嘞。

张员外　（转过身）听声音，莫非是城北的苏洵，苏兄？

苏　洵　（转过身看向张员外）原来是张员外。（起身拱手作揖）

张员外　（拱手回礼）苏兄客气了，这二位是？

苏　洵　他们俩是犬子，今日天气甚好，我便带他俩走出书斋，出来踏春游玩一番。轼儿、辙儿，快来见过张员外。

　　　　（苏轼、苏辙放下手中的烧饼）

苏　轼　见过张员外。

苏　辙　见过张员外。

　　　　（两兄弟坐下吃烧饼）

张员外　哈哈，好，二位令郎真是聪慧过人，想必日后都能有一番大作为呀！

苏　洵　哈哈，哪里哪里，张员外过誉了。

张员外　苏兄啊，我家中还有事要忙，就先告辞了。

苏　洵　张员外请便。

张员外　小二，结账。

伙　计　好嘞，客官。

张员外　给，苏先生这一桌算我请，不用找了。（递给伙计一小锭银子）

苏　洵　哎，张员外，您这是干嘛，怎么好意思让您破费呢？

张员外　苏兄，这你就见外了，你我这么多年的交情，一顿茶钱又何足挂齿？

苏　洵　不可不可呀，今日我带儿子出来，不仅仅是游玩踏春，也是在教育儿子，平白受人恩惠，实在不妥呀。

张员外　苏兄既然执意如此，也罢，改日你我再到城中酒楼一叙。

苏　洵　一言为定。

张员外　一言为定。

　　　　[张员外起身，下场。]

苏　洵　张员外慢走。（拱手作揖）

苏　辙　爹爹，这个张员外是什么人哪？

苏　洵　张员外他呀是城里的富商。

苏　轼　哦？那刚才他给咱们付钱你为什么不接受呢？

苏　洵　张员外固然有钱，可我们怎么能平白无故接受别人的恩惠呢？人与人交往啊，最重要的是互相平等。

苏　辙　哦，我明白了，人与人交往要互相平等，即使是遇到比自己尊贵或者是条件好的，也不要为了利益而去攀附别人。

苏　洵　哈哈，不错不错。

[伙计走到张员外那桌，收拾桌子，老伯拄着木棍上。]

老　伯　哎，伙计，这半块烧饼可不可以给我呀？

伙　计　去去去去，哪里来的叫花子，脏死了。（一把推开老伯，端着菜盘下）

苏　洵　（跑过去扶起老伯）老伯，你没事吧？

老　伯　哎哟，这店小二可真是狗眼看人低。

苏　洵　轼儿，过去和辙儿坐，给老伯腾个位置。（将老伯扶到座位上）

苏　轼　好的，爹爹。

苏　洵　（面向伙计）店家，再上三个烧饼一壶茶来，再拿一个碗来。（面向老伯）来，老伯，您先吃着。（掰下手中的半个烧饼递给老伯）

老　伯　谢谢，谢谢先生您。（狼吞虎咽起来）

伙　计　（端过来烧饼和茶）来了，您要的三个烧饼，一壶茶，客官慢用。

苏　洵　（将烧饼递给老伯，并给他倒水）来，老伯喝水。

老　伯　谢谢，太谢谢您了，先生。

苏　洵　老伯，您是哪里人哪？怎么落得如此地步？

老　伯　我本是这城外的庄稼人，家里只有一个女儿相依为命。可我的命苦哇，女儿得了伤寒，为了治病，花光了家里所有的积蓄，连仅有的两亩地也抵押出去了，可还是没能救活女儿，唉，我现在是什么都没有了。

苏　辙　爹爹，老伯好可怜……

苏　轼　爹爹，咱们帮帮老伯好不好？

苏　洵　轼儿，先给老伯倒杯茶。（思索片刻）老伯呀，你的身体可还好？

老　伯　唉，庄稼人，种地的力气还是有的。

苏　洵　那太好了，老伯。我有一个姓苏的朋友，就住在城北不远处，他们家正在招佃农，收的租子也不贵，您呀，可以去租他们家的地来种。

老　伯　哎哟，那太好了，先生。我虽然上了年纪，可只要有田种，总能养活自己的。太谢谢您了！

苏　辙　（小声）姓苏的朋友？……

苏　洵　哈哈，没事，我这个姓苏的朋友哇，正愁找不到佃户呢，您把他们家的地租了呀，也是帮了他们的忙呢。

老　伯　那好，我这就去找那位姓苏的先生。(赶忙吃一口烧饼，起身准备走)

苏　洵　哎哎，老伯，等一等。(拿起剩下的两个烧饼)来，这两个烧饼你也拿着。

老　伯　不行不行，先生，我不能再要您的烧饼了，我，我已经吃饱了。

苏　洵　瞧这话说的，庄稼人最要紧的就是吃饱饭，吃饱了饭才有力气种地嘛，您才吃一个烧饼怎么就吃饱了呢，来，拿着吧。

老　伯　那就太谢谢先生了，您真是好心。

　　　　[三人目送老伯下场，苏轼、苏洵转过身。]

苏　辙　爹爹，您刚刚为什么不直接给老伯钱呢？而是让他去……

苏　轼　让他去找您的朋友租地。

苏　洵　那是因为呀，老伯也是一个有尊严的人。轼儿、辙儿啊，老伯虽然很不幸，生活得很艰苦，但他从始至终都没有向我们乞讨，而是一直说自己是个庄稼人。庄稼人，只要有几亩田种，就能自给自足，就能养活自己。如果我们给老伯钱，那不是成了我们在施舍，在可怜老伯吗？

苏　辙　哦，我明白了，老伯虽然日子过得辛苦，不如我们，但是老伯和我们一样，都是平等的人。

苏　洵　对，没错。

苏　轼　那爹爹的那位姓苏的朋友？

苏　洵　不错，就是你爹爹我。

苏　辙　那爹爹为什么又把地租给老伯呢？

苏　洵　那是因为……

苏　轼　我知道我知道，因为遇到有困难的人，我们要尽力地帮助，但是不要把对方当成弱者，去施舍、怜悯他。给老伯租田地，老伯就能自给自足。帮助别人，也要做到平等待人。

苏　洵　哈哈哈，没错，轼儿、辙儿，(提高音量、站起来)"平等待人，以礼相待，不攀附上者，不怜悯下者。"这便是我们苏家世代相传的优秀家风，这也是我们中华民族的传统美德！

下　编　德育戏剧的案例典范

遵守公共秩序

编剧：蒋　欣　刘雪平

人物表

王鹏飞　男，五年级二班同学

陈佳佳　女，五年级二班同学

谢奕然　女，五年级二班同学

谭　浩　男，五年级二班同学

宋　轩　男，五年级二班同学

严希希　女，五年级二班同学

陈老师　女，五年级二班班主任

时　间　课间

地　点　教室

[同学们在课间打闹。]

严希希　（走过去问）奕然，你这个周末有空吗？

谢奕然　我应该有吧，怎么了？

严希希　我去找你，我们去看电影吧。

谢奕然　好哇，好像确实很久不看电影了。

严希希　那就这么定啦。（做拉钩动作）

谢奕然　嗯嗯好。

严希希　（转头问）佳佳，你去吗？

陈佳佳　唉，我还有悲催的钢琴课，你们去吧，我就不去了。

谭　浩　天哪！你也太卷啦吧，半天都抽不出。

陈佳佳　我是被我妈安排得满满当当的，无法挣扎。

339

立德树人：德育戏剧创作与实践指南

王鹏飞　得了吧你，瞎谦虚，你不去上课小心我给你告状。

谭　浩　你又知道了？

陈佳佳　（摆手）别提了，之前去报钢琴课的时候他跟他妈也在，俩妈妈一合计给
　　　　我俩都报上了。

严、谢　好家伙！

陈佳佳　你说学就学吧，我还得受这个家伙的气。

王鹏飞　我这叫监督你学习好吧。

陈佳佳　我可谢谢您哪，不知道是谁上课不停喊我录视频。

王鹏飞　我那是……

陈佳佳　是啥？

王鹏飞　是帮助你复习！

三　人　你就扯吧。

王鹏飞　（做委屈状）你们不相信我？

陈佳佳　信你才怪！

王鹏飞　（偷偷扯陈佳佳马尾辫）

陈佳佳　王鹏飞你又揪我辫子！（追着王鹏飞打）

王鹏飞　哎，打不到我吧，啦啦啦啦我就是这么强大。

其他人　（起哄）

　　　　［陈老师上场，两人在追打的过程中不小心撞到了陈老师。］

陈老师　哎……

其他人　老师来了，老师来了。（迅速坐好）

二　人　陈老师好。

陈老师　（站在讲台上）你俩是真有活力呀，课间休息也得变成体育课呗。

二　人　没有没有。

陈老师　好了，快回位子我们准备上课了。

二　人　好！

陈老师　这节课我们上道法课，大家猜猜我们这节课的主题是什么？

陈佳佳　（举手）垃圾分类？

严希希　（举手）保护眼睛？

宋　轩　（举手）合理使用网络？

陈老师　都不是。

340

下　编　德育戏剧的案例典范

谭　浩　（举手）我我我知道了，是品尝各地美食！

王鹏飞　吃吃吃，你就知道吃，你个大吃货。

谭　浩　怎么嘛，这也算传播传统文化好吧。

陈老师　给大家一个提醒，今天的主题和刚刚陈佳佳和王鹏飞的行为有关系。

大　家　啊？

陈老师　是的。

谢奕然　（举手）不准在教室追逐打闹？

陈老师　接近了。

严希希　到底是什么呀，老师你就快说吧。

陈老师　是遵守公共规则。

王鹏飞　啊？这有什么关系吗？

陈老师　你们想想，我们班是不是规定了课间不准追逐打闹？

宋　轩　（举手）报告老师！是的！

王鹏飞　我说老宋，你跟谁一伙的？

陈老师　嗯？

王鹏飞　（低下头）

谭　浩　合着你俩这是当反面教材呢。

大　家　哈哈哈……

陈老师　好，收！那我们今天的主题大家已经知道了，这节课呢我们要想一些与众不同的上课方式。

大　家　怎么不同呢？

陈老师　这节课我们会分组进行"互帮互助"，二组中的部分同学参与本次排练，下次另一个主题就由一组参与排练。我们会进行几个不同场景的小演出，然后大家根据剧情，来回答剧中错误的行为方式，我来给大家科普知识。大家觉得，这个方法怎么样？

谭　浩　听起来确实很与众不同。

陈老师　大家可要认真思考哦，一班的同学们通过排练已经总结得很到位了，这次就看你们的啦！

王鹏飞　没问题！

陈佳佳　王鹏飞，你别骄傲，到时候一个都答不上来打你自己的脸。

王鹏飞　我和我最后的倔强，握紧双手绝对不放。

341

立德树人：德育戏剧创作与实践指南

陈老师　那我们准备开始喽，现在邀请第一组上场。

　　　　[表演的同学上场，表演第一个场景。]（公交车站的声音起，大家在挤着上车）

小　冉　（往后推）哎哎哎，你挤到我了，你能不能别挤！

小　辉　不好意思哈，是后面的在挤我。

小　冉　（对后面说）后面的朋友，能不能麻烦不要挤了，前面还有小朋友呢！

小　唐　不挤不行啊，上班都要迟到了。

小　冉　你这样挤你不是也没上来吗？

小　辉　挤一挤说不定就能上去了，大家还是别吵了。

小　冉　救命啊！早饭都要给我挤出来了！别挤了行不行！

小　辉　好了好了，大早晨的都不要吵了，能上去的就上去，实在不行就等下一辆吧。

　　　　[大家挤上车后，车内背景音乐起。]

小　唐　（巨大声讲话）喂？哪位呀？哦老张啊！我这就到！啥？你说什么？哎呀我听不清！你大声点说！

小　冉　（戳一戳）您好，能麻烦您小点声吗？

小　唐　什么？噢！你问我到哪儿了呀？我在公交车上呢！哎呀，你是不知道今天有多挤！

小　冉　（客气的）先生这里是公共场合，能麻烦您小点声吗？

小　唐　好了好了我先不跟你说了，车上有人嫌烦，挂了呀。

　　　　[表演结束，表演组同学下场。]

陈老师　好，第一个故事结束了，现在哪位同学来讲一下故事发生了什么？

陈佳佳　（举手）等公交车的时候没有秩序。

谢奕然　（举手）大家没有互相礼让。

陈老师　嗯嗯，还有呢？

王　朔　（举手）公交车上大声喧哗。

陈老师　嗯嗯，总结得很不错，那有没有同学知道正确的做法应该是什么？

王鹏飞　（举手）那个被挤的同学早饭少吃一点！

严希希　王鹏飞你真的是在挨打的边缘徘徊。

王鹏飞　开玩笑开玩笑，应该排队候车，坐公交车的时候公交播报都有的。

陈老师　还有呢？

谢奕然　（举手）公交车上禁止大声喧哗。

342

下　编　德育戏剧的案例典范

陈老师　嗯嗯，都讲得很对。在候车的时候，像剧中同学一样挤上去，很容易发生事故，而且刚刚剧中也提到有小朋友，对吧？

大　家　嗯嗯。

陈老师　在公共场合禁止大声喧哗，因为公共场合是大家所共同享有、使用的空间，要讲文明。

宋　轩　老师，我有一个问题，比如那个上班迟到的人，他赶不上车真的上班迟到了该怎么办呢？

陈老师　大家有什么好的办法吗？

王鹏飞　早点出门不就行了？

陈老师　王鹏飞说得有道理。他应该提前规划好自己的时间，并合理预留出会发生紧急情况的时间，确保自己按时上班。

陈佳佳　(举手) 而且就算他这样挤，大家上车的速度也没有快很多，反而很危险。

陈老师　是的。好，下面我们进行第二个故事。

　　　　[表演组同学上场。]

小　冉　大家快过来看看，这是我们社区在进行防诈骗宣传活动。

小　辉　这不是小涵吗？你怎么在这里呀？

小　冉　阿姨好，我现在放暑假了，妈妈让我来参加咱们社区的社会实践。

小　辉　真是个好孩子。

小　冉　阿姨，这是我们社区的反诈骗宣传，给你一张传单看看吧，你看这是个扇子的形状，还可以扇风。

小　辉　哈哈好哇，阿姨已经下载了国家反诈 App，不过阿姨还是很愿意再学习一下的！

小　冉　哈哈好耶！

小　辉　那我先回家啦。

小　冉　阿姨再见。

小　冉　走过路过不要错过，这里是社区防诈宣传站。

　　　　[同学小唐上场。]

小　冉　你好，您领一份防诈宣传小扇子吧，既能扇风又可以学习防诈知识。(递上传单)

小　唐　谢谢哈，不用了。

小　冉　(递上传单) 您领一份吧，请问您下载国家反诈 App 了吗？

343

立德树人：德育戏剧创作与实践指南

小　唐　小孩子怎么管这么宽，行了行了，拿就拿吧。

小　冉　谢谢。（同学小唐转头将宣传单丢掉）

小　冉　您好，能麻烦您能捡一下吗？社区规定了不能乱丢垃圾。

小　唐　我说小朋友，这是公共场合，再说了我也没碍着别人哪。

小　冉　叔叔，我们小区规定了不能乱丢垃圾，而且这是我刚给你的宣传单，你都没看呢。你要是不收拾是要交罚款的。

小　唐　你管得着吗？（往前走一步）

小　冉　（害怕后退一步）作为社区小志愿者，你这样我是要告诉物业的！

小　唐　你敢说试试！

　　　　［同学小辉用物业工作者身份上场。］

小　辉　什么情况？

小　冉　这个叔叔把我给他的传单转身就丢了，我让他收拾一下他就生气了。

小　辉　您好，请问情况属实吗？

小　唐　是又怎样？

小　辉　是的话根据社区管理规定，我们将对您处以十元罚款当作清理费。

小　唐　这你们都要罚钱？

小　辉　先生，小区内部花园、公路等都属于公共场合，公共场合是需要遵守公共秩序的。

小　唐　行了行了，知道了。

小　冉　等一下。

小　唐　又怎么了？

小　冉　请您仔细阅读宣传单。（把丢掉的再递给他）

小　唐　知道啦！

　　　　［表演同学下场。］

陈老师　好的！故事结束，谁来分享一下心得？

谢奕然　那个叔叔乱丢东西。

王鹏飞　并且说话态度很不礼貌。

陈佳佳　不对不对，那个叔叔扔的不是垃圾，是宣传单，他一点都不尊重别人。

陈老师　嗯嗯，都说得很棒，首先应该尊重别人，而且要认真学习防诈知识。再者要遵守社区规定，公共场合禁止乱丢乱弃，况且他丢的还是防诈宣传单，并不是普通的传单。但是还有一点，你们有同学发现吗？

344

下　编　德育戏剧的案例典范

大　家　还有吗？

陈老师　剧中的同学，她在干什么？

严希希　她在当志愿者。

陈老师　对，她利用了自己假期时间去社区做了志愿者，积极参加社会实践活动，且在看到不文明的行为时，能够及时制止，是不是很值得我们学习呢？老师也希望大家能在保证自己安全的情况下，在爸爸妈妈的陪伴下，积极参加社会实践活动，锻炼自己的实践能力。那我们今天的主题活动就到这里啦！大家下课！

鸡毛信

编剧：杨 柒 朱钰雯

人物表

海 娃 机灵聪明，活泼好动，喜欢睡觉

海 爸 老实憨厚，热爱祖国

小 花 和海娃一样也是儿童侦察队的队员，热心善良

村 下 会说中国话但是有日本口音，阿谀奉承

士兵甲 凶狠残忍，阿谀奉承

士兵乙 凶狠残忍，阿谀奉承

张连长 热爱群众，团结同志，赤心报国

老 大 领头羊，聪明机灵，通人性，忠心耿耿

羊 甲 可爱憨厚，乖巧懂事

羊 乙 可爱憨厚，乖巧懂事

时 间 上午

地 点 村子外的山坡上

[音乐起，羊群和海娃上场，羊群四处漫步吃草。]

海 娃 （打哈欠）这几天可真奇怪，最近炮楼周围巡视的鬼子都比平时少了。一会回去了，我又得去找民兵队的赵队长汇报情况。

[老大走到海娃边，用头轻碰海娃，示意海娃陪它玩。]

海 娃 （走到大树旁边，坐到大树底下，一边靠着大树，一边轻轻抚摸老大的头顶）老大别闹了，最近都是我放哨，今天好不容易天气好，我还想睡会。你是羊群的领头羊，你可要看好大家，要是人来了就来叫我。

老 大 （非常不满，用头轻顶海娃）咩，咩，咩……

海　娃　好了好了，我明天，明天一定陪你玩(老大听到承诺，勉强满意，停止顶头)。老大，你快去看着大家，我先睡了呀(将肩上的包袱放到地上，用帽子盖住脸)。

　　　　[海娃呼噜声起，羊群在海娃附近玩耍、吃草。]

海　爸　(焦急地跑上场，四处张望，寻找海娃)海娃，海娃……海娃！你又在睡觉！

海　娃　(马上站起身，帽子掉落在地上)爸，我没睡(突然打了个哈欠)……嘿嘿，爸……

海　爸　(捡起帽子，给海娃带上)好了好了，还说没睡，你看我来帽子都给你吓掉了。

海　娃　哎呀，爸，这不是最近都是我放哨，太累了嘛。对啦，爸，你怎么今天突然来了，是村子里发生什么事了吗？

海　爸　不是村子里出什么事了，是鬼子要出事了！你知不知道最近炮楼周围的鬼子都悄悄变少了？

海　娃　(拍着胸脯)咳，爸我能不知道嘛！就是我把这个情况报告给赵队长的，你忘啦？

海　爸　嗯……但是你知不知道为什么鬼子变少了？

海　娃　这我不知道。爸，你说，这小鬼子在做什么呢？

海　爸　哼，他们能做什么？他们是又出去抢粮食了，他们……

海　娃　(往地上吐了一口口水)这该死的小鬼子，什么时候才能滚出我们的家园，我恨不得吃他们的肉，喝他们的血！

海　爸　(举手示意海娃别说了)好了，海娃你先别生气。现在就有一个把这些小鬼子赶出炮楼的机会。

海　娃　(又惊又喜，赶紧拉住爸爸的手)爸、爸、爸……

海　爸　你先听我说完，最近炮楼守卫松懈，只有少数的日本兵留守炮楼。民兵队的赵队长认为我们能够趁着这个机会一鼓作气打下炮楼，把这些小鬼子赶出炮楼。但是单凭我们很难打下来，所以赵队长需要联系上八路军同志，得到他们的支持。

海　娃　(紧紧拉着海爸的手)爸、爸、爸，我也想帮忙把小鬼子赶出去，我能为大家做什么吗？

海　爸　(拉住海娃的手)你不仅能帮忙，你的任务还重着呢。海娃，你腿脚快。

立德树人：德育戏剧创作与实践指南

你去把攻打炮楼的路线图交给之前在我们村子养伤的八路军叔叔张连长，请他们赶在鬼子回来之前，大家一起把鬼子赶出炮楼（掏出鸡毛信，交给海娃）。

海　娃　（立正站好）爸，我保证完成任务！

海　爸　信上粘着的鸡毛代表着事情十万火急，张连长看见了就会明白事情的重要性的。这信千万不能落到鬼子手里，你路上小心。（拍了拍海娃的肩膀，给海娃背上包袱）好了，事不宜迟，海娃你现在就……

小　花　（急匆匆地跑过来）海娃等一等……海叔叔等一等……（气喘吁吁）海叔叔好。

海　爸　（用手给小花扇风）小花，这么着急是有什么事情吗？（盯了海娃一眼）还是海娃又闯祸了？

海　娃　爸，冤枉啊。我今天可一直都在放羊。

小　花　（连连摆手）不是的海叔叔，海娃没闯祸。是赵队长让我给你们送东西过来。（举起包袱向他们示意）

海　娃　小花姐，我要看，我要看看。（哑巴嘴）要是能有点吃的就好了。

小　花　海娃，你就想着吃。（在包里翻找）给，这是隔壁徐哥哥让我给你带过来的饼，他就知道你是个好吃鬼。

海　娃　略略略。

小　花　（翻找包袱）找到了，良民证！（交给海爸）海叔叔，这是赵队长特意委托人帮制作的良民证。他担心海娃路上遇到鬼子盘查。海叔叔，您先看看信息对不对。

海　爸　（接过证件）辛苦你了，小花。（细细检查）没有问题，都对得上。（递给海娃）

小　花　那就好，总算让我这个儿童侦查队的队员为大家做点什么了。

海　爸　（拍了拍小花的肩膀）嗯，你做得很好。好了，现在，饼也有了，证件也有了。海娃，快出发吧。

海　娃　（依依不舍挥手）爸，小花，我走了，你们等我的好消息！

海　爸　（点点头）嗯……（和小花一起一边向海娃挥手一边下场）

海　娃　（大声吆喝）老大，走，我们出发了。

[音乐起，海娃和羊群着急地跑步，穿梭在草丛和石块中，绕场走圆。]

海　娃　（音乐停）等一等，等一等，我休息一会，太累了。（席地而坐，拿下帽子

348

下　编　德育戏剧的案例典范

给自己扇风）

[远处依稀传来日本兵的声音。]

海　娃　（麻利站起身）日本兵来了？！（拿出鸡毛信，四处张望）完了完了，一会
　　　　鬼子看到我一个人在这儿肯定会来搜查的。现在跑也来不及了，还可能
　　　　引来怀疑。有了，把信绑在老大的尾巴上。（从包袱里找出绳子绑信）

老　大　（吃草被打扰了，感到有点不满）咩，咩，咩……

海　娃　（腾出一只手摸了摸老大的头）老大乖。哼，一会鬼子来了，我再拼命藏
　　　　住包袱，让他误会包袱里有东西。结果，包里就一个良民证。这样，鬼
　　　　子肯定想不到在这儿。

[海娃靠着大树坐下，招呼羊群一起躲在树荫处，然后拿出帽子盖在脸上，
假装睡觉，静静等待着日本兵的到来。村下、士兵甲及士兵乙上场。]

村　下　这儿怎么有人？（朝士兵甲和士兵乙示意）你们两个去看看怎么回事。

[士兵甲和士兵乙走近海娃，先试探性地打掉了海娃的帽子，海娃假装惊
醒，士兵甲和士兵乙看到是小孩子之后，一把拉起海娃，架着海娃，把
海娃带到村下面前。]

村　下　小朋友……（围绕海娃来回踱步，上下打量）

海　娃　哎，太君好，太君好，我就是一个小屁孩，大大的良民。

村　下　（示意士兵甲去检查海娃放在树下的包袱）小朋友，是不是良民，要检查
　　　　了才能算。（向士兵甲）搜！

海　娃　（拼命挣扎）哎、哎、哎，太君，别动我的包袱，我有良民证啊，那里面
　　　　是我的宝贝……

士兵甲　报告长官，除了半张饼和一张良民证以外，没有别的东西了。

村　下　（示意士兵乙放开海娃，拿过良民证，仔细检查）好了，现在你是良民
　　　　了。（把证件还给海娃）不过这么热的天，你一个小孩儿怎么一个人在
　　　　这儿？

海　娃　（揉了揉自己的胳膊，指向羊群）太君，我这不是在放羊嘛，我们家就这
　　　　几只羊了。我这不得照顾好带它们吃好草，我爸要是发现羊没吃饱，我
　　　　肯定要挨揍。

村　下　（思索片刻，挥挥手）行，小孩儿，你走吧。

[海娃惊喜万分，收拾好包袱，招呼好羊群，准备离开。]

士兵乙　（凑到村下耳边）长官，我听说最近山崎司令在找上好的羊肉给他夫人补

349

身体，我们可以借这个机会好好向山崎司令表忠心。

村　下　（拍了拍士兵乙的肩膀）做得不错。小孩儿，你先别走，回来。

海　娃　（停在原地，不愿过去）太君，包袱你也检查过了，我可真是良民哪。

村　下　（示意士兵甲把海娃带回来）良民就要为大日本帝国做贡献。现在我们的山崎司令急需羊肉进补身体。小孩儿，作为我们大日本帝国的子民一定会愿意吧……

海　娃　我不愿意！

村　下　（拿出手枪）哼，你不愿意？小孩儿你看清楚了，这枪可是不长眼的。

海　娃　长官我……我……我不是那个意思，我愿意，我愿意。但是……但是毕竟这个羊跟了我这么久了，我想和它们告下别。就告下别可以吧？

村　下　（示意士兵甲放开海娃）好吧，你快点。我们一会还要把羊带回去处理。

海　娃　（抱住小羊们）小羊们，一会我就要走了，我真舍不得你们哪……（靠近小羊们的耳朵）老大听好了，鬼子要是要带你们走，你千万要反抗，带着大家给我使劲踢他们。小羊啊，我真舍不……

村　下　好了，告别也该差不多了。我们现在要把羊带走了（向士兵甲和士兵乙示意）。

　　　　［音乐起，士兵甲和士兵乙作势抓羊，小羊四处逃散。士兵甲和士兵乙一顿追逐，好不容易把羊围在了一个圈里，结果被一顿猛踢，哇哇大叫，倒在地上。海娃站在一边看着一边偷笑。］

村　下　够了，你们两个没用的东西，你们两个蠢货别把羊给我弄伤了。小孩儿你过来，你来负责把这些羊给我活着带回去，不许伤到这些羊分毫。

海　娃　（努力憋笑）好的，太君。太君，这两个人看起来被踢得挺重的，刚好现在太阳大，天气热，要不我们先在树下休息一会，您也可以睡睡觉，补充下体力。

村　下　嗯，就按你说的办（走到树下，坐下闭眼休息）。

　　　　［海娃取下帽子给村下扇风，士兵甲和士兵乙一瘸一拐地走到树下休息。没过多久，呼噜声传了出来。］

海　娃　（拿着帽子，蹑手蹑脚地的来到羊群身边）小羊走，我们赶快趁现在跑（带着小羊，轻手轻脚地慢慢挪动）。

村　下　（似醒非醒）小孩儿，接着扇风，热死了。小孩儿……小孩儿！（睁开眼睛，坐起身，狠狠地踢了两个士兵一脚）还睡，他们要逃跑，快给我抓住他们。

海　娃　快跑！

[音乐起，海娃带着羊群跑在前面，村下、士兵甲和士兵乙在后面费力地追赶。海娃听到前面隐隐传来八路军行军的声音。]

海　娃　张连长！八路军叔叔！鬼子来了！

[张连长上场。]

张连长　（急匆匆地跑到海娃身边，扶住海娃）海娃，你没事吧？剩下的事情交给我们。（向后方的八路军示意）兄弟们，冲啊！把这些万恶的帝国主义侵略者赶出中国！

[音乐《游击队之歌》起。]

别人能干，我也能干

编剧：曾　瑶

人物表

焦裕禄　三十九岁，兰考县县委书记
焦守云　十六岁，焦裕禄的女儿，初中刚毕业
徐俊雅　二十九岁，焦裕禄的妻子
张老板　兰考县张氏食品厂老板
邓老板　兰考县电子厂老板
刘主任　兰考县人事部主任
居　民　兰考县居民

第一场

地　点　焦裕禄家中

[在朴素但又整洁的待客厅里，桌上有热气腾腾的饭菜，焦裕禄正向家里搬运新收的稻谷，徐俊雅一边帮忙搭手，一边向前张望。]

徐俊雅　咱们的守云毕业了，老焦，你怎么一点也没有高兴的样子呀？

焦裕禄　这有什么高兴的？这么多初中的孩子都毕业了，难道我都要高兴一番？

徐俊雅　这不一样，这毕竟是咱们的孩子。

焦裕禄　咱们的孩子怎么了？难道就因为她是县委书记的女儿，其他人就要高看她一眼？

徐俊雅　你！行，咱们不说这个话题。（顿了一下）你说，咱们守云初中毕业，你帮忙安排一下工作怎么样？

焦裕禄　这好办，可以叫她下农村锻炼锻炼，也可以学理发，还可以打扫厕所。这么多工作难道还不让她挑？

下　编　德育戏剧的案例典范

徐俊雅　可，这是不是有点太……老焦哇，你想让守云不依靠你县委书记的身份生活和工作，我理解。但是她身为初中生，你让她干这些活，是不是有一点失了分寸？

焦裕禄　难道初中生就不是农民了？就不是人了？

徐俊雅　但这是不是苦了孩子？

焦裕禄　但她是我焦裕禄的孩子。

徐俊雅　唉！行，她是守云，是你焦裕禄的女儿！

　　　　　[焦守云手拿毕业证书跑上台。]

焦守云　爹娘，我回来啦！

徐俊雅　(一只手递给焦守云毛巾，一只手接过焦守云的书包和毕业证)真好，咱们的秀才毕业了，饿了吧，快洗洗脸，上桌吃饭。老焦，吃饭了！

焦裕禄　(搬完最后一担稻谷，坐上饭桌)守云，毕业了，恭喜你。

焦守云　(听见焦裕禄的话，激动说)呀，爹，你今天怎么了？从没听见你表扬过我嘿。(分别给焦裕禄和徐俊雅夹了一块肉)

徐俊雅　(看了一眼焦裕禄)咱们焦家，终于出了一个秀才。现在这个秀才毕业了，就要走进社会了。

焦守云　(吃着饭)嗯嗯。

徐俊雅　守云哪，之后你有什么打算，想干什么呢？

焦守云　(咬着筷子，思索了一下)我呢，要像……要像爹一样，有一间自己的办公室。要像爹一样，时时刻刻为咱们兰考县的乡亲们做贡献，做实事，让咱们的乡亲们每天都笑呵呵的，开开心心的。

徐俊雅　(又看了一眼焦裕禄)守云，那万一，我说如果……

　　　　　[刘主任手拿礼品袋上场。]

刘主任　老焦，恭喜恭喜，我听说咱们的秀才终于毕业了。哟，在吃饭呢。守云，这给你买的钢笔，恭喜你毕业了。

焦守云　哇，好漂亮的钢笔。谢谢刘叔叔的祝贺，但是这个礼物，我不能收。

刘主任　守云，你就收着吧。专门给你买的，难道我还要拿回去吗？

焦守云　那，那好吧。谢谢刘叔叔。

徐俊雅　(从一边拿着新的碗筷)老刘，吃了吗？我再去拿一双碗筷，你和老焦好好聊聊。

刘主任　哎，不用不用，我吃了的。太麻烦嫂子了。

353

立德树人：德育戏剧创作与实践指南

徐俊雅　（递给碗筷）这有什么麻烦的，给……我再去炒几个菜。

　　　　　[徐俊雅下场。]

刘主任　（接过碗筷）谢谢嫂子。太麻烦嫂子了。守云哪，毕业了，长成大人了，有没有想过之后要干什么？

焦守云　想过，我要像爹一样，造福百姓，让我们的兰考县越来越好。

刘主任　哟，咱们的守云志向可不小呢。老焦，要不叫守云到咱们人事部上班？距离又近，又有办公室，挺适合守云这样的女孩子工作。

焦守云　（兴奋的语气）爹爹？

焦裕禄　这还是算了，人事部的同志们又能干，又勤奋。守云她还差点。

刘主任　那要不，去咱们的党员站里面宣传帮忙？那里也缺一点人手。

焦守云　爹爹？

焦裕禄　不行。咱们党员站的同志们都思想觉悟过硬，守云还差点，不足以上任。

刘主任　那……

　　　　　[邓老板、张老板上场。]

邓老板　那，要不到我们厂里面上班。我们厂里面缺少会计，让守云去做咱们的会计，焦老哥，你放心，守云一个初中生的身份当一个会计，那还不是绰绰有余。而且咱们办公室不像厂里面，那里有空调，有椅子，工资待遇也高。焦老哥感觉如何呀？

　　　　　[焦守云望向焦裕禄。]

张老板　就是就是，邓老板说得不错。如果守云不想去电子厂，也可以来我们食品厂试试，保证饿不着咱们守云。

焦裕禄　你们不用说了。守云就去食品厂上班吧。

张老板　好好好，那守云明天上午就到我们食品厂人事部报道，就去干会计。

焦裕禄　张老板，听我把话说完。守云去食品厂上班，但是不去当会计，就让她去卖酱菜吧。

张老板　什么？我没听错吧。您让她去卖酱菜，是不是有点……

焦裕禄　你没听错。我的女儿在这里劳动，你们不要以为我是县委书记就另眼看待，应该对她严格要求。所以就请把她安排在酱菜组里，这对提升她的思想大有好处。

焦守云　啊？爹爹，我不要去。

焦裕禄　守云，就这样吧。明天就去食品厂报到。

354

焦守云	爹，我可是初中毕业生。
焦裕禄	你可是焦守云，你可是我的女儿！
焦守云	我不去，我就去办公楼，办公，办大事。
焦裕禄	一出校门就想坐办公室，不行。年轻人应该干点脏活、累活，找个体力劳动比较重的职业锻炼锻炼。你要记住，你可是农民，不能忘本。
焦守云	好吧，爹，我认真参加劳动，好好卖酱菜。

第二场

时　间　第二天早上

地　点　街道上

[焦守云守着扁担里的酱菜，热闹的街道，人来来往往，却无人问津守云的酱菜，躲在一旁的是焦裕禄和徐俊雅。]

徐俊雅	（把焦裕禄拉向一边）老焦，这样下去也不是个办法。自从上次你让守云去卖酱菜以后，每天卖又卖不出去，一天天地担着酱菜转悠。一下班守云又把自己锁在屋子里，整天不吃不喝的，都瘦了。你还是想一个法子，帮一帮守云。
焦裕禄	（深吸一口烟）刚入社会的年轻人嘛，肯定要吃一点苦头的。一辈子都顺风顺水，哪有的事？只有委屈才能增加人生厚度。
徐俊雅	但作为一个初中生，去卖酱菜已经够委屈她了。现在我不奢求你让守云换一下工作。但是，在她困难的时候，我们至少指点指点她，给她一条出路吧。
焦裕禄	行。
徐俊雅	这样，你等一下指点指点守云，我回去把饭烧着。
	[徐俊雅下场。]
焦裕禄	守云，看你这几天憔悴得很，怎么了？酱菜卖不出去？
焦守云	（看见焦裕禄，脸转一边）还不是你叫我卖的！
焦裕禄	那不卖酱菜你还能去哪儿？
焦守云	想去机关，想去办公室。
焦裕禄	（深吸一口烟）守云，我的女儿刚出校门就进机关，别人家的孩子也行

吗？卖酱菜总要有人干。既然别人都能干，你为什么不能干？

焦守云　可……

焦裕禄　（打断焦守云，岔开话题）这几天卖了多少了？

焦守云　（仰头看着焦裕禄）四五罐吧。

焦裕禄　看来的确要加强了。平时怎么卖的？吆喝了吗？

焦守云　没。

焦裕禄　为什么？

焦守云　怕，怕自己没面子。

焦裕禄　走街宣传了吗？

焦守云　没。

焦裕禄　为什么？

焦守云　怕，怕伤你面子。

焦裕禄　卖东西可不是这样卖的，你这样又耗时间又耗经历还耗别人的钱财。现在，站起来，我们一起去卖酱菜。

[焦裕禄亲自扛上卖酱菜的扁担，走在前面。焦守云急忙跑上前去，抢夺扁担。]

焦守云　爹，我来吧。扁担沉，会压着你的身子。

焦裕禄　他们能做的我就不能了？

焦守云　爹！您可是县委书记，您亲自担扁担像什么样子。

焦裕禄　他们是农民，我就不是了？县委书记也还是这里土生土长的农民。

[焦裕禄担着扁担走在前面，焦守云拉着焦裕禄的衣角走在后面。]

焦裕禄　而且，担扁担不但是一个体力活，更是一个技术活。担扁担要两头一样重，这样可以受力均匀。绳子也要尽量长一些，可以让你的重心降低。走路一般走小碎步……

焦守云　知道了，爹。

焦裕禄　（吆喝）酱菜酱菜，下饭不放筷。酱菜酱菜，下饭不放筷。

焦守云　爹！

焦裕禄　（走向一边）王大婶，买一点酱菜回去吗？好吃不贵。

王大婶　哟，这不是书记吗？怎么现在您还卖酱菜呀？

焦裕禄　这不是，守云刚毕业。本来叫她卖酱菜，她害羞卖不出去，就帮帮忙。

王大婶　那好，我要两份。给咱们家谢军一份。

焦守云　（一把拉开焦裕禄）爹，我来。

焦裕禄　不害羞了？

焦守云　我……

焦裕禄　不害怕丢面子了？

焦守云　我一个小工人，什么都不是，还这么爱面子。您还是县委书记呢，怎么
　　　　就能吆喝起来。您回去吧，我以后再也不闹了，别人能干，我也能干。

　　　　［焦守云担着扁担，焦裕禄跟在后面。］

焦守云　（吆喝：第一声小，第二声大）酱菜酱菜，下饭不放筷！酱菜酱菜，下饭
　　　　不放筷！

焦裕禄　酱菜酱菜，下饭不放筷！

焦守云　（自信地）酱菜酱菜，下饭不放筷！爹爹，别人能干，我也能干！

猴王的权力

编剧：官子淳

人物表

吉 吉　猴群的首领

硕 硕　猴王的护卫

凡 凡　猴王的护卫

佳 佳　猴群的一只猴子

晓 晓　猴群的一只小猴子

淳 淳　隔壁猴群的猴

[吉吉国王坐在王位上，硕硕和凡凡守在旁边。]

吉　吉　（苦恼）硕硕，你说说，为什么最近猴群给本王上供的食物一天比一天少了呢？

硕　硕　大王，按照我的想法，可能是最近猴群的打猎不太景气，大家没有足够的食物上供。

吉　吉　可本王昨晚才看见佳佳他们一群猴，吃着香蕉、蟠桃，好不热闹，怎么可能没有足够的供品呢？

硕　硕　那我就不知道了。

吉　吉　本王要你有什么用，凡凡，你说说看。

凡　凡　大王，依我看，可能是你最近关注猴群的次数少了，大家不愿给你上供。

吉　吉　胡说！我这么可能关注猴群少了！每次到了上供的时间我都是第一个想到大家。

硕　硕　那是因为他们供的是你。

吉　吉　没有本王的允许，谁让你开口的！

凡　凡　不不，我不是这个意思。

吉　吉　那你想说什么？

凡　凡　是您作为猴王却没有做到猴王应做的义务。

吉　吉　你又胡说！本王怎么没有做到猴王的义务。

凡　凡　你还记得上次猴群大战老虎吗？

吉　吉　我当然记得，本王可是引领猴群获得了胜利。

凡　凡　来，让我们重现一下当时的场景，硕硕来演老虎。

硕　硕　我？演老虎？

吉　吉　让你演就演！

硕　硕　好吧。

　　　　[情景重现。]

硕　硕　汪汪汪！我是大脑胡！快把吃的交出来！

凡　凡　大王，这可是森林之王啊，要不我们就把吃的交出去？

吉　吉　森林之王又怎样，我今天不仅让他拿不到我们的食物，还要让他把自己
　　　　的也交出来。

凡　凡　难道大王你有主意了？

吉　吉　这样，你带一群猴子正面迎战，我去背后偷袭。

凡　凡　好的大王，没问题大王。

　　　　[凡凡在正面迎战老虎硕硕，吉吉跑到后面拿走了老虎的食物。退出情景
　　　　重现。]

吉　吉　你看吧，我觉得完全没有问题。在本王的带领下，我们成功取回来了
　　　　食物。

凡　凡　可你记得后来是怎么分发这些食物的吗？

吉　吉　这个倒是没有什么印象了。

硕　硕　你把好吃的都留给了自己，把那些歪瓜裂枣发给了和老虎正面作战的猴群。

吉　吉　本王是猴王，好的东西当然要先留给本王！这是本王的权力。

凡　凡　可那些猴群他们奋勇作战，却只得到一颗枣子，换谁都想不通的。

硕　硕　正是因为这样，他们才有不满。

吉　吉　那只能说明，他们对本王的信仰不够，有本王在，我的子民绝对会很幸福。

硕　硕　无药可救。

吉　吉　你说什么，你的位置还想不想要了？本王可有开除你的权力。（骄傲）

硕　硕　想要想要。不过你看，我们都已经好久没有休息了，是不是可以让我们
　　　　休息一会了呢？

吉　吉　想休息？

硕　硕　嗯嗯！

吉　吉　没门！

硕　硕　为什么？

吉　吉　本王每天好吃好喝的给你们，你们居然还想休息！

硕　硕　那是我们每天工作换来的。

吉　吉　本王说不行就是不行！

硕　硕　那为什么你可以天天躺在椅子上睡觉？

吉　吉　我可不是在睡觉，我是在为猴群的发展而思考。你看，我马上又要思考了。（倒在椅子上呼呼大睡）

硕　硕　（小声）你要不是我们猴王，我早就走了。

凡　凡　你也知道，我们大王这样不是一天两天了。

硕　硕　不知道为什么，猴王为什么享受的权力比我们多这么多，好不公平啊！

凡　凡　猴王的权力多了，相对地，义务也多了。

硕　硕　我可没有看见他履行了什么义务，你听，现在还在打呼噜呢。

　　　　［佳佳上场。］

佳　佳　（卑微）佳佳猴前来上供。

吉　吉　（突然醒来）谁，谁来上供了？

凡　凡　是佳佳猴。

吉　吉　哦，原来是佳佳呀。你来给本王上供一定带了很多好东西吧，来让本王看看。（打开佳佳带来的箱子）

吉　吉　（看见里面坏掉的水果，把箱子摔到一边）你……你居然拿这些东西来糊弄本王！

佳　佳　不是的大王，我们家确实只有这些了。

吉　吉　说谎！本王昨晚才看见你们一家在吃蟠桃宴，吃得不亦乐乎，你还说没有食物了！

佳　佳　大王，那是我们家小猴晓晓有重病在身，花了大价钱和隔壁猴群换的，确实没有其余食物了。

吉　吉　你还嘴硬，你看我不把你开除出我们的猴群！

佳　佳　大王饶命啊！

吉　吉　来人，把他拖出去！

佳　佳　求大王饶我一命，我欠着隔壁猴群五个水蜜桃需要偿还哪。

吉　吉　那关本王什么事？

凡　凡　大王，根据猴群规章，猴群欠了账，猴王是有义务偿还的。

吉　吉　他们又没来催债，怕什么！

淳　淳　谁说没有来催债！

　　　　［淳淳上场。］

淳　淳　这不就来了嘛！

硕　硕　原来是淳淳，不知道你来干什么呢？

淳　淳　我是来找佳佳的。（走向佳佳，拿出契约）根据契约，你还欠我们猴群五
　　　　个水蜜桃需要偿还。

佳　佳　我家小孩儿晓晓重病在身，为了给他治疗，确实没有多余食物抵债了。

淳　淳　哦，是吗？那根据猴群规章，我就得找猴王了，你们这里的猴王是谁？

　　　　［所有人看向吉吉。］

吉　吉　啊？猴王？什么猴王？

淳　淳　看来你就是这里的猴王了。

吉　吉　我？猴王？应该……算是吧。

淳　淳　那你看，佳佳欠我们猴群的水蜜桃……

吉　吉　他欠的桃子，凭什么要我还哪？

淳　淳　猴群规章是我们所有猴子都遵守的规章制度，难道吉吉猴王不愿遵守？

吉　吉　我就不遵守，你们能拿我怎么办！

淳　淳　那根据猴群规章另一条，你这是属于发动战争的行为。

吉　吉　我就发动战……（被硕硕把嘴巴捂上了）

凡　凡　没有没有，我们一向把和气放在第一位，来，这些水蜜桃你拿着。

淳　淳　这些也不够哇。

硕　硕　后面，王座后面还有很多。

淳　淳　（翻开王座座椅，拿走水蜜桃）这些就够了，那么佳佳的债就还完了。根
　　　　据契约，我们将把剩下的蟠桃送到你家里。

吉　吉　等等！凭什么拿走我的水蜜桃，却把蟠桃送到他家里！

淳　淳　因为你是猴王。

吉　吉　那又怎么样？

淳　淳　你要履行自己的义务。

吉　吉　这算哪门子的义务！

淳　淳　猴王的义务。

361

立德树人：德育戏剧创作与实践指南

凡　凡　猴群规章的义务。

硕　硕　没错。

吉　吉　你们怎么帮着别人说话啊呀。

硕　硕　我们只是按照猴群规章里来说话。

吉　吉　这规章是谁制定的呀！

凡　凡　这是所有猴王一起制定的，当时你还在场呢。

硕　硕　没错，你难道不知道？

吉　吉　我就记得我当时好像睡着了。

凡　凡　那你为什么要同意规章通过呢？

吉　吉　我就知道不通过的话，我不一定能做猴王。

硕　硕　原来是怕麻烦哪。

淳　淳　我们的猴王，他可是能记住每一只猴的名字。不论是哪家猴出了矛盾，他都会第一个赶到解决，因为这是他的义务。

吉　吉　那你们对你们的猴王怎么样呢？

淳　淳　我们在每月上贡的时候都会尽力把最好的给猴王，因为这是我们的义务，也是猴王的权力。

吉　吉　我怎么会想到当猴王这么麻烦，我以为就是指点指点，顺便收收贡品什么的。

淳　淳　可你现在作为猴王，就应该在享受权力的同时履行自己的义务。

硕　硕　淳淳说得有理！

淳　淳　就这样吧，我先走了。我们猴群还等着我去交差呢。

　　　　［淳淳下场。］

凡　凡　大王，你现在知道猴王不好做了吧。

硕　硕　不仅要顾及猴群的发展，还要想到猴群每一只猴的生老病死。

吉　吉　知道了知道了，可我又能做些什么呢？

　　　　［晓晓上场。］

晓　晓　（有气无力）妈妈，妈妈。

佳　佳　晓晓，怎么了？

晓　晓　妈妈，我感觉头晕，浑身无力。

佳　佳　晓晓，你这是怎么了，你别吓我呀。

凡　凡　依我看来，他应该是病情加重了。

佳　佳　加重了！那怎么办，我们家就他一个独苗。（哽咽）

362

| 硕　硕 | 我记得，哪里不是有灵芝吗？灵芝应该可以帮到她。 |

硕　硕　我记得，哪里不是有灵芝吗？灵芝应该可以帮到她。

凡　凡　灵芝极度稀缺，哪里会有呢？

硕　硕　我记得，悬崖那边有。

佳　佳　悬崖！

凡　凡　那太危险了，我不建议。

佳　佳　可晓晓已经这样了。

吉　吉　灵芝，我记得上一任猴王给我留下了一株，说是可以救命用的药材，我去找找。

吉　吉　找到了，这个给你。

佳　佳　这真的可以吗？

吉　吉　快用，救猴要紧。

[晓晓服下灵芝后，醒了过来。]

晓　晓　妈妈？我怎么在这里？

佳　佳　是吉吉国王救了你。

晓　晓　吉吉国王！我妈妈说得果然没错，你是一个负责的国王。

吉　吉　你妈妈真是这么说的？

晓　晓　那是当然！妈妈，我想吃水蜜桃了。

佳　佳　孩子，我们家的水蜜桃都……

吉　吉　我这里还有很多，你们都可以吃。

佳　佳　这……这是真的吗？

吉　吉　当然，我什么时候骗过你们。

佳　佳　孩子，快说谢谢国王。

晓　晓　谢谢国王。

吉　吉　没事，这是我应该做的。

[硕硕和凡凡鼓起掌来。]

硕　硕　我们的猴王终于有一点猴王的样子了。

凡　凡　我就知道当时我没有选错猴王。

吉　吉　你们两个，怎么还不履行自己的义务！

二人合　什么义务？

吉　吉　把这些食物分给大家！

二人合　好嘞！

菜园子里的故事

编剧：刘国栋　丁付禄

人物表

主　人　菜园子的主人

大萝卜　白萝卜，不耐旱，一心为了弟弟

小萝卜　白萝卜，不耐旱，淘气，机智

西兰花　不耐旱，被菜园主人任命为园长，可以随意调配菜园水源

胡萝卜　耐旱，与西兰花一同进入菜园，跟随西兰花

青　菜　不耐旱，关心土豆

土　豆　耐旱，不耐涝，胆小

番　茄　受到西兰花欺骗，看清西兰花真面目

茄　子　受到西兰花欺骗，看清西兰花真面目

时　间　早上

地　点　阳台小菜地

［大萝卜来回踱步。］

大萝卜　唉，唉，唉！

小萝卜　哥，大早上不睡觉干嘛呢？

大萝卜　弟，你说大伙儿是不是菜根出问题了，怎么会选那个什么花菜当我们的园长。

小萝卜　人家叫西兰花，不叫花菜。

大萝卜　我看都一样的。

小萝卜　颜色都不一样好吧，而且人家不仅长得帅，还是个西洋品种，留过学呢。

下　编　德育戏剧的案例典范

大萝卜　长得帅了不起呀，你哥我也长得不差呀(将露水当镜子照了照）。

小萝卜　您可真不害臊。

大萝卜　唉，自从这西兰花来了以后，咱们的生活可不好过了呀。

小萝卜　正好，反正我也不想长大。

大萝卜　不准胡说！

小萝卜　好了好了，继续睡觉。

大萝卜　唉，这可怎么办哪？

　　　　[闹钟响。]

小萝卜　哎哟，吓我一跳，我还以为发生什么事了呢。

大萝卜　主人醒了？(指着小萝卜脑袋）你小子，天天就知道睡，什么时候才能长大？

小萝卜　我觉得我长得挺快的呀，(摸着自己肚子）你看我这肚子是不是又胖了一圈？

大萝卜　唉，你呀，不赶快长大怎么成为上等的食材，怎么贡献出自己的价值呢？

小萝卜　哥，为啥我们非要奉献出自己的价值呢？

大萝卜　因为只有主人看到了我们的作用，我们的菜园子才会发展得更好。

小萝卜　可是我不想长大，我想一直待在菜园子里。

大萝卜　我们萝卜的使命就是成为一个合格的食材，哥的梦想就是能够和羊肉配对，打造一碗美味的羊肉炖萝卜，而不是被削成一根根萝卜条，在太阳下被暴晒成萝卜干。

小萝卜　我……

大萝卜　好了弟弟，你现在的任务就是好好吸收土壤中的营养，快快长大。

小萝卜　可是，哥，你年纪也不小了，不还是一直待在这里？我看主人已经看上了超市里那些漂亮的萝卜，早就把我们给忘记了。

大萝卜　不许乱说话！想当初主人被隔离在家，要不是你的萝卜叔叔们奉献出自己的价值，主人也不会看到我们的作用，更不会在菜园里加入他们两个。

　　　　[西兰花，胡萝卜上。]

西兰花　(伸懒腰）你们大早上不睡觉干嘛呢？真是打扰我的好梦。

大萝卜　(客客气气）对不起，对不起，西兰花园长，我们不是故意的。

胡萝卜　那你们就是有意的咯？

大萝卜　不是，不是。

西兰花　既然是有意的，那下一次主人浇的水你哥俩得少一半。

大萝卜　啊？西兰花园长，这少一半我们可怎么活呀！

365

西兰花　我是管你们的，这水是我分配的，我想分给谁就分给谁。

小萝卜　你怎么能够这样乱使用权力？

西兰花　我有权力，而你没有，我想怎么使用就怎么使用，你再说，我连剩下的一半水都不给了。（转过身去）

小萝卜　你……

大萝卜　（连忙制止小萝卜）好了，少点水就少点水吧。

小萝卜　哥，不能让他们这么欺负人！

大萝卜　人家现在有权力，咱们再怎么气愤也没有办法呀。

西兰花　怎么样？还是不愿意接受吗？

大萝卜　接受接受。

西兰花　这还差不多。

　　　　〔胡萝卜向萝卜兄弟走去。〕

胡萝卜　（安慰）你俩也别太难过，没水就少用点不就行了？

大萝卜　胡萝卜大哥，看能不能跟西兰花园长说说（拉着胡萝卜），别减少我们的水了，小萝卜也正在长身体，这么克扣水量，可要我们怎么活呀！

胡萝卜　少扒拉我呀！（甩开大萝卜）

大萝卜　大家都是萝卜，你何必这样！

胡萝卜　是，大家都是萝卜，但我可和你们两个白皮萝卜不一样，我可是胡萝卜。我体内的营养可比你们丰富多了，再说了，我也不用太多水，一样活得自在。

　　　　〔土豆和青菜，土豆躲在青菜后面悄悄上场。〕

西兰花　有权就是可以任性！胡萝卜，我们走！

　　　　〔西兰花和胡萝卜下。〕

小萝卜　他们可真是太可恶了！

土　豆　（小声）萝卜兄弟！

大萝卜　土豆小弟，青菜妹妹，你们怎么来了？

土　豆　我们……我们……

青　菜　我们看西兰花在这儿，就跟过来了。土豆，你能不能别老黏着我，你出来，胆子怎么还这么小呢。（把土豆从身后拽出来）

土　豆　不要！

大萝卜　土豆小弟，你不要害怕。

下　编　德育戏剧的案例典范

[土豆跑到石头后面躲着。]

小萝卜　青菜姐姐，土豆这是怎么了？他以前很活泼的呀。

青　菜　还不是西兰花和胡萝卜搞的鬼，小土豆的生长本来就用不了多少水，可是他俩就仗着自己的权力，向小土豆灌水，小土豆自然承受不了这种折磨（摸摸土豆的头）。

小萝卜　所以他才变成这样。

青　菜　唉，可怜的小土豆。

大萝卜　这样下去可不是办法，照这么发展下去，迟早有一天，菜园子就只剩他俩了。

青　菜　那就反抗。

小萝卜　对！反抗！

大萝卜　反抗？这怎么行！

土　豆　不可以！

小萝卜　怎么就不可以？

大萝卜　园长本来就是菜园子里的伙伴们共同投票选出来的，就我们几个人反对又有什么用呢？

[番茄、茄子上。]

番　茄　谁说没用？

茄　子　就是。

[茄子前去照看土豆。]

青　菜　雌雄双茄？

小萝卜　番茄大哥，茄子姐姐，你们怎么来了？

番　茄　当然是来讨论如何对付西兰花。

大萝卜　你们不是支持西兰花吗？

番　茄　是支持他，不过那是以前，现在他把我们的菜园搞得一塌糊涂，菜园里的其他蔬菜都对他有意见。

小萝卜　那你们还支持他。

茄　子　还不是他承诺的要给我们美味的肥料，所以大伙儿才愿意将票投给他，结果什么都没有，还将水源据为己有。

番　茄　（指着身体）看我这身上，本来是红彤彤的，现在是红一块，青一块，红配绿，真是丑死了。什么时候我才能遇见我的鸡蛋朋友，什么时候才能

367

做出番茄炒鸡蛋哪！

茄　子　我本来是貌美如花，可如今，看看我脸上的皱纹(将露水当镜子)，啊！怎么又多了一条皱纹，再这样下去我就成一个蔫茄子了(坐在地上)。

青　菜　所以我们得想个法子将他赶下台去。

大萝卜　怎么做？

土　豆　(小声)监督的权利。

青　菜　哎，土豆，你说什么？

小萝卜　监督的权利？

青　菜　什么？

大萝卜　弟弟，你想到了什么？

小萝卜　我想起来了，虽然是我们投票选出的园长，但是最终还是主人确定的，或许我们可以找主人帮忙。

茄　子　能行吗？

小萝卜　当然了，而且我记得主人还说了我们可以监督西兰花行使权力。

番　茄　那不过是说说而已，你看现在谁敢去监督西兰花，胡萝卜吗？他们可是一伙儿的。

青　菜　死马当活马医，反正也没其他办法了。

茄　子　可我们怎样找主人帮忙呢？

大萝卜　主人这么喜欢西兰花，直接说他肯定不会信。

小萝卜　哎，我们可以这样。

[众人凑在一起，小萝卜说着计划。]

[西兰花、胡萝卜上。]

西兰花　你们在鬼鬼祟祟嘀咕什么呢？

土　豆　啊！(躲起来)

[众人立即散开站好。]

小萝卜　哦，哦，在说您治理菜园有方呢。

西兰花　嗯，没想到你小子转变得倒挺快的(打趣)。

胡萝卜　看来你哥教导得挺不错的。

西兰花　(注意到土豆)土豆，别躲了，我都看到你了，快出来！

土　豆　(极度害怕)不，不，不！

西兰花　我有那么可怕吗？

青　菜　好了土豆，别紧张，为了我们的计划（小声），出来吧。

西兰花　这才像话嘛。

　　　　［拖鞋声。］

胡萝卜　主人来了！

西兰花　你们几个，快站好，都给我打起精神来。

　　　　［全部蔬菜闭眼。］

　　　　［主人拿着花洒开心上。］

　　　　［主人一上场其他蔬菜便表现出死气沉沉的样子。］

主　人　（哼唱）嘟噜嘟噜嘟噜，我的小蔬菜呀，长在菜园中啊，左洒洒（为西兰花
　　　　浇水，西兰花睁开眼睛），右洒洒（为胡萝卜浇水，胡萝卜睁开眼睛），
　　　　长吧长吧长吧长吧（为土豆浇水，土豆无动于衷）。

　　　　［主人发现其他植物的情况不好便放下花洒。］

主　人　我的小土豆，你怎么不喝水了？我的小茄子，你怎么也变得无精打采的？
　　　　还有大番茄，你们这是怎么了？

胡萝卜　报告主人，他们兴许是状态不好，等会就好了。

主　人　西兰花，是这样的吗？

西兰花　应该是这样的吧。

　　　　［番茄故意将叶子摘掉。］

番　茄　啊？我的叶子怎么又掉了一片？

茄　子　我的怎么也掉了一片？

主　人　这到底是怎么回事？你们这是怎么了？

小萝卜　还不是西兰花害的？

主　人　西兰花？

大萝卜　没错！

西兰花　你们不要血口喷菜。

胡萝卜　你们这是污蔑、栽赃陷害，是……

主　人　（打断胡萝卜）嗯？你们继续说。

　　　　［大伙儿见主人愿意听取意见，便大胆地说了起来。］

青　菜　他们侵占水源，自私自利。

大萝卜　他们折磨土豆，残暴无比。

番　茄　他们滥用权力，以权谋私。

主　人　（对着西兰花）是这样吗？

西兰花　怎么可能，他们完全是颠倒黑白，冤枉好菜。

小萝卜　你说我们冤枉你，可你看看这里的所有蔬菜，哪个还支持你？你做的事大家可都看在眼里，记在心里的。

胡萝卜　你们菜多，我们说不过你们。

西兰花　主人，你别信他们的，他们明显是想造反，不想待在这菜园子里了。

主　人　你们说西兰花以权谋私，有证据吗？

众　人　这……

胡萝卜　没有就是污蔑。

小萝卜　谁说没有，主人要是不信可以搜一搜西兰花的身上，绝对还存有很多水。

主　人　（看向西兰花）嗯？

西兰花　怎么可能？

　　　　［主人搜西兰花身，西兰花百般不愿，最终被搜出藏有水源（水滴卡片）。］

主　人　这是（严厉）？

西兰花　我，这……

主　人　好你个西兰花，本来以为让你当园长，菜园就能发展得更好。可是你，居然滥用权力，要不是大家举报你，菜园子是不是都被你给管理没了？

小萝卜　就是。

主　人　我宣布，从今天起，你不再是菜园园长了。

众　人　耶！

西兰花　主人，你再给我一个机会。

主　人　既然赋予了权力，那就应该承担权力所带来的责任，而不是以权谋私，你不配当园长。

西兰花　不，我可以的。

小萝卜　放弃吧你，那主人，下一个园长是？

主　人　我决定，下一个园长是（指着小萝卜）你（又指向大萝卜）。

大萝卜　我？

主　人　没错。

大萝卜　我不行吧。

小萝卜　哥哥，你可以的，相信你自己。

番　茄　我们也支持。

370

茄　子　我也同意。

土　豆　我也同意。

主　人　看吧，大家都支持你。

大萝卜　为什么？

青　菜　虽然大家不说，但大家都知道你是真正为了菜园子好的，我们都相信你。

大萝卜　主人？

主　人　嗯。

大萝卜　既然大家相信我，那我一定承担好我的责任，正确行使我的权力。

小萝卜　太好了哥哥。

大萝卜　当然也欢迎大家随时监督我，让我们的菜园子越来越好。

众　人　越来越好。

立德树人：德育戏剧创作与实践指南

小凡改变记

编剧：李佳燏　陈姝璇

人物表

江　凡　成绩不太好，爱欺负同学

小　淳　成绩很好，但性格懦弱，是同学欺负的对象

小　杰　江凡的同班同学，江凡的小跟班

小　硕　江凡的同班同学，江凡的小跟班

李老师　江凡的班主任

小　易　江凡班上的班长，为人正义，爱帮助同学

第一场

时　间　早上

地　点　南山小学校门口

［新的一学期开始了，同学们欢天喜地地回到了学校，开始了新学期的学习，可江凡和他的小跟班们却在谋划怎么欺负小淳。］

［江凡站在校门口等着他的小跟班们，还有他的"老朋友"小淳。］

江　凡　新的一学期开始了，我可是六年级的"老大哥"了，这下我看在这学校里，谁还敢不听我的话！

江　凡　（左顾右盼）咦？我的两个小弟怎么还没来呢？

小　杰　（气喘吁吁地跑过来）大哥，大哥，我来了，今天起床起晚了，公交车也没赶上，害得我一路小跑过来。

江　凡　小硕呢？你没看见他吗？我以为你们是一起过来的。

小　杰　没看见哪，我以为他早就来了。真是的，拖拖拉拉的，还要让我们大哥

等他，等下他来了，得好好鞭策鞭策他。

江　凡　你还好意思说他，你不也让我等这么久嘛！我看，我得先鞭策鞭策你！

小　杰　（往旁边躲闪）别别别，老大，我错了，我错了，我下次再也不敢了！

江　凡　（傲娇地点了点头）这还差不多！不过，小硕到现在还没来，是有点奇怪了。等会，是得好好问一问他干什么去了。

[江凡和小杰在校门口又等了几分钟。]

[小硕慢悠悠地从不远处走了过来，嘴里还哼着歌。]

小　杰　老大，老大，你看（指着小硕），小硕来了。嘿！这小子真是的，我们在这儿等半天了，他还慢悠悠的，一点都不慌。

江　凡　好了，好了，别在这儿抱怨了，新学期才开学我们自己内部不能闹矛盾，要一致对外！

小　杰　我这不是看他让老大你等这么久嘛。

江　凡　你叫一声他，他好像没看见我们，把他叫过来，我好好问问他是怎么回事。

小　杰　好嘞。（朝着小硕挥手臂）小硕，小硕，我们在这里。

[小硕看见小杰和江凡，朝着他们跑了过去。]

小　硕　老大，小杰，你们怎么在门口站着呢？

小　杰　嘿！你还好意思说，我们不是在等你嘛。

小　硕　（不好意思地挠挠头）哦哦哦，我一高兴忘记了你们在等我了。

江　凡　（略带生气的语气）我正想问你呢，你遇到啥好事情了，害我们在这等你半天。

小　硕　我妈给我涨了五块钱的零花钱（自豪地比了一个五），我现在一天有十块钱的零花钱了，我可以多买些零食吃了。等会，我请你们去吃雪糕。

江　凡　切！我以为是啥好事呢，把你高兴成那样，不就是零食嘛，跟着我混，你还怕没有零食吃吗？

小　硕　老大别生气，我不是这个意思，跟着老大混，怎么可能不好嘛。我这不是得意忘形了嘛，下次我一定准时到，不会让你们等了。

江　凡　这还差不多。我们走吧，快上课了，别新学期才开始就迟到，又被请家长了。

[这时，小淳匆匆忙忙地朝着校门走了过来。]

小　杰　老大，你看那不是小淳嘛，怎么今天他也来这么晚。

江　凡　（仔细一看）确实是他，走，我们去会会他。

小　杰　站住，没看见我们嘛，都不过来问声好！（指着江凡说）快叫老大！

小　淳　（声音颤抖地说）老大。

小　硕　大点声，没吃早饭嘛，那么小的声音谁听得见哪。

江　凡　好了，好了，都是同学，不要吓着人家了。

小　硕　好的。

江　凡　小硕，你今天怎么也这么晚才来，你平时不都是很早就来学校了吗？

小　淳　我……我，我昨天晚上在帮忙别的同学写作业，熬到了很晚，今天早上，没起来。

小　杰　哟，看不出来你还挺"乐于助人"的嘛，那下次我们三个的作业你也承包吧！

小　淳　我……

江　凡　好了，别说了！我们快走吧，要迟到了。

[四个人匆匆忙忙赶到教室，开始了新学期的第一堂课。]

第二场

时　间　正午

地　点　六年级一班教室

[上午的课程上完后，进入午饭时间。这时江凡他们又聚集在了一起。]

小　杰　大哥，中午吃什么呀？

江　凡　我也不知道，要不今天我们就去吃食堂算了。

小　硕　我觉得可以，但是我不想走动，谁去打饭呢？

小　杰　你你你，真的是，才多远就不爱走，真的是懒！不过……我也不爱走。

小　硕　切，你还好意思说我，你自己不是一样懒嘛。

江　凡　那你们两个的意思是叫我去咯！

两　人　没有，没有，我们没有这个意思。

江　凡　那叫谁去？

小　杰　叫……（注意到小淳）叫小淳去。

江　凡　对呀，怎么忘记了他，就叫他去。

下　编　德育戏剧的案例典范

［三人朝小淳走去。］

小　硕　喂，小淳，你去食堂给我们三个买饭去。

小　淳　(小声地回答道) 不去，我还要做作业。

小　杰　什么！不去，你说不去就能不去吗？不去，你今天就别想做作业了。(一把抢过小淳的作业)

小　淳　快还我，不然我告诉老师了。

小　硕　你还要告诉老师，你去呀！你去了，看我们怎么收拾你。

江　凡　好了，好了，你们两个，都是同学，不要吓唬他了，(转过身来对着小淳说) 这样，你去帮我们打饭，我让他们把你的作业还给你。

小　淳　好吧！

小　杰　这还差不多，给我们老大打饭是你的荣幸！

小　硕　就是。

［在三人的威逼下，小淳去食堂给三人打饭，江凡三人也开始做作业了。］

江　凡　(揪着头发) 这数学题怎么这么难哪，这是我会做的题吗！(转过头来对着小杰说) 小杰，你会这题吗？

小　杰　不会呀。老大你又不是不知道我，我们两个半斤八两，你觉得我会做这些数学题嘛。

江　凡　那我看你做这么认真，我还以为你会呢。

小　杰　怎么可能，我这是在画画呢。

江　凡　真没用，那小硕呢。(看向小硕)

小　硕　我也不怎么会，只会那么一点点。

小　杰　切，你就装吧，哪次数学考试不是比我们两个少几分。

小　硕　你们那是运气好，不会的都蒙对了。我是靠实力做题的，从来不蒙。

小　杰　蒙得对，也是一种能力，你还蒙不对呢！

小　硕　我还不稀罕去蒙呢！

江　凡　好了，好了，你们两个别吵了，吵架能解决问题吗？

小　硕　(小声商量) 要不，我们把作业拿给小淳做吧，他不是昨天晚上还在帮别人做作业嘛。

小　杰　对对对，让小淳帮我们做，他成绩那么好，一定会做。

江　凡　嗯……我觉得可以。

［三人正商量的时候，小淳打饭回来了。］

375

[小淳上。]

小　硕　老大，他回来了。

江　凡　小淳，回来了，快坐下，辛苦你了。

小　淳　饭给你们带回来了，那我过去做作业了。

江　凡　（拉住小淳）别急嘛，我们还有个事情找你商量。

小　淳　什么事？

小　硕　是这样的，这数学题我们不会做，以后我们三个的数学作业就交给你帮我们做了。

小　淳　（挣脱）不行，我不同意，我不会帮你们做的，这会影响到你们自己的学习的。

小　杰　这可由不得你，你是做也得做，不做也得做。

江　凡　就是，不做，看我们怎么收拾你。（摩拳擦掌）

[班长小易上。]

小　易　你们在干什么，是不是又在欺负小淳同学！

小　杰　我们三个的事你少管！

小　易　身为班长，你们欺负同学这事，我管定了。（把小淳护在身后）

小　易　小淳，不要怕，跟我说他们是怎么欺负你的，我告诉老师去。

小　淳　他们让我帮他们写数学作业，我没有答应他们，他们就威胁我。

小　易　好哇，你们三个，自己的作业自己不写，还要让别人帮你们写，我这就告诉老师去。

[小易气冲冲地跑去了办公室。]

小　杰　老大，班长真的去了，我们怎么办哪？（慌张）

江　凡　怕什么，（看向了小淳）只要小淳不说出来是我们欺负的他，老师不会罚我们的。

小　硕　（攀着小淳的肩膀）小淳，等下老师问你，你不能说我们在欺负你，说出来了就有你好看的！

[小易上。]

小　易　你们还在威胁别人，快跟我去办公室，李老师找你们。

[五人来到李老师的办公室。]

李老师　我听小易说你们在欺负小淳。

江　凡　（直摇头）没有，老师你别听班长在那里瞎说，我们怎么可能欺负小淳呢？

李老师	没问你，小淳你自己说，他们有没有欺负你。
	[三个人恶狠狠地盯着小淳。]
小 易	小淳你不要怕，老师在这儿呢，你把他们怎么欺负你的说出来。（鼓励）
小 淳	李老师，江凡他们自己不做作业，让我帮他们做，他们还威胁我说不能告诉你，不然他们就要收拾我。
李老师	是这样吗？江凡。（盯着江凡）
江 凡	我们没有威胁小淳，我们就是不会做题，在请教小淳，让他教我们学习数学。
小 杰	（紧张）对对对，我们三个数学不好，我们在向小淳请教呢。
小 硕	这一定是误会。
李老师	哦？真的是这样吗？
小 易	李老师，他们在说谎，我一进教室就听见他们在威胁小淳，亲眼看见他们把作业丢给小淳，让小淳帮他们写。
李老师	你们三个还不说实话是吧？那我现在就打电话，把你们家长叫来，看你们怎么给你们家长说。（顺势掏出手机，准备打电话）
江 凡	老师我们说实话，能别给我们家长打电话吗？
李老师	那行，你们先好好说说你们到底有没有欺负小淳。
小 杰	老师，我们错了，我不应该让小淳帮我们做作业。
小 硕	我也不应该威胁小淳的。
江 凡	我也知道错了，我们不应该欺负小淳的。
李老师	你们三个先向小淳道歉。
三 人	小淳，对不起。
李老师	同学之间应该互帮互助，不能以大欺小，以强欺弱，以多欺少。哪位同学有困难，我们都要积极地去帮助他们，不能像你们这样，不但没有帮助同学，还去欺负其他同学，这是很不对的。
江 凡	老师，我们知道错了。我们再也不会欺负同学了，以后我们也会帮助那些需要帮助的同学的。
李老师	还有就是，你们现在都已经六年级了，马上面临中考了，还让别人给你们写作业，你们的成绩怎么能提高呢？
小 硕	老师，我们也知道这样不好，但是我们不会做那些数学题。
李老师	不会的，你们可以来问老师，老师们都愿意给你们讲解。

立德树人：德育戏剧创作与实践指南

小　淳　你们也可以问我，只要我会做的，我也能给你们讲解。

小　杰　我们以前都在欺负你，你还愿意给我们讲题，谢谢你。

小　淳　没事，我们都是同学嘛，老师都说了我们要多帮助需要帮助的同学。

李老师　你们三个要多向小淳学习，以后再也不能欺负同学了，要多帮助需要帮助的同学。

三　人　老师，我们明白了。以后我们再也不会欺负其他同学了，一定会帮助需要帮助的同学的。

众　人　朋友们，你们明白了吗？不可以欺负同学，同学之间要相互帮助噢！

下　编　德育戏剧的案例典范

反思法庭

编剧：庞　迈

人物表

刘 之 峰　测试不理想，积极反思自我的学生

丁 老 师　刘之峰的数学老师

反思法官　积极帮助刘之峰反思的法官

骄傲先生　刘之峰总结出来的毛病之一

懒惰先生　刘之峰总结出来的毛病之一

粗心女士　刘之峰总结出来的毛病之一

[舞台中摆放着一副桌椅，刘之峰和骄傲、懒惰、粗心上。]

刘 之 峰　（激动地）我，叫刘之峰，今天将进行这学期的期末测验，我已经迫不
及待了。我必将再次取得优异的成绩！

[音乐《好运来》响起，刘之峰坐在椅子上，表演做试卷，骄傲、懒
惰、粗心围着刘之峰跳起编舞。]

丁 老 师　刘之峰！

[丁老师上，音乐停，骄傲、懒惰和粗心站到刘之峰身后。]

丁 老 师　你看看你做的试卷，简直是一塌糊涂！

（刘之峰接过试卷）

刘 之 峰　不！为什么，为什么只考了这么点分？！

骄　　傲　哎呀，没事，一次考试而已。

懒　　惰　是呀，是呀，有什么大不了的。

粗　　心　下次，一定能考好。

刘 之 峰　不，这一切都是你们害的，我要上反思法庭，我要控告你们！

[电闪雷鸣、激昂的音乐响起，工作人员搬上两副桌椅，摆成三方，丁老

379

师、骄傲、粗心、懒惰下，侍从和法官上，最左边一方不放椅子。]

反思法官 是谁要上反思法庭啊？

刘之峰 是我，是我！我要控诉骄傲、懒惰、粗心三个坏毛病，他们害得我失去了优异的成绩。

反思法官 那好，现在开始审理刘之峰的第一次反思案件，请原告落座。（刘之峰落座右方）

反思法官 带犯罪嫌疑人骄傲上场！

[侍从带着骄傲先生上台，骄傲先生一直把头高高地抬起，显示出一副高高在上的样子。]

刘之峰 骄傲，我要控告你的罪行，把你绳之以法！

骄傲先生 （抗拒）你们为什么要抓我？我可是成功带来的，只有成功的人，才有资格成为我的主人。主人，您应该因为有我骄傲先生而感到骄傲哇！

刘之峰 你别在这里偷换概念了。我曾经确实一直都保持着优良的成绩，姑且可以算是一种成功。但是成功带来的不应该是骄傲，而应该是谦虚与自信！

骄傲先生 您说自信，自信可是我的双胞胎兄弟。为什么，为什么我的双胞胎兄弟自信被你们人人所追求，所赞扬，而我骄傲，却要被你们人人所摒弃，所厌恶？（情绪激动）

刘之峰 那是因为自信的前提是充分认识自己，既认识自己的长处与优点，也认识自己的不足与缺点，而你骄傲则是对自己盲目地乐观，既高估自己，又轻视别人。

骄傲先生 那么，就算我让您高估了自己，那又有什么关系呢？（无奈地摊手）

刘之峰 当然有了。平时做作业的时候，有些题明明只是碰巧蒙对了，你却说这些题都是我能力出众，自己做出来的，连上课老师的评讲都不听。等到了测试的时候，只是变个数字，便让我错得一塌糊涂，这不是你害的吗？

骄傲先生 唉，那只是碰巧运气不好嘛，平时作业有那么多题，测试却只考那么点题，没有必要把每道题都弄明白。如果测试真的遇上了，那就是运气不好，下一次一定能考到你完全会做的题！

刘之峰 什么？下一次？你是想让我把承认改正错误的勇气都给丢掉吗？不想着好好解决当下已经遇到的问题而把希望寄托于未来不再遇见，这样的态度与方式能让我取得成功吗？

骄傲先生　这样看来，确实是我害了你，对不起，主人。（低下了高傲的头）

法官先生　既然如此，我宣布：根据法律，犯罪嫌疑人骄傲罪行成立，事实清楚，好在积极承认错误，最终罪行评定为三星。

骄傲先生　我想，我们还会再见面的。（不舍）

刘 之 峰　再见了，骄傲，希望下一次见到你，是在我对人或事物感到由衷自豪的时候。

　　　　　［两个侍从带着骄傲先生下场。］

刘 之 峰　法官先生，我记得以前的骄傲不是这个样子，第一次见他时，他还像个三岁小孩儿，为什么现在长得比我都高了？

法官先生　那都是因为你呀。

刘 之 峰　因为我？

法官先生　是呀！因为你给了他成长的环境，你总是局限在自己的小环境里，满足于小圈子里的成就，长久地沉浸其中，人就容易原地踏步，甚至是倒退，自然也就会出现骄傲了。

刘 之 峰　原来，是我的眼界太狭窄了。

法官先生　是呀，人外有人，天外有天哪。再过不久，等你上了初中，你就能真切地体会到了。

刘 之 峰　人外有人，天外有天。（若有所思）

法官先生　好了，还是继续你的反思吧，带懒惰上场。

　　　　　［两个侍从带懒惰先生上场。］

刘 之 峰　懒惰，想不到吧，我们会在这里相见。

懒惰先生　（看看四周）哦，我亲爱的主人，我们怎么在法庭相见了？

刘 之 峰　因为我……

懒惰先生　额，等一等，不管是什么原因，各位，请你们给我一把椅子行吗？我懒得站着说话。

反思法官　真不愧是懒惰先生，连在法庭上都懒得站着说话，来人，给他上椅子。

　　　　　［两个侍从把凳子送上来。］

懒惰先生　哦，谢谢。（坐在椅子上悠闲地翘着二郎腿）好了，主人，刚刚你说啥来着？

刘 之 峰　我说，你就是个大骗子，我要控告你。因为你害得我失去了优异的成

绩，我从来没考过这么低的分，这还是在期末测试！（拿出试卷）

懒惰先生 什么，控告我？主人，难道您认为测试成绩不理想是因为我的缘故吗？

刘 之 峰 当然了。在我准备专心做作业，认真复习的时候，你来影响我，来诱惑我，总是让我把当天的任务堆到第二天，而第二天又有新的任务，总是明日复明日，最后所有的东西都是一知半解，这难道不是因为你，不是因为懒惰造成的吗？

懒惰先生 瞧你这些话说的，主人，你都读了那么久的书，难道就不该享受享受吗？

刘 之 峰 享受？我看是放纵吧，在需要认真学习，需要努力奋斗的时间里追求无休止的享受完全就是放纵，就是懒惰。

懒惰先生 可是你忘了吗，你在这段时间很安逸、很快乐呀，如果懒惰能带来安逸，带来快乐，那有什么不好的呢？

刘 之 峰 是，你是给我带来了一时的安逸，一时的快乐。但是等到我看到手中的试卷才发现，你带给我的原来是倦怠，是消沉。贪图一时的享乐只会失去更多长久的成果。如果把你继续带在身边，我的未来还有希望吗？所以，我一定要把你绳之以法！

懒惰先生 我……（支支吾吾）

法官先生 懒惰，你还有什么辩护的吗？

（懒惰不说话）

法官先生 既然如此，我宣布：根据法律，犯罪嫌疑人懒惰罪行恶劣，事实清楚，罪行评定为四星，押下去等候发落。

〔侍从将懒惰押下去，法官和刘之峰在押送期间对话。〕

刘 之 峰 法官先生，我有一个问题。

法官先生 什么问题？

刘 之 峰 懒惰罪行这么恶劣，为什么罪行只有四星？

法官先生 那是因为在青少年成长的过程中，懒惰是一个单纯的毛病，它来得简单，解决起来也简单，无论是内部的深刻动机，还是外部的强制管理都能很好地克服。但有的东西，却不是那么容易。

刘 之 峰 您是说粗心？

反思法官 不错，正是粗心，带犯罪嫌疑人粗心入庭！

〔两个侍从带着粗心上场。〕

粗心女士 （吊儿郎当）哟，这不是我的小主人吗？我们怎么在这里见面了？

下　编　德育戏剧的案例典范

刘 之 峰　对不起，粗心，我要控告你的罪行，请你不要再来找我了！

粗心女士　（看看四周）哦，那请你说说，我都有什么罪行？

刘 之 峰　在测试中，因为你，我把简单的题目看错，因为你，我把中等难度的题算错，这些，你要负主要责任！

粗心女士　什么，因为我？难道你认为这些都是我的缘故吗？（激动）

刘 之 峰　不是你还能有谁？当我遇到简单题的时候，你说这些题一看便会，早就做过相同的题了，答案一定也是以前的。遇到计算题的时候，你说这些最基本的计算不要花太多时间，赶紧迅速做完，做后面的题去，结果前面的题错得一塌糊涂，难题也没正确多少，这一切不是因为你还能是谁？

粗心女士　不，主人，当你看到题目很熟悉很简单，想都不想就写上答案，根本就没有彻底理解题目的含义，这样做题怎么能不错呢？当你遇到需要计算的题的时候，你宁愿在脑海里推演步骤，也不愿意在草稿纸上一步一步地计算，这样做题怎么能不错呢？

刘 之 峰　你……

粗心女士　主人，虽然我经常被人提起，经常在人犯错的时候被提起，但是这一切真的是因为我吗？我看哪，完全是因为你注意力不集中，当你在答题的时候，为何要听从我的话呢？

刘 之 峰　啊，难道我真的反思错了吗？（低下头思考）

粗心女士　既然这样，你们还不赶快把我放了？（看向法官）

反思法官　哈哈哈哈，粗心女士真是一个辩论的好手哇。

粗心女士　怎么，反思法官，我说得不对吗？

反思法官　你说得对，也不完全对。注意力不集中确实是小刘的一个毛病。当人情绪低落，心不在焉时，往往会注意力不集中，容易出错。而当人情绪过于兴奋，思维紧绷时，也会注意力不集中，容易出错。而他这次考试失利，很大程度上是因为情绪过于兴奋。

粗心女士　那不就对了？所有的一切都是因为主人没有集中注意力，只要把那家伙揪出来，问题不就迎刃而解了，为什么还要来审判我？

反思法官　因为粗心的最大缘由恰恰是注意力不集中，就像人，拥有两条胳膊两条腿，你身体的一部分犯了错误，你能逃得了干系吗？

粗心女士　可恶，想不到骗过了主人，却没有骗过法官。

383

立德树人：德育戏剧创作与实践指南

反思法官 看来，你是认罪了哦！那我宣布，根据《青少年成才促进法》，犯罪嫌疑人粗心罪行恶劣，事实清楚，罪行评定为五星，押下去。

[侍从押送粗心下场，刘之峰低头沉思。]

粗心女士 我一定会回来的！

反思法官 怎么，你有什么想不明白的吗？

刘 之 峰 是的，我在想粗心是不是还有其他的缘由。

反思法官 哈哈哈。

刘 之 峰 您笑什么？（不解地看着法官）

反思法官 我是为你感到高兴啊，想不到你小小年纪便开始深层次的反思了。不错，粗心虽然外表看起来简单，但是她的内心却十分复杂。她的出现与你的注意力、环境、生活习惯等都有关系，要完全摆脱她，可不容易。

刘 之 峰 那就恳请您帮我彻底地摆脱她吧。（恳求）

反思法官 抱歉，反思法庭只能帮助你反思自己，从而找出毛病，将他们定罪。但是我没有权力与力量处罚他们，更无法把他们消灭掉，这一切，都需要依靠你自己。

刘 之 峰 靠我自己？

反思法官 是的，就像交朋友一样，是与骄傲、懒惰、粗心相伴，还是和谦虚、勤奋、细心做朋友，这一切都要靠你自己去努力。

反思法官 我相信你，无论是骄傲、懒惰，还是粗心，只要你坚持不懈地奋斗，一定能在不远的将来，彻底摆脱他们。

刘 之 峰 我明白了，谢谢您，反思法官。

反思法官 哈哈哈，后会有期！（法官和侍从挥手告别）

刘 之 峰 后会有期。

洪水风波

编剧：向　峰　张洪玮

人物表

小　鸡　生活滋润，没有尝过苦头
小　鸭　足智多谋，临危不惧
小　鹅　没有主见，跟着他人的方向走
小老鼠　虽然偷粮食，但是心眼不坏
水　牛　乐于助人，无私奉献

时　间　上午
地　点　森林里

[阳光明媚，农场里一派生机盎然的景象，小动物们悠闲地吃着食物，欢快地跳着舞蹈。（布景：一棵大树，四块用木箱子做的石头）]

小　鹅　主人又送来这么多吃的，我们是不是吃不完哪。

小　鸡　主人愿意送就送呗，反正花的是他的钱，又不关我们的事。我们就别瞎操心了。吃不完就丢了呗。我提个议，等会吃完饭后，我们拿剩下的比赛，用来丢沙包，看谁扔得更远。（做扔东西的动作）

小　鸭　你们这样也太浪费粮食了，再说你们乱扔那不得破坏环境啊。

小　鸡　哎呀，反正主人每天都要送来食物，我们也吃不完用不完哪。

小　鹅　也对，吃饱了正好娱乐娱乐嘛，有助于消化。

小　鸭　我可不跟你们玩。（下场）

小　鸡　你就是学问太多，顾虑太多了，咱们游戏开始！

[于是小鸡小鹅飞速吃完饭后，纷纷开始乱丢食物。]

385

立德树人：德育戏剧创作与实践指南

小　鸭　你们还在玩，快点睡觉了，可别打扰我休息。

小　鸡　哈哈哈，行行行。咱们吃也吃饱了，玩也玩乐了，现在该睡大觉了。（打哈欠）

小　鹅　走，睡觉去。

　　　　〔小鸡、小鸭和小鹅在一旁睡起觉来，小老鼠上场。〕

小老鼠　（偷偷摸摸）嘿嘿，他们终于吃饱喝足了，我可是在旁边偷偷看你们这么久了，什么家庭啊，把粮食到处乱扔，我要是有你们十分之一的粮食也好哇。（不小心绊到小鹅的脚）

小　鹅　（醒来）你谁呀？

小老鼠　（看见小鹅并没有驱赶自己便淡然起来）我是主人派来和你们一起玩的，是你们的朋友。

小　鹅　哦哦，原来是朋友哇。（正准备叫醒小鸡和小鸭，但是被小老鼠制止了）

小老鼠　不要打扰到他们睡觉，这样多不好意思，我大老远来就是肚子有点饿了，你能不能给我找点吃的呀，填填肚子。

小　鹅　当然可以呀，就像小鸭经常说的，（摇头说古文）有朋自远方来，不亦乐乎。

小老鼠　谢谢你，我的朋友。

　　　　〔小鹅给小老鼠拿来了食物并开始吃，小鸡被他们吵醒了。〕

小　鸡　（不耐烦）小鹅，我说你才吃完又在吃呀，能不能小声点。

小　鹅　不是我在吃，是我们的朋友在吃。

小　鸡　朋友？（睁开眼睛）老鼠！

　　　　〔小老鼠知道自己暴露了准备走。〕

小　鸡　小鹅，你怎么和老鼠在一起。

小　鹅　（不知所措）你说什么呀？

小老鼠　哼哼，没错，我就是大名鼎鼎的粮食收割者小老鼠。拿你们一点粮食不过分吧，看你们把粮食到处乱扔，不知道浪费了多少粮食。

小　鸭　你也别在这儿装好人，以前不知道偷了主人多少粮食。

　　　　〔小鸡冲上去与小老鼠搏斗，小鸡壮大的体型让小老鼠难以招架。〕

小老鼠　我还会回来的。（说完便跑）

小　鹅　原来他不是朋友，欺骗我的家伙，你给我站住。（跑下）

小　鸡　我还不相信他敢来。哎呀呀，这小日子也过得太舒服了吧。整天吃了睡，睡了吃，导致我现在都日渐圆润了，这人生啊不经历点挫折怎么能行，

386

下　编　德育戏剧的案例典范

上天啥时候能给我点困难尝尝啊！

小　鸭　这小老鼠刚刚不就给你带来了困难嘛。

小　鸡　这算什么困难，轻松撂倒。

小　鸭　哦，你还有一件困难可不小哇！

小　鸡　哈哈哈，我这过的是衣来伸手、饭来张口的日子，哪有什么困难可言？

小　鸭　刘呀，就是因为你过得太滋润了，你没听说过物极必反的道理吗？

小　鸡　什么高深的学问，听不懂听不懂！

小　鸭　我可是好心提醒你，什么东西都应该适可而止，你看你，（指了指小鸡的肚子）肚儿大屁股圆的，一看就是做肯德基的上好材料，相信过不了多久，你就会被拖到肯德基工厂做成炸鸡了，这么大的困难可是摆在你面前哪。

小　鸡　这……这……

　　　　［一声巨大的雷声打断了小鸡和小鸭的对话，随后天降暴雨。］

小　鹅　不好啦不好啦！我看见旁边的河水慢慢上涨了，水很快就要涨到农场里来了，主人也不在家，咱们可怎么出去呀！

小　鸭　快，咱们先到树下躲躲雨，看看这暴雨的情况。

小　鸡　哎呀，这多大点事嘛，什么大风大浪咱们没见过，这也不是第一次遇见下暴雨了，有什么可怕的。

小　鹅　可是以前从来没有见过河水涨这么快，这次有点反常啊。

小　鸭　对，恐怕咱们的困难就要来了，先到树下看看情况。

小　鸡　（见小鸭和小鹅往树下跑去，心里咯噔一下）我也觉得树下风景不错！（说完朝着树下跑去）

　　　　［随后小老鼠迎着暴雨蹑手蹑脚地出来觅食，并没看到正在树下避雨的小鸡、小鸭和小鹅。］

小老鼠　嘿嘿嘿，他们三个肯定没想到我会冒着雨来偷粮食，我真是太聪明了。

小　鸭　我看你是聪明反被聪明误吧，小老鼠。（摩拳擦掌）

小老鼠　（被小鸭的说话声吓得跳起来）啊！几位爷，我只是路过。（说完便要走）

小　鸡　（撸起袖子要去拦小老鼠）我看你往哪里逃。

　　　　［小老鼠被压得瘫坐在地上，小鸭阻止了小鸡。］

小　鸭　这次就放过他吧，毕竟这么大的雨出来找吃的也不容易，咱们当下最要紧的是想办法保住自己的生命。

387

立德树人：德育戏剧创作与实践指南

小　鸡　咱们又没什么危险。

小　鹅　我好像看到河水涨上来了。

小　鸭　看来咱们终究是躲不过这个困难了。快点找地方躲避洪水！

众　人　洪水？

小　鸭　洪水就是由暴雨、急骤融冰化雪、风暴潮等自然因素引起的水量迅速增加或水位迅猛上涨的水流现象。

小　鹅　咱们不是会游泳吗？

小　鸭　这洪水可不是闹着玩的，就算是我这个全农场第一的游泳高手也会被洪水卷走的。

众　人　（慌张）啊！这可怎么办？

小老鼠　谢谢你们放过我，我也是逼不得已才来偷粮食的。我有个办法，我是打洞高手，可以挖一个洞让大家躲避洪水的侵袭。

小　鸡　那你还不快挖。

小　鸭　等等，这样是不行的，洪水会流到洞里把我们给淹没，肯定难逃一劫。

小　鸡　（瘫坐在地上）完了，我这个不会游泳的根本没希望了呀。

小　鸭　（环顾四周）有了，我们可以把周围的石头堆起来，我以前听到主人说过遇到洪水要往高处跑，可以上到屋顶或者山坡上。咱们可以把石头堆高后站到石头上等待救援。

［众人将周围的石块堆好后抱在一起站在石头上面，洪水来了。］

小老鼠　小鸭，你真是太聪明了，可比我强多了。

小　鸭　小老鼠，千万不要这么想，你平常无依无靠，一个人扛下了所有，你也很强。

小老鼠　唉，如果不是为了生存，谁又愿意去偷粮食呢？以后我愿意替你们分担工作，靠自己的双手正当地获取食物。

小　鸡　嗯，小老鼠，是我以前没有考虑到你的处境，如果换作是我，早已经生存不下去了。你真的很厉害，以后咱们共进退。

小　鹅　欢迎小老鼠加入到我们的队伍。这洪水可真是凶猛啊，以前从来没有遇到过。

小　鸭　是呀，已经很多年没有发生过洪水了。随着人类文明的不断发展，人类大量地开发地球资源和破坏环境，造成了地球的气候剧变，越来越多的恶劣天气频繁出现，对人们的生活和财产造成了不可估量的损失。这次

388

洪水的到来就是在警示人们要爱护环境，同时也提醒大家在遇到自然灾害时如何保护自己的生命。

小老鼠　是呀，要不是你，咱们四个现在已经被这滚滚洪水给冲走了。

小　鹅　那咱们接下来该怎么办哪？一直待在这里也不是办法呀，总要吃饭的。

小　鸡　是呀。

　　　　［此时传来水牛警官的声音。］

水　牛　（水牛带着救生圈上场）你们待在那里不要动，等我来救你们。

小　鹅　（惊讶）是水牛来了！

水　牛　小鸭，等我把救生圈扔过来，你们戴上救生圈，我把你们拉过来。

小　鸭　好的，水牛。

　　　　［通过水牛的救援，众人被一个一个救到安全地点。］

小　鸭　谢谢你，水牛。如果不是你，我们还不知道怎样脱离危险呢。

水　牛　（抖了抖身上的水）不用谢，你们也很聪明，知道往高处躲避洪水。

小　鹅　是小鸭想到的办法，不然我们肯定等不到你的救援了。

水　牛　你们做得很棒，遇到洪水来临就应该往高处跑，如果实在没有时间就跑到房屋或其他高处等待救援人员的到来。在救援人员还没赶到之前切记不要私自冒险渡过洪水，这样很容易被洪水给卷走。

众　人　我们知道了，谢谢水牛。（鞠躬）

水　牛　经历了这次洪水灾难，小鸭他们知道了在洪水来临时如何应对灾难，那小朋友们知道该如何正确地去应对洪水吗？你们还知道我们的生活中有哪些自然灾害吗？怎样去应对呢？大家有没有思考过这些自然灾害发生的原因呢？

众　人　小朋友们，让我们携手一起保护环境，减少灾难的发生吧。

立德树人：德育戏剧创作与实践指南

文明的竞赛

编剧：庞迈

人物表

地球先生　地球 online 的监管员
中　华　中华文明的代表
古　印　度　古印度文明的代表
古　埃　及　古埃及文明的代表
古巴比伦　古巴比伦文明的代表

第一场

时　间　上午
地　点　图书室

[舞台上摆放一个桌子，桌子上有一张地图，地球先生站在舞台中央，游戏登录音响起，提示四位玩家登录。]

地球先生　欢迎四位玩家来到地球 online 第一赛季文明的竞赛，我是本赛季的游戏监管员，你们可以叫我地球先生。

众　人　你好，地球先生。

地球先生　各位玩家好。在游戏开始前，请允许我简单介绍一下规则。赛季开始，每位玩家将会获得一块区域作为领地，玩家在领地拥有绝对的权力。领地里有着各种资源，玩家需要在领地上生产建设、发展文明，最终文明积分最高者将获得地球 online 游戏第一赛季的冠军！

古　印　度　（站出来）那么文明积分怎样才能获得呢？地球先生。

地球先生　当每位玩家进入自己的领地后，文明积分系统就将开启，玩家在地区

390

下　编　德育戏剧的案例典范

里完成的每一项活动都会获得文明积分，当然，每一项活动所能获得的积分也会明码标注。同时玩家在　段时间内精力与资源是有限的，怎样合理地利用领地的资源，开展每一项活动之前，还请各位深思熟虑。

古　埃　及　（站出来）那么这个赛季的游戏时间是多长呢？

地球先生　如果不出意外的话，地球 online 第一赛季的游戏时间是——四千年。

中　华　四千年时间，如果一个地区连绵不断发展了四千年，将会孕育出多么灿烂的文明啊！

古巴比伦　是呀，地球先生，我已经迫不及待了，请赶快开始游戏吧！

地球先生　好的，四位玩家。地球 online 第一赛季一共开放了四个领地，分别是美索不达米亚、埃及、印度以及中华。（双手展开，在地图上示意）为了公平，请各位玩家抽签选择自己的地区。（拿出四个抽签，四位玩家分别抽签）

古巴比伦　（打开签子）地球先生，我抽到的是美索不达米亚。

地球先生　哦，幸运的玩家，在本赛季的领地中，美索不达米亚拥有一望无际的平原，还有两条生命之泉——底格里斯河与幼发拉底河。这两条河流横贯交错、强强联合，无论是农业种植，还是交通运输都有巨大的优势，相信您一定能在这里建立起璀璨的文明！

古巴比伦　真的吗？那看来这个赛季的冠军非我莫属了（自信地拍拍胸膛），哈哈哈。

古　埃　及　（着急）嘿，地球先生，讲讲我的领地如何，我抽到的是埃及。

地球先生　哦，您的运气也不错，来来来，请看地图。（指着地图）埃及这片土地北面是辽阔的海洋，而东西南三面都是广袤的沙漠，您的地区一开始便自带了一级防御科技，可以在近千年的时间里免受外界的干扰，安心发展。

古　埃　及　（满意地点头）嗯，那也不错了。

古　印　度　那么，印度这块地又有什么特点呢？

地球先生　哦，印度，俯瞰整个印度，雄伟的山脉、浩瀚的海洋、茂密的森林、奔腾的江河等都在这片富饶的土地上，相信您也一定能这片土地上发展出独具特色的文明。

古　印　度　啊，怎么听起来没什么优势呀。（失落）

391

中　华　那么，地球先生，我抽到的中华又有什么特点呢？

地球先生　中华吗？

中　华　中华这片土地怎么了？

地球先生　我不得不善意地提醒您，中华的地理条件不太乐观，在第一赛季开放的四个领地中，中华是自然灾害发生率最高的领地，这片土地上虽然有一条叫黄河的大河，但是它桀骜不驯，很容易出现决口而破坏文明，并且……

中　华　停停，地球先生，为何对我如此地不公平，中华土地这么艰苦，那我怎么能发展出文明呢？

地球先生　您先别急，听我继续说道，虽然中华土地是最艰苦的，却是最辽阔的。请看地图，在中华的周围还有几百万平方公里的广袤土地，在时机成熟的时候，您可以很便捷地进行开疆拓土，当然这些土地上也生活着不少其他的部族。

中　华　其他部族？

古巴比伦　其他部族！

古埃及　其他部族！

古印度　其他部族！（一起看向地球先生）

地球先生　是的，各位玩家，在地球 online 的第一赛季里，除了四个领地外，其他未知区域还生活有别的部族，怎样处理与这些部族的关系，将会对您的文明发展产生重大影响！

中　华　看来我的地区一开始就要进行外交了，真是羡慕其他三个地区呀！

地球先生　或许这就是中华地区的特点，不必过于担忧。

中　华　事到如今，也只能走一步看一步了。

地球先生　最后，为了方便，四位玩家的名字从现在就更换为地区的名字了，如果没有疑问了，那我宣布地球 online 第一赛季文明的竞赛正式开赛！

（播放一阵打鼓的声音，表示游戏开始）

下　编　德育戏剧的案例典范

第二场

时　　间　地球 online 第一赛季两千年后

地　　点　图书室

[播放叮叮咚咚，建造房屋、电闪雷鸣等声音，表示时间的流逝，地球先生上场。]

地球先生　（拿着一个可以拨动指针的大大的钟表）地球 online 第一赛季两千年的新手期已经过去，让我们一起看看四位玩家都取得了哪些文明成就吧！

[四位玩家上场，古巴比伦拿着一个喇叭。]

古巴比伦　哦，地球 online 的各位玩家，请将目光向我看齐，看我看我，我宣布个事！在新手期的这段时间里，我奋发向上，在美索不达米亚平原上大力发展农业种植，并且开发了最早的数学、最早的天文等。现在，我已经成为地球 online 里第一个突破 1000 积分的文明了！（地球先生和其他玩家纷纷鼓掌）

中　　华　美索老兄真是举世无双啊，短短两千年的时间，你的积分已经是我的五倍了。

古 印 度　是呀，我都差点忘了有文明积分这回事了。这两千年浑浑噩噩的，好像什么都没有做，昨天打开系统一看，好家伙，我才 120 分。

中　　华　看来，这个赛季的冠军非他莫属了。

古 印 度　是呀是呀。

古巴比伦　哈哈，那是自然。

古 埃 及　等一等，我的好邻居，你不会把我给忘了吧？

古巴比伦　哦，这不是出生就自带了一级防御科技的埃及老弟吗？怎么，你这两千年又获得了多少文明积分呢？

古 埃 及　我嘛，在农业上自然是比不得你，但是我，在埃及这片土地上建立了第一个大一统的国家！

中　　华　国家！

古 印 度　国家！

古 埃 及　是的，国家。你们都知道，国家是文明进步的重要体现，有了国家的存在，一切科学、技术、政治、经济、文化、艺术的发展，就都有了

393

保障。

古巴比伦　那么，你现在的文明积分是多少呢？

古 埃 及　（用手比作数字8）8……8……8！

　　　　（众人一片震惊）

古巴比伦　什么，想不到埃及的文明积分也这么高！

中　　华　看来埃及老哥势必要和美索老哥一决雌雄啊，我收回刚才说的话。

古 埃 及　那是自然，赛季才刚刚过新手期，鹿死谁手还不一定呢！

古巴比伦　没想到就在我的旁边，还有这么强悍的对手，看来我还得更加努力发
　　　　展文明啊。

古 埃 及　那么，来自东方的两位老弟，你们这两千年里都发展了什么呢？

中　　华　我吗？唉，我这两千年都在和周围的部族开展外交，互相融合，土地
　　　　面积倒是比刚开始大了不少，可在文明发展上，就比不得两位老哥了。

古 印 度　我也不知道我这两千年做了啥，好像时间一晃就过去了。

古巴比伦　那你们俩可得加油了哦。

中　　华　美索老哥提醒得对。

地球先生　好了，各位玩家，请允许我宣布，地球online第一赛季文明的竞赛新
　　　　手期正式结束。接下来，你们将有可能遭遇各种天灾人祸，是继续一
　　　　往无前发展文明，还是放慢脚步稳扎稳打呢？让我们拭目以待。（拨动
　　　　钟表）

　　　　[音乐响起，表示时间流逝，四位玩家在舞台上跳起编舞，表示文明的
　　　　发展。一分钟左右后，电闪雷鸣，音乐停，古印度昏倒在地，其他三人
　　　　赶紧跑过来。]

中　　华　（赶紧扶起古印度，掐住古印度的人中）嘿，兄弟，你怎么了！

古 印 度　（一会儿后醒来，用不同于前面古印度的口音说）哦，你好哇，亲爱的
　　　　朋友，感谢你救了我。

中　　华　你的声音怎么变了？

古 印 度　哦，你是说和以前的声音不同了对吗？

古巴比伦　是呀，才过了一千年，你怎么声音都变了？

古 印 度　那是因为，我已经不是我了。

古 埃 及　什么意思？

古 印 度　我的意思是说，额，这个号是我买来的，上一任号主因为接受不了文

下　编　德育戏剧的案例典范

明被大洪水毁灭而卖号了，现在是我在接手这个号，当然，你们依然可以叫我——印度。

中　　华　唉，想不到上一任印度老哥没有挺过大洪水。

古巴比伦　难道，中华老弟也遇到了大洪水吗？

中　　华　是呀，我也遇到了大洪水，还好中华地域宽广，再加上我有一位贤者大禹，带领着人民与洪水做斗争，最后总算取得了胜利。而我们也终于建立了一个统一的国家，我称它为——夏，再之后夏又演变成了商，我的经济也开始突飞猛进。

古　埃　及　那你现在有多少文明积分呢？

中　　华　我看看，哦，我也有 1200 分了。你们两位呢？

古　埃　及　我，我也就勉勉强强吧，这一千年里虽然有过一些王权更替，但是都是国家内部的小打小闹。在国家力量的保障下，医院哪、航运哪、农业灌溉呀什么的都在稳步发展。

古巴比伦　那看来，这回你是要被我远远地甩在身后咯！

古　埃　及　怎么，你又弄出了什么好东西？

古巴比伦　自从上次一别，我也赶紧在美索不达米亚平原上建立了一个统一的国家，并且在国家力量的保障下，我又建立了第一所学校、第一座图书馆。更重要的是我颁布了一部法典——《汉谟拉比法典》（拿出法典），这使得我的文明积分直接上升 300 分！

中　　华　什么，一部法典就能上升 300 分！

古巴比伦　是的，法律——人类文明史上的一次大飞跃，它让人的行为有了可以遵守的客观规范，而《汉谟拉比法典》正是地球 online 里的第一部法律。我把它刻在高高的石碑上，以供万人学习与遵守！

古　印　度　美索不达米亚老哥您真是个天才呀！

古巴比伦　等等，老弟！请允许我再一次隆重地介绍自己，现在我的名字叫——巴比伦。

古　印　度　啊，巴比伦，你为何要改名字呀？

古巴比伦　那是因为，额……因为美索不达米亚这个名字太长了，我想了想，还是换一个简单点又不失风度的名字，所以就改为巴比伦了。

古　印　度　我说，美索……

古巴比伦　是巴比伦。

395

立德树人：德育戏剧创作与实践指南

古　埃　及　好，巴比伦哪，你可别高兴得太早咯，你的《汉谟拉比法典》固然积分高，但是我埃及可开发了一项建筑奇迹，而这项奇迹可是给我加了足足 400 的文明积分。

古巴比伦　400 分？快说，是什么奇迹！

古　埃　及　（拿出金字塔模型）金——字——塔。（走到地图旁，放上金字塔）

中　　华　果然是建筑奇迹呀！我看这一座金字塔得有 200 米高，200 米长了，这么宏伟的建筑，得耗费多少人力物力才能完成啊！

古　埃　及　不错，金字塔是我们埃及突破文明限制的一项伟大创举，即使你们的文明再发展一千年，怕是也难以发展出同等规模的建筑。而像这样的金字塔，在埃及已经修不少座了，以后，我还准备修建更多的金字塔，你们说，这一千年，我们埃及的文明发展如何呀？

古　印　度　别说一千年了，就是再给我两千年，我估计也造不出来。

古巴比伦　看来，这一千年的发展，是你要略胜一筹，不过再下一个一千年，我一定会取得最后的胜利的。

古　埃　及　那，我可就拭目以待了。

（地球先生拨动指针，音乐再次响起，四位玩家跳起编舞，表示文明再次发展）

［游牧民族上。］

游牧民族　哈哈哈哈，想不到这些种地的家伙还有这么多的好东西，兄弟们，开抢！

（音乐切换成急促、紧张，同时伴随尖叫声、争吵声，游牧民族上场驱赶巴比伦、印度、埃及下场，中华也下场，只留地球先生站在舞台中央，音乐停）

［五秒钟后，中华上。］

中　　华　地球先生，一千年过去了，巴比伦、埃及和印度到哪里去了？

地球先生　系统显示他们已经很久没上线了。

中　　华　我不明白你说这话的意思。

地球先生　真令人惋惜，巴比伦、埃及、印度的文明在这一千年的时间里都被游牧民族的铁骑征服了。

中　　华　那他们的文明成果呢？（担忧）

地球先生　被征服以后，他们的文明成果有的被继承下去，而有的则被抛弃，完

396

全成为了历史。在地球 online 里，他们已被载入史册，不过，他们的文明前都加上了一个"古"字。

中　　华　你是说，古巴比伦、古埃及，还有古印度吗？

地球先生　是的。同时我也要恭喜您，您的文明从开服第一天一直延续至今，四千年不曾中断，所以您可以被自豪地称为"中华文明"。

中　　华　中——华——文——明。

地球先生　中华文明，恭喜您获得地球 online 第一赛季的冠军。来吧，自豪的中华文明，向全世界宣告您这一千年的成就吧。

中　　华　（缓缓走到舞台中央）我，是中华文明，我从商走到周，一千年的时间，我们发展了青铜业，用青铜器进行大规模农业生产，用青铜器武装军队。我们的经济与军事实力都已经屹立于世界之林，丝绸、陶瓷、美玉这些文明不朽的瑰宝也形成了规模。历史的舞台从不缺少主角，属于我们中华文明的时代，开始了！

谁是第一名

编剧：王月涵

人物表

钢 琴 先 生　高傲自大，十分傲慢、自私
小提琴女士　美丽的女士，优雅高贵，举止得体，但说话刻薄
爵士鼓先生　热情实诚，有文化但不多
萨克斯先生　深沉温柔的绅士，谦逊懂礼
古 筝 小 姐　自信阳光，乐观开朗
琵 琶 姑 娘　安静温和，害羞内敛的姑娘，说话吞吞吐吐
中国鼓大哥　正义凛然，中气十足
唢 呐 小 弟　调皮可爱，活泼好动

[在一所音乐艺术培训学校里，各形各色的乐器齐聚一堂，他们正商量着第二天的器乐大赛……]

古 筝 小 姐　（兴奋）快来快来，听说明天要举办一场大型的器乐比赛，有很多人都会来观看演出。

琵 琶 姑 娘　是吗？那，那，可真是太好了。

中国鼓大哥　（边说边上场）太好了太好了，这可是个好机会，咱们一定得好好利用！

古 筝 小 姐　鼓大哥，这是何意？

中国鼓大哥　那群西洋来的老外，不是总看不起咱吗？说啥我们民族乐器没有他们高端，再加上学习我们民乐的人比起他们来少之又少，他们更是瞧不上咱了。要是这次，我们能在器乐大赛上赢得第一，那越来越多的人就会关注我们，咱们就能火啦，看那群老外还有何话可说！

古 筝 小 姐　鼓大哥，你真是太聪明了！那群老外过往一直欺负我们，这次就让他们看看我们的厉害！

琵琶姑娘	此法甚好，可我们能，能赢吗？
	［钢琴先生、小提琴女士、爵士鼓先生上场。
钢琴先生	It's impossible！
小提琴女士	瞧瞧瞧，这群土到掉渣的乐器，竟还妄想赢我们，真是笨蛋。
古筝小姐	（十分生气）你们！
爵士鼓先生	（笑眯眯）哎哟，筝小姐，您也别生气，这说的也是实话嘛。
中国鼓大哥	走开走开，我们民族那可是有上千年历史文化的，比起你们差哪儿了？谁说我们赢不了，哼！
钢琴先生	哦，是吗？那不如来比一比？
古筝小姐	比就比！谁怕谁呀！输了的人就不能参加第二天的比赛。
钢琴先生	行！到时候，你们可别后悔！
古筝小姐	你们说说比什么？
钢琴先生	刚才你们不是提到历史吗？那我们就先从历史开始比吧！
中国鼓大哥	哟，居然跟我们比历史，真是自取其辱！
小提琴女士	让我先来。从古希腊古罗马，到文艺复兴巴洛克，我们有古典有浪漫，更有现代流行任你选。
古筝小姐	就这？我们中华上下五千年，秦汉有鼓吹，魏晋有清商，隋唐奏琵琶，宋代讲细清，元明敲锣鼓。更有山歌、小调、戏曲、白腔作。
钢琴先生	那我们还有贝多芬，有肖邦，更有莫扎特传奇音乐家。
琵琶姑娘	（激动地）我们，我们也有！伯牙鼓琴，六马仰秣；延年编曲，莫不感动；祗婆五旦七调，是谓大弦嘈嘈如急雨，小弦切切如私语。
	［钢琴先生、小提琴女士、爵士鼓先生相互看看，急得说不出话来。］
中国鼓大哥	哈哈，甘拜下风吧，和我们比历史，哪里比得过哟。
爵士鼓先生	鼓大哥，先别急，这历史呀，各家各有各家的不同，不好比，我看还不如来真的。
钢琴先生	说得对，咱们就奏乐，看看谁的音乐更好！
古筝小姐	来呀！我们才不怕你呢！
	［播放音乐《蓝色多瑙河》，钢琴先生、小提琴女士、爵士鼓先生随音乐起舞，古筝小姐、琵琶姑娘、中国鼓大哥被挤到一旁。］
小提琴女士	哦美丽的多瑙河，黎明的曙光拨开河面上的薄雾，唤醒了沉睡的大地，多瑙河的水波在轻柔地翻动。

钢 琴 先 生　五段小圆舞曲共同组成这一首曲子，旋律跳跃、起伏，层层推进，仿佛春意盎然，沁人心脾。

爵士鼓先生　啊啊啊啊，好美呀！好美呀！

古 筝 小 姐　且慢，看我们的！

[掐断音乐，播放《高山流水》，古筝小姐、琵琶姑娘、中国鼓大哥随音乐跳古典舞，钢琴先生、小提琴女士、爵士鼓先生在一旁十分不屑。]

古 筝 小 姐　峨峨兮若泰山，洋洋兮若江河，其韵扬扬悠悠，俨若行云流水。

琵 琶 姑 娘　淙淙铮铮，幽间之寒流；清清冷冷，松根之细流。

中国鼓大哥　好曲！好琴声！

[掐断音乐，播放《命运交响曲》，钢琴先生、小提琴女士、爵士鼓先生随音乐起舞。]

钢 琴 先 生　啊调动一切的激情，迸发出全身心的呐喊，向那命运呐喊吧！

小提琴女士　短——短——短——长，命运之神正在敲打你的门，快快苏醒，向着胜利与喜悦前进！前进！

爵士鼓先生　啊啊啊啊！好美呀！好美呀！

[掐断音乐，播放《霓裳羽衣曲》，古筝小姐、琵琶姑娘、中国鼓大哥随音乐起舞。]

古 筝 小 姐　千歌万舞不可数，就中最爱霓裳舞。

琵 琶 姑 娘　清弦脆管纤纤手，教得《霓裳》一曲成。

中国鼓大哥　好曲！好歌舞！

[中西音乐不断切换，大家纠缠在一起，乱作一团。]

古 筝 小 姐　我们还有曲子，让我们来。

钢 琴 先 生　凭什么！我们也还有呢！

琵 琶 姑 娘　哎呀，大家别争了，一家家来。

小提琴女士　今天非得争个你死我活，我们西洋音乐是世界第一，永远的第一名！

中国鼓大哥　我们才是！我们才是第一名！

爵士鼓先生　Oh my god！

[萨克斯先生上场。]

萨克斯先生　亲爱的女士们、先生们，你们这是在做什么？

钢 琴 先 生　（一把拽住萨克斯先生的手臂）萨先生，你来得正好，赶快给他们来一首你最拿手的萨克斯曲，让这群阿里巴巴看看，我们白雪公主的实力！

古筝小姐 （讽刺地）呦！钢先生，没想到您一老外还会讲成语呢。

琵琶姑娘 （疑惑地）怎么，怎么，这两个成语我未听过。

中国鼓大哥 哈哈，因为他说错啦！

钢琴先生 嗯？

古筝小姐 是下里巴人和阳春白雪，你个老外不会说中国话就别说。

古筝、琵琶 哈哈哈……

钢琴先生 （生气地跺脚）哼！你们竟然敢嘲笑我！萨先生，快！给他们点颜色看看。

萨克斯先生 这不太好吧，大家都是乐器，为何不能和平共处呢？非要比个高低？

小提琴女士 哎呀，萨先生，你就赶快出手吧，可别给我们西洋乐丢脸！

爵士鼓先生 来吧来吧。

萨克斯先生 啊这，各位，失礼了。

[播放《清晨》，萨克斯先生、钢琴先生、小提琴女士、爵士鼓先生随音乐起舞。]

萨克斯先生 当悠扬而深沉的萨克斯声响起，你能看到人们腼腆的微笑，呢喃的耳语，是甜蜜，更是喜悦。

钢琴先生 春风拂面，鸟语花香，It's so beatuiful（非常漂亮）。

小提琴女士 我似乎望见了清晨的露珠，闻见了清新的草香！

爵士鼓先生 啊啊啊啊，好美呀！好美呀！

[中国鼓大哥和琵琶姑娘窃窃私语，琵琶姑娘下场，切断音乐。]

中国鼓大哥 哎哎哎，别美了，你们以为我们民乐会就此认输？

钢琴先生 你们有哪个乐器能跟我们萨先生相比的？我劝你们赶快举手投降吧！

古筝小姐 哎，别着急嘛，等会你们可别跪地求饶哟！

中国鼓大哥 哈哈，唢小弟，快出来吧！

[唢呐小弟上场，播放音乐《百鸟朝凤》，西洋乐器均被唢呐的声音震慑住，呆在原地，民族乐器在一旁十分得意。]

钢琴先生 这，这，这是什么乐器？怎能发出如此特别的声音？

小提琴小姐 为什么一首曲子仅靠这么一个乐器能听出百鸟齐鸣的声音，好像真的有上百只鸟来到我们面前？

萨克斯先生	这乐器的音色嘹亮高亢,在西洋乐中倒是找不出如此音色的乐器。
中国鼓大哥	(十分得意)哈哈哈,这可是我们的独家乐器——唢呐。唢小弟,介绍一下你自己,给这群老外涨涨见识吧!
唢 呐 小 弟	(开心地)嘻嘻嘻,大家好!我叫唢呐,是中国传统的双簧木管乐器,我既有喜调又有悲调,不同场合不同调,喜事白事都能吹,与众不同就是我啦!
萨克斯先生	(走到唢小弟身旁)原来你叫唢呐呀,Nice to meet you(很高兴见到你)。
唢 呐 小 弟	Nice to meet you too(我也很高兴见到你)。
萨克斯先生	咦?你会说英文?
唢 呐 小 弟	Yes!因为我爷爷的爷爷的爷爷是从东欧过来的,因为有了丝绸之路,我们才来到中国,经过几千年的发展,我们才变成现在的样子。
萨克斯先生	(激动地)这么说,你跟我们几千年前还是一家人了?
唢 呐 小 弟	嗯,可以这么说吧。
钢 琴 先 生	(把萨克斯先生拉回来)哎哟,我说萨先生,你跟他攀亲戚呀?还不快快想想办法,看看能叫什么乐器来对付他?
萨克斯先生	钢先生,在咱们西洋乐里,确实找不出乐器能比唢呐小弟的声音更清脆了。
小提琴女士	(叹气)唉,我看算了吧。唢呐小弟确实很厉害,不就是一场比赛,我们输得起。
爵士鼓先生	嗯说得好!
钢 琴 先 生	那好吧,明天的比赛就由你们去参加吧。
民 族 乐 器	哈哈哈,太好啦!
	[琵琶姑娘着急地跑上场。]
琵 琶 姑 娘	不好了,不好了!
中国鼓大哥	琵琶姑娘这是怎么了?我叫你让唢呐小弟来,他都来了一会了,你怎么才回来?
琵 琶 姑 娘	我,我,我。
古 筝 小 姐	琵琶,你慢慢说,究竟怎么了?
琵 琶 姑 娘	我刚去叫唢呐小弟,回来的时候听见校长说明天不让我们民族乐器参加,说是只让西洋乐器去。

下　编　德育戏剧的案例典范

中国鼓大哥　（生气）什么？简直欺人太甚！

古 筝 小 姐　怎么能这样？太过分了！

萨克斯先生　鼓大哥，筝小姐，你们别着急，我们一起想想办法。

小提琴小姐　是呀，一定会有办法的！

钢 琴 先 生　虽然我平时挺讨厌你们的，但我觉得这次校长对你们实在太不公平了。

爵士鼓先生　嗯嗯。

唢 呐 小 弟　哎！我有个办法！

中国鼓大哥　唢小弟，你有何办法？

唢 呐 小 弟　不如我们来一场中西音乐大联奏如何？让民族乐器和西洋乐器一同登台演出！

古 筝 小 姐　这，行得通吗？

中国鼓大哥　唢小弟，你这什么馊主意？民乐和西洋乐怎么能融合在一块呢？

萨克斯先生　有何不可？我觉得这是个好办法。你们瞧，唢小弟几千年前跟我们还是一家呢，这音乐都是有互通的地方。

唢 呐 小 弟　我的爷爷的爷爷的爷爷告诉我，音乐，其实也是一种文化，而文化是不应该分国界的。每个地方有每个地方的音乐，每个地方也有自己独特的文化。我们民乐博大精深，源远流长，他们西洋乐古典高雅，与其对抗，不如学着去接纳，去交流，去融合。真正做到各美其美，美人之美，美美与共，天下大同。

萨克斯先生　文化不分高低，音乐不分国界。各美其美，美人之美，美美与共，天下大同。

民族乐器合　各美其美，美人之美，美美与共，天下大同。

西洋乐器合　各美其美，美人之美，美美与共，天下大同。

合　　　　　各美其美，美人之美，美美与共，天下大同。

　　　　　　[中西合奏《茉莉花》音乐响起，所有人跟随音乐舞动起来。]

如此盛世

编剧：夏昕宇

人物表

宋应星　明朝著名科学家（字长庚）

宋应兴　当代大学生

宋　妈　宋应兴的妈妈，很关心宋应星

李　叔　宋应兴的叔叔，经营着一家面馆

时　间　清晨

地　点　卧室

［在假期的一天，大二学生宋应兴正躺在家中，享受假期生活的美好。］

宋应兴　（刚从床上醒来洗完澡）又迎来了美好的假期，还是家里舒服哇！嗯……美好的一天应该从美食开始（掏出手机），看看今天吃哪一家的外卖！

［正看着手机，突然一个电话打来。］

宋　妈　喂！应兴啊！

宋应兴　喂！妈！怎么了，我正准备点外卖呢！

宋　妈　唉，就知道你小子天天点那些外卖！我今天看家族群里你舅妈她才转发了消息，外卖都不干净，吃了容易生病啊！你天天点外卖，这样下去身体会越来越不好的……

宋应兴　（还未等宋妈话说完，急忙抢答道）好了好了，妈，我知道了。我今天到李叔家面馆去吃行了吧！

宋　妈　你这孩子，妈也是为了你的健康着想。你想想现在你们这些年轻人哪，天天作息不规律，每天躺着玩手机，饿了就知道点外卖，年纪轻轻学习工作没搞好，就先把自己身体搞差了。唉，也不是妈说你，你想想我和你爸以前过的什么日子，更别说你爷爷奶奶那辈人了，那时候能活下来就是算幸运的了……

宋应兴 哎呀！妈，你这话都说了多少遍了呀。您老是拿以前的事情说来说去，可是现在时代不同了呀，科技这么发达，怎么可能和以前比呀。

宋　妈 是，现在时代是不同了，所以我们更应该珍惜这来之不易的生活呀。

宋应兴 妈！现在科学家发明这么多东西不就是让我们享受生活的嘛，那些科学家们为人类奉献这么多，不就是想让后人能够过上更好的日子嘛，您现在不享受可不就是辜负了他们的心愿吗？

宋　妈 行！（有些无奈）还是你这个读过书的大学生厉害呀，你妈我可说不过你。不过我还记得你小时候不是叫喊着要成为大科学家吗？当时可都是叫的你宋大科学家呀，怎么我们的宋大科学家现在有没有发明什么东西造福人类呀！（打趣的语气）

宋应兴 （有些无奈，一手扶额）妈，您老就别嘲笑我了，谁小时候没想象过成为科学家呀，更何况您二老还给我取了"宋应兴"这个名字，这可是古代大科学家的名字。上初中时我知道后那可激动得不得了，还下定决心希望未来报考科技学院呢，可就我这智商水平，还是算了吧。

宋　妈 好了，不打趣你了，记得一定要好好吃饭，还有，不要熬夜！知道了吗？

宋应兴 知道了！（挂了电话）

宋应兴 唉！我愉快的假期生活就这么破灭了呀！难道天底下的妈都是这样的吗？只能换衣服去外面吃了。

宋应兴 （打开窗户）这么热的天，出去不是要人命嘛！

　　　　［走到衣柜前，准备换衣服。］

宋应兴 （刚打开衣柜门，里面赫然站着一个穿着古装的老人）（吓得立刻往后退）你！你！你！（磕磕绊绊说完）你到底是谁！（很惊慌）你！你！知道吗！非法侵入他人住宅，不构成犯罪的，处十日以上十五日以下拘留，并处五百元以上一千元以下罚款；情节较轻的，处五日以上十日以下拘留，并处二百元以上五百元以下罚款，情节严重处三年以下有期徒刑或者拘役（快速念完），再不说话，我可报警了呀！（拿起手机）

宋应星 这位小弟莫要惊慌，在下姓宋，名应星，字长庚，关于我为何会出现在这里，我也是不得而知。

宋应兴 （表情变得有些古怪）你怕不是别人请过来整蛊我的吧，你是宋应星，那

立德树人：德育戏剧创作与实践指南

我是谁？

宋应星 莫非这位小弟的姓名也是宋应星？那你我二人可真是有缘哪！

宋应兴 等等，让我仔细想想！（转过头仔细思考）（边想边走）我早上起来洗澡时打开过衣柜，里面并没有人，离我打完电话不过只有八分钟的时间，而且门窗并没有被动过，所以他应该是凭空出现的！（开始点头）嗯，我这番推断肯定没有问题！（突然双手挠头）啊啊啊，可是这不科学呀！

宋应星 这位小弟可是在烦恼我为何会出现？

宋应兴 当然哪，任凭谁家里突然出现这样一个人，还穿着这么奇怪，都得思考怎么回事呀！更何况你说你也叫宋应星，我更怀疑你是谁请来整蛊我的了，（突然自信）但经过我严密的推理，这肯定不对！

宋应星 这位小弟说得的确在理。不过在我看来，穿着怪异的并非在下，而是小弟你，而且我这个将死之人突然出现在一个陌生的地方，我也很疑惑，也和小弟你一样害怕，但在听闻小弟你与我姓名相同时，我觉得这应该是我和小弟你的缘分。

宋应兴 但比起缘分，我更相信科学，算了，你的出现已经是不科学的了，我现在只想问，您难道是写下《天工开物》这本著作的宋应星吗？

宋应星 没想到这位小弟居然知道在下的拙作，但这本书应该并未推广开来呀？

宋应兴 如果您真的是宋应星，嗯……先生？不行，不能这么称呼，老师？不行，听着太怪了，感觉在叫我自己，前辈？应该可以，宋前辈，您好，关于我为什么知道您的著作，我想告诉您一件事情，可能您有些无法接受，但现在已经是您过世三百多年后了。（有些沉重地说出）

宋应星 （很震惊，开始沉默）呼，（长叹一口气）没想到小友一句话让我震惊这么久，三百多年后吗？还真是……（稍微沉默）

宋应兴 害怕？那确实，如果是我，感觉都快疯了。

宋应星 不，小友，应该是兴奋才对呀！

宋应兴 啊？

宋应星 能在去世之前，看一看三百多年后的世界，这难道还不让人兴奋吗？（很高兴）看看三百多年后人们是否能像我所希望的那样过上如同盛世一般的生活，人们都说盛唐风景如何之美，不知这三百多年后的世界又是如何？！

宋应兴 我其实也想看看盛唐如何，那可是诗仙李白都如此赞美的时代呢！（突然肚子发出咕咕的叫声）

下　编　德育戏剧的案例典范

宋应兴　看来还是得先填饱肚子了呀！

宋应星　不知小友能否带我看一看现今的世界？

宋应兴　（看了看手机上的时间）行，我先带宋前辈去吃饭吧！嗯，（看着宋应星身上的衣装）现在喜欢穿古装的人那么多，应该没问题。宋前辈，那请跟我一路去吃饭吧，不知道您习不习惯我们这里的吃食。

宋应星　谢谢小友的好意，不过在下身无分文，无法支付钱财。

宋应兴　没事，就一顿饭嘛，走吧。

宋应星　那就再次感谢小友了。

　　　　　[在宋应兴的带领下，宋前辈和宋应兴来到了面馆，一路上的见闻让宋前辈很是震撼。路上的汽车，高耸的楼房，新奇的装束，无一不让人难以相信。来到了面馆前。]

李　叔　哎！应兴，你小子怎么想起来我这里吃饭了？

　　　　　[宋应兴和宋前辈都突然看向李叔。]

宋应兴　额，这不是想念李叔你的手艺了嘛，就过来了。（看着宋前辈）宋前辈您先过去坐着吧。

李　叔　这位是？

宋应兴　哦，这是我大学老师，路上恰好碰上了，就一起过来吃饭。

李　叔　（表情有些怪异）现在大学老师都这么，嗯……与众不同？

宋应兴　哎，这是老师的爱好，没啥问题！

李　叔　好吧，那你还是老样子？

宋应兴　嗯，老样子，二两牛肉面，来两份！

李　叔　好，那你先坐好，面马上好！

宋应兴　谢了，李叔。（走到宋前辈面前坐着）

宋应兴　小友，这一路上下来可是让我非常震惊啊，也有了很多疑问，不知小友能否为我解答一二？

宋应兴　当然可以，宋前辈尽情地问吧，在我力所能及的范围内，我当然可以，（小声嘀咕）实在不行，我还有百度呢！

宋应星　那就先谢过小友了，不知外面这些如此高大的建筑可是供人们居住的房屋？

宋应兴　的确是供人们居住的房屋，现在基本上楼房都有十几层吧，六十多米换算成尺的话大概一百八十尺吧。

宋应星　一百八十尺，这可不是用普通的砖瓦能够达到的高度哇！就算最好的工

立德树人：德育戏剧创作与实践指南

　　　　匠应该也建造不出如此之高的大楼吧，（有些感慨）不知小友知道我当时
　　　　见过最高的房屋有多高吗？那是皇帝居住的宫殿，最高也不过八十尺。

宋应兴　的确，如果没有混凝土的发明，这样的高楼也是无法建成的。用混凝土
　　　　建造的房子很稳固而且建造得很快。

宋应星　如果有时间，我还真想了解一下这个名为混凝土的东西，不过能够看见
　　　　便好了！

宋应兴　可就是这样的房屋让人们一生都在为它奋斗，太不划算了。

宋应星　（看着正在抱怨的宋应兴）（笑）毕竟它能遮风挡雨不是吗？

宋应星　还有小友，不知那地上跑的物件，是何物？速度如此之快！

宋应兴　哦，这是汽车！

宋应星　汽车？可是和马车有相同之处？

宋应兴　嗯，的确，马车跑起来是靠马的拉动，这汽车跑起来是靠油。

宋应星　油？

宋应兴　宋前辈，可否看见烧开水时盖子会跳动？

宋应星　倒是看见过！

宋应兴　那宋前辈可以想象一下汽车里面正在烧开水，然后盖子带着汽车动起来。

宋应星　（沉默许久）

宋应兴　好吧，这的确很难让人理解，这里面的东西我也讲不清，希望宋前辈……

宋应星　（突然站起来）妙哇，此法太妙了！是烧开水的气带动的盖子！

宋应兴　果然天才是不一样的呀！

宋应星　小友不必如此，以我看来能知道这么多的小友应该才称得上天才呀！不
　　　　知小友可有功名否？

宋应兴　我这大学生放古代应该算得上秀才吧！可能还高攀了。

宋应星　那小友比我厉害多了呀！

宋应兴　宋前辈可别怎么说，像我这样的，少说就有几千万吧。

宋应星　几千万？小友可别和我开玩笑哇，我们当时读书人也不过几万人。

宋应兴　现在中国一共十四亿人口，差不多都能识字写字。

宋应星　（突然坐下）（仰天大笑）哈哈哈，这才是盛世呀！（激动到流泪）

李　叔　（突然望过来）应兴啊，你老师这是？

宋应兴　（急忙跑过去）李叔，我老师一遇到高兴的事情就比较豪放，请见谅。

李　叔　还好没客人，不然他这一嗓子，全跑了。

408

| 宋应兴 | 哎，李叔，面条还没好吗？ |

李　叔　快了，快了！

宋应兴　（跑回去）宋前辈，声音小一点，您这把我都吓到了。

宋应星　哎！小友，可能在你看来你生活了这么久的世界都已经习以为常了，不过在我看来，三百年后的今天是我做梦都无法想象的世界。我著书《天工开物》为的就是能将我能想到、看到和知道的能够帮助人们的知识传承下去，为的就是能让后人吃饱穿暖，活好，这就是我最大的愿望。现在我看见三百多年后的世界，我知道我的梦想实现了！这又怎能不让我开心呢！

宋应兴　先生千古！宋前辈，如今的盛世也有您著书的功劳！

宋应星　可别这么夸我，我只是做了微不足道的一些事情罢了！而且此书于功名进取毫不相关也！（笑着说）

李　叔　面来了！

宋应兴　宋前辈，我们先吃饭吧！

宋应星　好！

　　［吃完饭，宋应兴和宋前辈又谈了许多事情，最后来到了宋应兴家中。］

宋应星　今天真是感谢小友解答，让我看见了今后的盛世，也如愿以偿了呀！

宋应兴　宋前辈，您要走了吗？

宋应星　我有感觉，只要我心里彻底放下，就应该能彻底离开此世，回到原来的世界了。

宋应兴　（有些不舍）宋前辈，我看冰箱里还留下一些蛋糕，我想拿来给你尝尝。

宋应星　我记得小友说过此物，是为了庆祝生日所用。

宋应兴　（边拿边说）昨天我生日，还留下一些。（将蛋糕递给宋前辈）

宋应兴　（看着宋前辈）味道怎么样？

宋应星　此物甚好哇，真是我一辈子都没吃到的美味！

宋应兴　（也有些开心）其实，蛋糕不仅用来吃，我们还会把它抹到人身上，我也不知道是从什么时候开始的，可能表示祝福吧。

宋应星　（立刻停下了手中的动作）这！小友，你知道吗？盛唐时期能做到的也不过每家每户吃得起饭罢了！（看着手中的蛋糕）这可能才是真正的盛世吧！（说完便消失了）

宋应兴　宋前辈！（看着手中的蛋糕）（走到窗户前）（看着繁盛的夜景）这的确是盛世！

世界的朋友

编剧：张洪玮 向峰

人物表

郝医生　中国维和医疗分队外科医生

朱医生　中国维和医疗分队外科医生

赵飞飞　中国维和工兵分队战士

帕莫尔　利比里亚一位十二岁的儿童

帕尼西　帕莫尔的祖母

马库斯　利比里亚的村民

特拉西　利比里亚的村民

时　间　夜晚

地　点　医院房内

［夜幕降临，利比里亚一个偏僻小村庄。］

朱医生　郝医生，这么多天过去了，帕莫尔出院时带的药品恐怕已经用完了。（焦急且担忧的语气）

郝医生　是呀！都十多天过去了，帕莫尔伤势那么严重，不知道为什么也不来复查，不知道烧伤感染恢复得怎么样了。加上他又长期营养不良，不知道有没有好转。

朱医生　当时遇到他的时候，他身上沾满了脓液和血水。

郝医生　上次的药用完了的话，以他们这里的卫生条件，伤势甚至可能会恶化。我们得想办法去看看他。

朱医生　只是去他们家只有崎岖泥泞的小路，并且太远了，唉。

郝医生	再艰难我们也要去。朱医生，还记得我们的使命吗？
朱医生	我们的使命是促进国际和平友谊。
郝医生	我们的使命就是促进国际和平友谊，我们必须去看看帕莫尔，真正让我牵肠挂肚的是帕莫尔的伤势，如果我们现在不去的话，不敢想他伤势继续恶化会怎么样。
朱医生	那我先去准备一下药物。（朱医生下场）
郝医生	去为帕莫尔治疗，不仅仅是出于我们的人道主义和对非洲人民的情谊，我更是真正担心帕莫尔的伤势。这么多天过去了，如果伤势恶化，甚至可能会危及生命。
朱医生	不好了郝医生，我们没有"银锌霜"了。（边说边上场）
郝医生	没事，我想想。这样，我应该记得"银锌霜"的配方，来，我把配方写下来，没有成品药我们就用现有的药品自己配制。
朱医生	好，我这就去。（准备下场）
郝医生	等等，我跟你一起去，另外让护士长和咱们的厨师为这个不幸的孩子准备些营养膳食，他营养不良，光靠药物恢复伤势很慢。

［沿着崎岖、泥泞的小路找到了帕莫尔的家。］

帕莫尔	祖母，之前维和部队的郝叔叔和朱叔叔已经给我治疗过了，放心吧，很快会好的。（帕莫尔拖着充满烧伤脓液感染的身体强撑着）
帕尼西	你的伤势越来越重了，药物也用完了。都怪我身体不好，小路不好走，我又腿脚不便，不能带你去中国维和部队的军医那里复查。（叹气）
帕莫尔	祖母你不要难受了，我相信和平的到来不会太久的，我的身体也会变好，一切都会很快地好起来。（强撑着乐观地说道）
帕尼西	如果一直这样下去的话，不会的，不会变好的。
帕莫尔	会的祖母。
帕尼西	不会的，唉，不会的。
郝医生	会的！老奶奶，战争会过去，和平会到来，帕莫尔的身体也会康复。
帕莫尔	郝叔叔和朱叔叔，你们怎么来了？（激动到坐起来，疼得龇牙咧嘴）祖母，这就是我一直跟您提到的郝叔叔和朱叔叔，之前就是他们一直治疗和照顾我。（郝医生和朱医生上场）
郝医生	老奶奶您好，我们放心不下帕莫尔的身体，过来复查一下。您不必太过担心，我们都要像帕莫尔一样乐观积极，相信和平不会等太久的。

立德树人：德育戏剧创作与实践指南

朱医生　帕莫尔，赶快躺下，你的烧伤上次没有用特效药，只做了简单的处理，似乎没有什么好转。

郝医生　这次过来给你配制了特效药"银锌霜"，你很快会康复的。

帕尼西　哦！你们怎么来了？小路这么不好走，都怪我腿脚不便，不能带帕莫尔去找你们。但没想到，你们居然亲自过来了。上天保佑我的宝贝帕莫尔快点好起来，这要命的战争给我们家带来太沉重的伤害了。(泪眼婆娑地说道，并且给他们拥抱)

郝医生　老奶奶，帕莫尔会好起来的，等帕莫尔好了就可以继续上学，我们也会继续帮助你们家，我们一起坚持直到没有战争，直到和平的到来。

帕莫尔　谢谢郝叔叔和朱叔叔的好意，不过……

郝医生　怎么了帕莫尔，一切都会好起来的。

帕莫尔　没什么朱叔叔。(坚持笑容) 但真的会好起来吗？(很小声并且失落地说)

郝医生　会的！帕莫尔，等你身体好了就可以帮助祖母分担家庭，也可以继续上学。

朱医生　郝医生，您可能还不知道，我听咱们维和工兵分队的同事说他们的学校已经在战乱中被毁掉了。(小声对郝医生说)

帕尼西　两位医生，我也相信会好起来的，不过真的谢谢你们，在残酷的战争中给我们带来了希望。

郝医生　老奶奶您不要难过，一切都会好起来的，帕莫尔只要按时用药也会很快康复，我们还有事得先走了，您和帕莫尔好好休息。

帕莫尔　你们这么快就要走了吗？(失落)

郝医生　帕莫尔，你注意按时用药，赶快好起来，只有身体好起来了才能和祖母一起坚强地生活。放心，我们还会回来的！

帕莫尔　那好吧！郝叔叔再见、朱叔叔再见。(满脸不舍)

[中国维和工兵分队队员来到村子。]

郝医生　飞飞，我带你们维和工兵分队的同事来考察一下，他们这个村子常年受到战乱的影响，孩子们也上不了学，看看咱们能不能帮助一下他们。

赵飞飞　是呀！他们这里的安全形势愈发严峻，但是这里已经超出了联合国赋予的维和任务范围，你是怎么知道这个地方的？

郝医生　我有一个患者，不能去我们那里复查，我们就自己来到他家。虽然我已经知道这边应该很困难，饱受战乱之苦，但到了这里才了解到他们这边实际情况已经这么严重了。

412

下 编 德育戏剧的案例典范

赵飞飞 这种情况的话，那我们需要多点位同步开展施工任务才行了。

郝医生 那好，我们先看看他们学校的实际情况。

[赵飞飞和郝医生下场。]

特拉西 马库斯，天哪！有人往我们村子这边来了！他们还拿着枪！

马库斯 什么？又有人来破坏我们的村子吗？可恶哇。

特拉西 不知道，不知道是不是来搞破坏的人。

马库斯 肯定是的！他们拿着枪，虽然我没有出过村子，但拿着枪往我们村子走，就肯定是坏人。(慌张并且激动地说道)

特拉西 那我们一起去看看，他们似乎是往咱们村子的学校去了。

马库斯 我们赶紧去看看，不然等他们到了，一切都晚了。

[马库斯和特拉西下场。]

郝医生 飞飞你看，这里常年战乱，他们的学校仅剩下两间用茅草和木棍搭建的简易房间了。

赵飞飞 这也太艰苦了！如果我们能在这里建成一所学校的话，那正是我们拓展着蓝盔部队使命的内涵与外延，能在这里建一所学校真是让人心潮澎湃呀。

郝医生 是呀。

马库斯 你们是谁！赶紧给我离开村子，不然就别怪我喊人了！我们村子可是也有枪的！

郝医生 哦，是这样的。朋友，我们是中国维和部队的，打算来帮助你们修建学校。

特拉西 哼！你们拿着枪，肯定是坏人，要来破坏我们的村子，我们是不会相信你们的。

马库斯 我们可不怕你们，你们这群坏人，你们说来帮我们修学校，但你们却拿着枪！

赵飞飞 朋友，拿枪是我们维和部队的规定，我们拿枪只是做自我防卫的，不会伤害你们的。

特拉西 马库斯，这个维和部队我听说过，好像是好人。(小声对马库斯说道)

马库斯 那又怎么样，就算是维和部队的，从来没有听说过还有为我们修学校这么好心的事。你们肯定是想来破坏村子！赶紧跟我离开！

特拉西 对！赶紧离开！

赵飞飞 你们这……

413

立德树人：德育戏剧创作与实践指南

马库斯　赶紧离开！

郝医生　算了飞飞，我们先走，他们受到战争影响，看到拿枪的会害怕也正常。

赵飞飞　好吧！（有些失望）

[十来天后，郝医生一行人再次回到村子打算建设学校。]

赵飞飞　郝医生，上次我们到这里来想帮助他们，这个村子的人都怕我们，他们拿着工具赶我们走。

郝医生　飞飞，这次我已经提前联系了我上次救治的那个小孩儿，他会帮我们跟村里的人解释的。

赵飞飞　可是他们这次会信吗？

郝医生　上次是因为他们以为我们也是发动战争的坏人，饱受战乱之苦的利比里亚人，见到拿枪的人都会害怕。不过我认识这里的一个孩子，如果这次村民还赶我们走，他会帮我们解释的。

朱医生　没错，这里的村民都很淳朴，放心吧！他们知道我们是来帮助他们修建学校的话，肯定会欢迎我们的。

帕莫尔　郝叔叔！我的天哪，你们真的来了，这真是太好了。我已经跟村子里的人说过了，他们为上次的行为感到非常抱歉。

郝医生　没有关系，帕莫尔，我们能够理解他们上次的心情，看来你已经康复了，真好。我带我们维和工兵分队的同事来给你们修建学校，等不久学校建起来了之后，你就可以继续上学了。

帕莫尔　哦！真的太好了！马库斯、特拉西，这下你们俩放心了吧！他们是中国维和部队的战士，是来帮助我们村子建学校的。我的伤就是他们治好的，他们真的很友好，是我们的朋友。

马库斯　真的很抱歉，各位，上次我以为你们是坏人，还把你们赶走的，我为我们上次的行为道歉。

特拉西　我也为我们上次的不礼貌道歉，

赵飞飞　不必如此，我们都是朋友，中国也是你们的朋友。

马库斯　中国是我们的朋友！

特拉西　中国是我们的朋友！

帕莫尔　郝叔叔跟我说过，中国是我们的好朋友，也是世界的朋友，用郝叔叔的话叫作"与邻为善、以邻为伴"。

郝医生　好了各位，既然误会已经解除了，我们一起商量一下怎么把学校重新建

下　编　德育戏剧的案例典范

　　　　起来吧。

帕莫尔　太好了！那样我不久以后就又可以上学了。

朱医生　是呀！那我们快走吧，再去考察一下具体情况。

帕莫尔　等等，几位叔叔，我的祖母已经做好了饭菜，在家等着大家了，我们一
　　　　起吃了饭再去学校那里看看如何修建也不迟。

郝医生　这样也好，我们在吃饭的时候也可以商量一下学校方面的问题。

帕莫尔　嗯嗯！马库斯、特拉西，现在你们知道这几位叔叔是很友好的了吧。走
　　　　吧，你们俩也一起去我家，好好感受郝叔叔跟我说的那句"与邻为善，
　　　　以邻为伴！"

众　人　好！与邻为善，以邻为伴！

后 记

我们为什么需要戏剧？

戏剧是一种可以让人感到快乐的东西。无论是喜剧还是悲剧，创作排演的过程往往是可以使人愉悦的，喜剧的欢乐氛围不言而喻，悲剧的创排也会有一种肃穆的畅快感，观演过程也同样是一场愉悦的视听之旅。但快乐并不是终极目的，愉悦之余，还需让人思考对照，给人触动启迪。且快乐且获得，应是我们需要戏剧的缘由。

我们为什么要做戏剧？

创作戏剧的过程，对于创作者自身而言是可以获得成就感和自我价值的。经由创作者塑造的戏剧世界，达到具象与想象的统一，让戏剧活动的参与者有所看、有所感。戏剧是包容的，是面向全体的。对不同群体、不同需求的人而言，戏剧的内容与形式也不同，需要创作者兼有对创作规律普遍性和个性化的把握。

我们为什么要做德育戏剧？

一方面是因为学校德育工作有需求，更关键的是要找到基础教育学段学生参与德育剧的内驱力，他们不是机械地完成既定的德育剧台词和老师给的调度，而是真的要让自己乐在其中、做在其中、创在其中、得在其中。

我们为什么要出版这本关于德育戏剧的书？

在戏剧教育的发展进程中，深入实践、理论研究与成果梳理其实都很重要的。既要及时对实践进行呼应和观照，也要为不同区域的实践与研究提供实实在在的载体依托。我们前期已出版了《大国小兵：红色儿童戏剧集》《科学表演：科学教育戏剧集》，接下来还有《世界公民：国际理解教育主题戏剧集》《非遗之光：山城民俗戏剧集》等专辑问世。本次实践，依然是在"师生专业成长共同体"的理念下所展开的，充分发挥戏剧教育专业和小学教育专业"集团化作战"的优势，利用寒暑假时间，运用线上线下等方式展开创作，以期服务于德育实践的需要。

感谢重庆第二师范学院与香溪小学的合作共建平台，我们以横向项目的方式展开实践，无论是作为年轻教师的我们，还是我们年轻的戏剧教育专业（全国师范院校中首个专业），还是我们年轻的戏剧教育专业的同学，都有了实践平台和保

后　记

障依托。在此前提下，我们扎扎实实做了这几年工作，附属香溪小学的戏剧教育特色打造已初见成效，特别是德育戏剧这一贯穿形式，原创作品先后在"中外人文交流小使者"、市区级中小学生艺术展演等平台展示，在国家话剧院等场馆展演，在区域内外都有了一定影响。

感谢重庆第二师范学院6—12岁儿童发展协同创新中心提供的学术支持，感谢重庆第二师范学院教师教育学院为我们提供宝贵的平台和机会，感谢国家　流专业——小学教育专业优秀的在校生实践，以及毕业生在他们工作岗位上对我们开展实践的反哺，感谢重庆市高校优秀学生社团——山火剧团所做的书稿校对工作。感谢香溪小学领导和老师的信任与加持，特别还要感谢香溪小学的孩子们，我们通过德育剧的方式见证和陪伴了他们的成长。他们从一年级进校就参与戏剧，能力越来越强、平台越来越大，在"发现和遇见更好的自己"的道路上越走越稳、越走越实。孩子们的快乐成长和全面发展，让我们坚信：做戏剧这件事情，是有意义的！

2024 年 1 月

于山城南山